Mario R. Argueta

TIBURCIO CARÍAS, ANATOMÍA DE UNA ÉPOCA

ERANDIQUE
COLECCIÓN

TEGUCIGALPA, HONDURAS, ENERO DE 2024

**Afiche de campaña de Tiburcio Carías Andino
en las elecciones de 1923.**

Carías fue uno de esos extraños casos de dictadores que
llegaron a viejos y murieron en paz.

CONTENIDO

NOTA DEL EDITOR

"En los tiempos del general Carías se podía vivir con las puertas abiertas y nadie se atrevía a entrar a las casas a robar"… Como miles de hondureños, crecí escuchando esa frase de algunos señores que, nostálgicos, recordaban la época de la del "hombrón de Zambrano".

Recuerdo la vez que vi en el Parque Central a un anciano al que le faltaba una mano sentado en una banca. Cuando le pregunté a mi abuelo, me respondió: "El general Carías les mandaba a cortar las manos a ladrones".

Así se daba a entender que cuando Tiburcio Carías Andino gobernó, Honduras no sufrió de los problemas de inseguridad que muchos años después pondrían de rodillas al país.

Pero más allá de frases anecdóticas (y del miedo que me provocaba su nombre), su verdadera personalidad queda al descubierto en este libro, resultado de la mejor investigación realizada hasta el día de hoy del dictador que manejó el país con puño de hierro, como si fuera su hacienda personal, durante dieciséis años.

"Carías —nos dice don Mario Argueta— es el caudillo que ha permanecido por más tiempo en el poder. Retuvo el control del Estado de 1933 a 1948, pero su influencia, directa o indirecta sobre política nacional se remonta al menos a 1923 y se extiende hasta 1963".

Es decir, cuarenta años…

Argueta, además, califica a Carías Andino de "mediocre administrador" y de entregar los recursos naturales del país al capital extranjero.

"También se ha dicho que castró moralmente a una generación", agrega Argueta, catalogado unánimemente como uno de los pilares de la historiografía hondureña contemporánea.

Tiburcio Carías, anatomía de una época, nos cuenta cómo se gestó el liderazgo del caudillo, el papel que jugó en la guerra civil de 1924 (la más sanguinaria de todas las que sacudieron a Honduras), su paciencia para tejer hábilmente durante varios años la base popular nacionalista y la red de comandantes de armas, esbirros y burócratas corruptos que le permitieron permanecer, como nadie más, el tiempo que le dio la gana en el poder.

Con decenas de documentos, muchos de ellos inéditos, Argueta publicó la obra por primera vez en 1989. Diecinueve años después (2008), hubo una segunda edición. Fue un éxito de ventas y en ambas ocasiones se agotó en pocos meses.

Gracias a la generosidad de don Mario, Colección Erandique puede publicar *Tiburcio Carías, anatomía de una época*. De esa forma, los lectores hondureños podrán conocer al oscuro dictador que pocas veces viajó más allá de los límites de Zambrano, y que implementó la política del "encierro, destierro o entierro".

"Carías estuvo lejos de ser un déspota ilustrado, menos un estadista. Fue incapaz y tampoco tuvo la voluntad de reconciliar a la familia hondureña", expone Argueta.

Sin embargo, el historiador destaca una cualidad en Carías Andino: su olfato político.

Una de las conclusiones de *Carías Andino, anatomía de una época*, es que "Poseyó la suficiente dosis de visión política y de sentido común para percatarse de que las nuevas necesidades y reclamos no podían ser permanentemente desdeñados y reprimidos. Así, prudentemente, supo y pudo retirarse a tiempo; cedió el paso a nuevos grupos de su partido, con aspiraciones políticas propias, largamente postergadas, en el entendido de que podía seguir siendo una influencia decisiva".

"Las guerras civiles llegaron a tal grado de persistencia que todo hacía suponer que entre nosotros estas serían endémicas. En ciento doce años, hubo en nuestra patria más de sesentas guerras civiles. Este cuadro conmovedor imponía a mi gobierno la obligación de trabajar por la paz", diría Carías Andino en su mensaje pronunciado en el Congreso Nacional en 1946.

En nombre de Colección Erandique le doy mi más profundo agradecimiento a don Mario por permitirnos el privilegio de publicar *Carías Andino, anatomía de una época*.

Óscar Flores López

INTRODUCCIÓN
A LA SEGUNDA EDICIÓN

Esta obra describe, analiza y valora la influencia que ejerció Tiburcio Carías Andino en la historia de Honduras desde 1923 hasta 1969, el año de su muerte. Su figura corpulenta y su legado político, aun cuando el implacable tiempo se ha encargado de irlos desdibujando de la memoria colectiva, todavía suscitan controversias, añoranzas, repudios y lealtades. Y no es para menos. Él fue el hombre que más poder concentró en el país durante casi cincuenta años del siglo pasado.

Esta segunda edición de Tiburcio Carías, anatomía de una época constituye una versión revisada y ampliada de la que fuera publicada por primera vez en noviembre de 1989, como una coedición entre Editorial Guaymuras y la Secretaría de Cultura y Turismo (SECTUR) de aquellos años.

Si el lector tuvo la oportunidad de conocer la primera edición, observará que en aquella el autor llegó hasta 1948, cuando el protagonismo de Carías empezó a declinar a partir del ascenso a la presidencia de Juan Manuel Gálvez, en enero de 1949. Esta segunda edición se extiende hasta 1969, y abarca otros aspectos sobre los que el autor pudo profundizar en una nueva ronda investigativa en archivos oficiales estadounidenses.

Esta obra se divide en tres partes: El ascenso, el apogeo y el ocaso. La primera, que abarca seis capítulos, constituye un retrato de la turbulenta época en la que se forjó el liderazgo de Carías. Y es también un perfil del carácter de este hombre que, durante una década, vio cómo se le escurría el poder, aunque lo hubiera ganado en las urnas. Si hay algo que destaca en esta personalidad, es su capacidad de esperar y de soportar las adversidades, aun si provenían de Washington. Desde 1923 hasta 1932, período que comprende esta primera parte, Carías se dedicó a batallar en revueltas y guerra civiles, y a construir sus redes de apoyo en todo el país. Pero también a intrigar y a minar los gobiernos de Paz Baraona y Mejía Colindres, haciendo sentir el peso de su poder. En 1932 ganó los comicios con una abrumadora mayoría; finalmente,

3

su tesón rindió frutos. Su mandato recibió bautizo de fuego, pues algunos liberales no aceptaban su derrota, pero esto ya no lo detendría.

La segunda parte, El apogeo, consta de nueve capítulos que presentan, en detalle, los métodos e instrumentos de que se valió Carías para consolidar y asegurar su continuidad en el poder. El ejército, la aviación y la empresa TACA, el atraso y el aislamiento de la población, las relaciones internaciones y la tolerancia ante la corrupción, son algunos de los aspectos que explican su permanencia durante dieciséis años. La oposición encabezada desde el exilio por el Partido Liberal, desarticulada y dividida, poco pudo hacer ante el control férreo ejercido por el dictador en todas las esferas de la vida nacional.

La tercera parte aborda el inevitable ocaso del caudillo. Esta se divide en dos momentos: El inicio del fin, de 1949 a 1954, y el eclipse, de 1955 hasta su fallecimiento, en 1969. En el primero destacan las relaciones entre Carías y Gálvez, que se caracterizaron por el estira y afloja, él toma y daca. Carías pretendía conservar la mayor cuota posible de poder e influencia, y Gálvez intentaba crear sus propios espacios. El segundo momento se caracteriza por el distanciamiento creciente entre Carías y Lozano, y la emergencia de nuevos actores en la política y en la sociedad hondureña: las Fuerzas Armadas, las capas medias y el movimiento obrero organizado. El siglo XX, por fin, había llegado a estas tierras.

Finalmente se presentan las conclusiones, a manera de evaluación y síntesis, convencidos de que el lector sabrá formular mejor los juicios que fundamentan esta obra. Y, los anexos, que amplían y enriquecen la visión sobre los procesos descritos.

Tiburcio Carías Andino nació en el barrio Los Dolores de Tegucigalpa, el 15 de marzo de 1876, el mismo año que Marco Aurelio Soto ascendió al poder. Sus padres fueron Calixto Carías Galindo y Sara Francisca Andino Rivera. Recibió la educación primaria en la escuela de Mauricio White y, en 1893, se graduó de Bachiller en Filosofía en el Instituto Espíritu del Siglo, rectorado por el presbítero Antonio Ramón Vallejo.

Se licenció en Jurisprudencia el 16 de noviembre de 1898, en la

4

Universidad Central de Honduras, con la tesis «El establecimiento de las máquinas ha mejorado la condición de las clases menesterosas». Y, muy pronto, el 30 de noviembre del mismo año, se acreditó como abogado y notario. En 1900 fue magistrado en la Corte Segunda de Apelaciones de Tegucigalpa y, al año siguiente, fue nombrado director de la escuela primaria de varones en Tegucigalpa. Impartió clases de aritmética, álgebra y geometría en el Instituto El Porvenir, cuyo director era el escritor Esteban Guardiola. También fue catedrático de Derecho penal en la Facultad de Jurisprudencia y Ciencias Políticas de la Universidad Central de Honduras. Con apenas dieciocho años se inició en la turbulencia política de la época, pues acompañó a su padre en la campaña militar contra el gobierno de Ponciano Leiva, en 1892. En el municipio de Tatumbla, en 1893, recibió su bautizo de fuego en las guerras civiles, luchando al lado del caudillo liberal Policarpo Bonilla quien, con el apoyo del presidente de Nicaragua José Santos Zelaya, derrocó el gobierno de Domingo Vásquez.

También fue un opositor al gobierno de Terencio Sierra, cuyo congreso, controlado por los liberales, no reconoció el triunfo electoral de Manuel Bonilla Chirinos. En febrero de 1903 participó en la derrota del gobierno de Sierra, en El Aceituno y Coray, departamento de Valle: ese mismo año se le confirió el grado de coronel y contrajo matrimonio con Elena Castillo Barahona, su leal compañera de toda la vida, con quien procreó cinco hijos.

Sin embargo, pronto estaría luchando contra Manuel Bonilla quien, en febrero de 1904, asumió plenos poderes y disolvió el congreso. Entonces, Carías se unió a la campaña militar conducida por el general Miguel Rafael Dávila. Los liberales derrocaron el gobierno de Bonilla en marzo de 1907, y Dávila asumió la presidencia de la República.

Por su destacada participación en este conflicto recibió el grado de General de Brigada, y fue nombrado gobernador político y comandante de armas de Copán. En marzo de 1908 también se le nombró comandante de armas de Cortés, con asiento en San Pedro Sula. En 1910 ascendió a General de División, después de defender la plaza de San Pedro Sula contra una nueva invasión de Manuel Bonilla.

Pero Miguel R. Dávila fue obligado a renunciar en favor de Bonilla en marzo de 1911, y Carías Andino tuvo que emigrar a San Salvador. Cuando regresó a Honduras en 1914 -después de la muerte de Bonilla en 1913-, se asentó en la comunidad de Zambrano, al norte de Tegucigalpa, donde se dedicó a labores agrícolas en tierras de su propiedad. [1]

Aunque trató de mantenerse al margen de la actividad política por algún tiempo, en 1919 ya era vocal del Comité Central del Partido Nacional Democrático y redactor del periódico El Demócrata, vocero de ese partido, cuya membresía provenía principalmente del Partido Liberal Constitucional, fundado por Francisco Bertrand en 1916.

Cuando en 1921 murió Alberto Membreño, uno de los fundadores del partido, Carías asumió el liderazgo de la organización y, en 1922, el Partido Nacional Democrático fue rebautizado como Partido Nacional. Junto con Paulino Valladares y otras personalidades, se dedicó a organizar la maquinaria del partido en la capital y otras ciudades de la Costa Norte, mediante la formación de clubes, que facilitaron la afiliación de millares de ciudadanos.

La nueva organización era conservadora en temas sociales y económicos, interesada principalmente en recuperar las finanzas gubernamentales y en estimular la inversión extranjera. No obstante, reflejó muchas de las aspiraciones de la generación de hondureños que creció cansada de las guerras civiles que habían desorganizado la economía del país e impedían la administración efectiva del gobierno[2].

Tiburcio Carías supo interpretar estos anhelos y, a su manera, creó las condiciones para establecer el orden, aunque no el progreso ni la democracia. Odiado y amado, temido y respetado, implacable con sus enemigos, tolerante y generoso con sus fieles,

---

[1] Datos biográficos de Carías Andino tomados de: Gloria Esperanza Ferrera, et al. Gobierno del General Tiburcio Carías Andino: Marco histórico. Tesis para optar a la Licenciatura en Historia, UNAH, Tegucigalpa, 1985.

[2] Véase: Thomas J. Dodd, Portrait of a Honduran Political Leader. Baton Rouge, LSU Press, 2005.

él es el artífice de una época que marcó con huella indeleble a toda una generación de compatriotas, como lo demuestran estas páginas.

NOTA PRELIMINAR

Esta obra se basa, fundamentalmente, en correspondencia diplomática intercambiada entre los cónsules y la legación (después embajada) de los Estados Unidos de América en Honduras con el Departamento de Estado, en Washington. Se encuentra disponible en el Record Group (RG) 59.

En menor grado se utilizó documentación del Departamento de Guerra del gobierno estadounidense, incluida en los RG 226 y 165, así como del Departamento de Marina, en el RG 38. Toda cita bibliográfica que no indique el Record Group o legajo al que pertenece, debe entenderse que se refiere al número 59.

En las tres dependencias se encuentran despachos e informes sobre las condiciones políticas, económicas y sociales de Honduras en su conjunto, como de las ciudades donde el gobierno de EUA tenía acreditados cónsules y vicecónsules; instrucciones de las secretarias de Estado a los funcionarios diplomáticos, navales y militares; memorándums al Departamento de Estado; cartas interceptadas que intercambiaban los exiliados en diferentes países latinoamericanos; y, recortes de periódicos y hojas sueltas (pronunciamientos, manifiestos, etc.) de partidos políticos y organizaciones obreras.

Los documentos citados, que originalmente están en inglés, fueron traducidos al español por el autor de esta obra.

El dictador Carías Andino se dirige al Parque Central.
A su izquierda, Juan Manuel Gálvez, su ministro de Guerra,
Marina y Aviación.

PRIMERA PARTE: EL ASCENSO

CAPÍTULO I:
LAS ELECCIONES DE 1923
Y LOS PACTOS DE WASHINGTON

En octubre de 1923 se celebrarían elecciones para el cuatrienio 1924-1928, a fin de reemplazar al general Rafael López Gutiérrez, quien era el presidente constitucional desde el uno de febrero de 1920. Durante esos años, en Honduras, los procesos electorales siempre eran ensombrecidos por nubarrones de violencia latente, que podían estallar en el momento mismo que cualquiera de los candidatos considerara, justificadamente o no, que había sido despojado de la victoria en las urnas.

En este contexto, los partidos Liberal y Nacional empezaron los preparativos con la escogencia de candidatos. Los liberales presentaron varios aspirantes que, posteriormente, se redujeron a tres: los exmandatarios Juan Ángel Arias y Policarpo Bonilla, y el ministro de Relaciones Exteriores, Vicente Mejía Colindres, quien retiró su postulación el 31 de mayo de 1923.

Por su parte, el Partido Nacional proclamó, el 4 de junio de 1922, en Comayagüela, a Tiburcio Carías Andino y a Miguel Paz Baraona como sus candidatos a la presidencia y vicepresidencia, respectivamente. Carías había iniciado su campaña presidencial a principios de ese año; tenía 46 años de edad y estaba en la plenitud de sus facultades como político y militar. No obstante, el encarcelamiento de Paulino Valladares, su principal vocero y estratega político, y su traslado a las mazmorras de Omoa a mediados de 1922, significó que temporalmente no continuara promoviendo su candidatura y que su nombre no se mencionara por algún tiempo en los periódicos locales.

Pese a todo, el Partido Nacional iba consolidando su organización en torno a la candidatura de Carías; pero no sucedía lo mismo con el Liberal, cuyas fuerzas se polarizaban entre Arias y Bonilla. De ahí que los informes consulares estadounidenses empezaron a destacar el ascenso político de Carías. Desde Tela, se comunicó a la cancillería de los Estados Unidos lo siguiente:

"El nombre del General Tiburcio Carías es mencionado más y más favorablemente con el paso de los días... es posible que, si su auge continúa, los periódicos de la Costa estarán respaldándolo, ya que está al corriente de las condiciones en este litoral... el General Carías... ha sido, en varios momentos, profesor de Matemáticas, abogado, soldado y político...".[3]

Y el cónsul en La Ceiba informó:

"Sus seguidores proceden de las clases trabajadoras y de las filas de los pequeños comerciantes, algunos hombres de posición social y comercial... la gente trabajadora ve en Carías a uno de ellos... a un hombre honesto, pero no brillante, que administrará el Poder Ejecutivo a favor de los mejores intereses del país y.... de la clase trabajadora. Creen que es un trabajador y que insistirá en examinar todos los asuntos de interés en vez de dejarlos a cargo de subordinados. Lo consideran un hombre fuerte que pensará por sí mismo y que no será dominado por alguna camarilla, sea capitalista o política. En apoyo de estas creencias mencionan sus antecedentes cuando estuvo en el poder en San Pedro Sula... [los trabajadores] desean a un hombre fuerte, honesto..., desean comida y vestimenta más barata, más trabajo y mejores salarios. Desean saber que el ingreso del país está siendo aplicado a las necesidades del país. Sobre todo, desean libertad de la imposición militar y del disturbio civil. Creen que Carías podrá satisfacer sus deseos".[4].

Nuevamente, desde Tela, lo evaluaban así:

"Se cree que Carías tiene el mayor número de seguidores en la Costa Norte y también en el interior, aunque de esto último no tengo conocimiento personal... Es indudablemente... el escogido por el pueblo y sería electo en sufragios libres".[5].

De la misma forma, el ministro plenipotenciario (embajador)

---

[3] Carta de Albert H. Gerberich, vicecónsul de los Estados Unidos en Tela, al Departamento de Estado, 23 marzo de 1922, 815.00/2332.

[4] Carta de Sloan al Departamento de Estado, 10 de mayo de 1923, despacho 26, 815.00/2578. El cónsul en Puerto Cortés también hacía ver que en ese sector Carías era el candidato más popular, y el favorito de los trabajadores. Shaw al Departamento de Estado, 21 de junio de 1923, despacho 38, 815.00/2615.

[5] Carta de Wilkinson al Departamento de Estado, 13 de febrero de 1923, despacho 5-1-23, 815.00/2441.

Franklin Morales, desde Tegucigalpa, sostenía que el 85% de los seguidores del general Carías provenían de la clase trabajadora.[6] Pero no todas las opiniones de los diplomáticos estadounidenses lo favorecían. Para el caso, el encargado de negocios expresó: "Es uno de los típicos líderes militares rústicos centroamericanos, enteramente despojado de cultura, intolerante y prejuiciado en contra de todas las cosas extranjeras".[7]

Y el agregado militar para Centroamérica opinaba así:

"Relativamente desconocido hasta 1907, cuando fue hecho General en el Ejército del General López Gutiérrez... entre 1907 y 1911, Carías fue General del Ejército en servicio activo; al caer Dávila, fue destituido y ha vivido en su finca. Es muy popular, es de descendencia indígena".[8]

Los informes de los agentes diplomáticos también explicaban que, en diversas ocasiones, Carías había expresado públicamente que, de llegar al poder, prohibiría a la United Fruit Company expulsar a los hondureños de las tierras que diversos gobernantes le habían otorgado en concepto de concesiones; que evitaría que la empresa bananera presionara a los propietarios de las tierras para que las vendieran, y que haría que elevaran los salarios de los trabajadores de la Costa Norte.

Al preguntar a obreros de La Ceiba por qué lo respaldaban, respondían que lo hacían porque era un hombre inteligente, cuya integridad política nunca había sido cuestionada y porque no estaba bajo el dominio de capitalistas. Esta última razón fue enfatizada más que cualquier otra. De hecho, muchos votantes no vacilaban en afirmar que las compañías fruteras no lo podían dominar y que principalmente por esta razón, lo deseaban en el poder.[9]

---

[6] Carta de Morales al Departamento de Estado, 17 de mayo de 1923, despacho 374, 815.00/2591.

[7] Carta de Walker Smith al Departamento de Estado, 16 de octubre de 1923, 815.00/2521.

[8] War Departament, General and Special Staffs, Record Group (en adelante RG) 165, M-1488, microfilm 4.

[9] Carta de Sloan al Departamento de Estado, 20 de marzo de 1923, despacho 200, 815.00/2552.

De manera astuta y demagógica, Carías proyectaba una imagen de defensor de lo hondureño, de lo nacional, y apelaba a las aspiraciones económicas y sociales de los trabajadores. Pero rápidamente abandonó esas banderas, al comprender que la clave para impulsar sus aspiraciones presidenciales radicaba en la empresa más poderosa en el país: la United Fruit Company, que ya era una fuerza decisiva no solo en el ámbito económico, sino también político, pues determinaba el ascenso o la caída de cualquier mandatario hondureño, así como de los candidatos presidenciales. Es por eso que su temprana adhesión al liberalismo doctrinario decimonónico fue cediendo paso a un gradual conservadurismo político, que lo distanció cada vez más de sus correligionarios.

LA TRAMPA OFICIALISTA

Pero el ascenso de Tiburcio Carías no sería fácil ni rápido. Muchos obstáculos se interpondrían en su camino. Hábilmente, López Gutiérrez y sus cuñados, los hermanos Lagos, utilizaron una doble estrategia en su afán de perpetuarse en el poder y continuar usufructuando las rentas nacionales para su enriquecimiento personal.

Por un lado, alentaron las esperanzas y brindaron apoyo condicionado a los dos exmandatarios liberales, haciéndoles creer que cada uno de ellos era presidenciable; pero, al mismo tiempo, forzaron la situación al extremo de que se llegó a la ruptura del orden constitucional, y con ello a la imposición de un gobierno de facto, presidido por el Consejo de Ministros, que encabezaba el secretario de Gobernación, José Ángel Zúñiga Huete.

En cuanto al candidato opositor y sus seguidores, el gobierno de López Gutiérrez implantó una política de hostigamiento, persecución y represión, con la intención de forzar a Carías a que se lanzara a la revuelta armada para que automáticamente se autoeliminara, conforme a los pactos de Washington (véase anexo 1).

Estos acuerdos fueron celebrados por los países centroamericanos en la capital estadounidense, entre 1907 y 1923, bajo los auspicios del gobierno de los Estados Unidos. En opinión del historiador norteamericano Thomas Leonard, EUA intentó imponer sobre las naciones centroamericanas un orden político basado en el ideal del constitucionalismo, que propiciara la estabilidad política en el área, excluyendo la revolución y limitando el armamento de los ejércitos[10]. El artículo II del Tratado General de Paz y Amistad, celebrado el 7 de febrero de 1923, establecía que:

"Los gobiernos de las partes contratantes no reconocerán a ninguno que surja en cualquiera de las cinco repúblicas por un golpe de Estado o de una revolución contra el Gobierno reconocido, mientras la representación del pueblo, libremente electa, no haya reorganizado el país en forma constitucional. Y aun en este caso, se obliga a no otorgar el reconocimiento si alguna de las personas que resulten electas presidente, vicepresidente o designado, estuviere en cualquiera de los dos casos siguientes:

1) Si fuera jefe o uno de los jefes del golpe de Estado o de la revolución; o fuere por consanguinidad o afinidad, descendiente o hermano de alguno de ellos.

2) Si hubiese sido Secretario de Estado o hubiese tenido alto mando militar al verificarse el golpe de Estado o la revolución no al participarse la elección, o hubiese ejercido ese cargo o mando dentro de los seis meses anteriores al golpe de Estado, revolución o elección.

Tampoco será reconocido, en ningún caso, el Gobierno que surja de elecciones recaídas en un ciudadano inhabilitado expresa indubitablemente por la constitución de su país para ser electo presidente, vicepresidente o designado".[11]

Carías se percataba del dilema que afrontaba: si optaba por la vía de las armas, se truncaba su camino a la presidencia, al quedar legalmente inhabilitado; y si asumía una actitud pasiva ante la provocación oficial, disminuía su popularidad y el apoyo de sus simpatizantes.

---

[10] Thomas M. Leonard. U.S. Policy and Arms limitation. The Washington Conference of 1923. Los Angeles, Center for the Study of Armament and Disarmament, pp. 2, 8 y 9.

[11] Decreto N° 69, Diario Oficial La Gaceta, N° 6732, 8 de junio de 1925, p. 517.

Una facción del Partido Nacional, encabezada por Fausto Dávila -un respetado consejero de Carías y candidato aceptable en Washington- lo presionaba para que optara por la primera alternativa pues, al quedar descalificado, aumentarían las posibilidades de que Dávila asumiera la presidencia provisional.

A medida que transcurría el año 1923, los presagios se tornaban menos alentadores; Dana Muro, un funcionario de la cancillería estadounidense, especializado en Centroamérica y el Caribe, presentó un sobrio análisis:

"Honduras parece estar deslizándose hacia una revolución debido a la ambición de Carlos Lagos, el cuñado del presidente, para ser electo presidente, o si eso es imposible, colocar en ese puesto a uno de sus seguidores... al momento parece haber tres candidatos principales a la presidencia. Tiburcio Carías, un mestizo no educado, quien tiene considerable apoyo popular, parece haber asegurado el apoyo de la mayor parte del partido de la oposición, incluyendo a líderes exiliados como Fausto Dávila. Él sería un candidato formidable si se diera una elección verdaderamente libre, pero la hostilidad de todas las facciones hacia el partido en el poder haría difícil para sus seguidores obtener trato justo en la elección... el rasgo sobresaliente de la situación, sin embargo, es el hecho de que Lagos ha, aparentemente, logrado controlar la maquinaria gubernamental y su posición le permite controlar la elección".[12]

En 1923, al acercarse la fecha de las elecciones fijadas para los tres últimos días de octubre, se celebraron reuniones entre los candidatos, bajo los auspicios del ministro estadounidense Franklin Morales; el propósito era seleccionar un candidato de consenso, pero ninguno de los tres estaba dispuesto a renunciar a ser el siguiente gobernante.

En abril, el Departamento de Estado instruyó a Morales para que, de manera verbal e informal, hiciera saber a Carías la preocupación del gobierno norteamericano ante la posibilidad de un movimiento armado en Honduras y su deseo porque se llegara a un acuerdo político entre las distintas facciones y candidatos, a fin

---

[12] Carta de Muro a White, 15 de febrero de 1923, 815.00/2529.

de mantener la paz[13].

La correspondencia diplomática consultada revela que Morales fue más allá de las instrucciones impartidas por sus superiores, y su actitud causó resentimientos y aprehensiones entre los políticos hondureños. En repetidas comunicaciones, se le había indicado que Estados Unidos no deseaba crear la impresión de estar participando en negociaciones con el propósito de unificar el Partido Liberal o de seleccionar un candidato para enfrentarlo a Carías: "El interés de este gobierno es simplemente llegar a un acuerdo satisfactorio a todas las partes y calculado para asistir en el mantenimiento de la paz".[14]

El 7 de mayo de 1923 fracasó una nueva reunión entre los candidatos, ante la negativa gubernamental de aceptar un candidato de compromiso, a menos que fuera uno de sus partidarios. A finales de mayo, Carías confirmó que no se retiraría de la contienda porque sus seguidores se oponían y, además, porque el Partido Liberal debía solucionar su crisis interna, escogiendo a un único aspirante[15].

Pero ni Arias ni Bonilla estaban dispuestos a deponer su obsesión por llegar nuevamente al poder, aunque ello implicara dividir el voto liberal y mermar las posibilidades de que alguno de los dos resultara victorioso.

Los contendientes organizaban grupos de seguidores en los principales centros poblados del país, amén de gestionar apoyo material con los gobiernos vecinos. El Partido Liberal, por medio de López Gutiérrez, Zúniga Huete y Arias, negociaba el apoyo del presidente José María Orellana, de Guatemala; en tanto que los mandatarios de El Salvador y Nicaragua manifestaban su simpatía a la causa de Carías. Así, ambos bandos se preparaban para la acción bélica, si el resultado electoral les era adverso.

Nuevamente, en junio de ese año, el secretario de Estado, Charles Evans Hughes, insistió a Morales que hiciera saber a los

---

[13] Carta de Hughes a Morales, 28 de abril de 1923, 815.00/2561.

[14] Carta de Hughes a Morales, 8 de mayo de 1923, despacho 361, 815.00/2576.

[15] Carta de Morales al Departamento de Estado, despacho 389, 815.00/2596. Véase anexo 2.

18

contendientes que el Departamento de Estado "no tiene deseo de asistir a ningún candidato o partido político o de interferir en la elección con vista a controlar su resultado".[16]

Mientras, los cariístas eran hostigados, encarcelados y perseguidos; el ejército los reclutaba en Nacaome, Choluteca, Danlí y otras poblaciones; se ordenó el cierre de su órgano propagandístico El Cronista y, además, se libró orden de captura contra su director, Paulino Valladares, quien afirmaba que no tenían más alternativa que iniciar un movimiento armado, al no haber garantías para realizar elecciones libres[17].

Ante la crisis en ciernes, las iniciativas diplomáticas de Estados Unidos fueron de distinto tipo. Siguiendo el consejo de Dana Munro, entonces jefe asistente de la División de Asuntos Latinoamericanos en el Departamento de Estado, el secretario Hughes envió la acostumbrada nota diplomática expresando interés en el mantenimiento del gobierno constitucional en Honduras; su pesar si un candidato fuera impuesto o una revolución estallara; y su confianza en que el presidente López, quien había llegado al cargo como resultado de un movimiento popular que reivindicaba el principio de la libertad electoral, sostuviera este principio en la venidera elección. La nota, como otras de su tipo, fue menospreciada por la administración López Gutiérrez.

En su influyente estudio, The Five Republics of Central América, publicado en 1918, Munro pugnaba por el "establecimiento de una administración que represente a los mejores elementos en la comunidad... mediante un acuerdo entre los líderes partidistas". No sorprende, por tanto, que propusiera la misma solución para Honduras. El Secretario de nuevo siguió su consejo y expresó su esperanza de que pudieran encontrar una forma de evitar disturbios, bien mediante un acuerdo entre las facciones en torno a un candidato, o mediante la celebración de una elección libre.

En junio de 1923, el estancamiento político había creado tanta incertidumbre, que los esfuerzos estadounidenses para rehabilitar

---

[16] Carta de Hughes a Morales, 27 de Junio de 1923, despacho 558, 815.00/25.

[17] Carta de Morales al Departamento de Estado, 20 de septiembre de 1923, despacho 494, 815.00/2705.

las finanzas hondureñas estaban en peligro. Por tanto, Hughes dio un paso amenazante y, el 30 de junio, anunció que:

"La actitud del gobierno de Estados Unidos con respecto al reconocimiento de nuevos gobiernos en las cinco repúblicas centroamericanas, cuyos representantes firmaron en Washington, el 7 de febrero de 1923, un Tratado General de Paz y Amistad del cual Estados Unidos no fue signatario, pero en cuyas estipulaciones está en completo acuerdo, estará en consonancia con sus articulados".

Los candidatos no atendieron a este pronunciamiento, considerándolo como una bravuconada. Sin embargo, fue evidente que impresionó al presidente López Gutiérrez, quien posibilitó que la elección fuese lo suficientemente libre, de modo que Carías Andino recibió una pluralidad de votos[18].

El 6 de julio de 1923, con instrucciones precisas del Departamento de Estado, el ministro Morales emitió el siguiente comunicado:

"El gobierno de Estados Unidos deplora reportes de una revolución inminente en Honduras y desea enfatizar una vez más la grave situación en la que Honduras sería colocada si no es alcanzado un acuerdo satisfactorio... es de la firme opinión que el mejoramiento en la situación económica de Honduras... puede ser solamente implementada bajo la base de la paz política y la tranquilidad en ese país, alcanzada por el acuerdo de todas las partes en acatar el resultado de elecciones libres y justas... no tiene preferencia por determinado partido o candidato y no está dispuesto a ejercer influencia a favor o en contra de ningún candidato; ofrece cooperación, asistencia y apoyo a cualquier gobierno electo como resultado de la voluntad del electorado hondureño, por medio de elecciones libres y justas".[19]

Carías denunció las maniobras oficialistas; en una misiva que

---

[18] Theodore P. Wright Jr. «Honduras: A case study of free election in Central America». Hispanic American Historical Review, Vol. 40, mayo de 1960, pp. 218-19.

[19] War Departament. General and Special Staffs, 12 de julio de 1923, RG 165, M1488, micropelícula 4.

envió a Morales, señaló que se estaba cometiendo coacción electoral en favor de la candidatura de Policarpo Bonilla, a quien apoyaban con fondos públicos, en tanto que la prensa oficialista atacaba al Partido Nacional y a su candidato; además, indicó que don Policarpo era primo hermano, por afinidad, con el presidente López Gutiérrez y formulaba estas interrogantes: ¿Reconocerá el Gobierno de Washington al Gobierno de Honduras que surja de una coacción electoral? El partido que apoya una candidatura independiente, obligado por el poder público, a causa de persecuciones y atropellos, ¿puede alzarse en armas contra la imposición o el fraude? ¿Merecerá, en este caso, el reconocimiento del Gobierno Americano, el gobierno que surja de esa revolución?[20].

Los liberales realizaron su convención el 7 de agosto de 1923, en la que postularon a Juan Ángel Arias y a Miguel Oquelí Bustillo como candidatos a la presidencia y vicepresidencia; pero, Policarpo Bonilla ya se había proclamado como el candidato oficial, sin contar con la sanción oficial de su partido; además, por intervención de Carlos Lagos, el gobierno le había retirado el apoyo[21]. Morales calculaba que Arias podría triunfar, por el hecho de contar con la mayoría de votos en el Congreso y en la Corte Suprema de Justicia[22].

LA ENCRUCIJADA

Los comicios se realizaron del 27 al 30 de octubre, y los resultados oficiales fueron: Carías, 49.953 votos; Bonilla, 35.474; Arias, 20.839. La Constitución vigente, la decretada en 1894 y puesta nuevamente como Ley Fundamental en 1908, establecía

---

[20] Misiva de Carías a Morales, 2 de agosto de 1923, despacho 455, 815.00/2660.

[21] Morales al Departamento de Estado, 9 de agosto de 1923, 815.00/2672.

[22] Las elecciones realizadas el 29, 30 y 31 de octubre de 1922 para reemplazar un tercio de los escaños en el Congreso Nacional, dieron el siguiente resultado: diputados oficialistas, 6; carlistas, 5; y policarpistas, 3. Los seguidores de Carías procedían de Choluteca, Gracias, Yoro y Santa Bárbara.

que, si un ganador no obtenía la mayoría absoluta, correspondía al Poder Legislativo seleccionar al presidente, vicepresidente y magistrados, entre los ciudadanos que hubieran obtenido para cada cargo mayor número de sufragios.[23]

De acuerdo con los votos emitidos, la mayoría absoluta se constituía con 53.134, cantidad que Carías no alcanzó por una diferencia de 3,182, aunque derrotó a Bonilla por 14.479 y a Arias por 29.114[24]. Munro opinaba que Carías hubiera obtenido, sin duda, la mayoría absoluta si las autoridades no hubieran usado la intimidación y el fraude para derrotarlo. Morales también consideró que Carías habría obtenido la mayoría constitucional, pero que la acción de Juan Ángel Arias, apelando a las armas, intimidó a los simpatizantes de Carías, quien actuaba en armonía con don Policarpo, debido a la mutua antipatía hacia Arias.[25]

De esta forma se repitió lo ocurrido en 1903: tres candidatos se habían postulado a la presidencia, sin que ninguno alcanzara la mayoría absoluta para ser proclamado, oficialmente, el triunfador.

Y se intensificaron las propuestas y contrapropuestas. Arias propuso ser el presidente, a cambio de rembolsar a Carías los gastos en que había incurrido durante la campaña electoral; de nombrarlo embajador en París o México; de otorgarle dos puestos en el futuro gabinete y dos magistraturas en la Corte Suprema, así como el 30% de los empleos públicos para sus seguidores. Pero Carías rechazó la oferta y más bien propuso a Arias términos similares, si desistía de su candidatura; Carías estaba anuente a transar con Arias o con Bonilla, siempre que él fuera electo presidente.

El gobierno guatemalteco, por su parte, intentó que Arias favoreciera con el voto de sus diputados a Carías, a cambio de

---

[23] Augusto C. Coello. El Digesto Constitucional de Honduras. Tegucigalpa, Soto, 1978, p. 366.

[24] William S. Stokes. Honduras: An Area Study in Government. Madison, University of Wisconsin Press, 1950, p. 247.

[25] Misiva de Munro a White, 21 de diciembre de 1923, 815.00/281. Morales afirmó que la intimidación y la violencia impidieron que Carías recibiera una mayoría de, al menos, treinta mil votos. Morales al Departamento de Estado, 1 noviembre de 1923, 815.00/2752.

puestos lucrativos para él y sus seguidores; la iniciativa la presentó por medio de Alfredo Schlesinger. En compensación, Carías cedería al gobierno guatemalteco el territorio que disputaba con Honduras, lo que también había prometido Arias. Pero, nuevamente, Carías rechazó la propuesta[26].

Carlos Lagos había jurado públicamente que nunca consentiría que Carías llegara a la presidencia. Ni él ni el ministro de Gobernación, José Ángel Zúniga Huete, permitirían que el Congreso Nacional eligiera a Carías, a menos que fuera el resultado de una coalición entre éste y Arias, lo que protegería tanto a Lagos como a Zúñiga Huete. Mientras, la convención del Partido Nacional, que clausuró el 28 de noviembre, resolvió que no estaba autorizada para aceptar la renuncia de Carías, sosteniendo que lo apoyaba el 80% del pueblo.

En una conversación sostenida entre Arias y Morales se contempló la posibilidad de tal alianza con Carías, si éste recibía cierto número de ministerios, puestos públicos para sus seguidores, nombramiento de varios comandantes de armas y el pago de sus gastos de campaña, calculados en cincuenta mil pesos oro.[27]

Pero la obsesión por el poder tornaba inflexibles a los tres candidatos, impidiéndoles alcanzar un consenso. La opción bélica era inminente y los contendientes se aprestaban a conducir al pueblo a un nuevo baño de sangre. Así, 1923 finalizó con sentimientos de incertidumbre y presagios de tormenta.

---

[26] Despacho 830, 7 de diciembre de 1923. Schlesinger era corresponsal en Guatemala del periódico El Demócrata, vocero de don Tiburcio. Fred T. Cruiser, 17 de febrero de 1928, RG 165, reporte 14.

[27] Inteligence Report. Condiciones políticas. 17 de diciembre de 1923, RG 165, M1488, micropelícula 4.

CAPÍTULO II:
LA GUERRA CIVIL DE 1924

Nuevamente Carlas debla encarar la disyuntiva que lo haba perseguido a lo largo de 1923: aceptar un resultado que podía serle adverso por ser el candidato opositor, o cuestionarlo por la vía armada, que inmediatamente lo excluía de poder constituirse en el presidente constitucional, por las razones ya explicadas.

Para consolidarse e intimidar a la oposición, el 18 de diciembre de 1923 el gobierno de López Gutiérrez decretó la ley marcial en todo el país; el diputado nacionalista por Choluteca, Emilio Williams, fue asesinado y su colega, Felipe Reyes, encarcelado; además, arrestaron a muchos cariístas.

El Departamento de Estado había llegado a la conclusión de que la política de no reconocer a los gobiernos que hubieran alcanzado el poder por la fuerza de las armas podía ocasionar más desventajas que beneficios, si se limitaba al apoyo de Estados Unidos a los gobiernos constituidos, aun si surgían de elecciones fraudulentas; a la vez, impedía la resistencia armada de la oposición. En diciembre de 1923, Hughes advirtió que:

"El gobierno de los Estados Unidos encontraría tan completamente difícil reconocer una administración colocada en el puesto por medio de medidas represivas por parte de las autoridades existentes, como reconocer una administración que llegara al poder por cualquier otro procedimiento inconstitucional".[28]

Después de las elecciones aumentaron los rumores sobre la posibilidad de un autogolpe por parte de la familia Lagos, en alianza con Zúñiga Huete; los parientes políticos de López Gutiérrez ejercían una extraordinaria influencia en el mandatario, y éste, con su control sobre las fuerzas policiales, aportaba un elemento de coacción indispensable para llevar adelante los planes aludidos.

Por otra parte, los tres candidatos renovaron los intentos por

---

[28] Misiva de Hughes a Morales, 21 de diciembre de 1923, citada por Wright Jr. Op.cit., p220.

celebrar alianzas, a fin de aumentar sus posibilidades de ser electos por el Congreso. Así, Carías y Bonilla se pusieron de acuerdo para que la presidencia del Poder Legislativo recayera en el policarpista Ángel Sevilla.

El 1 de enero de 1924 se inauguró la primera sesión de la Cámara, con el único propósito de decidir cuál de los tres candidatos sería el próximo gobernante. Las posibilidades de que Arias fuera el elegido aumentaban, pues contaba con la mayoría de los diputados: veinte; en tanto que Carías y Bonilla contaban con dieciséis y diez, respectivamente. Pero ninguno contaba con las dos terceras partes de los votos necesarios para ser electo.

El día 4 el Congreso no pudo sesionar ante la presencia intimidatoria de la policía en la sala de reuniones, y debido a que el presidente López Gutiérrez se negó a enviar soldados a la Asamblea Legislativa, como medida de protección para los diputados de la oposición. Ya entonces era evidente que el Presidente había retirado su apoyo a Bonilla -quien inicialmente se perfilaba como el candidato oficial-; y se había parcializado totalmente en favor de Arias, quien a la vez era respaldado por Zúñiga Huete.

Ese fue otro error del Presidente pues, sin duda, el hombre más prestigioso y con mayor arrastre popular dentro del liberalismo era don Policarpo; las recientes elecciones lo habían demostrado. Este yerro del Ejecutivo sólo era explicable por la ya apuntada influencia que su esposa y cuñados, particularmente Carlos, ejercían sobre su débil carácter. De hecho, puede afirmarse que, en enero de 1924, el poder real había escapado del control de López Gutiérrez y lo ejercía férreamente la facción Arias-Lagos-Zúniga Huete, que contaba con algún apoyo del presidente Orellana de Guatemala.

López Gutiérrez repetiría el mismo error que Francisco Bertrand en 1919, al intentar imponer un candidato oficial. Si la tentativa de Bertrand condujo a la guerra civil de 1919, que concluyó con su caída y exilio, resultados igualmente catastróficos provocaría la decisión de López Gutiérrez. Un nacionalista y un liberal, en el lapso de cuatro años, cometieron el mismo trágico yerro.

El Ministro estadounidense, siguiendo instrucciones de sus superiores, trató nuevamente de reunir a los tres aspirantes con miras a llegar a un entendimiento. El 10 de enero logró convocarlos, pero sin resultado, ya que sus posiciones eran cada vez más rígidas; Arias rehusó llegar a un compromiso, sosteniendo que el Congreso era quien debía elegir al sucesor de López Gutiérrez; posición similar adoptó Carías, afirmando que el Congreso debía continuar sus sesiones sin interrupción. Bonilla decía estar dispuesto a retirarse y aceptar cualquier arreglo satisfactorio para los otros dos contendientes; que sus seguidores no llevarían el país al desastre, independientemente de cómo se solucionara el problema, y que era necesario impedir que la administración López continuara más allá del uno de febrero, cuando concluía su mandato. El único punto en el que los tres estuvieron de acuerdo, fue que ninguno emprendería un movimiento armado antes de la fecha arriba señalada.

El 12 de enero, Carías visitó al embajador Morales y le propuso que cada uno de los aspirantes nombrara tres candidatos y que, de este grupo de nueve, el Departamento de Estado escogiera un designado. Arias favoreció esta idea, que implicaba que el Congreso declararía nula la elección presidencial; el designado fungiría como presidente provisional y convocaría a nuevos comicios. Pero, cuando Morales transmitió el plan al secretario de Estado, Hughes le contestó:

"La elección de un presidente o designado debe ser hecha solamente por los hondureños... los líderes políticos... deben tener la oportunidad de demostrar su voluntad y su habilidad de encontrar una solución para sus dificultades sin la intervención de ningún poder extranjero...".[29]

En aquel momento ya era un hecho que la ambición de poder prevalecía sobre los intereses nacionales y que las diferencias entre los candidatos eran irreconciliables. Cada cual se aferraba a su estrecho objetivo. Los seguidores de Arias utilizaban tácticas dilatorias para impedir que el Poder Legislativo eligiera al presidente; mientras, tanto él como Carías hacían preparativos

---

[29] Carta de Hughes a Morales, 18 de enero de 1924, 815.00/2816.

bélicos, procurando el apoyo de los gobernantes de los países vecinos.

El 24 de enero, López Gutiérrez envió una circular a los comandantes de armas, solicitándoles que lo apoyaran en su propósito de asumir la dictadura a partir del uno de febrero[30].

Un último intento de Hughes por evitar la guerra, fue extemporáneo; el 26 de enero instruyó a Morales en el sentido de que si López Gutiérrez adoptaba medidas para celebrar una nueva elección presidencial lo garantizara por escrito, y que convenciera a Carías y a sus seguidores de la conveniencia de participar en tal elección, y no apelar a las armas. Pero éste declinó la oferta y, en memorándum dirigido a Morales, respondió que el pueblo no confiaba en la celebración de elecciones libres bajo López Gutiérrez, debido a la represión desatada durante las elecciones de octubre; y, además, que el Partido Nacional objetaba la dictadura que pretendía implantar el mandatario, por ser contraria a la Constitución y por haber sido él, Carías, quien había obtenido una mayoría absoluta que el Congreso se negaba a reconocer[31].

Así rechazó el último intento de mediación del Departamento de Estado. La suerte estaba echada: López Gutiérrez y su facción habían decidido perpetuarse en el poder, aunque ello condujera al derramamiento de sangre y, eventualmente, a su espectacular caída. El precio que la nación tuvo que pagar por la ilimitada ambición de una camarilla cegada por el poder y la acumulación rápida de riqueza -a costa del erario, del cohecho y contubernio en la política concesionaria con las empresas fruteras, fue terrible.

UN DESENLACE CATASTRÓFICO

Carías y trescientos de sus seguidores abandonaron la capital el 30 de enero para coordinar operaciones bélicas con los otros

---

[30] Morales al Departamento de Estado, telegrama 10, 24 de enero de 1924, 815.00/2831.

[31] Hughes a Morales, 26 de enero de 1924, 815.00/2832; Carías a Morales, telegrama 13, 815.00/2836; Morales al Secretario de Estado, 3 de febrero de 1924, despacho 580, 815.00/3145.

caudillos militares partidarios de su causa: Vicente Tosta y Francisco Martínez Funes, así como Gregorio Ferrera, partidario del bonillismo. Esto motivo a Hughes a instruir a las legaciones estadounidenses en Centroamérica para que demandaran, de los respectivos presidentes, no permitir que se diera asistencia a los alzados en armas.

De Tegucigalpa, Carías se trasladó a San Juancito y Cantarranas, donde capturó el armamento de las fuerzas gubernamentales; luego se desplazó hacia Yuscarán, buscando enlazar con las fuerzas de Martínez Funes, que se encontraban del otro lado de la frontera con Nicaragua, y el 1 de febrero se proclamó presidente. Así, el país contaba con dos mandatarios, pues López Gutiérrez se había proclamado como dictador, al haber expirado su mandato constitucional el último día de enero de 1924. Ante las presiones diplomáticas de los Estados Unidos, únicamente ofrecía convocar a elecciones para elegir una Asamblea Nacional Constituyente.

Evidentemente, no solo sobreestimaba las fuerzas con que contaba, sino que parecía no apreciar objetivamente el sentido de la realidad, en un momento que la oposición se coaligaba y estaba acumulando tropas y pertrechos en el occidente, norte y oriente del país.

El 5 de febrero el Departamento de Estado le presentó un ultimátum: celebración de elecciones presidenciales y reorganización del gabinete (con el fin de desplazar a Zúñiga Huete); en caso contrario, Estados Unidos contemplaría el no-reconocimiento diplomático de su régimen, lo que efectuó el 9 de febrero, ante las evasivas de López Gutiérrez, que equivalían, de hecho, a una negativa.

De esta forma, Estados Unidos no reconocería a ningún gobierno en Honduras y continuaría sosteniendo gestiones diplomáticas únicamente de manera informal. Este fue el tiro de gracia para las posibilidades de consolidar la dictadura de López Gutiérrez. Como afirmó Dana Munro, "el reconocimiento de los Estados Unidos es el factor más importante para determinar si una administración puede mantenerse en Honduras".[32]

---

[32] Munro a White, 26 de enero de 1924, 815.00/2848.

Desde el 26 de diciembre, el Departamento de Marina de EUA, a requerimiento de Hughes, había despachado hacia Amapala el buque de guerra Rochester. Bonilla y sus partidarios rehusaron combatir a la oposición, por lo que sólo la facción Arias-Lagos-Zúniga Huete quedó apoyando a López Gutiérrez, prácticamente un rehén de su propia familia; al deteriorarse su salud, de por sí quebrantada, falleció el 10 de marzo, lo que no significó el fin de la guerra civil.

Las principales poblaciones de la Costa Norte cayeron en poder de las fuerzas opositoras, que se fueron aproximando a Tegucigalpa, encabezadas por Ferrera y Carías, quienes mutuamente se recelaban, pues desconfiaban de las intenciones del otro.

A petición del ministro Morales, las tropas norteamericanas a bordo del buque Denver, anclado en Amapala, ocuparon la capital el 19 de marzo, donde permanecieron durante 42 días. Pese a que el Departamento de Estado estaba en mejor posición que en 1919 para insistir en una solución de compromiso, la intervención, por sí sola, no tuvo éxito. Tan pronto una coalición de generales triunfaba, empezaban las disputas entre sí sobre quién debía ser el presidente, tal como había ocurrido en 1919. Cada facción, entonces, trató de obtener el apoyo de los líderes gubernamentales derrotados.[33]

El Departamento de Estado envió al diplomático Sumner Welles, en ese entonces destacado en Santo Domingo, para que negociara un acuerdo entre el gobierno y la oposición. Las reuniones, que contaron con delegados de las otras repúblicas centroamericanas, se realizaron a bordo del navío Milwaukee de la Marina de Guerra de EUA, fondeado en el Golfo de Fonseca. A partir de la caída de la capital, el 28 de abril, y luego de un prolongado y sangriento sitio:

"Los delegados cariístas finalmente se percataron que su causa había sido definitivamente derrotada. Se decidió formar un gobierno de coalición presidido por el general Vicente Tosta como presidente provisional. Pese a que él había participado activamente en la recién concluida guerra civil, lo que lo inhabilitaba

---

[33] Wright Jr., op. cit., p. 220.

legalmente para ejercer tal puesto al tenor de los pactos de Washington, Welles consideró que se había adherido a la revuelta hasta después de que el gobierno de López Gutiérrez dejó de ser un régimen constitucional; requisito que no era aplicable a Fausto Dávila, el candidato considerado inicialmente por Tosta, Carías y Ferrera".[34]

Estos emitieron una declaración en la que proclamaron a Dávila como presidente provisional y convocaron a una Asamblea Constituyente. La Cuyamel Fruit Co. también apoyaba a Dávila, pero la presión diplomática de Welles la forzó a respetar el acuerdo alcanzado; así, Tosta fue electo el 28 de abril, y tomó posesión el día 30.

Concluía así la lucha fratricida que ha sido considerada como la más sangrienta y costosa en la dramática historia nacional. Esta lucha fue desencadenada por la ilimitada ambición de aquel grupo del Partido Liberal que utilizó y manipuló la débil figura de López Gutiérrez para llevar adelante sus designios, haciendo caso omiso de la voluntad popular expresada en las urnas a favor de Carías. El desesperado intento por impedir su acceso a la presidencia, si bien fue logrado en el corto plazo, a la larga resultó fallido; y Carías se cobraría con creces, a su debido tiempo, la persecución a que había sido sometido.

Es también entre 1923 y 1924 donde debemos ubicar la génesis de la rivalidad política y personal entre dos caudillos: Carías por el nacionalismo y Zúñiga Huete por el liberalismo. A partir de aquí, sus destinos se entrecruzarían y moldearían el desarrollo de sus respectivos partidos por un cuarto de siglo. Las tensiones y conflictos se irían acumulando y, nuevamente, estallarían en el campo de batalla hacia finales de 1932.

El periodo intermedio únicamente marcaría un compás de espera, que solo presentaba una alternativa, dada la personalidad inflexible y autoritaria de ambos: la victoria y el poder para uno, la derrota y el exilio para el otro. No admitía término medio. Y esa rigidez de criterios ocasionaría un nuevo derramamiento de sangre,

---

[34] Dana G. Munro. The United States and the Caribbean Republics, 1921-1933. Princenton University Press, 1947, p. 134.

derroche de recursos y energías en la convulsionada Honduras, para perjuicio de la nación y beneficio de los intereses diplomáticos y comerciales extranjeros, tanto centroamericanos como estadounidenses, que apoyaron a uno u otro bando de acuerdo con sus objetivos e intereses.

CAPÍTULO III:
EL GOBIERNO PROVISIONAL
DE TOSTA Y LAS ELECCIONES DE 1924

Como producto de las conferencias celebradas a bordo del Milwaukee, avaladas por representantes de las otras naciones y que culminaron el 5 de mayo con el llamado Pacto de Amapala, una Asamblea Constituyente iniciaría la redacción de una nueva Constitución; después de su aprobación, se celebrarían elecciones presidenciales para las que no se postularía Tosta.

Pronto se presentaron las primeras tensiones dentro del gobierno provisional, ya que el Presidente se inclinaba a favorecer a Carías; lo nombró ministro de Gobernación, y a cinco de sus seguidores en otros cargos en el gabinete. Esto provocó recelo no solo en los liberales, sino también en Ferrera y Martínez Funes, quienes favorecían la candidatura de Fausto Dávila. Se violaba así el acuerdo recién logrado, que contemplaba el reparto equitativo de los puestos públicos.

La política del Departamento de Estado era contraria a las aspiraciones presidenciales de ambos, pues consideraba que habían participado activamente en la guerra civil recién concluida. De este modo, envió instrucciones a Morales, a fin de que comunicara a Tosta que el gobierno norteamericano no reconocería a Carías ni a Dávila, en el caso que alcanzaran la presidencia; además, demandaba que Tosta garantizara que las elecciones para integrar la Asamblea Constituyente y las presidenciales se realizarían con absoluta libertad. Para esto, el gobierno debía adoptar medidas adecuadas, permitiendo que ambos partidos participaran. Previamente, Tosta tendría que emitir una declaración pública con respecto a sus intenciones.

El 2 de mayo, Tosta convocó a una Asamblea Nacional Constituyente y, el día 9, decretó una amnistía que favorecía a los opositores. A Hughes le preocupaba que Carías, desde su puesto ministerial clave, manipulara el resultado electoral a su favor y que, al tratar de imponer su candidatura, otros miembros del gabinete, particularmente Ferrera, renunciaran y apelaran nuevamente a las armas. De hecho, las tensiones entre éste y Carías se profundizaban: Ferrera apoyaba a Dávila y el segundo insistía en su candidatura presidencial. Morales informó que Ferrera había afirmado que, antes de aceptar la candidatura de Carías, abandonaría la capital, "lo que puede ser interpretado como una declaración de guerra".[35] En mayo, Hughes envió una nota al Ministro en Tegucigalpa:

"La actitud de este gobierno con respecto al reconocimiento de algún nuevo gobierno en Honduras haría sin duda muy difícil... reconocer una administración presidida por Carías, quien fue el primer líder revolucionario en lanzarse a la guerra y quien rehusó acceder a las sugerencias que hizo este gobierno con vista a llevar a cabo una solución pacífica de las dificultades...".[36]

Se inició así un forcejeo político-diplomático entre el Departamento de Estado, por una parte, y Carías y sus consejeros por la otra; el primero insistía en que desistiera de sus aspiraciones presidenciales, y los segundos se aferraban al derecho de Carías a postularse nuevamente, ya que consideraban, justificadamente, que él había vencido en los comicios de 1923.

Carías se mantenía inflexible, pese a que Tosta ya le había planteado, en reunión del 12 de julio en la legación estadounidense, la necesidad de que retirara su candidatura. Paulino Valladares también había concluido que, bajo las actuales circunstancias, no era posible promover su postulación; ante la insistencia de Carías, comenzó la ruptura entre ambos, la cual fue definitiva cuando Paz Baraona ascendió al poder. Valladares, de hecho, se constituyó en el principal opositor a la postulación de Carías dentro del nacionalismo.

Morales comunicó la confidencia que le había hecho el director de El Cronista, en el sentido de que para el Partido Nacional era necesario buscar otro candidato, para lo cual pensaba convocar a los líderes, contando para ello con los generales Ferrera y Martínez

---

[35] Telegrama de Morales al Departamento de Estado, 20 de mayo de 1924, 815.00/3172.

[36] Hughes a Morales, 23 de mayo de 1924, 815.0/3172.

Funes[37]. Para contrarrestar la presión del Departamento de Estado, en un telegrama de tono conciliador y a la vez ambiguo, Carías expresó a Hughes:

"No he considerado conveniente bien aceptar o rechazar mi candidatura, debido a que esto debe depender en todo caso de los intereses nacionales con respecto a nuestras relaciones internacionales, debido a que, por, sobre todo, yo deseo la paz y prosperidad de mi país y marchar en perfecta armonía con los objetivos políticos del país de Su Excelencia".[38]

En la misma nota se quejaba de la "profunda animosidad" demostrada hacia él por el ministro Morales quien, por su parte, había solicitado a sus superiores ser relevado del cargo; a mediados de agosto entregó la embajada a su sucesor, Stokeley Morgan.

El intento de los caudillos victoriosos, incluyendo a Tosta, por presentar un candidato nacionalista de conciliación -José María Casco, acompañado en la vicepresidencia por Ramón Alcerro Castro-no contó con la aprobación del Departamento de Estado, que argumentó que el gobierno provisional debía mantener una actitud imparcial.

Al mismo tiempo instruyó a Morales para que demandara de Tosta una declaración pública, aclarando que la escogencia de Casco no significaba que el gobierno provisional impediría otras candidaturas y que la influencia del gobierno no sería utilizada para favorecer a ninguna. Además, amenazaba con la posibilidad de que EUA retiraría su "apoyo moral" al gobierno provisional, si no garantizaba una elección libre de imposiciones.

Carías y sus consejeros, de acuerdo al ministro Morales, se aferraban a la idea de que la política de Estados Unidos, con respecto al reconocimiento de gobiernos extranjeros, era aceptar hechos consumados y, por ello, si conseguían alcanzar la presidencia, reconocería su administración. Sin embargo, la posición inflexible del secretario de Estado Hughes los convenció de que debían desistir, al menos por el momento. Es cierto que

---

[37] Telegrama de Morales al Departamento de Estado, 20 de mayo de 1924.

[38] Carías a Hughes, s.f, recibido en Washington el 13 de julio de 1924, 815.00/3212.

enviaron a Luis Bográn a Washington para que intercediera por Carías ante el Departamento de Estado, pero su visita no produjo resultados positivos.

CARÍAS CONSOLIDA SU INFLUENCIA

Entre tanto, la oposición de Ferrera al gobierno de Tosta se acentuaba, debido a su aún visible apoyo a Carías. Ferrera renunció al ministerio de Guerra y, el 6 de agosto, se produjo la ruptura definitiva entre los principales artífices de la victoria militar contra las fuerzas de Arias-Lagos-Zúñiga Huete; ese día abandonó la capital con sus seguidores, la mayoría indígenas intibucanos y gracianos, acusando al gobierno de haber intentado asesinarlo.

Se inició así una nueva guerra civil, que culminó con el éxito de las fuerzas gubernamentales. Tosta se puso al frente de la tropa y derrotó a Ferrera el 5 de octubre en Ajuterique; y, el 3 de noviembre, Martínez Funes venció en Choluteca a otro grupo de ferreristas. Con ello se consolidó la influencia de Carías, pese a seguir vigente el embargo decretado por Washington para la compra de armamento.

Paralelamente, el liberalismo y sus dirigentes vieron prácticamente perdidas sus posibilidades de tener algún grado de influencia en el gobierno provisional. Lo mismo ocurrió en el seno del Partido Nacional con Fausto Dávila, quien quedó marginado definitivamente, porque entró en abierta pugna con Carías. Ferrera era la única amenaza real para la estabilidad del gobierno de Tosta y para los objetivos de Carías y sus seguidores.

Pero, en el camino de Carías, se seguía interponiendo la política estadounidense con respecto a los gobiernos que alcanzaban el poder por la vía armada. Esa política no era específica ni exclusivamente anticariísta; de hecho, los altos funcionarios del Departamento de Estado admitían, en su correspondencia interna, que en una elección honesta Carías era el candidato con mayores posibilidades, pero comprendían que su credibilidad sería cuestionada en Centroamérica, si hacían excepciones.

Así, el nuevo representante diplomático siguió presionando tanto a Tosta -cuyo prestigio militar había aumentado luego de su decisiva victoria sobre Ferrera- como a Carías, a fin de que retirara su candidatura; obviamente, esto constituía una interferencia en el derecho del pueblo hondureño de escoger al candidato de sus simpatías.

Carías manifestó a Morgan que anunciaría su renuncia ante la convención del Partido Nacional, y que dejaría que los delegados escogieran a su sucesor, pero que abrigaba serias dudas respecto a si la convención era capaz de ponerse de acuerdo sobre la elección de otro candidato; temía que su retiro causara la división del partido, y que estallaran las hostilidades entre las facciones. Morgan expresó a sus superiores:

"Lo que realmente temía era que, como resultado de esto, algún otro partido pudiera ganar las elecciones si se diera completa libertad para votar; era... demasiado obvio el hecho que él considerara que, en caso de tal peligro, se inclinaría a 'salvar al Partido', permitiendo ser nombrado como candidato o instruyendo a los votantes para que emitieran sus votos a favor de él, a pesar de su anunciado retiro. Yo entonces le dije al General Carías... que su deber hacia su país no sólo hacía necesario que declinara la presidencia, sino que también dictaba que debía usar su influencia, que era más grande que la de cualquier otro hombre en Honduras, para ver que el mejor candidato posible fuera seleccionado y darle al mismo su apoyo total y sincero... Le advertí que, si demoraba en hacer este anuncio hasta un día demasiado cercano a las elecciones, el pueblo podía insistir en votar por él, ya que no tendría tiempo de entender la situación o de convencerse que debía escoger a otro hombre".[39]

Como otra forma de presión, Morgan excitó a los ministros de Guatemala, Nicaragua y El Salvador para que visitaran a Carías y lo persuadieran de que renunciara a su postulación. El Departamento de Estado encaraba así una contradicción: por una parte, insistía en elecciones libres y honestas, que reflejaran la voluntad de la mayoría; y por otra, presentaba trabas al deseo del electorado de escoger a su candidato predilecto, en este caso Carías. A la ocupación militar de Tegucigalpa y a la misión

---

[39] Carta de Morgan al Departamento de Estado, 12 de noviembre de 1924, despacho 673, 815.00/33475.

mediadora de Welles, Washington añadió la presión diplomática por medio de sus representantes en Honduras.

Además, continuó el embargo de armas y frustró las posibilidades del gobierno para obtener préstamos, incluyendo una solicitud que éste había hecho al Banco Atlántida por 75 mil dólares[40], El 17 de octubre, Morgan opinaba:

"Es de la mayor importancia que el candidato para presidente del Partido Nacional, que probablemente será electo, sea un hombre que no sólo pueda ser reconocido por Estados Unidos, sino que también sea lo suficientemente fuerte para mantenerse en el poder después de la elección y que, en alguna medida, sea aceptable al Partido Liberal".[41]

Agregaba que, en su criterio, Fausto Dávila era aceptable para ambos partidos, pero que la influencia de Carías era demasiado fuerte como para permitir que fuera el escogido. Hábilmente, Carías anunció que su renuncia quedaba sujeta a la aceptación de la convención; y que, para evitar la fragmentación y el caos en el nacionalismo, debía aceptar la voluntad popular. En respuesta, Morgan advirtió a Tosta que la política del Departamento de Estado no había variado; que si Carías era electo no sería reconocido y que esa eventualidad llevaría al país a un desastre incalculable[42].

El 24 de noviembre, Carías presentó su renuncia a la convención (ver anexo 3) y, el día 27, una comisión del Partido Nacional visitó al Encargado de Negocios; le planteó que los votantes no comprendían por qué el candidato por ellos escogido debía ser eliminado por razones de política exterior. El 28 de noviembre, la convención decidió -por 21 votos a favor y 10 en contra-, que no tenía autoridad para aceptar la renuncia y que debía ser Carías quien solucionara el estancamiento político. De hecho, se había producido una división dentro del nacionalismo entre

---

[40] Richard Miller (editor). Honduras, a country study, 2ª edición, Washington, American University, 1983, p. 26.

[41] Morgan al Secretario de Estado, 17 de octubre de 1924, telegrama 216, 815.00/3416.

[42] Telegrama 243, 25 de noviembre de 1924, 815.00/3467.

aquellos que favorecían el retiro de su candidatura y los que insistían en mantenerla. Los primeros eran encabezados por Francisco Martínez Funes y Vicente Tosta; los segundos, por Salvador Aguirre, Antonio C. Rivera y Ramón Alcerro Castro.

El 2 de diciembre la convención, presidida por Venancio Callejas, clausuró sus sesiones reiterando que carecía de autoridad para aceptar la renuncia de Carías. Aconsejado por Saturnino Medal en el sentido de que continuara con su candidatura, ya que creía que el gobierno de EUA lo reconocería al enfrentarse a un hecho consumado-, Carías solicitó al presidente salvadoreño que, por medio de su representación diplomática en Estados Unidos, gestionara su reconocimiento en caso de ser electo; pero el gobernante rechazó la petición. Morgan resumía así las opciones de la situación política hondureña:

1) La elección de Carías por medio de la insistencia popular; el electorado votaría por él, a pesar de su retiro.

2) La posposición indefinida de las elecciones por lo que, de acuerdo a la Constitución, el presidente de la Corte Suprema, Felipe Reyes, asumiría el poder el uno de febrero de 1925; con ello Carías, que era amigo cercano de Reyes, contaría con una fuerte dosis de influencia.

3) Si se posponían las elecciones, que Tosta declarara su intención de continuar en la presidencia por un año más.

4) Que Carías intentara alcanzar la presidencia por medio de un golpe de Estado, proclamándose dictador; con ello perdería la posibilidad de ser reconocido por el gobierno de Estados Unidos.

5) Que los líderes se pusieran de acuerdo en torno a un candidato aceptable para la mayoría del electorado.[43]

Ante esas cinco alternativas, White, funcionario de la División de Asuntos Latinoamericanos, en memorándum al subsecretario de la cancillería de su país, sugirió cinco posibles vías:

1) Si Carías era electo, el gobierno de Estados Unidos debía permanecer firme y negarle el reconocimiento.

2) Si se posponían las elecciones y el presidente de la Corte

---

[43] Carta de Morgan al Departamento de Estado, 3 de diciembre de 1924, despacho 674, 815.00/3497

Suprema ascendía al poder, extenderle el reconocimiento y comunicarle a Carías que, habiéndose instalado un gobierno constitucional, la prohibición en contra suya, en su carácter de líder revolucionario, quedaba ipso facto removida, a menos que iniciara otro movimiento armado; en otras palabras, que la prohibición incluida en el Tratado de Paz y Amistad no era a perpetuidad, sino que su objeto era prevenir que caudillos participantes en acciones bélicas alcanzaran el poder inmediatamente después de una revolución; tal prohibición no se aplicaba si los involucrados llegaban a la presidencia por la vía constitucional.

3) Si se posponían las elecciones y Tosta declaraba su intención de permanecer en el puesto por otro año, debía comunicársele que tal acto era inconstitucional, y el Departamento de Estado debía emplear su influencia para que depositara el mando en el presidente de la Corte Suprema.

4) Si Carías intentaba un golpe de Estado, debía usarse toda la influencia en contra de tal acción y rehusar reconocerlo en caso de que lograra el éxito; y posponer las elecciones como solución de compromiso.

5) La quinta posibilidad sería la ideal: que los líderes se pusieran de acuerdo en un candidato aceptable al pueblo, y que lo eligiera el 28 de septiembre[44].

De esa manera y por segunda vez, se le negó a Carías la presidencia. Pero estos obstáculos, lejos de quebrantar su voluntad, tuvieron el efecto contrario: ahora, con más empeño, decidió persistir, pues sabía que el tiempo estaba a su favor. Su alto grado de popularidad seguía intacto y más bien se había acrecentado por el hecho de no poder ser presidente a causa de las injerencias extranjeras.

La Asamblea Constituyente convocó a elecciones para el 28 de diciembre. El Partido Liberal anunció que se abstendría de participar, argumentando que no había suficiente tiempo para realizar su campaña electoral, dada la proximidad de la fecha escogida. El Departamento de Estado no solo desechó su petición de que fueran pospuestas, sino que también advirtió que, cualquier

---

[44] Carta de White a Grew, 23 de diciembre de 1924, 815.00/3497.

intento por impedirlas, significaría el apoyo de los Estados Unidos al gobierno de Tosta, a fin de que se celebraran en la fecha convenida y se instalara un gobierno constitucional.

El hecho es que el liberalismo no se había recuperado de su derrota electoral y del fraccionamiento ocurrido antes y después de la misma, lo que causaba desorganización y desmoralización en sus filas. Ante esta situación, aunada a la popularidad del candidato nacionalista, optó por no participar, al comprender la improbabilidad de obtener una victoria.

Aunque el Partido Liberal señalaba que las elecciones se llevarían a cabo a los pocos días de haberse levantado el estado de sitio y que sus militantes en el exilio no tenían garantías para regresar al país de manera segura, también era cierto que sus propios dirigentes lo habían conducido al borde de la extinción. El control del poder, lejos de fortalecerlo, lo había debilitado en razón de las políticas autodestructivas y carentes de visión política de sus principales representantes.

A Morgan le preocupaba la posibilidad de que si Carías conseguía retener su candidatura, o si renunciaba, apelando al pueblo para que votara por él, pese a su retiro, se hubiera inyectado un elemento nacionalista en el ambiente, ya que «en todas las clases sociales hay un fuerte sentimiento antinorteamericano»; por tanto, solicitó la presencia de un buque de guerra en la Costa Norte, durante el período comprendido entre el anuncio público del retiro de Carías y la fecha de las elecciones[45].

Carías pudo intentar ser electo, a pesar de renunciar a su candidatura, pero tuvo el tacto suficiente como para apoyar activamente a Miguel Paz Baraona, quien fue su compañero de fórmula en las elecciones de 1923; así, se desplazó a la Costa Norte para hacer campaña electoral a su favor. Además, comprendió que era una actitud suicida continuar oponiéndose a la política exterior estadounidense.

---

[45] Carta de Morgan al Secretario de Estado, 18 de diciembre de 1924, despacho 683, 815.00/3516.

Nostálgico de poder, Carías volvió a buscar la presidencia.

CAPÍTULO IV:
PAZ BARAONA Y CARÍAS:
EL PODER DISPUTADO

El doctor Miguel Par Baraona tomó posesión de la presidencia el 1 de febrero de 1925 para el cuatrienio 1925-1928; fue electo con 72.021 votos. El gobierno de EUA restableció relaciones diplomáticas con la nueva administración, las que - como se recordará- habían sido suspendidas al instaurarse la dictadura de López Gutiérrez.

Paz Baraona llegó al poder como candidato de transición y compromiso de los dirigentes del nacionalismo: Carías, Tosta y Martínez Funes. Esa fue una de las razones, tal vez la principal, para que su gobierno se viera obstaculizado por un sector de su propio partido, encabezado por Carías, el canciller Salvador Aguirre, el vicepresidente Presentación Quesada, el ministro de Instrucción Pública Antonio C. Rivera y el secretario de Hacienda, Ramón Alcerro Castro; lo apoyaba otra facción dirigida por Paulino Valladares y Venancio Callejas-presidente del Congreso Nacional-, Juan Manuel Gálvez y Rafael Díaz Chávez.

Desde los primeros meses de su mandato se perfilaron el antagonismo y las tensiones que caracterizarían las relaciones, tanto políticas como personales, entre Carías y Paz Baraona. Éste supo, a pesar de todo, imprimir un sello propio a su gobierno; trató de incorporar a la burocracia no solo elementos de su partido, sino también de la oposición. Esta iniciativa lo distanció del sector carista que, de hecho, pasó a constituirse en opositor; muchas de sus políticas e iniciativas fueron bloqueadas o derrotadas en el Congreso, controlado por los diputados de Carías, que había sido electo jefe supremo del Partido Nacional el 29 de marzo de 1925.

Las discrepancias afloraron cuando se integró el gabinete y el Presidente deseaba nombrar a Alfonso Guillén Zelaya como su secretario privado, pero Carías lo forzó a desistir. Paulino Valladares -quien ejercía considerable influencia sobre Paz Baraona-, en las páginas de El Cronista lanzó una campaña contra Carías y sus seguidores, bajo el lema «Administración contra política personalista»; propuso que los cariístas fueran destituidos de sus cargos, especialmente Aguirre, Rivera y Alcerro Castro, y que Carías fuera despojado del mando militar, a fin de satisfacer las demandas de otros sectores y alcanzar la paz[46].

Dennis informó que, durante una visita que Valladares le hizo en la legación, había afirmado que los liberales nunca dejarían en paz al gobierno, en tanto Carías permaneciera como el poder detrás del Presidente y continuara promoviendo su futura campaña política; a la vez, opinaba:

"Mi opinión es que la eliminación del general Carías sería un paso feliz en la dirección de la paz, previsto que se llevara a cabo en conjunción con la eliminación de los generales Ferrera y Tosta y todos los otros líderes políticos-militares dominantes. Considero tal logro irrealizable bajo las condiciones existentes y no veo que nada se gane con el reemplazo del general Carías por el general Ferrera o cualquier otro caudillo militar del mismo tipo. También considero imposible para el presidente Paz, o cualquier otro presidente civil, gobernar a Honduras en la empobrecida condición del país y bajo la desorganización general de la administración, sin la cooperación de un fuerte líder militar. Las objeciones al general Carías se basan, especialmente, en el deseo de otros de reemplazarlo y en la renuencia a que él tenga tres años de influencia en la administración con la cual prepararse para las siguientes elecciones. Contra el general Carías, todos los argumentos aplicables a un caudillo pueden presentarse exitosamente, incluyendo el hecho de que muchos de sus seguidores son criminales para quienes él obtiene puestos en los que cometen innumerables abusos. Sin embargo, el carácter, antecedentes y seguidores de su inmediato rival, el general Ferrera, no ofrecen nada mejor. A favor del general Carías debe decirse que no se ha enriquecido mediante la política y sigue siendo un hombre pobre".[47]

---

[46] Carta de Dennis al Departamento de Estado, 8 de junio de 1925, despacho 783, 815.00/3765.

[47] Ídem.

UNA TREGUA FORZADA

Carías, por medio de los generales Tosta y Martínez Funes, trató de persuadir a Paz Baraona para que dimitiera; éste les replicó que le presentaran la petición por escrito, a lo cual se negaron los emisarios. El deterioro de las relaciones había llegado a un punto cercano a la ruptura; esto motivó al embajador norteamericano a convocar a una reunión en la sede diplomática, a la que invitó a Paz Baraona, Carías, Tosta y Martínez Funes; el propósito era llegar a un compromiso y a un equilibrio, y que las partes cedieran, parcial y mutuamente, en sus posiciones. Como resultado, los participantes firmaron el documento titulado "Acuerdo entre el Presidente de la República y los Jefes de la Revolución Reivindicadora", cuyos términos eran:

1) El primero de los suscritos, Presidente de la República, declara que tomando en cuenta la magnitud y sacrificios del Partido Nacional, su gobierno se desarrollará sobre su constante y leal entendimiento con los demás que suscribimos, Jefes de la Revolución Reivindicadora.

2) El Presidente confía en la lealtad de los jefes antes nombrados y de los miembros de su actual gabinete.

3) El Presidente hará los nombramientos de altos empleados de acuerdo a los mencionados jefes.

4) Todos los suscritos intercambiarán ideas sobre la dirección general que debe seguir el gobierno en la política del país para la marcha armónica de la administración pública.

5) No se hará ningún trabajo para la sucesión presidencial, sino hasta la fecha que señala la Constitución.

El contenido de este documento, aunque aparentemente significaba el recíproco otorgamiento de concesiones, de hecho, restringía el poder real y el margen de maniobra del Ejecutivo, lo que éste no estaba dispuesto a acatar; así, el forcejeo y el conflicto persistieron a ratos abierta y visiblemente, a ratos oculta y veladamente. Esto significó apenas una tregua, con el agravante de que no fue un acto espontáneo, sino prácticamente forzado; por ello los firmantes carecían del deseo sincero de acatarlo.

El embajador Dennis, al evaluar la naturaleza de esta crisis, consideró que se debía a un conflicto entre personalidades y no de principios; pero, en realidad había algo más que eso: era un choque entre dos concepciones distintas de cómo se debía administrar el país. Una se basaba en un gobierno unipartidista, en el que el poder debía ser usufructuado y disfrutado unilateralmente por el partido vencedor; la otra se fundamentaba en la necesidad de administrar el Estado con los miembros más capaces de ambos partidos, como requisito para armonizar los intereses de la elite política e iniciar un período de estabilidad, indispensable para el desarrollo del país.

En esa disputa, Carías contaba con varios factores a su favor: el apoyo de la mayoría de los dirigentes y bases del nacionalismo, el control de la maquinaria partidista en su condición de jefe supremo, y el mando sobre efectivos militares, al ostentar el grado de Comandante del Ejército.

Paz Baraona, por su parte, encontraba un apoyo condicionado y limitado de acuerdo a los intereses circunstanciales y a la modificación de las alianzas, a partir de los objetivos coyunturales del momento. Esto debe tenerse en cuenta al estudiar y valorar su período, particularmente su primer año de gobierno que, sin duda, fue el más crítico.

Se presentaba así una situación anómala. El ganador de las elecciones ejercía la presidencia sin una base política propia, lo suficientemente fuerte como para consolidarse e impulsar sus proyectos y, además, encaraba la hostilidad implacable de un sector influyente de sus propios correligionarios; esto causó que su control sobre el aparato estatal fuera débil. Para colmo, tuvo que enfrentar las rebeliones armadas de Ferrera y otros caudillos militares, así como la oposición del Partido Liberal.

Todo esto hace más relevante el hecho de que, hasta cierto punto, Paz Baraona fue capaz de hacer valer su autoridad, lo que contribuyó a consolidar su aureola de hombre íntegro, que deseaba el bienestar del país por encima de consideraciones partidistas. Las cuatro personalidades más influyentes en la década de 1920, Carías, Tosta, Ferrera y Martínez Funes eran militares, en tanto que Paz Baraona era civil; se anticipaban las tensiones que se originarían entre ambos poderes en años posteriores.

Se fueron delineando dos campos opuestos dentro del

nacionalismo: el constituido por Carías, Quesada, Aguirre, Rivera y Alcerro Castro, por un lado, y Paz Baraona, Callejas, Valladares, Tosta, Gálvez y Bertrand Anduray, por el otro. Tosta -quien abrigaba aspiraciones presidenciales y gradualmente se había distanciado de Carías-, influyó mucho sobre Paz Baraona, porque era el único caudillo castrense con quien él podía contar. En agosto de 1928 logró que el Presidente -bajo amenazas de un levantamiento si no accedía-, pidiera la renuncia a los ministros de Guerra y Gobernación, Martínez Funes y José María Casco, respectivamente, ambos cariístas.

1925 fue un año crítico para la estabilidad de la administración Paz Baraona, debido a las actividades bélicas de Ferrera y a los cobros de los acreedores del Estado por deudas que no se habían cancelado; el gobierno tuvo que decretar el estado de sitio.

En abril, la nueva administración tuvo que enfrentar las actividades armadas de la oposición, encabezadas por Gregorio Ferrera, con base en territorios guatemalteco y salvadoreño, con las consiguientes erogaciones en desmedro de las raquíticas finanzas estatales. Nuevamente, fue el talento militar de Tosta el que inclinó la balanza en favor de las fuerzas gubernamentales. Los dos caudillos intibucanos se enfrentaron otra vez en el campo de batalla, pero la victoria de Tosta alejó la amenaza de un conflicto bélico prolongado.

Fue precisamente la serie de victorias militares obtenidas, la que fortaleció la posición y las aspiraciones presidenciales de Tosta.

El 16 de mayo el Ejecutivo envió a Carías a la Costa Norte, con el doble propósito de reprimir tendencias consideradas «subversivas» y propaganda calificada de «bolchevique» entre los asalariados que laboraban en las plantaciones de las empresas fruteras, y para controlar las actividades del general Díaz Zelaya, que intentaba derrocar al gobierno[48].

La tirantez entre Paz Baraona y Carías se superó momentáneamente, con la primera reorganización del gabinete en

---

[48] Carta de Dennis al Departamento de Estado, 22 de mayo de 1925, despacho 774, 815.00/3740; y despacho 782, 31 de mayo de 1925, 815.00/3746.

diciembre de 1925. Sin embargo, afloraron nuevamente en los primeros meses del siguiente año, cuando el Presidente rechazó los intentos de nombrar a Carías como ministro de Guerra. Además, Carías insistía en que, como jefe del Partido Nacional, debía ser consultado sobre los nombramientos importantes efectuados por el Ejecutivo. Esta pretensión también la rechazó Paz Baraona, quien deseaba integrar en la administración a personas del partido opositor; para lograr este propósito, incluso envió dinero para que pudieran retornar los exiliados. Pese a todo, tres hechos coadyuvaron a consolidar la administración de Paz Baraona:

1) La decisión del Departamento de Estado de permitir que el gobierno adquiriera armamento en Estados Unidos, levantando el embargo que había decretado al inicio de la guerra civil de 1924. Así, a principios de 1926, Paz Baraona se había afianzado, superando la posibilidad de que su propio partido insistiera en pedirle la renuncia, lo que aún parecía probable en diciembre de 1925.

2) La supresión del levantamiento armado de Ferrera –apoyado por el liberalismo y el gobierno guatemalteco, alejó la amenaza de un conflicto militar prolongado con el consiguiente desgaste de los magros recursos disponibles y la continuación de las matanzas en las comunidades campesinas, de donde se nutrían las huestes ferreristas.

3) Y, en tercer lugar, el arreglo de la deuda inglesa, tanto de la contraída cuando Honduras constituyó un Estado de la Federación Centroamericana, de 1824 a 1838, como la originada en las gestiones iniciadas por José María Medina para construir el ferrocarril interoceánico que vincularía la costa caribeña con la del Pacífico, en la década de 1860. El 8 de marzo de 1926 concluyó en Washington la negociación de tal deuda que, en 1921, con la acumulación de intereses. se había elevado a 125 millones de dólares. Se convino que los bonos serían redimidos al 20% de su valor nominal en un período de treinta años y que se perdonaban los intereses atrasados, en tanto que los nuevos sólo se calcularon sobre los últimos quince años.

Finalmente, el país llegaba a un entendimiento con los acreedores ingleses, luego de que las anteriores tentativas -la propuesta Carden de 1909, el plan JP Morgan y Cía. de 1909-12 y la opción Keihauer de 1915- por diversas razones, habían fracasado. Como resultado de las conversaciones, el préstamo por seis millones de libras esterlinas quedó reducido a 1.2 millones, amortizable en sesenta pagos semestrales.

Gracias a la evolución de estos acontecimientos, a mediados de 1926, con su posición fortalecida, Paz Baraona logró desplazar a tres seguidores de Carías de la Gobernación de Tegucigalpa, la Administración de Rentas y la Tesorería General, y colocó en esos puestos a hombres de su confianza. Pero, en febrero de 1927, sufrió un fuerte revés cuando el Congreso, controlado por Carías, aprobó la declaratoria de formación de causa en contra del ministro de Hacienda, Rafael Díaz Chávez, quien debió renunciar de acuerdo con lo establecido al respecto por la Constitución; la administración Paz Baraona perdió así a un funcionario capaz y probo.

En marzo, la División de Asuntos Latinoamericanos informó al Secretario de Estado que el periodista austriaco-guatemalteco Alfredo Schlesinger -cuyos servicios había contratado Carías para neutralizar la campaña emprendida en su contra por Paulino Valladares-, había llegado a Washington portando carta de presentación extendida por Carías. Su propósito era exponer una queja relativa a que Paz Baraona tendía a favorecer a los liberales y oponerse a Carías y al Partido Nacional, pese a que Carías contaba con el apoyo de tres cuartas partes del pueblo y con 35 diputados en el Congreso, contra doce que apoyaban al Ejecutivo.

El funcionario que lo atendió, Stokeley Morgan, el mismo que reemplazó al ministro Morales y, por tanto, conocía a cabalidad la situación política de Honduras, replicó a Schlesinger que el doctor Paz Baraona era el presidente, y que nada se podía ganar utilizando el control del Legislativo para obstaculizar todas sus políticas, y que se inclinaba a creer que el acercamiento del doctor Paz hacia los liberales no significaba un peligro para el país, ya que no había el deseo de incitarlos a la revolución o a la acción violenta; al contrario, el presidente Paz había protestado ante los países vecinos en contra de las actividades del general Ferrera y estaba oportunamente haciendo todo lo que podía para prevenir una revolución liberal.[49]

RESULTADOS INESPERADOS

Al iniciarse la campaña electoral, nacionalistas y liberales trataron de persuadir a Tosta para que les brindara su apoyo y caudal electoral. Carías le ofreció la vicepresidencia o cualquier puesto en el futuro gabinete, pero aquél declinó y, el 9 de abril, lanzó un manifiesto en el que proclamó su candidatura a la presidencia.

Carías envió a dos emisarios para que lo convencieran de que desistiera de tal idea, pero la entrevista fue infructuosa. Ambos partidos trataban de evitar una situación similar a la de 1923; o sea, la postulación de tres contendientes con la posibilidad de que, nuevamente, ninguno alcanzara la mayoría absoluta.

El liberalismo, inicialmente, escogió como candidato a José Ochoa Velásquez, pero luego nombró a Vicente Mejía Colindres; intentó convencer a Paz Baraona de que ambos partidos presentaran un único candidato, pero la propuesta fue descartada. Y, nuevamente, el nacionalismo postuló a Carías en la convención realizada el 28 de febrero de 1928.

Tosta, para impulsar sus aspiraciones presidenciales, había organizado el Partido Republicano y, de acuerdo a un observador militar norteamericano, al acercarse la fecha de las elecciones, había proyectado iniciar una insurrección lo suficientemente fuerte como para que EUA se viera involucrado. Entonces, propondría a este país que apoyara a un candidato de compromiso, el cual debería su posición a Tosta, con lo cual controlaría políticamente la nación e impediría a Carías su probable ascenso; conforme al mismo informe, Tosta estaba recibiendo armas y dinero de la Cuyamel Fruit Company[50].

El resultado de los comicios, realizados limpiamente en

---

[49] Carta de Summerlin al Secretario de Estado, 28 de enero de 1928, despacho 525, 815.00/2; telegrama 585, 14 de abril de 1928, 815.00/8.

[50] Carta de Cruse al Cuerpo de Infantería de Marina, Segunda Brigada, Nicaragua, 28 de mayo de 1928, reporte 25, 5-4-26.

octubre de 1928, favoreció al liberalismo, gracias a las órdenes impartidas por Paz Baraona a los funcionarios municipales, con el fin de que garantizaran su imparcialidad en sus respectivas jurisdicciones. Un factor que explica el triunfo liberal, fue el apoyo de los seguidores de Tosta, calculados en quince mil; el nacionalismo subestimó el caudal de votos que podía movilizar el movimiento tostista y pecó de exceso de confianza en la posibilidad de triunfo de su candidato.

Los resultados oficiales fueron: 62.319 votos para Mejía Colindres y 47.745 para Carías. Mejía Colindres derrotó a su rival por más de 16 mil votos y superó la mayoría absoluta con más de siete mil votos[51]. Los nacionalistas acusaron a Paz Baraona de haber ordenado que se permitiera votar a los no inscritos en los censos electorales, por lo que diversos secretarios municipales extendieron miles de boletas de ciudadanía, que eran rápidamente llenadas con nombres de ausentes, procesados y fallecidos, especialmente en los lugares donde sabían que predominaba el carísmo. Además, se dijo que los «coaligados» -el liberalismo y el tostismo--, fueron proveídos de dólares, lo que significó una poderosa ventaja. De esta forma, se afirmó, el cariísmo perdió las elecciones no por el prestigio del doctor Mejía Colindres, sino por la orden arbitraria del doctor Paz Baraona[52].

La esperanza de Carías era que el Congreso, al realizar el escrutinio, encontrara vicios de nulidad lo suficientemente convincentes como para anular el resultado o, al menos, reducir la cantidad de sufragios obtenida por su contendiente. Pero su pretensión fracasó. La Cámara confirmó el conteo final y declaró electos a Mejía Colindres y a su compañero de fórmula, Rafael Díaz Chávez, en la vicepresidencia, el 19 de enero de 1929.

Carías aceptó el veredicto, sabiendo que cualquier intento por impedir el ascenso del nuevo gobierno lo enfrentaría a la política exterior estadounidense, que seguía fundamentada en el no-reconocimiento a los gobiernos constituidos por la vía armada. Y,

---

[51] William S. Stokes, op. cit., pp. 251-52.

[52] Lucas Paredes. Drama político de Honduras. México, Edit. Latinoamericana, 1958, p. 404.

pese al adverso resultado, no se desmoralizó. Sabía que le quedaba una buena cuota de poder, una sólida base desde la cual acumular fuerzas y movilizar recursos para el siguiente proceso electoral (véase anexo 4).

Además, la derrota del nacionalismo fue parcial porque, en las elecciones de 1930, obtuvo la mayoría de los diputados: 25 de un total de 47. Esto le permitiría no solo controlar el Poder Legislativo, sino también el Judicial, además de poder nombrar al personal diplomático y a los tesoreros especiales.

Paz Baraona volvió al ejercicio de su profesión. Regresó a su vida cotidiana como un ciudadano más, con mayor prestigio que cuando asumió la presidencia, merced a su probidad, firmeza, sentido de tolerancia, equidad y espíritu conciliador.

Lo más cómodo para él hubiera sido plegarse incondicionalmente a los deseos de su partido, pero, lejos de ello, logró mantener cierto grado de autonomía en la función administrativa y un margen de maniobra en la toma de decisiones. De esta manera, gobernó más como un estadista que como un político. El partido opositor ganó las elecciones y, haciendo honor a su palabra, entregó el mando a su sucesor, el liberal Vicente Mejía Colindres.

CAPÍTULO V:
MEJÍA COLINDRES Y CARÍAS:
EL PODER COMPARTIDO

El Partido Nacional mantuvo la oposición a la nueva administración en el seno del Congreso y la Corte Suprema; pero fue Ferrera motivado por intereses personales, pues nominalmente era liberal-, quien la proyectó al campo de batalla. En abril de 1931 se alzó en armas, pero, a mediados de junio, fue derrotado definitivamente en El Jaral por las fuerzas gubernamentales que actuaron sin los servicios del general Tosta, quien ya había fallecido en agosto de 1930, en circunstancias sospechosas.

El guerrillero intibucano Gregorio Ferrera fue asesinado a mediados de 1931. Con esto, dos de los caudillos militares más prominentes del período desaparecieron del escenario nacional. Tosta se había convertido en garante de estabilidad para el gobierno de Mejía Colindres, desde su posición como ministro de Gobernación; mientras que Ferrera, con su mera presencia, significaba la posibilidad de un alzamiento en cualquier momento, dado lo impredecible de sus motivaciones y objetivos.

La administración Mejía Colindres no solo confrontó los alzamientos militares de Ferrera y Justo Umaña, y del nacionalista Filiberto Díaz Zelaya, sino que una crisis económica profunda, agravada por la incompetencia de los cuadros administrativos nombrados por el nuevo presidente. La canalización de los ingresos gubernamentales hacia fines bélicos agudizó la crisis fiscal; esto aumentó el descontento popular que, en la Costa Norte, se tradujo en una serie de huelgas en las empresas bananeras. A lo anterior se sumó la decisión de la United Fruit de suspender operaciones en el distrito Cuyamel, luego de haberlo comprado a Samuel Zemurray, lo que significó la reducción de la fuerza laboral asalariada.

Además, la United Fruit rehusó hacer anticipos de dinero al gobierno para hacerle frente a las fuerzas ferreristas, por lo que aquél tuvo que echar mano de los escasos fondos aún disponibles en las tesorerías especiales, destinados a proyectos como la prolongación del Ferrocarril Nacional. Se calculaba que las erogaciones hechas para sofocar la revuelta no habían superado los 400 mil pesos, en vez de un millón como se informó oficialmente; pero, «como siempre, los generales al mando de tropa habían inflado las planillas»[53].

Un informe diplomático confidencial caracterizó de la siguiente manera al régimen liberal y a su titular:

"Uno de los hechos sobresalientes acerca de la administración del Presidente Mejía Colindres, es que a pesar de ejemplos casi innumerables de traición, peculado y otros crímenes, ningún funcionario oficial, civil o militar, ha sido castigado. Justo Umaña, un general en el Ejército, desertó y se sumó a Ferrera en su última revuelta... fue capturado, condenado por una corte militar, pero liberado por el Presidente... Ninguno de los participantes en la revuelta de Ferrera fue castigado... estos hechos están sucediendo debido a que el Presidente no castiga a los ofensores. Es de un carácter gentil, amable y débil, incapaz de ejercer severidad o disciplina con sus subordinados. En consecuencia, ellos hacen como quieren...".[54]

El tiro de gracia para el normal funcionamiento del gobierno fue la gran depresión económica iniciada en Estados Unidos en 1929. Esta se manifestó de diversas maneras; una de ellas fue la disminución de los ingresos fiscales, al descender la exportación de bananos. A partir de 1920 las exportaciones declinaron gradualmente, debido a la contracción del mercado consumidor en EUA y a la propagación de las plagas que atacan la fruta, conocidas como sigatoka y mal de Panamá.

Las plagas también afectaron a muchos finqueros independientes, que vendían sus cosechas a las empresas bananeras; por falta de capital y conocimientos para combatir las enfermedades, no pudieron controlar la propagación en sus propiedades, cuyos suelos se agotaban gradualmente, ante el monocultivo intensivo a que eran sometidos. La zona más dañada

---

[53] Julius Lay al Departamento de Estado, 10 de septiembre de 1931, despacho 281, 815.00/236.

[54] Lay al Departamento de Estado, 6 de agosto de 1932.

fue la división oriental de la United Fruit, es decir, el área de Puerto Castilla. Si en 1928 la Trujillo Railroad Co. exportaba 7.658.506 racimos de banano y empleaba entre diez y doce mil trabajadores, pocos años después éstos se debatían en una economía de subsistencia.

Las bananeras reaccionaron clausurando plantaciones, reduciendo la fuerza laboral y el monto de los salarios, y disminuyendo sus equipos y mercancías. La consecuencia directa fue el desempleo masivo y el descontento social, traducido en huelgas que protestaban por la disminución de los sueldos, la contratación de mano de obra negra antillana y las órdenes de pago que solo eran redimibles en los comisariatos de las empresas fruteras.

Durante 1932 ocurrieron tres de los más importantes movimientos huelguísticos de la época. El primero sucedió en enero, y finalizó a los cinco días; Mejía Colindres, por medio de telegramas, excitó a los huelguistas a retornar a sus labores "por conveniencia, por interés nacional y hasta por patriotismo". El gobierno decretó el estado de sitio en todo el país, pero el Congreso se opuso, disponiendo que se limitara únicamente a la zona norte, donde se localizaban los "brotes revolucionarios".[55] El segundo tuvo lugar en las plantaciones de la Truxillo Railroad y el tercero en la Standard Fruit, que involucró a más de 1200 trabajadores; inició el 17 de enero y concluyó el 10 de febrero.

Estas huelgas fueron la respuesta obrera a los abusos de las compañías bananeras, y a las duras condiciones de vida y de trabajo imperantes en sus instalaciones. Se dieron en un contexto de inestabilidad política y recibieron especial atención del gobierno que, usualmente, destacaba comisiones mediadoras y efectivos militares a las zonas conflictivas; y, en algunos casos, adoptó una actitud francamente represiva[56]

---

[55] Mario Posas. Lucha del movimiento obrero hondureño. San José, EDUCA, 1981, pp. 78-79.

[56] Ibíd., pp. 80-83.

LOS NACIONALISTAS AFIANZAN POSICIONES

En las elecciones realizadas en octubre de 1930 para conformar la mitad de las diputaciones al Congreso, hubo un virtual empate entre los dos partidos; por tanto, acordaron un pacto por el cual el liberal Santiago Meza Cálix ocuparía la presidencia y el nacionalista Venancio Callejas la vicepresidencia. Entre 1929 y 1930, tanto la presidencia como la mayoría de las diputaciones fueron controladas por el Partido Nacional, fungiendo como presidentes del Legislativo Antonio C. Rivera y Tiburcio Carías, respectivamente.

En las elecciones municipales de 1931, el Partido Nacional ganó en 223 de las 267 municipalidades, incluyendo Tegucigalpa, Comayagua, San Pedro Sula, todos los puertos y las principales ciudades, excepto Danlí, Ocotepeque y Comayagüela; salvo casos aislados de violencia, los comicios se realizaron en un ambiente pacífico. La abrumadora victoria nacionalista se atribuyó a la insatisfacción generalizada ante la debilidad e incompetencia mostrada, en la mayoría de los casos, por la administración liberal; y, según un diplomático estadounidense, anticipaba un triunfo para los azules en las elecciones presidenciales del próximo año, si también eran conducidas honestamente[57].

Al acercarse las elecciones presidenciales, que se realizarían en octubre de 1932, el mandatario favorecía la candidatura de su ministro de Gobernación, Ernesto Argueta, en tanto que el presidente del Consejo Supremo del Partido Liberal, José Angel Zúñiga Huete, aspiraba a ser el escogido. Otros grupos apoyaban la candidatura de Rafael Díaz Chávez y la de Jacinto A. Meza.

En abril de 1932 se reunió la convención, presidida por Guillermo Bustillo Reina. Zúñiga Huete ganó la candidatura a la presidencia. Como integrantes del Consejo Supremo, la convención eligió a José María Reina, Antonio Castillo Vega, Marco Antonio Rosa, Marco Tulio Mendoza y Serapio Hernández, como propietarios; y a José E. Alvarado, Justo Umaña y José María Villeda Morales, como suplentes.

---

[57] Carta de Higgins al Departamento de Estado, 3 de diciembre de 1931.

El Partido Nacional, en la convención de febrero de 1930, eligió como presidente de la misma a Venancio Callejas y, como jefe supremo del partido, a Tiburcio Carías. Ya en septiembre de 1931 eran visibles las discrepancias entre ambos.

En febrero de 1932, Carías fue nombrado por su partido como candidato a la presidencia de la República; inicialmente habían designado a Venancio Callejas a la vicepresidencia, pero como declinó, la candidatura recayó en Abraham Williams, lo que fue interpretado como una hábil maniobra del sector cariísta. Williams era amigo de Callejas, de modo que los votos de sus seguidores, en el sur del país, no favorecerían a Callejas quien, el 28 de febrero de 1932, había organizado el Partido Nacional Autonomista. El nuevo comité central quedó integrado por un carísta, Antonio C. Rivera, y un callejista, Rufino Solís, como presidente y vicepresidente, respectivamente.[58]

UNA CAMPAÑA DECISIVA

El estilo con que ambos candidatos condujeron sus campañas contrastaba visiblemente. Zúñiga Huete se desplazaba en avión por distintos rumbos del país, pues su comité electoral había realizado un contrato con la empresa TACA para los viajes proselitistas.

Además, utilizaba métodos modernos, como la proyección de una película sobre su persona; con estos recursos, proyectaba su imagen a escala nacional, pues podía movilizarse, ser visto y escuchado por el electorado en diversas regiones. Carías, por su parte, permanecía en Tegucigalpa o en Zambrano, forjando alianzas a través de intermediarios o corresponsales[59].

Durante una visita a Santa Rosa de Copán, Zúñiga Huete declaró: "Acataré, sin protesta alguna, el fallo que el pueblo soberano emita, libre y limpiamente, en los comicios de octubre

---

[58] Merrrel al Departamento de Estado, marzo de 1930, despacho 1050-G, 815.00/19; Lay al Departamento de Estado, 17 de septiembre de 1934, 815.00/22; Lay al Departamento de Estado, abril de 1932, 815.00/28.

[59] Lay al Departamento de Estado, despacho 504, 10 de junio de 1932, 815.00/30.

venidero, al amparo de la ley y la justicia".[60] Sin embargo, lo perjudicó el mensaje que le dirigió el gobernante guatemalteco Jorge Ubico, pues, pese a que no se había solucionado la disputa fronteriza con Guatemala, éste le expresó: "Mis sentimientos de personal simpatía para el Partido Liberal y para su distinguido representante".[61]

Por su parte, el ministro norteamericano informó desde Guatemala que había conversado con Ubico, quien le manifestó que creía que Zúñiga sería electo por una mayoría sustancial y que, si ocurría algún disturbio, sería culpa de Carías; además, que estaba dispuesto a asistir al candidato liberal para mantener el orden, mediante un préstamo para la compra de armas y municiones. Lo cierto es que Zúñiga había prometido a Ubico que no presentaría dificultades respecto al fallo arbitral sobre el problema limítrofe, independientemente de su naturaleza.[62]

Mientras, el cónsul de EUA en Puerto Castilla notificó que, en su distrito, los liberales estaban haciendo todo lo posible para provocar una revolución que arrastrara a los nacionalistas, a fin de eliminar la candidatura de Carías, conforme a los Pactos de Washington de 1923.[63]

La legación estadounidense percibía a Zúñiga Huete como un radical que, de llegar al poder, pondría en peligro la estabilidad de las empresas de los EUA que operaban en Honduras. Probablemente esa imagen obedecía, al menos parcialmente, al tono de los escritos y discursos de Zúñiga que, lejos de ser moderado, portaba una dosis de demagogia que, si bien agradaba a los lectores y auditorios, no revelaba al político, sino al orador panfletario y exaltado.

En 1930, cuando existía la posibilidad de que Mejía Colindres

---

[60] Citado en: El Combate, 18 de mayo de 1932, e incluido en el despacho de Lay al Departamento de Estado N° 483, 20 de mayo de 1932, 815.00/4502.

[61] Ídem.

[62] Carta de Whitehouse al Departamento de Estado, 7 de octubre de 1932, despacho 795, 815.00/4539.

[63] Carta de Haines al Departamento de Estado, 22 de diciembre de 1931, 815.101/3.

lo nombrara como ministro de Gobernación en reemplazo del recién fallecido Vicente Tosta, el diplomático estadounidense de más alto rango en Honduras se dirigió a sus superiores en Washington en estos términos:

"Me vería obligado a solicitar al Departamento permiso para desalentar al Presidente de realizar tal nombramiento, ya que Zúñiga Huete es un rabioso antiamericano, que, en esa posición ministerial, pondría seriamente en peligro nuestros intereses en Honduras en tal medida que incluso podría llegar a ser necesaria la intervención. él es uno de los tres extremistas más radicales en el Partido Liberal y se teme que si llega a ser Ministro de Gobernación, apelará a medidas coercitivas para ganar la venidera elección y derrotar así el propósito del Presidente de asegurar una elección 'libre'".[64]

Zúñiga trató de mejorar sus relaciones con la representación diplomática y para ello visitó la legación, pero con escasos resultados. En los diplomáticos norteamericanos persistían las sospechas hacia sus reales intenciones. De hecho, desde 1922, una década atrás, ya lo describían en términos poco favorables:

"...el doctor Zúñiga Huete, cuyos métodos de mano dura al tratar con nativos y extranjeros en esta ciudad, Tegucigalpa, le está acarreando descrédito a la presente administración López Gutiérrez. Él también tiene aspiraciones presidenciales, pero se espera firmemente que carecerá de los necesarios seguidores, ya que siempre ha mostrado una actitud hostil hacia los americanos. Zúñiga Huete es inescrupuloso, cruel, egocéntrico y muy antiamericano. Pretende ser un socialista rabioso y ha obtenido recientemente control del nuevo periódico local matutino Los Sucesos, que ha llegado a ser un órgano de propaganda mexicana radical y antiamericana... No tiene prestigio ni seguidores y sería desastroso para Honduras si llegara a ser Presidente de la República...".[65]

---

[64] Carta de Lay al Departamento de Estado, 16 de agosto de 1930, despacho 58, 815.002/131.

[65] Carta de Smith al Departamento de Estado, 16 de octubre de 1922, despacho 195.

El tiempo no cambió esa temprana impresión, pese a los esfuerzos de Zúñiga Huete por contrarrestarla. El Departamento de Estado tendió a mostrarse frío y reservado ante las comunicaciones que frecuentemente él le dirigió desde su exilio, y a veces hasta hostil hacia sus avances epistolares y visitas ocasionales a Washington.

Los rumores sobre un golpe de Estado aumentaban en la medida que se acercaba el día de la elección; se decía que el liberalismo lo consumaría, pero que Zúñiga Huete no participaría directamente para evitar que lo consideraran inelegible a la presidencia, conforme al Tratado de 1923. Serían generales afiliados a ese partido quienes lo ejecutarían; derrocarían el gobierno de Mejía Colindres e instalarían una junta que celebraría elecciones tal como estaba previsto, pero controladas por el gobierno militar. Así, Zúñiga Huete sería "legalmente" electo presidente.

Otros sostenían que el golpe se realizaría hasta después de las elecciones, si los nacionalistas las ganaban. En resumen, el clima de inestabilidad e incertidumbre era tal, que la legación norteamericana, alarmada, reportó: "Ahora la perspectiva es que quienquiera que gane, el lado perdedor empezará una lucha, que puede empezar el día de la elección"[66].

El día de los comicios fue fijado para el 28 de octubre. Nuevamente se entrecruzaron los destinos de Carías Andino y Zúñiga Huete. El resultado de las elecciones y la reacción de un sector del liberalismo dejarían una huella indeleble en más de una generación de hondureños, que vivió las consecuencias.

---

[66] Carta de Lay al Departamento de Estado, despacho 636, 815.00/4541, 14 de octubre de 1932.

CAPÍTULO VI:
LAS ELECCIONES DE 1932 Y LA
«REVUELTA DE LAS TRAICIONES»

El resultado fue contundente en favor del nacionalismo. Carías obtuvo 80.512 votos, en tanto que Zúñiga Huete 61.047. Votaron más de 141 mil ciudadanos, la cantidad más grande registrada en la historia de Honduras hasta entonces. Le seguía la de las elecciones de 1928, con aproximadamente 120 mil sufragios.

En cuatro años aumentaron los votantes en más de veinte mil; o sea que hubo un incremento del 17%, un porcentaje considerablemente mayor que el aumento de la población en el mismo período.

¿Cuáles fueron las razones para la derrota de los liberales, si cuatro años antes habían vencido con más de 16 mil votos? Son varias las respuestas. Una de ellas, y de peso considerable, fue el desprestigio en que cayó el partido durante la administración de Mejía Colindres.[67] Los diplomáticos estadounidenses aludían al disgusto popular ante la incompetencia demostrada en todos los ámbitos por la administración Mejía Colindres, "que ha sido bastante mala para Honduras".[68]

La derrota fue humillante, si se considera la gran cantidad de dinero que invirtió el Partido Liberal en la campaña electoral; se calculó que entre el 50 y el 70% de los gastos de la campaña de Zúñiga Huete salió de los fondos públicos. Un historiador estadounidense sostiene que Ubico contribuyó con cincuenta mil dólares a la campaña liberal, a cambio de la promesa de respetar la decisión del laudo arbitral sobre el problema fronterizo.[69]

De acuerdo a los informes diplomáticos, pese a que la United

---

[67] Carta de Higgins al Departamento de Estado, despacho 559, 15 de julio de 1932, 815.00/4520.

[68] Carta de Lay al Departamento de Estado, despacho 613, 14 de septiembre de 1932, 815.00/4534.

[69] Kenneth J. Grieb. Guatemalan Caudillo: The regime of Jorge Ubico. Guatemala, 1931-1944. Athens, Ohio University Press, 1979, pp. 98-99.

Fruit apoyaba más al Partido Nacional que al Liberal, no le prestaba asistencia financiera. "De hecho, los nacionalistas están gastando considerablemente menos dinero que sus oponentes... en la Costa Norte se escucharon muchas quejas de los nacionalistas en el sentido de que Carías no les envía fondos ni llega a visitarlos".[70]

El 3 de noviembre, Zúñiga Huete emitió un comunicado aceptando el resultado y excitando a sus partidarios a hacer lo mismo. Justificó la derrota, argumentando que Carías contaba con los siguientes factores a su favor: 1) el Poder Judicial, 2) la mitad de los diputados en el Congreso Nacional, 3) la mayoría en el Tribunal Superior de Cuentas, 4) todas las tesorerías especiales (quince) menos las de Caminos y de Justicia, 5) varias juntas de fomento, y 6) control del personal en no menos de ciento ochenta municipalidades.[71]

Debe recordarse que, en las elecciones municipales de 1931, el nacionalismo había triunfado en casi el 80% de las poblaciones. De conformidad con la Ley de Elecciones vigente, el control de la maquinaria electoral quedaba principalmente en manos de las municipalidades y fuera del ámbito del Ejecutivo: "Como el 74% de los gobiernos municipales son actualmente nacionalistas, gran parte de la responsabilidad por elecciones honestas descansa en este partido"[72].

Las elecciones fueron tan honestas como las practicadas durante la administración Paz Baraona. Las acusaciones nacionalistas de "imposición", previas al resultado, fueron calificadas de "absurdas, infantiles y exageradas" por la legación norteamericana:

"Es cierto que ha habido numerosos casos de funcionarios liberales impropiamente ayudando y favoreciendo a los candidatos de su partido, intimidando y obstruyendo a los nacionalistas, pero

---

[70] Carta de Higgins al Departamento de Estado, despacho 559, 15 de julio de 1932, 815.00/4250.

[71] José Ángel Zúniga Huete. Un Cacicazgo Centroamericano. México, 1938. p. 7.

[72] Carta de Lay al Departamento de Estado, despacho 646, 27 de octubre de 1932, 815.00/4549.

casi todos han sido actos de funcionarios menores, han ocurrido en muy pequeños lugares, han afectado a muy pocas personas o han consistido en acciones muy triviales y, por tanto, no han influido en el curso o resultado de la campaña. Más grave es el hecho de que muchos telegrafistas han dado prioridad a mensajes liberales, lo que ha sido un obstáculo considerable para los nacionalistas... En general, los nacionalistas tienen poco de qué quejarse".[73]

Días antes de la elección, ambos candidatos se habían comprometido públicamente a respetar el veredicto popular. Carías emitió una circular, el 12 de octubre, reafirmando su intención de acatar el resultado, aunque no le fuera favorable. El 24 de octubre dirigió un mensaje final al Partido Nacional, exhortando a cada miembro a observar la ley en toda forma y abstenerse de cualquier acto de violencia. Zúñiga Huete, por su parte, declaró el 27 de octubre, un día antes de las elecciones, que se podía confiar en que él obedecería el mandato del pueblo.[74] En su carta de respuesta a la felicitación que le hizo el ministro norteamericano, Julius G. Lay, por haber aceptado el resultado desfavorable, expresó que aceptaba el fallo de la opinión pública, manifestado en comicios honestos y legales ...lo único que he hecho es cumplir con mis promesas, como es mi costumbre, y obedecer, de manera espontánea, a los dictados de mi conciencia de ciudadano que impone la obligación de trabajar por el bienestar, por la tranquilidad y el progreso de mi país[75].

LA REVUELTA DE LAS TRAICIONES

Pero, los acontecimientos se desarrollaron de manera sangrienta y vertiginosa, debido al afán de unos por no reconocer el triunfo del Partido Nacional e impedir su acceso al poder; y, de otros, por no dejarse arrebatar una vez más la victoria. Nuevamente, el suelo patrio se vio empapado de sangre, sudor y

---

[73] Ídem.

[74] W. Stokes, op. cit., p. 255.

[75] Reproducida en: El Pueblo, 3 de noviembre de 1932, p. 7.

lágrimas de hermanos caídos o mutilados en los campos de batalla, en tanto que centenares de hogares quedarían huérfanos de la presencia y sostén del cabeza de familia. A continuación, se presentan, de manera muy resumida, los principales sucesos de estas jornadas.

Un grupo de liberales, seguidor del candidato derrotado y encabezado por William Coleman, de ascendencia norteamericana, capturó el 11 de noviembre la ciudad de San Pedro Sula y su cuartel, el cual entregó el general Sanabria Valle, comandante del departamento de Cortés. El contrataque nacionalista se produjo el día 13; fue dirigido por el estadounidense Guy "Ametralladora" Molony[76]-quien fungía como gerente de la Cervecería-, acompañado por los generales nacionalistas Francisco Martínez Funes y Eduardo Rosales. Molony persuadió al gerente de la United Fruit, Walter Turnbull, para que hiciera un anticipo de cinco mil dólares a Martínez Funes, a razón de trescientos dólares diario[77]. Derrotados, los liberales abandonaron la ciudad y se dirigieron a El Progreso.

El intento de capturar Trujillo, por parte de Vidal Casco y Modesto Ruiz, fracasó; fueron derrotados por los oficiales gubernamentales Federico Ordóñez y Filadelfo Mahoudeau; entonces, los rebeldes se dirigieron hacia Olanchito. En el sur capturaron Nacaome, pero no lograron tomar Choluteca y fueron rechazados en Pespire. En el interior, la guarnición de La Esperanza se alzó en armas, adhiriéndose al general Umaña, cuyas columnas se calculaban entre cuatrocientos y ochocientos hombres bien armados. Mientras, el también liberal, general José María Fonseca, abandonó la capital y se dirigió a El Paraíso, donde estaba organizando una columna. Así, Umaña en occidente y Fonseca en oriente, parecían controlar ambas regiones, secundados por los coroneles Cornelio Pineda Nájera, Napoleón Aguilar, Blas y Pedro Domínguez, entre otros. Tela, Santa Bárbara, Nacaome y

---

[76] Ex alcalde de Policía de Nueva Orleans; veterano de la guerra Boer, de las campañas de Filipinas y la Primera Guerra Mundial; soldado de fortuna en Honduras y Nicaragua.

[77] Lay al Departamento de Estado, 18 de noviembre de 1932.

Danlí, también cayeron en manos de los seguidores de Zúñiga Huete.

La situación de las fuerzas leales al gobierno, como las de Carías, no era favorable. Los desertores del ejército habían sustraído gran cantidad de armas y municiones de los principales cuarteles con antelación al día de las elecciones[78], por lo que el presidente Mejía Colindres hizo gestiones para adquirir material bélico en Estados Unidos. La compra se haría al crédito, pagadero cuando Carías asumiera la presidencia. La lista de armas solicitadas incluía 1500 rifles Enfield, calibre 30, modelo 1917; veinte ametralladoras Lewis, calibre 30; cuatro morteros Stokes, de 3 pulgadas; 500 mil cartuchos de municiones para rifles calibre 30; y cien mil cartuchos para ametralladoras Lewis. Pero la petición fue denegada. El gobierno norteamericano, por medio de su ministro Lay, comunicó a Mejía Colindres que dicho material no estaba disponible para la venta.

No obstante, las gestiones con el presidente salvadoreño, Maximiliano Hernández Martínez, sí dieron resultado; y Carías pudo confirmar al ministro Lay que ese gobierno le había prometido quinientos mil cartuchos de munición once milímetros[79]. El 19 de noviembre llegaron desde San Salvador cinco cargamentos, en aviones de TACA y de la empresa Dean; la ayuda fue distribuida en Tegucigalpa, San Pedro Sula y La Paz. Se convino en que se pagaría a plazos, sin establecer fechas, cuando Carías asumiera. Hernández Martínez también ofreció vender treinta ametralladoras y cien mil tiros; a cambio de este oportuno y decisivo apoyo, Carías le ofreció reconocer su régimen.

La legación estadounidense informó que Carías estaba incrementando la fuerza policial de la capital con correligionarios, así como organizando una guardia municipal con la colaboración del coronel Cubas Turcios, jefe de Policía, mientras aumentaba la cooperación entre el gobierno de Mejía Colindres y los líderes

---

[78] Nota del Agregado Militar de los Estados Unidos con sede en Costa Rica, 18 de noviembre de 1932.

[79] Carta de Lay al Departamento de Estado, 17 de noviembre de 1932, 815.00/346; y despacho 667, 21 de noviembre de 1932.

nacionalistas en Tegucigalpa.[80]

De acuerdo con la evaluación del Agregado Militar estadounidense, el gobierno de Mejía Colindres tenía la ventaja de que el general Martínez Funes, seguidor de Carías, estaba a cargo de las fuerzas oficialistas en la Costa Norte. Lo consideraba "el mejor líder en Honduras y sobre todo es leal. El general Carías también tiene bastante experiencia militar en pasadas revoluciones, tiene un gran número de seguidores entusiastas que empuñarán las armas por su causa".[81]

Los principales líderes de la revuelta eran los generales José María Reina hijo del general del mismo nombre, educado en Estados Unidos y ex presidente del Consejo Supremo del Partido Liberal, Justo Umaña, los coroneles Cornelio Pineda Nájera, Napoleón Aguilar, Flores Orellana, José María Fonseca, Blas y Pedro Domínguez, y líderes indígenas del departamento de Intibucá.[82]

El general Fonseca viajó de Danlí a la capital y envió un ultimátum al presidente Mejía Colindres para que entregara la ciudad, pero él le respondió: "Venga y luche por ella". El 29 de noviembre fue derrotado y obligado a retroceder a El Sauce, al sur de Tegucigalpa; las fuerzas gubernamentales, dirigidas por Carlos Sanabria, Juan Pérez y Rufino Solís, lo expulsaron de El Sauce al día siguiente y el vencido se dirigió hacia Occidente.

Las tropas victoriosas, con quinientos hombres, se desplazaron a Comayagua para combatir al general Umaña quien, con novecientos hombres pobremente armados, fue derrotado el 3 de diciembre en Flores, al sur de Comayagua, donde murieron 150 de sus seguidores. Se retiró a Guatemala, y los 250 sobrevivientes, indígenas de Intibucá, regresaron a sus labranzas. Con esta acción

---

[80] Informe de Lay, 17 de noviembre de 1932, General Records of the Navy Department, General Correspondence, RG 80, caja 2004.

[81] A. R. Harris, Agregado Militar, 18 de noviembre de 1932, reporte N°1835, RG 165, M1488, microfilm 7.

[82] A. R. Harris, Agregado Militar, 25 de noviembre de 1932, RG 165.

se creía que el peligro había pasado.[83]

Tras ser derrotado en la Costa Norte, el general Reina también se dirigió a Guatemala, donde obtuvo pasaporte para Nicaragua; en ruta hacia esta nación, convenció a la guarnición de Amapala -donde se recolectaba el 25% de los impuestos aduaneros para que se sumara al alzamiento-, lo que se efectuó el 10 de diciembre, al mando del general Andrés García. Sin embargo, el 28 de diciembre Reina se vio obligado a evacuar la Isla del Tigre y las fuerzas de Carías, sin encontrar oposición, ocuparon el puerto. Los rebeldes se dirigieron hacia Tempisque, Nicaragua, al igual que las tropas de Fonseca: "La pérdida de Amapala significa la pérdida de la revolución para los rebeldes".[84]

Nacaome y Santa Bárbara fueron recuperadas y el departamento de Copán, a excepción de Santa Rosa, volvió al control del gobierno. El conflicto armado quedó reducido a combates aislados, con el fin de desalojar a los grupos rebeldes de las poblaciones que aún tenían en su poder[85].

El 26 de noviembre, Zúñiga Huete y su familia abandonaron el país y se dirigieron a Nicaragua, lo cual fue interpretado como un paso para "asegurar el apoyo para la revolución liberal en Honduras".[86] Él se justificó en estos términos:

"Me opuse en lo que pude al estallido popular. Sin él habría quedado mejor preparado el liberalismo para la próxima lucha política o armada, si era preciso; una vez precipitado el movimiento, yo no podía condenarlo. Entonces me trasladé a Managua, desde donde indiqué a los revolucionarios que estaban en San Marcos de Colón, que se trasladaran a la costa del Golfo de Fonseca a proteger el desembarco del malogrado y siempre bien

---

[83] Carta de Lav al Departamento de Estado, despacho 680, 5 de diciembre de 1932, 815.00/395.

[84] A. R. Harris, reporte N° 1873, 6 de enero de 1933.

[85] Nota del Agregado Militar de los Estados Unidos con sede en Costa Rica, despacho 1849, 25 de noviembre de 1932, 815.00/396.

[86] Carta de Hanna al Departamento de Estado, 30 de noviembre de 1932, despacho 989, 815.00/4563.

recordado General José María Reina, quien estaba embotellado en Amapala...".[87]

Varios años después de estos desastrosos acontecimientos, el politólogo estadounidense William S. Stokes preguntó al presidente Carías si Mejía Colindres había sido responsable por lo acontecido; éste le respondió que sí, debido a que él sabía que se estaba preparando el levantamiento, y no actuó enérgicamente para evitarlo.[88] Stokes, por su parte, concluyó que no se podía determinar con certeza si el Dr. Mejía Colindres tuvo responsabilidad en la revuelta.

Lucas Paredes, un escritor nacionalista, acusó al presidente liberal, pues, aunque la candidatura de Zúñiga Huete no era de su agrado, cooperó decididamente para que no triunfara la del general Carías. Según este autor, Mejía Colindres permitió primero la imposición del candidato liberal y después la extracción de armas de los cuarteles; toleró los ultrajes y vejaciones contra el nacionalismo, dejó que se dispusiera de todos los servicios y dineros del Estado para la causa liberal y, en fin, permitió que se llegara a la criminal traición de las revueltas.[89]

Al hacer una evaluación del curso bélico de los acontecimientos, el Agregado Militar estadounidense para Centroamérica, con sede en Costa Rica, razonaba así:

"Si la estrategia rebelde de controlar la Costa Norte hubiera sido exitosa, no hay duda que hubiera significado el fin del Gobierno".

"Aparentemente, el estallido era la ejecución de planes cuidadosamente preparados para obtener el control de todas las cabeceras departamentales y así dejar al gobierno de Tegucigalpa completamente aislado del resto del país... Largas distancias y medios extremadamente pobres de transporte hacen difícil para los rebeldes reorganizarse en una sola fuerza. El hecho de que la

---

[87] Ramón Oquelí. «Gobernantes hondureños durante el presente siglo». Economía Política, N° 2, segunda época, julio-septiembre de 1972, pp. 45-46.

[88] William S. Stokes, op. cit., nota 29, p. 56.

[89] Lucas Paredes, op. cit., p. 428.

revolución estalló en puntos muy separados entre sí, hubiera asegurado éxito inmediato si se hubiera llevado a cabo el plan original. Sin embargo, la desventaja del plan estuvo en el hecho de que las fuerzas rebeldes están separadas unas de las otras, no pueden establecer contacto".[90]

Otro factor de radical importancia para la derrota liberal, y que será abordado con mayor amplitud en el siguiente capítulo, fue el papel que desempeñó un arma hasta entonces prácticamente desconocida en los enfrentamientos bélicos locales: la aviación. El ministro Lay informó a sus superiores:

"A lo largo de la revolución, el trabajo realizado por los aeroplanos de la TACA probó ser de gran valor para el Gobierno, particularmente en la localización y reconocimiento de fuerzas enemigas, facilitando así el mantener contacto con ellos. Además, el bombardeo y ametrallamiento realizado desde los aviones sobre columnas enemigas causó mucha desmoralización".[91]

Agregó que el levantamiento no fue aplastado rápidamente debido

a la falta de cooperación entre el Presidente y el general Carías; a la falta de energía, coraje y talento militar de los dirigentes nacionalistas; y a los fondos insuficientes con los cuales mantener fuerzas en el campo.

Para concluir este apartado, cabe preguntarse: ¿Cuál hubiera sido el curso de la historia nacional, si Zúñiga Huete y sus partidarios hubieran respetado el veredicto popular? ¿Hubiera Carías instaurado la dictadura más prolongada que hasta la fecha ha experimentado Honduras? ¿Habría convocado a elecciones presidenciales, al concluir su cuatrienio en 1936?

Una respuesta tajante, en uno u otro sentido, pecaría de fácil y superficial, pues la Historia trata de los hechos tal como fueron y no como hubiéramos deseado que acontecieran; pero, en el campo de las Ciencias Sociales, es posible conjeturar en torno a lo que

---

[90] Carta de Harris al Departamento de Guerra, reporte 1835, 18 de noviembre de 1932.

[91] Carta de Lay al Departamento de Estado, despacho 696, 10 de enero de 1933, 815.00/37.

pudo haber sido. Estas disquisiciones conducen a otras interrogantes no menos importantes para el desarrollo de nuestra vida política:

¿Era Zúniga Huete el candidato idóneo, el que podía aglutinar las diversas fuerzas, grupos e intereses que conformaban entonces el Partido Liberal? ¿Era un político con las cualidades necesarias, tales como flexibilidad y realismo? ¿Cuál hubiera sido el curso de nuestra historia de haber llegado él a la presidencia de la República?

Sobre estas preguntas se han escrito muchas cuartillas; algunas de estas opiniones serán reproducidas a lo largo de este ensayo para tratar de arrojar luz sobre una figura controversial que, al igual que su contrincante Carías, aún hoy continúa despertando y reviviendo polémicas y disputas.

SEGUNDA PARTE: EL APOGEO

CAPÍTULO VII:
LA CONSOLIDACIÓN
EN EL PODER Y EL CONTINUISMO

¿Cuándo decidió Carías continuar indefinidamente en la en la presidencia de la República? ¿En qué grupos y sectores se sustentó para regir el país por dieciséis años? A lo largo de este capítulo intentaremos responder a estas interrogantes.

La vida política de Honduras, a partir de la Independencia, se caracterizó por el protagonismo de caudillos militares: Francisco Morazán, Francisco Ferrera, José Trinidad Cabañas, Santos Guardiola, José María Medina, Luis Bográn, Manuel Bonilla, Vicente Tosta, Gregorio Ferrera, Tiburcio Carías y Osvaldo López Arellano, son algunos de ellos.

Las décadas de 1920-30 se caracterizaron por las disputas en torno al control del Estado por parte de tres generales: Tosta, Ferrera y Carías, quienes, imbuidos de ambición de poder, mando y gloria, suscitaron lealtades y oposiciones, adhesiones y rivalidades. Los tres poseían valentía y carisma; pero, sin duda, Tosta era quien contaba con mayores dotes de estratega y más talento para planificar batallas. Ferrera era el guerrillero clásico, con una gran capacidad de desplazamiento y movilidad; era el más atrevido e impredecible, y contaba con el apoyo incondicional de los bravos indios intibucanos.

Carías fue el más popular entre las masas, el más tenaz y astuto; el que sobrevivió y triunfó. A Carías se le había negado la presidencia en 1923, 1924 y 1928. Quizá por ello, al ganar las elecciones de 1932, inició gradual, pero inexorablemente, la consolidación del Partido Nacional y del Estado en torno a su persona, con miras a perpetuarse en el poder. Pero los orígenes del cariato se remontan -de acuerdo a Ramón Oquelí-, al momento en que la convención nacionalista lo postuló nuevamente a la presidencia de la República, el 16 de febrero de 1932, y lo nombró, además, jefe supremo del partido. Así afianzó su control hegemónico sobre el Partido Nacional, bloqueando las posibilidades y aspiraciones de otros candidatos, especialmente de Venancio Callejas, con quien los conflictos databan de 1925. En aquel año, Callejas, en su calidad de presidente del Congreso, confió al diplomático Dennis, que:

"Se consideraba liberado de toda obligación para con el General Carías, luego de la elección de Paz Baraona, y estaba convencido de que la eliminación del General Carías, como jefe político, era necesaria para la paz y la reconciliación política; creía en la integridad y habilidad del Presidente Paz Baraona y estaba preparado para estar a su lado hasta el fin de su período constitucional...".[92]

En el capítulo referido a la presidencia de Paz Baraona, hemos visto cómo él logró gobernar con algún margen de autonomía, lo que no significó que pudiera realizar su gestión totalmente al margen de la influencia y el peso del cariísmo.

La hostilidad de Carías hacia Paz Baraona se incrementó cuando inauguró su primer período presidencial, en 1933. Si bien es cierto que ese año Paz Baraona fue nombrado presidente del Congreso Nacional, a los pocos meses fue removido y nombrado ministro primero en Washington y luego en París, pero, para este cargo, no le extendieron las cartas credenciales. La ruptura definitiva llegó en 1936, cuando ya era evidente que Carías no convocaría a elecciones y que buscaba perpetuarse en el poder. En febrero, Paz Baraona envió una carta a los diputados protestando contra cualquier cambio que se intentara introducir en la Constitución. Y, el 18 de marzo, dirigió una carta abierta al pueblo hondureño, condenando la acción continuista de Carías, la que calificó como un golpe de Estado. Ambas fueron ampliamente difundidas, aunque de manera clandestina".[93] El gobierno se percataba de la influencia que ejercía Paz Baraona en el ámbito nacional, por lo que temía que obstaculizara los planes de continuismo.

---

[92] Carta de Dennis al Departamento de Estado, despacho 741, 1 de abril de 1925, 815.00/3679.

[93] Carta de Keena al Departamento de Estado, despacho 348, 16 de abril de 1936, 815.00/33.

En la legislatura de 1935, cuando se discutió si Carías podía continuar en el poder por otro período, 44 diputados votaron a favor y seis en contra. Carías opinó que era mejor esperar a que el Congreso de 1936 votara al respecto[94]. Así, las maniobras conducentes al continuismo se gestionaban con la debida antelación, lo que despertaba tanto adhesiones como protestas, aunque el creciente clima represivo impedía que los opositores se manifestaran abiertamente, salvo honrosas excepciones, como Paz Baraona.

Militantes nacionalistas, opuestos al continuismo, sufrieron la implacable persecución del cariato; para el caso, cuando el diputado José E. Martínez se marchó a México de vacaciones, el gobierno se negó a autenticarle su pasaporte, en tanto que Román Bográn fue destituido como cónsul en Nueva York[95].

Callejas, por su parte, fundó una rama disidente de corta vida: el Partido Nacional Autonomista, lo que revelaba cuán profundas eran sus diferencias con el cariísmo.

El Congreso de 1935 contaba con ocho diputados afines a Callejas; pero, en las elecciones de 1936, perdió la minoría que lo seguía, a lo que se agregaron las deportaciones de Mariano Bertrand y Ramiro Carvajal. Cuando Venancio Callejas se convenció de que sus aspiraciones serían truncadas por los cariístas, empezó a reunir a nacionalistas descontentos y a liberales que no apoyaban la candidatura de Zúniga Huete. La legación norteamericana lo evaluaba en estos términos: "No es un buen político, pero tiene suficiente influencia como para dividir al Partido Nacional en caso de elecciones normales. Se le acredita poseer entre $50.000 y $100.000 para propósitos de la campaña...".[96]

El 13 de enero de 1936 -en la víspera de la elección de diputados a la Asamblea Constituyente que legitimaría el

---

[94] N. W. Campanole, Agregado Militar, reporte N° 3179, 13 de diciembre de 1935, RG 165, micropelícula 6. El confidente de Campanole era el ministro de Honduras en Costa Rica, Saturnino Medal.

[95] Carta de Keena al Departamento de Estado, despacho 82, 815.00/4636

[96] Carta de Higgins al Departamento de Estado, despacho 836, 815.00/4581.

continuismo-, Callejas escapó de Tegucigalpa y se exilió en San Salvador. Retomaremos la oposición callejista y su frágil alianza con el liberalismo en un capítulo posterior.

EL CONGRESO Y EL CONTINUISMO

En la cuarta sesión preparatoria del Congreso Nacional, celebrada el 28 de diciembre de 1935, se leyeron los telegramas enviados des de diversas municipalidades, en los que pedían que se reformara la Constitución política para que el presidente Carías continuara en el cargo. En la sesión del 4 de enero de 1936 se presentó una moción encaminada a la revisión total del Estatuto Fundamental, argumentado "que la vigente no corresponde a la necesidad del momento que vivimos, es deficiente en muchos aspectos, ya que contiene anacronismos, disposiciones que corresponden a leyes reglamentarias...".[97]

La comisión nombraba al efecto estuvo totalmente de acuerdo con este punto de vista, y agregó que uno de los errores principales de la Carta Magna vigente era:

Fijar el período presidencial en cuatro años y no permitir la reelección del ciudadano que resulte progresista, completamente honrado, buen administrador de los intereses nacionales... si el gobierno es bueno, no hay que quitarle al pueblo el derecho que tiene para conservarlo en el poder por cuanto tiempo sea necesario.[98]

También se expuso que la mayoría de los ciudadanos deseaba la emisión de una nueva Constitución, como una medida de paz, de reconstrucción, de mejoramiento nacional, y el soberano, el que todo lo puede, que es el pueblo, "debemos complacerlo en todo lo que pide, siempre que se trate de su salvación, de su tranquilidad y engrandecimiento".[99]

Solamente dos parlamentarios, miembros del Partido Nacional, se opusieron a la moción: José A. Funes, por Cortés, y Manuel

---

[97] Gautama Fonseca. Cuatro ensayos sobre la realidad política de Honduras. Tegucigalpa, Editorial Universitaria, 2ª ed., 1984, p. 61.

[98] Ibid.

[99] Ibid.

Rodríguez Flores, por El Paraíso.

El 7 de enero se aprobó el decreto 26, mediante el cual se convocó a una Asamblea Nacional Constituyente que sería electa el 26 del mismo mes; estaría integrada por los mismos diputados que conformaban el Congreso Ordinario, excepto Bertrand, Carbajal, Funes y Rodríguez Flores.

La Constitución establecía un período presidencial de cuatro años, por lo que el Congreso Ordinario debía, antes del último de febrero de 1936, convocar a elecciones presidenciales para octubre de ese año; de modo que, cuando expirara el cuatrienio de Carías, el 1 de febrero de 1937, la nación ya contara con su sucesor. Pero el Congreso, ilegalmente, acordó disolverse y constituirse en Asamblea Constituyente, lo cual violaba el artículo 179, que señalaba:

Uno o algunos de los artículos de esta Constitución y de las Leyes Constitutivas podrán reformarse o suprimirse por un Congreso en sesiones ordinarias, por dos tercios de votos, debiendo ratificarse el respectivo decreto por la siguiente legislatura, también en sesiones ordinarias, y por dos tercios de votos, para que la reforma o supresión entre en vigor[100]

Paz Baraona y Zúñiga Huete coincidieron en que la maniobra del Legislativo constituía un golpe de Estado que, en opinión del segundo, fue consumado el 6 de enero de 1936. Paz Baraona expresó sus dudas sobre la legalidad de convocar a elecciones para una Constituyente, y recordó a sus correligionarios la lucha que había sostenido su partido contra los intentos del liberalismo para perpetuar en el poder a Rafael López Gutiérrez. Manifestó haber estudiado detenidamente la Constitución de 1924, redactada por el Partido Nacional, y excitó al Congreso a reflexionar sobre las bases en las que se fundamentó para convocar a una Constituyente, «violando su promesa de ser leal a la República, cumplir y hacer cumplir la Constitución y las leyes»[101].

---

[100] Jorge A. Coello. El Digesto Constitucional de Honduras. Tegucigalpa, 1978, p. 516.

[101] Exposición presentada por M. Paz Baraona al Congreso Nacional, Nueva York, 12 de febrero de 1936. Véase anexo 5.

Al consumarse las elecciones, los diputados que integraron la Asamblea Nacional Constituyente fueron prácticamente los mismos del Congreso Nacional Ordinario, excepto los ya mencionados. El representante diplomático de EUA analizó el hecho:

"Estas elecciones no pueden ser consideradas con justicia como representativas de la voluntad del electorado, ya que prácticamente todos los líderes prominentes de la oposición han sido colocados bajo detención por el gobierno u obligados a dejar el país para escapar de ser encarcelados. Si las elecciones municipales celebradas en noviembre son un criterio, solamente los candidatos aprobados por el gobierno como delegados se atreverán a comparecer".[102]

Los resultados fueron: Partido Nacional, 132.948 votos; Partido Liberal, 46. El mismo funcionario comentó:

Ningún candidato opositor se presentó a estas elecciones... Los candidatos a la Asamblea Constituyente fueron nombrados por los comités locales. El Partido Nacional nombró candidatos a través de todos los distritos y ningún candidato fue nombrado por el Partido Liberal[103].

Antes, ya se habían realizado otras tres elecciones que también favorecieron al Partido Nacional: las municipales de 1933 y 1935, y las de diputados en 1934; en éstas, el nacionalismo ganó 16 de los 17 departamentos (excepto Atlántida), con lo que su posición en el Congreso se fortaleció, ya que ahora contaba con 55 representantes, contra cuatro de los liberales; en el Congreso anterior, la relación era de 43 y 13, respectivamente. La elección de 1934 fue determinante para las pretensiones continuistas. Así lo reportó la legación de los EUA: "Debido a la abrumadora victoria nacionalista en las urnas, el camino estaría aparentemente abierto

---

[102] Carta de Keena al Departamento de Estado, telegrama 12, 21 de enero de 1936.

[103] Carta de Keena al Departamento de Estado, despacho 223, 28 de enero de 1936, 00/4668.

para los planes que pueda tener el presidente".[104]

En las elecciones municipales del 26 de noviembre de 1933, los nacionalistas ganaron dos tercios de las alcaldías, incluyendo Tegucigalpa; los liberales triunfaron en San Pedro Sula, El Progreso, Tela, La Ceiba, Comayagua y Comayagüela, lo que indicó que Carías había perdido entre un veinte y treinta por ciento del electorado en su primer año de gobierno. El descenso se atribuyó al descontento con la nueva administración, que aún no cumplía sus promesas electorales; y, a la creciente brecha entre el Partido Nacional y la facción callejista, que presentó sus propios candidatos en varias municipalidades y votó por las planillas liberales en otras[105]. Los resultados fueron:

Resultados de las elecciones municipales de 1933

Partido	No. de votos	Porcentaje
Nacional	60.363	61
Liberal	32.659	33
Otros Candidatos	5323	6
Total	**98.345**	**100**

Distribución de municipalidades en 1933

PARTIDO	MUNICIPALIDADES GANADAS
Nacional	184
Liberal	75
Otros candidatos	12

El gobierno comprendió que su estabilidad peligraba, si continuaba realizando elecciones locales en las que hubiera espacio para que la oposición tomara ventaja de la gradual erosión del régimen.

Por tal razón, las consultas populares posteriores fueron cada

---

[104] Carta de Gibson al Departamento de Estado, «Reporte de condiciones generales para octubre, 1934», despacho 1246, 815.00/59.

[105] «Reporte de condiciones generales para noviembre 1933», despacho 9966, diciembre de 1933.

vez más fraudulentas. En síntesis, una combinación de represión y maniobras pseudolegales, de las cuales resumimos las principales, facilitaron la legitimación del continuismo:

• Decreto Legislativo N° 26 del 7 de enero de 1936, convocando a elecciones para una Asamblea Nacional Constituyente.

• La promulgación de la Constitución de 1936, específicamente los siguientes artículos: el 117, que amplió el período presidencial de cuatro a seis años; el 202, que señaló la finalización del período presidencial para el 1 de enero de 1943; el 203, que estipuló que la Asamblea Nacional Constituyente, al clausurar sus sesiones, se convertía en Congreso Ordinario y que el período de los diputados continuaba hasta el 4 de diciembre de 1942.

• El Decreto N° 16 del 18 de noviembre de 1939, ratificado por el Decreto N° 2 del 7 de diciembre de 1940, que modificó el año de entrega del poder de 1943 a 1949.

LA CONSTITUCIÓN DE 1936

En este apartado se presenta un breve análisis de la Constitución de 1936, comparándola con la que se derogó, la de 1924, y que elaboró el mismo partido que ahora la violaba.

En la Constitución de 1936 se rompió el equilibrio entre los poderes del Estado, pues otorgó al Ejecutivo treinta atribuciones, contra nueve que tenía en la Constitución de 1924. Se llegó al extremo de ordenar que el Presidente fuera el "policía mayor" de la nación, ya que el artículo 121, atribución 28, le asignaba el poder de "Ejercer la suprema dirección de la Policía de Seguridad".

La característica distintiva de la Constitución del 36 es que no dejaba la menor oportunidad a los gobernados, durante seis años seguidos, para manifestar su opinión respecto a cómo se manejaban los ingresos nacionales, ya que solo había elecciones de autoridades supremas cada seis años y de una vez se elegían los diputados al Congreso...[106].

---

[106] Roberto Arellano Bonilla. Memorándum entregado a Paul C. Daniels, Division of Latin American Republics el 13 de septiembre de 1948, RG 59, Main Decimal File, 1945-49, 815.00/9-748.

La tendencia de la nueva Constitución era concentrar más el poder en el Ejecutivo y disminuir las garantías ciudadanas, asegura das en la Constitución de 1924. Abolió libertades referentes a que el territorio nacional era un asilo sagrado; el voto directo y secreto; la prohibición de expulsar personas del territorio por parte del Ejecutivo; la estipulación de que el ciudadano mayor de 65 años no podía ejercer la presidencia (Carías cumpliría sesenta años en 1936); el voto de censura del Congreso contra un miembro del gabinete y su obligación de renunciar; también eliminó la Comisión Permanente del Congreso, así como la previa aprobación del Congreso al nombramiento de representantes diplomáticos y consulares[107].

La Asamblea Constituyente redujo sus propios derechos, al suprimir el artículo relativo a la aprobación de un voto de censura contra un ministro, como lo establecía la Constitución del 24. También restableció la pena de muerte -que la de 1924 había abolido-en caso de parricidio, asesinato y traición en el caso de los militares en servicio activo. El voto directo y secreto, establecido por la Constitución del 24, fue limitado, por cuanto la del 36 señalaba, en su artículo 28, que "El voto tendrá lugar en la forma y bajo las condiciones prescritas por la ley".

La nueva Constitución revelaba en qué medida el Poder Legislativo se había sometido, incondicionalmente, a los dictados del Ejecutivo, renunciando a su independencia y a sus poderes. Fue aprobada masivamente: 52 diputados a favor y dos en contra; siete diputados que se oponían al continuismo no se presentaron a la Constituyente, por lo que convocaron a sus suplentes. Las pocas voces nacionalistas disidentes se autoexcluyeron o fueron forzadas a abandonar el país. La disidencia al interior del Partido Nacional fue eliminada, al igual que la del partido opositor. El régimen presidencialista aumentó sus poderes y facultades a expensas del Legislativo y el Judicial, que pasaron a convertirse en menos que apéndices de la voluntad del Ejecutivo.

En opinión de Gautama Fonseca, un estudioso de este período,

---

[107] Memoranda on Honduras, Vol. 1, Honduras, November 1935 to August 1945, RG 59.

la Constitución de 1936 fue emitida con el único propósito de viabilizar la permanencia del general Carías en la Presidencia de la República[108]. Similar opinión exteriorizó Venancio Callejas, cuando acusó a Carías de haber organizado un golpe de Estado perpetrado en connivencia con el Congreso Nacional... abrogó totalmente la Constitución política porque le vedaba continuar legalmente ejerciendo la Primera Magistratura e ilegalmente convocó una Asamblea Constituyente que emitió una nueva Constitución para el Estado, sin elecciones de ninguna clase (subrayado en el original), la prórroga del período presidencial del propio general Carías por seis años más, único objeto que se tenía para emitir esa nueva Carta Fundamental[109].

En conclusión, el período presidencial de Carías se extendió hasta el uno de enero de 1943. La dictadura se inició a partir del momento mismo en que no se convocó a elecciones, se derogó la Constitución y se implanto otra diseñada de manera ad hoc. De hecho, el continuismo arrancó el 7 de enero de 1936, cuando se convocó a una Asamblea Nacional Constituyente.

LA SUPRESIÓN DE LA AUTONOMÍA MUNICIPAL

En las elecciones municipales del 29 de noviembre de 1936, los resultados fueron: cariístas, 105.440; callejistas, 7509 y, liberales, 2188 votos. El resultado fue visto así por los diplomáticos estadounidenses:

"En prácticamente todas las municipalidades, los candidatos aprobados por el gobierno no tuvieron oposición... El activar durante la campaña e incluso la postulación de un candidato opositor como una alternativa, fue en muchos casos sistemáticamente desalentado por la fuerza por el partido gubernamental... La mayoría de los candidatos callejistas y liberales, cuyos nombres aparecían en las papeletas, estaban fuera del país al momento de la elección. El resultado de las mismas es

---

[108] Gautama Fonseca, op. cit., p. 73.

[109] Venancio Callejas, en carta enviada al Presidente de los Estados Unidos, Franklin D. Roosevelt. San José, 30 de noviembre de 1936.

alabado por la prensa como una victoria abrumadora para el Partido Nacional, la que es progubernamental, ya que todos los periódicos de la oposición han sido suprimidos".[110]

El 6 de marzo de 1939, mediante el Decreto 79, el Congreso hizo otra reforma constitucional, así:

"Para la administración de los departamentos, éstos se dividen en municipios autónomos, representados por municipalidades electas por el pueblo y en distritos regidos por Concejos, cuyos miembros serán de nombramiento del Poder Ejecutivo, estando éste facultado para la creación de los mismos, con uno o más municipios y con la organización y funciones que determine la ley".[111]

El artículo reformado, si bien no abolió las elecciones municipales, al establecer que los concejales serían nombrados por el Presidente de la República, y no por la población local, solo sirvió para aumentar la concentración del poder en el Ejecutivo. De esta manera desaparecía el último vestigio de expresión popular por medios electorales. Como afirma un politólogo hondureño:

"Al desaparecer del horizonte político la democracia como forma de gobierno a nivel central, la desaparición de la democracia local era una cosa de tiempo... este Decreto... constituye una verdadera acta de defunción de la autonomía municipal... es evidente que las causas y motivaciones de la supresión de la autonomía municipal durante la dictadura cariísta fueron esencialmente políticas: se persigue destruir la oposición a nivel local, en algunos municipios de tradición liberal, que aun en condiciones adversas ganaban las elecciones".[112]

El 15 de mayo de 1939, ya con 63 años de edad, Carías sufrió un ataque cardiaco, pero respondió al tratamiento. Y, durante ese año, nuevamente se recurrió a la táctica del envío masivo de telegramas desde las municipalidades, solicitando al Poder Legislativo seis años más de continuismo. Un informe al Departamento de Defensa de

---

[110] Carta de Keena al Departamento de Estado, despacho 567, 4 de diciembre de 1936, 815.00/4721.

[111] Decreto No 79. La Gaceta, año LXIV, N° 10.751, 13 de marzo de 1939.

[112] Ernesto Paz Aguilar. El municipio en Honduras: de la autonomía a la servidumbre. Tegucigalpa, Edit. Universitaria, 1984, pp. 16-17.

EUA, retrataba la situación así:

Todas las autoridades municipales han sido cuidadosamente "electas" con vista a su subordinación al gobierno central; uno no tiene que mirar lejos para encontrar el origen de este tipo de "aclamación popular", que ha sido acompañada por la generalmente barata justificación del «cediendo al reclamo popular», «deseo de acatar la libre voluntad del pueblo». En los últimos diez días, y en dos ocasiones diferentes, el Presidente Carías ha emitido pronunciamientos públicos al efecto de que no se opondrá a este tipo de "aspiración popular", que ese movimiento ha comenzado «sin su intervención o influencia» y que, consecuentemente, no se opondrá a ninguna acción tendiente a la prolongación de su período presidencial hasta el año 1949.[113]

También se informaba del inicio de un movimiento para que Carías siguiera en la presidencia de por vida. Al respecto, Erwin, el ministro estadounidense, comentó:

"Por supuesto, cuando toda la oposición está silenciada, es fácil iniciar y completar una campaña como la que Honduras está presenciando. Parece injusto y desafortunado que el gobierno no permita que, quien no esté a favor del continuismo, publique nada o hable públicamente".[114]

El 7 de diciembre de 1940, el Congreso emitió el Decreto N° 2, mediante el cual reformó la Constitución para prolongar el período presidencial hasta el 1 de enero de 1949; la reforma entró en vigencia el 1 de enero de 1942.[115] En opinión de Zúñiga Huete, el golpe de Estado de 1936 recibió un tercer retoque.[116]

---

[113] Carta de Cohen al Departamento de Defensa, Agregaduría Militar, reporte G-2, 815.001/58.

[114] Carta de Erwin al Departamento de Estado, 18 de diciembre de 1939, RG 84, caja 2.

[115] Honduras. Decretos del Congreso Nacional, 1940-1941. Tegucigalpa, Tipografía Nacional, 1941.

[116] José Ángel Zúniga Huete, en: State Decimal File, 815.00/4911, mayo de 1943, pp. 4-5.

LA BASE SOCIAL DEL CARIÍSMO

Intentaremos ahora responder a la segunda interrogante planteada al inicio de este capítulo: ¿En qué fuerzas, grupos y clases se sustentó el cariísmo para regir el país por dieciséis años y perdurar más allá de 1949 como esquema mental, como actitud política y como práctica partidista?

Un sector de terratenientes y hacendados, que no deseaba cambios en la estructura social, le otorgó su apoyo. Ellos conformaban la clase alta hondureña, constituida por las viejas familias, cuya riqueza se basaba en la posesión de la tierra. Este grupo había poseído, tradicionalmente, el liderazgo político de la nación[117]. Carías, en cambio, procedía de una familia de pequeños propietarios, con el fundo personal localizado en Zambrano, a inmediaciones de Tegucigalpa. Su relativamente holgada posición económica le permitió realizar estudios de Derecho, carrera que ejerció muy brevemente.

El sector militar, cuya profesionalización, particularmente en la rama aérea, se inició durante el régimen, le brindó también el sostén necesario. Los dirigentes castrenses de la época se habían formado en las guerras civiles y carecían de capacitación académica. Francisco Martínez Funes, Filiberto Díaz Zelaya, Rufino Solís, Carlos Sanabria y el resto de los comandantes locales, como los mayores de plaza, constituyeron otra de las bases del régimen. A cambio, Carías toleraba el enriquecimiento personal de aquéllos, pues tácitamente les reconocía autonomía local.

El tercer elemento decisivo para la estabilidad del régimen fue la United Fruit Company. La relación entre ambos fue de mutuo apoyo y conveniencia, si bien los mayores beneficios los recibía la frutera, garantizados por el sistema represivo instaurado por Carías: prohibición de cualquier huelga u otra reivindicación laboral, destrucción de sindicatos, persecución de dirigentes

---

[117] Thomas M. Leonard. The United States and Central America, 1944-1949; perceptions o political dynamics. Alabama, The University of Alabama, 1984, pp. 107-8.

obreros, y otorgamiento de todas las demandas, concesiones, dispensas y exenciones que exigía el monopolio. En compensación, el gobierno tenía asegurados los préstamos necesarios para pagar empleados públicos, adquirir armamento, mantener el equilibrio presupuestario y cubrir otras necesidades y compromisos estatales. Como lo han resumido investigadores del período, "La relación de la compañía y la elite local fue de intercambio: el uso del poder público para fines corporativos a cambio de excedentes monetarios para mantener y solidificar el monopolio del poder político".[118]

A la cúpula de la burocracia le interesaba la perpetuación de Carías en el poder, ya que él toleraba su enriquecimiento ilícito; así, tuvo una gran dosis de responsabilidad en hacer creer al gobernante que su permanencia en el cargo era imprescindible para mantener la tranquilidad, el orden y la paz en la nación. El historiador Lucas Paredes, autor de un estudio biográfico de Carías, como allegado al régimen conoció íntimamente al Presidente y a su círculo de consejeros y amigos, a los que se refirió en estos términos:

"Se hizo creer o se obligaba a creer a la mayoría del pueblo hondureño que sólo el general Carías era capaz de garantizar la paz que anhelaba y a cuyo amparo podía alcanzar la prosperidad y el bienestar deseado. Es así que los interesados en seguir beneficiándose personalmente, decidieron reclamarle continuara haciendo real tal anhelo".[119]

El apoyo de la administración Roosevelt también fue determinante para la estabilidad del cariísmo; al menos hasta el final de la Segunda Guerra Mundial, cuando se fue conformando, en el Departamento de Estado, una actitud distinta. Este apoyo se manifestó de diversas maneras: otorgamiento de préstamos; asistencia técnica y militar; venta de armas; derogación de los Pactos de Washington, a cambio de la estabilidad y protección de las inversiones estadounidenses en el país; y la celebración de un tratado comercial favorable a los Estados Unidos. Honduras, por su

---

[118] Mario Posas y Rafael del Cid. La construcción del sector público y del Estado nacional en Honduras. 1876-1979. San José, EDUCA, 1981, p. 44.

[119] Lucas Paredes, op. cit., p. 533.

parte, contribuyó con los EUA durante la Segunda Guerra Mundial, otorgándole facilidades navales, permitiéndole el cultivo de productos estratégicos en tierras nacionales, el internamiento de la población alemana residente en el país, etcétera.

Pero todos los apoyos descritos no son suficientes para responder a la pregunta formulada al inicio. Por tal razón, es preciso indagar en el apoyo, activo o pasivo, con que contó dentro del país, por parte de otros sectores de la población.

Carías no se mantuvo dieciséis años en el poder únicamente por una política basada en el terror, la represión y la delación. Paralelamente, fomentó una red de alianzas y lealtades que permitió la adhesión, o al menos la tolerancia, de un sector de población. Algunos de los medios empleados fueron el otorgamiento de empleos públicos, que representaban una de las pocas posibilidades para acumular pequeños capitales; el otorgamiento de becas a los hijos de los correligionarios para que pudieran estudiar en la Universidad y en el Instituto Central; facilitar el ingreso a la Escuela de Cabos y Sargentos o a la Guardia de Honor Presidencial, como medios de movilización social; y, el reparto de tierras nacionales en pequeñas, medianas o grandes extensiones, en centros urbanos y áreas rurales.

Además, no debe subestimarse la imagen que del caudillo tenían algunos grupos y clases sociales. En el primer capítulo se incluyen informes consulares que dan cuenta de las razones por las que despertaba entusiasmo entre los trabajadores de la Costa Norte; posteriormente, su actitud ante las elecciones, al reconocer los resultados de 1923, 1924 y 1928, le dio una reputación de civilista y ecuánime; de hombre que prefería sacrificar sus ambiciones personales, antes que conducir a la nación a un nuevo ciclo de guerras civiles. Luego su oposición en el Congreso a las contratas y dispensas presentadas por la Cuyamel Fruit, le creó una imagen de defensor del patrimonio nacional frente a las demandas de Zemurray.

En cuanto a la población rural, se ha afirmado que "supo conquistar el corazón del campesinado, base no sólo de las montoneras, sino también del electorado hondureño: constituía casi

4/5 partes de la población de la época".[120]. Un apologista expresó que Carías se sostenía gracias al apoyo campesino, lo que también explica el porqué del fracaso de los movimientos insurreccionales:

"El caudillo les dio trabajo, les obligó a echar raíces, a vincularse a la tierra maternal y las cosechas se han vuelto negocios y los negocios de la pequeña burguesía se han resuelto en riquezas para los viejos montoneros".[121]

Ciertamente, Carías contó con varios de los atributos que caracterizaron a los caudillos latinoamericanos: astucia, determinación, antecedentes militares, coraje personal, apoyo popular, conocimiento de los hombres y sus debilidades. Y su estilo de gobierno también presentó las características propias del caudillismo: adhesión a un jefe, a un hombre fuerte, del que emana la recompensa o el castigo; un sistema vertical de mando y autoridad, en el que la lealtad y la subordinación están por encima de cualquier otro atributo; el recurso de la violencia, combinado con una red de delación, como método para acallar y suprimir a los desobedientes. Todo lo anterior, con el fin de inculcar el miedo entre la población, que llegó a pensar que era fútil e imposible ir contra los dictados y deseos del caudillo y sus caciques locales.

---

[120] Flánder Díaz Chávez. Carías, el último caudillo frutero. Tegucigalpa, Guaymuras, 1982, p. 75.

[121] Gilberto González y Contreras. El último caudillo (ensayo biográfico). México, Costa-Amic, 1946, pp. 185-86.

CAPÍTULO VIII:
EL EJÉRCITO

Al analizar las bases de apoyo del cariato, se evidencia que una de las más sólidas fue el ejército, dirigido localmente por los comandantes de armas, mayores de plaza y jefes expedicionarios.

El término ejército, aplicado a este período, no debe asociarse con las actuales Fuerzas Armadas, que son producto de la posguerra y la asesoría militar norteamericana, cuya reciente institucionalización es una de sus principales características.

En la etapa que aquí se analiza, si bien en teoría el ejército tenía un mando centralizado, en la práctica, cada comandante gozaba de una cuota de autonomía sobre la tropa bajo su mando. Esto obedecía a diversos factores; entre otros, la falta de una red efectiva de comunicaciones entre la capital y el interior, lo que acentuaba el aislamiento geográfico y la autosuficiencia, y limitaba el control rápido y efectivo de las autoridades centrales. En términos políticos, esto significó que los comandantes distribuían el poder y su influencia en sus respectivas jurisdicciones, hecho aceptado con realismo por el Ejecutivo, en tanto no presentara un desafío real o potencial a la estabilidad del régimen.

El caso del general Rufino Solís, comandante de armas de La Ceiba, ejemplifica lo antes dicho. Esta ciudad era abastecida de carne desde Juticalpa, de donde la transportaban por vía aérea, en TACA. Solís decidió monopolizar el negocio, por lo cual determinó que, quienes deseaban vender el producto, debían obtener un permiso firmado por él, previo pago de determinada cantidad; además, prohibió que continuara el abasto desde la cabecera departamental olanchana. Lowell Yerex, el fundador y propietario de TACA, protestó ante Carías por tal medida y éste telegrafió a Solís, indicándole que permitiera la venta de carne procedente de diversas localidades del país. Pero Solís no solo ignoró la orden, sino que emitió un bando para advertir a los ceibeños que únicamente podrían comprar la carne que él vendiera. En vista de tal actitud, el alcalde se desplazó a Tegucigalpa para protestar personalmente ante el gobierno. Nuevamente se le ordenó a Solís que desistiera del control monopólico, pero una vez más desobedeció, y siguió disfrutando de los beneficios derivados de la venta exclusiva de carne[122].

Carías toleró lo anterior, pero no ocurrió lo mismo cuando Solís expresó públicamente sus aspiraciones presidenciales; manifestó que sería leal al Presidente en tanto continuara en el poder, pero que, opinaba que no tenía derecho a nombrar a su sucesor. Al cuestionar abiertamente su poder de decisión y autoridad, Carías lo destituyó y lo nombró cónsul en Nueva Orleans, cargo al que renunció a principios de 1947[123].

Otro ejemplo es el del general Sanabria, quien controlaba la zona de Colón, desde Trujillo hasta La Mosquitia. Un informe diplomático lo caracterizó así:

"Se considera a sí mismo la única autoridad allí e ignora órdenes telegráficas provenientes de Tegucigalpa. He visto la copia de un telegrama del Presidente al General, ordenándole asistir a un concesionario americano que visita su Distrito. La acción resultante fue mínima... El Presidente, aparentemente, considera que no es suficientemente fuerte como para remediar esta situación... pero creo que el más fuerte indicio de su debilidad es que permite el robo al por mayor a través del país, el no acatamiento de órdenes y una ineficiencia increíble".[124]

Al analizar el funcionamiento del Estado en esta época, un politólogo norteamericano concluía que el lema «al ganador pertenece el botín», significaba en Honduras que los factores personales y partidistas dominaban todas las esferas de la administración, en todos los niveles del gobierno: «En el sistema hondureño de botín, particularmente con respecto al nombramiento de funcionarios, se asigna un énfasis desproporcionado a la lealtad personal hacia el líder".[125]

---

[122] Carta de Erwin al Departamento de Estado, despacho 491, 31 de octubre de 1938, 815.00/4774.

[123] Carta de Faust al Departamento de Estado, 815.00/4.

[124] Carta de Cramp al Departamento de Estado, despacho 419. 2 de diciembre de 1938, 815.00/4769.

[125] William Stokes, op. cit., p. 191.

LAS CLAVES DE LA LEALTAD CASTRENSE

Para fines militares, el país estaba dividido en cuatro zonas: Tegucigalpa, El Paraíso y Choluteca constituían la primera; Comayagua, Santa Bárbara, Cortés y Copán, la segunda; Gracias, Intibucá, La Paz, Ocotepeque y Valle, la tercera; y, Colón, Olancho, Yoro, Atlántida e Islas de la Bahía, la cuarta. Cada una estaba bajo el mando de un general de brigada, grado conferido en el curso de las guerras civiles.

Carías no confiaba plenamente en la lealtad del ejército ni en la de los pilotos hondureños por lo que, de manera deliberada, el nivel de entrenamiento y calidad del equipo militar era bajo. La única excepción era la Guardia de Honor Presidencial, estacionada en su residencia oficial, cuyos integrantes eran seleccionados personalmente por el mandatario, tomando como criterio el grado de lealtad hacia su persona; esta unidad contaba con las armas más modernas y estaba adecuadamente entrenada. El resto de la tropa disponía de equipo bélico obsoleto, de variados tipos, calibres y procedencias; se le pagaba irregularmente, la mayoría de los reclutas era analfabeta, y los oficiales que los dirigían poseían un bajo grado de instrucción militar. La desproporción entre la cantidad de efectivos, y el tipo y número de armamento custodiado por las unidades regulares y la Guardia de Honor Presidencial, la ilustran los siguientes cuadros:

OFICIALES Y SOLDADOS EN 1940			
Departamento	Oficiales	Soldados	Total
Tegucigalpa	42	402	444
Cortés	16	104	120
Colón	24	114	138
Copán	18	95	113
Atlántida	17	95	112

Fuente: United States. War Department. Military Intelligence Service, despacho 27.350. 9 de julio de 1942.

ARMAMENTO EN 1940		
Tipo de arma	En Casa Presidencial	Total en la República
Rifles	9134	17.145
Subametralladoras	117	117
Ametralladoras	208	232
Morteros	10	10

Fuente: Ídem.

El territorio estaba dividido en 22 distritos militares, cada uno bajo la jurisdicción de un comandante de armas, quien respondía directamente ante el Presidente. Cada distrito contaba con una compañía de infantería, estacionada en la cabecera departamental, y cada pueblo con un destacamento formado por cuatro o siete hombres, cuya función principal era la de policía rural. En 1936 estaban constituidas veinticinco compañías de infantería, dos baterías de artillería, seis secciones de ametralladoras, 239 oficiales y 1636 soldados[126].

A mediados de 1944, el Ejército hondureño estaba integrado, oficialmente, por tres mil oficiales y 53 mil hombres; aunque las cifras reales eran 322 oficiales y 1981 soldados, pobremente entrenados y equipados, con excepción de los de la Guardia de Honor Presidencial; esta contaba con la mayoría de las armas en buen estado, con las que Carías podía liquidar, prontamente, cualquier amenaza interna a su estabilidad.

Otro factor en contra de la posibilidad de que un sector del Ejército se rebelará, era su organización misma; estaba conformado por unidades de combate muy ineficientes que, al carecer de una cadena de mando, tornaba improbable cualquier intento de acción conjunta a escala nacional[127]. El Agregado Naval estadounidense, con sede en Guatemala, respecto de la lealtad del

---

[126] Carta de Gibson al Departamento de Estado, despacho 242, 7 de febrero de 1936, 815.00/4671.

[127] Charlas del agregado militar Nathan A. Brown Jr. en la Conferencia de Agregados Militares Estadounidenses reunidos en Panamá, 12-18 de enero de 1947.

Ejército hacia el Ejecutivo, opinó:

"No parece haber ninguna oportunidad de cambio de gobierno en Honduras en el futuro cercano. El presidente Carías tiene el apoyo completo del Ejército... los comandantes son leales a Carías, ya que disfrutan de cierto peculado en el control de sus respectivos distritos".[128]

Y esa es otra de las claves para entender la lealtad castrense hacia el gobernante, que esbozamos al hablar de los comandantes de armas: su tolerancia ante el lucro y el enriquecimiento ilícito de aquellos en las jurisdicciones a su cargo.

EL PAPEL DE LOS ESTADOS UNIDOS

El papel de los Estados Unidos en la profesionalización de las Fuerzas Armadas hondureñas fue muy importante. En febrero de 1942 ambos países firmaron el Convenio de Préstamos y Arriendos, mediante el cual se aumentó el número de miembros del Ejército entrenados durante la Segunda Guerra Mundial. A cambio, Honduras permitió a Estados Unidos operar una pequeña base naval en Trujillo e incrementar el monto de algunas exportaciones necesarias para el esfuerzo bélico. A finales de 1942, el gobierno hondureño solicitó al de Estados Unidos el envío de una misión aérea y terrestre en el marco del citado Convenio, lo que fue resuelto favorablemente, pues EUA ofreció abastecer con armas y municiones por un valor aproximado de $1.300.000.

La rama aérea fue la más favorecida y desarrollada por Carías; gracias a ello, el país llegó a contar con la aviación militar más poderosa de la región centroamericana; incluso bombardeó la ciudad salvadoreña de Ahuachapán, en 1914, como medida preventiva para evitar una probable incursión de exiliados hondureños por la región occidental.

Muy pronto, el gobernante se percató de que la estabilidad de su régimen dependería, en buena medida, del fortalecimiento del

---

[128] Peyton H. Park. «Honduras, partidos políticos, fortaleza / inefectividad del gobierno». Intelligence División, Confidential Reports of Naval Attaches 1940-1946, serie 33-45-0/0, RG 38, file C-10-J, 11817 a 11904.

ejército aéreo, lo que posibilitó neutralizar diversos intentos armados de la oposición. Justificadamente, en 1935, Carías podía afirmar que: "La oportuna y valiosa adquisición que hizo el gobierno de tres aviones de guerra para uso del Ejército, lo pone en condiciones de poder sofocar con rapidez cualquier movimiento subversivo interno".[129]

La adquisición de aeroplanos aumentó y, a finales de 1936, se contaba con trece aviones militares, entre ellos un Cóndor T32C convertido en bombardero; tres monomotores Boyd 9; tres Boeing modelo 95; dos Rearwing Sporters; un Kenroyce y un Beachcraft. Además de los Stinson comprados inicialmente, el gobierno adquirió 16 ametralladoras y veinte bombas lacrimógenas. Esto aparatos eran operados y mantenidos por pilotos y mecánicos estadounidenses, empleados de TACA. El 19 de abril de 1936 entraron en acción para repeler un ataque sobre El Paraíso, por parte de cien civiles armados procedentes de Nicaragua[130].

A mediados de junio de 1938, el gobierno adquirió tres Ryans tipo ST-M, contando así con 23 aeroplanos. En enero de 1941 arribaron al país tres aviones Fairchild, pilotados por los hondureños Ernesto Espinoza y Guillermo Chirinos entrenados en Estados Unidos--, junto con el estadounidense Harold A. White, quien fue contratado como director de la Escuela de Aviación Militar, en sustitución de Malcon Stewart, que había fungido como tal desde enero de 1938[131]. Cuando White renunció, Stewart reasumió el cargo.

Para entrenar a la Guardia de Honor Presidencial contrataron al sargento Walter C. Mayer quien, al igual que White, prestó sus servicios a título personal, ya que su vinculación con las Fuerzas Armadas de los EUA había cesado muchos años atrás.

En 1943 la Fuerza Aérea poseía 18 aviones: cuatro de

---

[129] Mensaje de Tiburcio Carías Andino al Congreso Nacional en la inauguración de sus sesiones de 1935. Tegucigalpa, Tipografía Nacional, 1935, p. 32.

[130] Carta de Keena al Departamento de Estado, despacho 364, 24 de abril de 1936, 815.248/69.

[131] Carta de Erwin al Departamento de Estado, 13 de enero de 1941, 815.248/133.

entrenamiento, dos tácticos y doce de carga; y contaba con ocho pilotos, cinco cadetes y 34 mecánicos. La decisiva importancia de la aviación para el mantenimiento del régimen la revela un documento del Departamento de Estado:

"No parece haber ninguna duda que los aviones del gobierno, piloteados por ciudadanos americanos, son las armas más efectivas que tiene el gobierno en el mantenimiento del orden interno y la supresión de revoluciones incipientes".[132]

Otro informe diplomático señalaba que la utilidad principal de la Fuerza Aérea era:

"Su habilidad para obtener información rápida y exacta relativa a la reunión y movimientos de cualquier grupo considerable de hombres, permitiéndole así al Gobierno mantener un número mínimo de soldados, armas y municiones en puntos que, sin la Fuerza Aérea, estarían sin contacto con la capital y que, como ha sido mostrado en revoluciones previas, pueden ser rápidamente tomados por fuerzas insurgentes".[133]

Las autoridades militares norteamericanas también admitían la creciente eficiencia de la Fuerza Aérea hondureña:

"Es capaz de llevar a cabo su misión básica, el mantenimiento de la presente administración en el poder y en negar el espacio aéreo hondureño a fuerzas de otras potencias centroamericanas... el Presidente Carías ejerce un gran control directo sobre la Fuerza Aérea... la considera importante para continuar en el poder".[134]

El 18 de diciembre de 1945 se firmó en Washington un acuerdo entre los gobiernos de Honduras y Estados Unidos -publicado como Decreto N° 103 el 11 de abril de 1946, pero no apareció en el diario oficial La Gaceta-, por el que quedaba constituida una misión militar norteamericana en el país, con el

---

[132] Office of American Republics Affairs. «Memoranda on Honduras». Department of State, Vol. I, noviembre 1935-agosto 1945.

[133] Carta de Keena al Departamento de Estado, despacho 592, 29 de diciembre de 1936.

[134] U.S. War Department. Military Intelligence Service. Survey of Honduras, 9 de julio de 1942, RG 226.

propósito de "aumentar la eficiencia del Ejército y la Fuerza Aérea Hondureña".[135]

A mediados de 1946 se suscitó una controversia en el Departamento de Estado, en torno a la solicitud hondureña de adquirir, en Estados Unidos, seis aviones AT-6. Algunos funcionarios estadounidenses estaban en contra de la transacción y, el 26 de diciembre, se le comunicó al embajador de Honduras, Julián Cáceres, que, debido "al carácter no democrático del presente régimen hondureño y a que no habían, habido elecciones en el país desde 1933, el gobierno de Estados Unidos no abastecería a Honduras con el referido equipo militar".[136]

El 3 de junio de 1946, un memorando interno del Departamento de Estado, suscrito por Newbegin, jefe de la División de Asuntos del Caribe y Centroamérica, sopesó los factores favorables y adversos a la retención de armamento para el gobierno de Carías. Entre los favorables señalaba que tal acción era una de las formas más efectivas de presión del gobierno norteamericano "para mostrar nuestra inconformidad y desaprobación hacia los regímenes dictatoriales y así alentar y fortalecer a los elementos locales democráticos que nos gustaría sucedieran a las actuales dictaduras"; que de otorgársele armas a un dictador, había que proceder de igual manera con otros y que, si la política vigente se modificaba, podía ser interpretada como de ayuda y aprobación a las dictaduras.

En los desfavorables incluía los siguientes argumentos: la política de uniformidad de los equipos militares de los ejércitos latinoamericanos, auspiciados por Estados Unidos, quedaba expuesta al fracaso, ya que existían fuentes alternativas de abastecimiento; la posibilidad de la influencia soviética y la formación de bloques antinorteamericanos en América; la política de retención de armamento no había sido capaz de derrocar a ningún dictador latinoamericano; además, "la mayoría de los dictadores actuales cuentan con suficiente armamento como para

---

[135] Honduras. Decretos del Congreso Nacional, 1945-1946. Tegucigalpa, Tipografía Nacional, 1946, p. 261.

[136] En: 815.24/12.2646, 26 de diciembre de 1946.

controlar a un pueblo, siempre y cuando no exista descontento dentro de su ejército", lo que no sería alterado por la política de no proveerlos de equipo militar.

El encargado de negocios, John Faust, recomendó resolver favorablemente la petición del gobierno hondureño, argumentando que ya contaba con el suficiente equipo militar para controlar completamente "los atentados esporádicos de sus opositores para derrocarlo"; que no necesitaba recibir los aviones solicitados para alcanzar este objetivo, y que éstos no serían empleados para consolidar el régimen, sino para contar con equipo más adecuado para el entrenamiento.[137]

La decisión del Departamento de Estado tenía implicaciones que trascendían el ámbito hondureño. De aprobarse la solicitud del gobierno de Carías, debía extenderse igual trato a otros regímenes dictatoriales latinoamericanos, como el de Anastasio Somoza en Nicaragua y Rafael Trujillo en República Dominicana.

Pese a todo, a mediados de 1947, el Departamento de Estado autorizó la exportación de los aviones AT-6 a Honduras. Indudablemente, contribuyeron a esta decisión los reportes del agregado militar en Tegucigalpa, el coronel Nathan A. Brown, en el sentido de que el gobierno mexicano estaba ofreciendo a las autoridades hondureñas la venta de armamento.

Gradualmente, la Fuerza Aérea se fue «hondureñizando» y dependiendo menos de los pilotos y técnicos estadounidenses. A mediados de 1939 se graduaron de la Escuela de Aviación Militar los primeros pilotos nacionales: Antonio Banegas Araujo, Ernesto Colombo Espinoza, J. Elías Sánchez, Roberto R. Barahona, Ernesto E. Carraccioli, Guillermo Chirinos Alonzo, Guillermo Flores Theresín, Rodolfo Heller y Francisco Martínez.

En 1942 partieron hacia Estados Unidos para realizar estudios de aviación los cadetes Hernán Acosta Mejía[138] e Hiram Fiallos, y

---

[137] Carta de Faust a Acheson, 14 de mayo de 1946, 711.00/51446.

[138] Hernán Acosta Mejía fue el primer hondureño en ser nombrado director de la Escuela de Aviación Militar; también fue comandante de la Fuerza Aérea Hondureña.

los soldados mecánicos Osvaldo López Arellano y Gustavo Morales.

De la Fuerza Aérea, como de la Escuela de Cabos y Sargentos, dirigida por Calixto Carías hijo de Marcos Carías Andino y sobrino del Presidente-, surgieron los más altos oficiales que dirigían las Fuerzas Armadas a principios de la década de 1970[139].

En 1946 se fundó la Escuela Básica de Armas para entrenar a oficiales y soldados, así como la Escuela de Clases y la Escuela de Cabos y Sargentos, ambas dirigidas por la misión militar estadounidense. Los efectos de esta ayuda fueron, entre otros, elevar la destreza del Ejército y aumentar la centralización de las instituciones militares. El Ejército había sido, históricamente, un brazo político, con base rural, de la facción o partido en el poder. Pero, con la puesta en marcha del Programa de Asistencia Militar, la importancia de los comandantes regionales empezó a declinar, y la atención se concentró en crear cinco batallones que constituyeron el primer ejército hondureño.

El desplazamiento del ejército-milicia tradicional hacia concentraciones de tropas más móviles, fue uno de los principales objetivos de Estados Unidos en la posguerra. Además de aumentar el tamaño de las concentraciones de tropas, la política de asistencia militar de EUA tuvo el efecto de centralizar las estructuras militares, al gravitar las concentraciones de tropas sobre las principales áreas urbanas.[140]

El hecho de que el Ejército estuviera supeditado a la permanencia de Carías en el poder, significó que fuera una especie de guardia pretoriana al servicio de los intereses de un partido político y en contra de la oposición. Así se gestó la tradición partidaria de los militares, su antagonismo tradicional al liberalismo

---

[139] Ramón Oquelí. «Gobiernos hondureños durante el presente siglo». Economía Política, N° 2, julio-septiembre de 1972, p. 49.

[140] Steve C. Ropp. «The Honduran Army in the sociopolitical evolution of the Honduran State». The Americas, Vol. XXX, N° 4, abril de 1974, pp. 509-512.

y la conexión de los nacionalistas con los militares[141]. Esta situación subsistió hasta el ascenso de Roberto Suazo Córdova a la presidencia (1982-1986), quien logró alterar las relaciones entre las Fuerzas Amadas y el Partido Liberal, merced a la alianza y el apoyo que brindó a la cúpula castrense durante el conflicto regional.

En conclusión, el Ejército, durante el período aquí estudiado, careció de una dinámica propia que lo convirtiera -como en varios países sudamericanos- en el fiel de la balanza de las relaciones entre las diversas clases sociales. Por el contrario, estuvo subordinado al servicio de mantener en el poder a Tiburcio Carías; no poseía espíritu de cuerpo ni fuero que lo colocara por encima del poder civil. Deliberadamente, Carías lo mantuvo en un estado no profesional, con la excepción de las unidades elite-, pues desconfiaba de sus elementos. Y el tiempo le daría la razón pues, décadas más tarde, cuando el ejército tuvo poder y una estructura organizativa autosuficiente, se convirtió en el árbitro de la vida política local.

---

[141] Rodolfo Pastor Fasquelle. «El ocaso de los cacicazgos: historia de la crisis del sistema político hondureño». Boletín Especial del Centro de Documentación de Honduras, N° 21, febrero de 1986, p. 3.

CAPÍTULO IX:
TACA, AVIACIÓN Y POLÍTICA

En el capítulo anterior mencionamos brevemente el papel que desempeñó la aviación en la derrota de la insurrección liberal. Ahora detallaremos cómo creció su importancia en la política y las comunicaciones, y la participación de uno de sus pioneros: Lowell Yerex.

Este piloto neozelandés arribó a Honduras en 1931, procedente de México, junto con el estadounidense James E. Woodburn, quien aportó el capital para adquirir un avión comercial. Ambos iniciaron el transporte de correo entre los poblados del interior, cuando lo irregular del territorio y la inexistencia de caminos hacían que la comunicación intrarregional fuera lenta, incómoda y costosa.

Aunque el estadounidense -por razones desconocidas- se retiró, Yerex persistió. En marzo de 1932 poseía tres monoplazas monomotores Stinson y había solicitado al Ministerio de Fomento un contrato para transportar correspondencia entre Tegucigalpa, San Pedro Sula, Cortés, Tela, La Ceiba, Yoro, La Esperanza, Comayagua, Marcala, Gracias, Santa Bárbara, Santa Rosa de Copán, Ocotepeque, Nacaome, San Lorenzo, Amapala, Choluteca, Danlí, Yuscarán y Juticalpa; se comprometió a realizar dos vuelos semanales entre estos poblados, a cambio de que el gobierno le pagara ocho lempiras por kilogramo de correo aéreo.

Honduras, el país más montañoso de Centroamérica, era entonces un mosaico de regiones semi aisladas, prácticamente incomunicadas entre sí. La zona norte se orientaba más, desde el punto de vista comercial, hacia EUA y el Caribe, que hacía Tegucigalpa, la sede política y administrativa. En la estación lluviosa los pocos caminos, por la falta de mantenimiento, eran prácticamente intransitables, y los vehículos automotores eran muy escasos. Por estas razones, Honduras fue el país pionero, en el istmo, en desarrollar la aviación comercial y militar como medio de movilización y transporte interno.

Carías se percató del potencial aéreo durante el sitio de Tegucigalpa en 1924, cuando contrató los servicios del piloto norteamericano Frank Brown para bombardear la ciudad; la United Fruit facilitó los medios materiales y humanos para ese propósito.

En 1931, el gobierno de Mejía Colindres alquiló un avión y contrató los servicios de su propietario, el estadounidense Shelton, como piloto de reconocimiento militar contra las fuerzas insurgentes[142]. Pero fue durante la "Revuelta de las traiciones" que la aviación militar alteró el curso de las guerras civiles en Honduras, al convertirse en el arma más efectiva y temida para aplastar movimientos rebeldes. La empresa Dean -cuyos socios principales eran Roy Gordon y Julio Lozano Díaz- realizaba vuelos entre San Salvador y Tegucigalpa y había prestado servicios a la administración Mejía Colindres, durante el alzamiento, por unos cien mil lempiras.

El decidido apoyo de Yerex a Carías se manifestó cuando los generales Fonseca y Reina se aproximaban con sus tropas a Tegucigalpa, a finales de diciembre de 1932. Carías y Williams calcularon las tropas liberales entre mil quinientos y tres mil elementos; sin embargo, el neozelandés, al realizar vuelos de reconocimiento sobre las tropas acantonadas en El Sauce, notificó que no pasaban de doscientos. El alto mando nacionalista dudó de la información, pero, después de sobrevolar nuevamente la zona, decidió que una parte de las fuerzas acantonadas en la capital podía atacar, aunque previamente Yerex, acompañado de Carlos Izaguirre y Molony, debía bombardear y ametrallar a las tropas. La ofensiva aérea fue exitosa, y se logró abortar el ataque a la capital.

También, mediante la observación aérea, se detectó la tropa dirigida por el general Umaña y estacionada en Comayagua. Esto facilitó el contraataque nacionalista del 2 de diciembre, que concluyó con otra derrota liberal. Un observador de los acontecimientos bélicos, concluyó que: "...sin la observación efectiva de las fuerzas insurgentes desde aeroplanos, la pronta y virtual eliminación de las principales fuerzas insurgentes bajo Fonseca y Umaña no se hubiera realizado".[143]

---

[142] Carta de Higgins al Departamento de Estado, despacho 981, 21 de diciembre de 1933; y, despacho 344, 17 de noviembre de 1931.

[143] Carta de Lay al Departamento de Estado, despacho 681, 6 de diciembre de 1932, 815.00/401.

El trabajo efectuado por los aeroplanos de TACA probó ser de gran valor para el gobierno, particularmente en la localización y reconocimiento de fuerzas enemigas, facilitando así el mantener contacto con ellos. Además, el bombardeo y el ametrallamiento hecho desde los aviones sobre las columnas enemigas, causó mucha desmoralización[144].

Cuando Yerex fue herido en un ojo durante la acción de El Sauce, el 27 de diciembre, fue sustituido por los pilotos norteamericanos Charles Meier y Thomas McGuire, quienes continuaron el bombardeo. El neozelandés cobraría con creces la pérdida parcial de su visión; informó a la legación estadounidense que el costo de los servicios prestados al gobierno, durante el alzamiento, sobrepasaba los 75 mil lempiras y que abrigaba esperanzas de que la administración Carías subsidiara su empresa. "Una exención del impuesto de importación de gasolina es lo que probablemente tenía en mente".[145].

Otro servicio no menos importante que prestó TACA al gobierno, fue transportar el armamento que facilitó Hernández Martínez. El general Carías pudo impedir que los insurgentes entraran en la capital, gracias a que cinco aviones comerciales -uno de ellos un trimotor Stinson con capacidad de 2 y ½ toneladas-, realizaron dos viajes diarios a El Salvador durante varios días[146].

El 24 de abril de 1933, Yerex informó al embajador Lay que el gobierno de Carías lo había comisionado para comprar tres aviones militares, equipados con bombas y ametralladoras, para organizar una pequeña fuerza aérea con la cual disuadir y suprimir revoluciones en Honduras. El neozelandés hizo esta confidencia, porque necesitaba saber si el Departamento de Guerra de los EUA podía venderle aviones de segunda mano, en caso de que el gobierno no pudiera adquirir aeroplanos nuevos. El Departamento de Guerra le contestó que era imposible, pero que existía la posibilidad de que los obtuviera de fabricantes privados en los

---

[144] Carta de Lav al Departamento de Estado, despacho 696, 10 de enero de 1933, 815.00/37.

[145] Ídem.

[146] Carta de Lay..., 6 de diciembre de 1932, loc. cit.

EUA. Ante esta respuesta, Yerex viajó hacia ese país; el gobierno le proporcionó 25 mil dólares para la compra y le otorgaría quinientos anuales para el mantenimiento de los aviones.

TACA Y EL CARIÍSMO: UNA ALIANZA PROVECHOSA

Yerex monopolizó el transporte de carga, correspondencia y pasajeros, gracias al apoyo que brindó para suprimir la revuelta y a su matrimonio con la hija del ministro de Instrucción Pública, Jesús María Rodríguez; también contó con el apoyo de los ministros de Guerra y Gobernación.

Hacia finales de 1934, Yerex registró Transportes Aéreos Centroamericanos (TACA) como empresa norteamericana en Delaware, Estados Unidos; así, si los liberales retornaban al poder después de las elecciones de 1936, no se atreverían a ejercer represalias contra una empresa estadounidense[147].

Pero la empresa de Yerex tenía que rivalizar con la poderosa Pan American Airways, que había iniciado operaciones en Honduras en 1929, en tanto que Yerex lo hizo dos años después. La primera realizaba originalmente tres vuelos semanales entre Honduras y Nicaragua; después amplió sus servicios con itinerarios desde Brownsville, Texas, a Honduras y Panamá. Al expirar el contrato celebrado entre la Pan American y el gobierno, en enero de 1933, se lo prorrogaron informalmente hasta mayo de ese año.

El propietario de TACA, por medio de sus amistades en el gobierno, fomentó la oposición contra el nuevo proyecto de contrato que presentó su rival para transportar correo aéreo desde Honduras al exterior, e instaló su propio sistema de radio con estaciones en La Ceiba, San Pedro Sula, Santa Rosa y Tegucigalpa. No obstante, en mayo de 1933, el Ejecutivo firmó el decreto mediante el cual otorgó un nuevo contrato a la Pan American, lo que la fortaleció legalmente.

TACA también obtuvo una contrata para transportar correo

---

[147] Carta de Gibson al Departamento de Estado, despacho 1253, 8 de noviembre de 1934.

aéreo entre Nicaragua, Honduras, El Salvador y Guatemala; sin embargo, la Pan American tenía derechos exclusivos, conforme al contrato celebrado en 1929 y renovado en 1933, así como en las contratas celebradas con los gobiernos de Nicaragua y El Salvador[148].

En 1934, la Pan American solicitó al gobierno que ampliara la pista del aeropuerto Toncontín y mejorara su sistema de drenaje; y advirtió que, si no lo hacía, aterrizaría en su estación de San Lorenzo. El ministro Lay opinaba que la renuencia del gobierno a realizar esas mejoras podía obedecer a la influencia de Yerex quien, tercamente, se oponía a la inclusión de Tegucigalpa en la ruta de la Pan American. Mientras los aviones de esta empresa aterrizaban y despegaban con gran dificultad, para los de TACA, que eran más pequeños, el aeropuerto de la capital era satisfactorio. Es probable que TACA tuviera la esperanza de que, al no realizarse las mejoras, la Pan American se vería obligada a abandonar la estación de Tegucigalpa.

La Pan American había logrado, temporalmente, que los gobiernos de El Salvador, Nicaragua y Guatemala no permitieran a TACA trasladar correo desde estos países a Honduras. También se desencadenó una guerra de tarifas; la empresa de Yerex cobraba $1.80 por libra de correo aéreo transportado, en tanto que el contrato otorgado a la Pan American establecía, por el mismo servicio, la cantidad de siete dólares por libra[149].

En octubre de 1933, TACA aumentó su cobertura de quince a veinte poblaciones en el país; además, enviaba aviones trimotores dos veces por semana a Guatemala y San Salvador. Contaba con todos los contratos de correo aéreo del gobierno para el interior y para el servicio internacional, excepto las rutas establecidas en el contrato celebrado con la Pan American.

Por acuerdo ejecutivo del 23 de agosto de 1933, TACA obtuvo la extensión del contrato para transportar el correo entre Tegucigalpa, San Lorenzo y puntos intermedios, así como entre

---

[148] Carta de Higgins al Departamento de Estado, despacho 831, julio de 1933.

[149] Carta de Lay al Departamento de Estado, despacho 917, septiembre de 1933, 815.00/44.

Choluteca, San Lorenzo y puntos intermedios. La empresa recibía mensualmente 1200 lempiras por el primer servicio y 183 por el segundo. Por acuerdo ejecutivo del 26 de agosto, TACA aseguró una extensión de su contrato para el transporte de correo entre Tegucigalpa, Comayagua, Yoro, Olanchito, El Progreso y puntos intermedios, recibiendo 945 lempiras mensuales[150].

En noviembre inauguró el vuelo entre Tegucigalpa y la ciudad de Guatemala, por el que transportaba pasajeros y correo dos veces a la semana, y en septiembre inició el envío regular de correo aéreo a Managua y San Salvador, servicio que anteriormente brindaba Pan American.

El 4 de febrero de 1935, el gobierno y TACA, por el Acuerdo 118, suscribieron un contrato que especificaba que, en caso de guerra, trastornos sociales, o cuando por algún motivo excepcional el gobierno necesitara de sus servicios de transporte, ésta se obligaba a poner a su disposición todas las aeronaves con sus respectivos pilotos. La empresa también quedaba obligada a cobrar únicamente la mitad de sus tarifas a los diputados, en tanto que los presidentes de los tres poderes del Estado, los ministros y el director general de Correos, viajarían gratuitamente, al igual que los militares en servicio. Se le concedía a TACA el uso gratuito de los aeropuertos, la libre introducción de tres aeronaves por año, de repuestos y herramientas, así como el uso de franquicias, postal y telegráfica. Todo ello durante diez años[151].

En 1935, el ingreso neto de TACA ascendió a $358,683.62 y el valor contable de la inversión total era de $140.100.00; contaba con 21 aviones, de los cuales tres -un Stinson monomotor y dos biplazas acondicionados- eran mantenidos y operados como bombarderos militares que, en caso de revuelta armada, podían ser tripulados por los pilotos estadounidenses de la empresa. El ministro Lay afirmó:

"Mr. Yerex cree que el éxito de su empresa de aviación comercial aquí depende de mantener a los nacionalistas en el poder

---

[150] Carta de Lay al Departamento de Estado, despacho 917, 12 de octubre de 1933, 815.00/45.

[151] Diario Oficial La Gaceta, año LX, N° 9.659, 11 de abril de 1935, pp. 1-2.

y haber convencido al gobierno de que, para lograrlo, es necesario contar con aviones de bombardeo operados por pilotos eficientes".[152]

Con el monopolio del transporte aéreo en Honduras de pasajeros, correo y carga, Yerex, gradualmente, extendió su empresa a El Salvador, Guatemala, Nicaragua, Costa Rica y el noroccidente de Panamá; así, se convirtió en la línea aérea no estadounidense más importante de América Latina.

Para tener una idea de su espectacular crecimiento, basta citar que, en 1939, declaró poseer 46 aviones, 26 pilotos y quince mecánicos norteamericanos, más 29 estaciones de radio; visitaba regularmente 205 aeropuertos ubicados en Belice, Guatemala, El Salvador, Honduras, Nicaragua, Costa Rica y Panamá; transportaba 65 mil pasajeros y once mil toneladas anualmente, y volaba 21 mil horas al año. El método que Yerex utilizó con éxito para obtener concesiones de los gobiernos, fue garantizar la asistencia de sus aviones y tripulación en caso de guerra civil o estallido de hostilidades con otras naciones.[153]

En 1941 transportó treinta millones de libras y visitó regularmente varios poblados: Choluteca, Esquías, Gracias, Guaymaca, Juticalpa, La Ceiba, La Esperanza, Ocotepeque, Olanchito, El Progreso, Puerto Cortés, Santa Bárbara, San Lorenzo, San Pedro Sula, Santa Rosa de Copán, Tela, Trujillo y Yoro. De esta manera, mantenía algún grado de comunicación entre la capital y otras regiones.

Debido a la falta de caminos transitables, el aeroplano se constituyó en el único medio rápido y confiable para comercializar productos locales más allá de sus jurisdicciones y para el desplazamiento de las personas. Esto contribuyó a la integración de un mercado nacional y a la consolidación de un sentimiento de nacionalidad; sin embargo, este proceso fue lento y gradual, al grado que necesitó del conflicto bélico con El Salvador, en 1969, para cimentarse.

---

[152] Carta de Lay al Departamento de Estado, 17 de enero de 1934, despacho 1005.

[153] F. H. Lamson-Scribner, Agregado Naval, 19 de septiembre de 1933.

A mediados de 1941, el gobierno intentó participar en el negocio de transporte aéreo dentro del país. Para tal fin, asignó algunos aviones militares a las actividades comerciales, aparentemente por consejo de Harold White, ex socio de Yerex y director de la aviación militar hondureña; pero el intento no tuvo éxito[154]. Igual suerte corrieron, años atrás, la Morgan Airlines, de Summer B. Morgan; la Sica, de Francisco Siercke & Hermanos; la Tomé Ulúa, de Ernesto Agusto Voss; y, Tincute, de la Compañía Aérea Nacional. Tanto la empresa Dean como la Sica vendieron sus aparatos; los de Tomé Ulúa y Tincute fueron destruidos en accidentes aéreos[155].

En 1944 se fundó el Servicio Aéreo de Honduras (SAHSA), del que la Pan American poseía el 40%, es decir, cuatrocientas acciones; el gobierno hondureño tenía el 20% (doscientas acciones) y particulares nacionales, como Julio Lozano, Rubén Barrientos y Fernando Lardizábal, poseían cincuenta acciones cada uno; Marcos Carías Reyes y Carlos Izaguirre tenían veinte acciones. En la junta directiva figuraban dos empleados de la Standard Fruit Company: John Miceli, como vicepresidente, y Rubén Barrientos como asesor legal[156].

La Pan American se interesó en este proyecto, luego de recibir concesiones de Carías, lo que se interpretó como que TACA ya no gozaba del favor oficial, pese a los servicios prestados. Yerex también encontró problemas en Guatemala pues, en 1941, el gobierno expulsó su empresa y concedió el negocio a una filial de la Pan American. Aparentemente, Yerex ya no estaba interesado en el negocio aéreo, pues había vendido más de un millón de dólares en acciones de TACA. Pero la realidad es que, si bien tuvo que ceder terreno ante un rival mucho más poderoso, no por eso abandonaría la escena centroamericana.

---

[154] War Department. Military Intelligence, Survey of Honduras, 9 de julio de 1942.

[155] Gobierno de Honduras. Mensajes presidenciales del Doctor y General Tiburcio Carías A., 1933-1945. Tegucigalpa, Ariston, 1945, pp. 48-49.

[156] Paul A. Goodin, Agregado Naval Asistente: «Honduras, aviación, líneas aéreas comerciales», 1 de noviembre de 1944.

Aunque al final del régimen cariísta TACA había perdido influencia, continuó operando en Honduras hasta 1969, cuando estalló la guerra con El Salvador. Poco tiempo después trasladó su sede a San Salvador. De esta manera, Yerex convirtió su empresa en una corporación salvadoreña, pese a haber iniciado su carrera y fortuna en Honduras. Con la firma del Tratado de Paz entre ambas naciones, en 1980, la empresa reanudó sus operaciones en Honduras, hasta la actualidad.

CAPÍTULO X:
LOS EFECTOS DE LA
GRAN DEPRESIÓN

La gran depresión económica que inició en Estados Unidos en 1929 y que se hizo sentir a escala mundial, también afectó a Honduras. Sus repercusiones perdurarían durante toda la década de los años treinta y parte de los cuarenta.

A inicios de 1931, algunas de las manifestaciones de la crisis eran despidos masivos y reducción de salarios en las plantaciones bananeras, de $1,25 a un dólar diario, luego de que el gerente de la United Fruit en Honduras, Walter Turnbull, comentara a la casa matriz en Boston que los salarios eran "demasiado altos, considerando que el negocio bananero está malo en los Estados Unidos y que el costo de la vida de los hombres aquí es relativamente bajo".[157] Además, hubo cierre de plantaciones ante los avances de la sigatoka.

Las finanzas públicas se deterioraron rápidamente. El fisco recibió, en abril de 1931, el 40% menos de lo que había percibido en el mismo mes en 1930 por concepto de impuestos aduaneros que, junto con los de las bebidas alcohólicas, representaban las principales fuentes de ingreso. Al no existir impuestos directos que gravaran la renta y la propiedad, las entradas gubernamentales provenían, fundamentalmente, de esos rubros. En abril de 1930, los ingresos totales fueron de 1.150.000 pesos; pero, en 1931, apenas llegaron a 683.586 pesos[158].

En septiembre de 1931 la calamidad de las finanzas públicas era tal, que el gobierno de Mejía Colindres fue incapaz de obtener un pequeño préstamo de cinco mil pesos para cancelar los sueldos de los telegrafistas y empleados postales, cuyos salarios se encontraban atrasados desde hacía varios meses. Para el año fiscal

---

[157] Carta de Higgins al Departamento de Estado, despacho 525, 15 de abril de 1932.

[158] Carta de Lay al Departamento de Estado, despacho 293, 24 de septiembre de 1932, 815.51/812.

que concluyó el 31 de julio de 1932, los impuestos y recargos aduaneros habían proporcionado el 59% de los ingresos, lo que revelaba la dependencia del Estado con respecto del volumen del comercio exterior.

En Tegucigalpa se experimentaba una contracción comercial, ya que la mayoría de sus habitantes, directa o indirectamente, dependía de los salarios que recibía la burocracia. La crisis se agudizaba debido a la desorganización, ineptitud y corrupción que caracterizó a la administración pública durante el régimen de Mejía Colindres; en febrero de 1932 se informó que los sueldos de los empleados de gobierno tenían un atraso que iba desde dos hasta catorce meses.

Los trabajadores de los servicios públicos, como la Tipografía y el Telégrafo, paralizaron sus labores como medida de protesta; los acreedores clamaban por sus pagos y la desmoralización llevó al servicio civil a realizar el mínimo de labores. El gobierno tampoco podía encontrar los fondos para pagar los 28 mil dólares que debía desembolsar mensualmente para el servicio de los préstamos contraídos en 1928 y 1931 con el Canal Bank and Trust Co.[159].

La escasez de efectivo llegó a ser tan desesperante, que incluso existió la posibilidad de que se interrumpiera el arbitraje fronterizo con Guatemala, que se celebraba en Washington, pues el gobierno carecía de fondos para pagar sus delegados, cuyos gastos ascendían a veinte mil dólares mensuales[160].

El gobierno intentó obtener préstamos del National City Bank y de la United Fruit, pero fracasó en ambos casos. El gobierno estaba en mora con los pagos de bonos de la deuda interna, en tanto que la flotante oscilaba entre tres y cinco millones de lempiras (que ya se había establecido como moneda nacional); los

---

[159] Carta de Lay al Departamento de Estado, despacho 401, 11 de febrero de 1932, 815.51/839.

[160] Carta de Higgins al Departamento de Estado, despacho 350, 24 de noviembre de 1931, 815.51/832.

fondos de las tesorerías especiales se encontraban embargados[161]. Mejía Colindres recomendó al Congreso la declaración de una moratoria, por un año, en el pago de intereses de la deuda interna y en la amortización de billetes aduaneros, pero el Poder Legislativo votó en contra de la propuesta[162].

Muchas escuelas cerraron, pues los maestros se negaban a trabajar sin pago. Y a muchos empleados públicos se les presionaba para que firmaran recibos por la totalidad de los salarios adeudados, pero recibían solamente la mitad, y el resto pasaba a engrosar los fondos de la campaña presidencial del candidato liberal.

También se adeudaban 18 mil lempiras al contratista que transportaba el correo terrestre entre Tegucigalpa y la Costa Norte, por lo que rehusaba seguir prestando el servicio, mientras no le cancelaran al menos un pago. Como resultado, no se recibía correo de la Costa Norte desde hacía más de una semana.

El gobierno también estaba en mora con la Pan American Airways, la ITT y la E. R. Squibb. Todos los intentos de gestionar préstamos con la United Fruit -que negó un nuevo crédito por 750 mil dólares- y la Rosario Mining fracasaron, porque el gobierno no les había cancelado deudas previas, además de que sus ingresos futuros estaban hipotecados[163]. La Rosario Mining prestó al gobierno, en junio de 1931, veinte mil dólares que no canceló a tiempo; más aún, en octubre del mismo año le extendió otro por diez mil dólares, que pagaría en sesenta días[164].

En noviembre de 1931 se informó que el gobierno apenas había logrado una moratoria de seis meses por parte de los acreedores de los préstamos más pequeños, y que estaba gestionando un préstamo con la Standard Fruit de cien a ciento cincuenta mil pesos

---

[161] Carta de Smith al Departamento de Estado, despacho 174, 22 de diciembre de 1932, 815.51/859.

[162] Carta de Lay al Departamento de Estado, telegrama 13, 9 de febrero de 1932, 815.51/837.

[163] Lay al Departamento de Estado, 15 de septiembre de 1932, despacho 651, 815.00/33.

[164] Prendergast a Stimson, 28 de octubre de 1931, 815.51/823.

para poder pagar a los empleados postales, de telégrafos y a los maestros. Mejía Colindres confió al diplomático Higgins que la situación financiera era "muy mala" y que los rumores de una inminente revolución o golpe de Estado habían aumentado[165].

Pese a este panorama sombrío y deprimente, la gran crisis no produjo impactos tan profundos en Honduras como los vividos en otras naciones de mayor desarrollo económico y social. Recuérdese que el país -a excepción de la Costa Norte que ya presentaba una economía de plantación capitalista-, vivía prácticamente en un estado de subsistencia, particularmente en las zonas rurales, donde la población se dedicaba al cultivo de la tierra en minifundios y pequeñas propiedades. Un observador opinaba que la mitad de los habitantes de Honduras podía vivir sin recurrir al comercio de ningún tipo.[166]

El hecho de que la gran crisis económica, que se mantuvo de octubre de 1929 a marzo de 1933, no hubiera alcanzado los extremos registrados en países industrializados, se debía a varios factores:

1) Las empresas norteamericanas, dedicadas a la producción de bananos y plata, que juntas producían el 87% de las exportaciones totales, no habían reducido significativamente sus operaciones.

2) El lempira tenía un respaldo en el patrón oro y en la moneda de los Estados Unidos, por lo que retuvo un alto poder adquisitivo en los países europeos, cuyas monedas habían sido devaluadas. Debido a esto Honduras pudo compensar, parcialmente, las pérdidas sufridas por el valor decreciente de los cueros y el café, las exportaciones que afectaban más directamente el poder de compra en el exterior.

3) La crisis también redujo los precios de los productos manufacturados que Honduras debía importar de los Estados Unidos.

---

[165] Higgins al Departamento de Estado, telegrama 180, 13 de noviembre de 1931, 815.51/825.

[166] Acly al Departamento de Estado, «Reporte anual de comercio e industria para el Distrito Consular de Tegucigalpa para el año 1930», Correspondence American Consulate, Part IV., Tegucigalpa, 1931.

Debido a esas condiciones, Honduras fue relativamente menos afectada por la depresión que los países industrializados. Una comparación entre las importaciones de Honduras y los Estados Unidos, antes y durante la depresión, apoya esta afirmación.

Durante el año fiscal que finalizó el 31 de julio de 1928, Honduras importó por un valor de $12.573.596; en el año que finalizó en julio de 1931, el valor fue de $10.291.423, una disminución de solo el 19% en valor, y del 18% en volumen. En el mismo periodo, el total de importaciones de los Estados Unidos decreció en aproximadamente el 50%.

Hasta marzo de 1933, Honduras permaneció en el patrón oro; el lempira estaba respaldado por un depósito en dólares en los Estados Unidos, pero, cuando este país abandonó el patrón oro, Honduras automáticamente lo siguió, y el respaldo del lempira cambió de oro a papel; el resultado fue que los precios de las exportaciones de EUA aumentaron abruptamente. Para el caso, las telas de algodón -la principal importación de Honduras-, subió de tres a cinco centavos la yarda, debido a la devaluación del dólar, en aproximadamente el 35%, con relación a las monedas europeas; si bien en Europa y Asia los precios no subieron en sus monedas locales, sí lo hicieron en términos del dólar, y el lempira bajó en proporción a la devaluación. del dólar.

De acuerdo con comerciantes de Tegucigalpa, los precios de la mercadería europea aumentaron alrededor del 30%. Honduras pagaba ahora aproximadamente un tercio más por los productos manufacturados que importaba. Mientras, los cueros y el café, las únicas exportaciones importantes, permanecían con los mismos precios desde 1929. El café, por ejemplo, seguía a ochenta centavos la libra.

Esta combinación entre el aumento de los precios que Honduras debía pagar por las importaciones, y el hecho de que su poder adquisitivo no hubiera aumentado, solo podía tener un efecto en el pueblo: el deterioro de la calidad de vida. Los resultados inmediatos se observaban en los establecimientos comerciales al detalle, donde las ventas estaban prácticamente paralizadas. Los comerciantes no podían vender los excedentes de la mercadería que adquirieron inmediatamente después de la "Revuelta de las traiciones", que terminó en febrero de 1933[167]. Las siguientes cifras ilustran los efectos de la crisis entre 1931 y 1933.

VALOR DE LAS EXPORTACIONES (EN		
Producto	1931-32	1932-33
Bananos	$13.948.944	$11.376.317
Barra de plata	$1.363.483	$1.130.139
V café	$286.824	$303.454
Otros	$1.982.060	$1.306.250
Total	**$17.581.311**	**$14.116.160**

En ambos años se exportó a los Estados Unidos el 67% del total. Los ingresos gubernamentales, en el periodo 1931-32, fueron de 10.943.782 lempiras; y, en 1932-33, se redujeron a 8.972.398[168].

Las exportaciones decrecieron a partir de 1930, convirtiendo la balanza comercial favorable en una desfavorable. La reducción en las ventas de banano significó la disminución de divisas en dólares. De julio de 1935 a diciembre de 1937, la reserva en moneda estadounidense descendió del 50,9% al 18,3%. La respuesta gubernamental fue aumentar la cantidad de lempiras en circulación. Las siguientes cifras ilustran lo antes dicho.

Año	Exportaciones	Importaciones	Balanza Comercial
1932-33	$14.116.160	$6.287.563	$7.828.597
1933-34	$12.399.629	$8.382.084	$4.017.143
1934-35	$10.508.349	$9.585.720	$912.629
1935-36	$9.215.210	$8.723.130	$492.080
1936-37	$9.641.483	$10.387.271	(-)$745.788

De esta manera, la balanza comercial experimentó un cambio drástico. De casi ocho millones de dólares a favor para 1932-33, en

---

[167] Correspondence American Consulate, Part IV. Tegucigalpa, 19 de diciembre de 1933.

[168] American Consulate, La Ceiba, Vol. V, 1943, Classes 600-707 (c8.2,N1.113).

1936-37 cerró con un saldo negativo de 746 mil dólares, en cifras redondeadas. Las exportaciones de banano se contrajeron de 23 millones de dólares en 1929, a seis millones durante los últimos años, una disminución del 75%. El número de racimos embarcados bajó de 29 a 12 millones, una diferencia del 60%. Durante los últimos cinco años, esa disminución representó el 32%.

Por cada racimo de banano exportado se pagaba un impuesto de centavo y medio de dólar, y los minerales estaban exentos de impuestos a la exportación, lo que significó una drástica disminución de los ingresos fiscales. De 1926 a 1936, el 90% del valor de las exportaciones estuvo compuesto por el 81% de bananos, 9% de plata y un porcentaje mínimo de oro. Pero, a partir de 1937, el banano descendió al 65%, la plata subió al 16% y el oro al 9%.

Así, en enero de 1938, la situación financiera era crítica; el gobierno de Carías estaba gastando mucho más de lo que percibía, lo que causó un déficit de un millón de dólares en el último semestre de ese año; el poder adquisitivo de los consumidores disminuyó, los salarios de los empleados públicos estaban atrasados, y había una desconfianza generalizada en la habilidad del gobierno para lograr una estructura financiera estable[169].

El gobierno pudo mantenerse a flote y hacer frente a sus compromisos más perentorios entre ellos el pago de salarios, gracias a los anticipos y préstamos facilitados por las empresas bananeras y la Rosario Mining Co. La United Fruit desembolsó las siguientes cantidades en concepto de préstamos, al 6% de interés anual: 230 mil dólares el 28 de febrero de 1936; 125 mil el 25 de julio de 1936; 75 mil el 3 de diciembre de 1936; 250 mil el 7 de noviembre de 1937; 200 mil el 7 de abril de 1938; y, 225 mil dólares, el 8 de diciembre de 1938.[170]

La crisis se arrastró durante los años siguientes; el año fiscal 1939-40 se caracterizó por un descenso en los ingresos

---

[169] Erwin al Departamento de Estado, despacho 179, 4 de febrero de 1938, 815.51/959.

[170] Erwin al Departamento de Estado, despacho 533, 9 de diciembre de 1938, 815.51/953; Erwin al Departamento de Estado, 815.51/19.

gubernamentales, un balance comercial pasivo y las incertidumbres económicas derivadas del inicio de la Segunda Guerra Mundial. En el presupuesto de 1939-40 fueron recortadas las partidas de todos los ministerios, excepto el de Sanidad. No obstante, los de Guerra y Fomento continuaron con las mayores asignaciones. Pese a todo, se redujo el déficit presupuestario a cifras más bajas que las de 1938-39.[171]

La deuda pública también aumentó; en el año fiscal que concluyó el 31 de julio de 1934, se había elevado de 27.965.000 lempiras a 28.661.44, ya que, si bien la deuda externa se redujo de 8.921.000 a 7.618.719 lempiras, la interna se incrementó de 9.043.941 a 21.042.703.[172]

En 1935 se reportó que el exceso de mercadería japonesa causaba un efecto depresivo en los comerciantes; también se auguraban malas perspectivas para las cosechas, debido a la sequía.[173] Posteriormente, en la Costa Norte, hubo demasiadas lluvias, lo que provocó inundaciones.

Por otra parte, el gobierno hondureño había suscrito con el de EUA un tratado comercial que provocó la disminución de los ingresos fiscales, al reducirse los impuestos a las mercancías provenientes de ese país. Esto también contribuyó a la crisis económica.

EL IMPACTO DE LA SEGUNDA GUERRA MUNDIAL

En julio de 1942, ya en plena Segunda Guerra Mundial, el Departamento de Estado comunico al embajador Erwin que el gobierno de los Estados Unidos, por medio del War Productions Board, había decidido reducir la importación de bananos. Esto significaba que las compañías fruteras se verían obligadas a reducir su fuerza laboral; el diplomático informó que se calculaba que,

---

[171] Gatewood al Departamento de Estado, 14 de enero de 1941, 815.51/979.

[172] Acly al Departamento de Estado, despacho 131, 21 de marzo de 1935, 815.51/895.

[173] Keena al Departamento de Estado, Reporte de condiciones generales para julio, 1935, despacho 14, 815.00/67.

entre agosto y octubre, las bananeras despedirían entre cuatro y seis mil trabajadores y que los ingresos del gobierno ya se habían reducido, durante junio, julio y agosto, al 60% de las rentas consideradas como normales.

Por tanto, sugería que se iniciara de inmediato la construcción de obras públicas que absorbieran mano de obra desempleada, como el proyecto carretero Potrerillos-Tegucigalpa, con fondos proveídos por el Coordinador de Asuntos Interamericanos.[174]

La carestía de barcos, a causa de la guerra, también contribuyó a reducir las exportaciones de banano a la mitad, con el resultante desempleo y disminución en los ingresos, tanto del gobierno como de las municipalidades. Además, la reducción de las importaciones produjo escasez de productos, lo que causó aumento de precios.[175]

En octubre de 1942 se informó que había 7600 trabajadores bananeros desempleados. Afortunadamente, en ese año hubo una abundante cosecha de café que se pudo colocar en el exterior; esto, aunado a la ayuda derivada de los desembolsos de los EUA a través del Ejército, la Administración de Caminos y la acción del Coordinador de Asuntos Interamericanos, logró paliar la difícil situación económica.

La ayuda del gobierno estadounidense a lo largo de 1942 fue decisiva para reducir los efectos de la prolongada crisis y para disminuir el sentimiento antinorteamericano que afloraba entre la población de la Costa Norte, particularmente, como resultado de la reducción de los embarques de banano y el creciente desempleo.[176]

La deteriorada condición económica también tenía implicaciones políticas internas, ya que el descontento de la población crecía en la medida que el gobierno era incapaz de emprender acciones que aliviaran la desesperante situación.

El 16 de julio se iniciaron los trabajos de construcción de la carretera de Potrerillos y, el 18 de diciembre de 1942, el Congreso

---

[174] Erwin al Departamento de Estado, despacho 2249, 6 de agosto de 1942, 815.50/19.

[175] U.S. Department of State. Office of American Republics Affairs, 1918- 47, Honduras, November 1935-August 1945, Vol. I

[176] June al Departamento de la Marina, 377-42-R. 815.50/22.

aprobó el préstamo con el Banco de Importación-Exportación, por un millón de dólares, para empezar el trazado de la Carretera Panamericana, en el sur del país. La construcción del ramal carretero que bordeaba el Lago de Yojoa concluyó el uno de septiembre de 1944. Esta obra empleó mano de obra desocupada, pues llegó a contratar hasta 2600 operarios que habían perdido sus empleos con las compañías bananeras; y, además, rompió con el monopolio de la empresa Dean para cruzar el Lago, utilizando un vapor. El tiempo invertido en su recorrido por el ramal carretero, era casi el mismo que demoraba cruzarlo en embarcación.[177]

El punto más bajo de las exportaciones, desde la Primera Guerra Mundial, se registró durante 1942-43, cuando apenas alcanzaron \$4.375.907. A partir de aquí hubo una gradual recuperación y ya en 1944-45, ascendían a \$12.133.070; solamente el 20% por debajo del promedio de antes de la Segunda Guerra, que fue de \$15.179.254.

También se fue experimentando una modificación en el carácter de las exportaciones. Si durante la década de 1920 los bananos representaban el 90%, en la década de 1928-39 habían descendido al 80% y, durante los siguientes siete años al 58%; en 1942-43 representaron el 44%. En cambio, fueron aumentando las exportaciones de otros productos. En la década de preguerra, la plata representaba el 9%; oro y café el 2% cada uno y, el resto, el 7%; siete años después, la plata representó el 11%, el oro 7%, el café 4%, ganado 3%, cocos 2% y, el resto, 15%[178]. En 1945 ya había pasado lo peor; ¡existía suficiente empleo y había un auge en la construcción de inmuebles en la región norte![179].

Durante 1948, el último año de Carías en la presidencia, varias misiones económicas visitaron el país para analizar diversos

---

[177] Bursley al Departamento de Estado, despacho 170, 11 de agosto de 1948, 815.00/8-1148.

[178] «Envío de resumen de información económica para Honduras», RG 226, item XL40090, 1 de febrero de 1946; Erwin al Departamento de Estado, despacho 2171, 1 de febrero de 1946, 815.50/2-146.

[179] Erwin al Departamento de Estado, despacho 1954, 23 de julio de 1945, 815.00/7-2345.

proyectos, el hidroeléctrico de Río Lindo, entre otros, cuya ejecución autorizó el Congreso el 23 de febrero. Lamentablemente, los técnicos de los organismos internacionales concluyeron que el país tenía prioridades más esenciales que la electrificación; y que, en vista de la negativa de la United Fruit Co., a obtener energía eléctrica del Estado pues se autoabastecía con sus plantas-, consideraron que no habría suficiente demanda[180].

Durante 1948 se manifestó una perceptible contracción comercial causada, entre otros factores, por la incertidumbre ante las elecciones presidenciales que se realizarían en octubre; esta se reveló en las restricciones de los dos bancos existentes en el país para otorgar préstamos. En junio de ese año, la embajada estadounidense reportó la disminución de las ventas al detalle, que habían declinado en 40%. En octubre, por segunda vez en cinco años, las operaciones fiscales resultaron en déficit; las cosechas de cultivos de subsistencia disminuyeron debido a la escasez de lluvias, y las importaciones superaron con creces las exportaciones 71.207.533.82 y 39.021.506.42 lempiras respectivamente, con una diferencia a favor de las primeras de 32.186.027.40.

Pero también hubo signos alentadores. Las compañías bananeras emplearon igual o mayor número de trabajadores que en los últimos años. Se otorgaron concesiones para establecer dos ingenios azucareros: uno en Chumbagua, Santa Bárbara y el otro en Comayagua. Las exportaciones de café, durante el año económico 1948-49, representaron L2.781.627.98; esta fue la primera cosecha que significó dinero en efectivo para los pequeños agricultores, y que generó circulante monetario para un gran segmento de la población rural. El café ya ocupaba el cuarto lugar en las exportaciones, luego del banano, los minerales y la madera.

Dos investigadores sostienen que, en la Honduras que estaba fuera de la economía de plantación bananera, la producción agrícola se expandió, paulatina y sostenidamente, a lo largo del periodo de la dictadura, en marcado contraste con la depresión agrícola que aconteció durante el mismo lapso en la República bananera.

---

[180] U.S. Department of State. «Memorándum de conversación», 815.6463/4-1448.

Durante la gestión de Tiburcio Carías se recuperó la actividad agrícola en la República no bananera, y se consolidó la base cafetalera nacional.

El crecimiento económico que se operó en la República no bananera, originado en las condiciones de seguridad productiva creadas por el gobierno de Carías Andino, mejoró el ingreso per cápita de los habitantes de estas regiones. La superficie cafetalera, que en 1932 sumaba 20.990 hectáreas, se incrementó a 27.800 durante los primeros años del cariato; al término de la dictadura, el área de café se duplicó, alcanzando las 48.790 hectáreas. El esfuerzo iniciado con el café a partir de la Reforma Liberal de Soto y Rosa rindió, hasta 1932, una expansión cafetalera de aproximadamente 368 hectáreas por año. Pero, durante la administración de Carías, se logró un crecimiento de 1737 hectáreas anuales, casi cinco veces más alta. Con estas evidencias, Cáceres y Zelaya sostienen que "es realmente en esta época que se consolida la base productiva cafetalera del país...".[181]

No obstante, debe afirmarse que la administración Carías fue impotente e incapaz de enfrentar la prolongada crisis económica. Pudo sortearla y logró sobrevivir, pero ello se debió a los niveles de subsistencia en que vivía la gran mayoría de la población, que absorbió los efectos devastadores de la crisis. Fueron factores de carácter exógeno, hacia los últimos años del periodo, los que estimularon una gradual y lenta, pero perceptible, modernización del aparato estatal y de ciertos sectores productivos, que serían impulsados con el apoyo del capital financiero internacional, sobre todo estadounidense, a partir de la presidencia de Juan Manuel Gálvez.

A diferencia de otros países latinoamericanos, en Honduras no se trató de implantar un modelo sustitutivo de importaciones; por el contrario, estas desequilibraron cada vez más la balanza comercial. Tampoco se experimentó una incipiente industrialización, pues el

---

[181] Véase: Miguel Cáceres Rivera y Sucelinda Zelaya Carranza. Honduras, seguridad productiva y crecimiento económico: la función económica del Cariato. Avance de investigación, VII Congreso Centroamericano de Historia, 19-23 de Julio de 2004, Tegucigalpa.

país continuó siendo fundamentalmente agrícola. La relativa diversificación en la composición de las exportaciones pese a la ausencia de estímulos estatales, se debió a que sectores privados nacionales y extranjeros, invirtieron capital en otros renglones, abriendo así nuevas oportunidades económicas.

CAPÍTULO XI:
LOS ASPECTOS SOCIALES

En el periodo aquí estudiado, la sociedad hondureña, esencialmente rural, se dividía básicamente en dos clases sociales: terratenientes y campesinos, que conformaban la abrumadora mayoría de la población. Los campesinos sin tierra laboraban como proletarios agrícolas en las plantaciones bananeras de la Costa Norte, como obreros en las minas, o bien como jornaleros que vendían su fuerza de trabajo a hacendados y medianos propietarios; otros, los minifundistas, poseían y cultivaban pequeñas parcelas.

Los que trabajaban en las empresas fruteras percibían los salarios más altos. En 1936, las escalas eran las siguientes: para los trabajadores no calificados, L 2,50 por día laboral de diez horas, menos el 2% para poder recibir tratamiento médico-hospitalario y vivienda gratuita. Los que se desempeñaban en los ferrocarriles recibían L 2,70 por jornada de nueve horas; los "linieros"[182] percibían treinta centavos por hora, los ingenieros de locomotora 250 lempiras mensuales, los carpinteros y fontaneros L 4,75 diarios, y los pintores L 4,25. Los trabajadores del muelle de la Standard Fruit, en La Ceiba, devengaban 25 centavos por hora en jornada regular y 30 centavos en horario extra; los estibadores 35 centavos por hora y cuarenta por cada hora extra.

Los mineros no calificados, que trabajaban en San Juancito con la Rosario Mining Co., la principal empresa minera radicada en el país, recibían L 1,50 por trabajo al aire libre, L 1,75 en el molino y L2,25 bajo tierra, en una jornada de ocho horas. Los semicualificados devengaban L 2,50 y, los mecánicos y electricistas, tres lempiras diarios. No recibían pago extra, excepto doble salario durante los días feriados. La décima parte de la fuerza laboral recibía vivienda gratuita, en tanto que todos gozaban de servicio médico libre de costo. Por incapacidad laboral percibían

---

[182] Se les llamaba así a los trabajadores encargados del mantenimiento de las vías férreas.

cinco lempiras semanales y, los totalmente incapacitados, por accidente o vejez, L 17,30 mensuales.

En la industria textil de Tegucigalpa, las obreras devengaban entre cincuenta y 75 centavos diarios por jornada de ocho horas y algunas percibían un lempira.[183] La más grande fábrica de camisas en Tegucigalpa, la Camisería Dayton, pagaba entre cinco y catorce lempiras por semana, dependiendo de la calidad del trabajo producido en jornadas de nueve horas.[184].

En 1938, los trabajadores agrícolas de las bananeras recibían dos lempiras diarios por diez horas laboradas; los revisadores de fruta ocho lempiras por cada barco; los inspectores quince lempiras por barco, dedicando seis horas a cada buque, y los estibadores sesenta centavos la hora, laborando también seis horas en cada embarcación. Los trabajadores del muelle, en La Ceiba, devengaban L 0,25 por hora en jornada regular y, en horario extra, L 0,30; los estibadores L 0,35 por hora y cuarenta centavos por hora extra.

La Cervecería Hondureña ofrecía a los obreros de la planta embotelladora entre seis y doce lempiras semanales, y a los trabajadores, por nueve horas diarias, entre 1,50 y seis lempiras. Los empleados de oficina devengaban entre veinte y cien lempiras semanales. La empresa de aviación TACA pagaba cien lempiras mensuales a los asalariados no calificados; y a los mecánicos, pilotos, copilotos y jefes de departamento, de cien a seiscientos dólares mensuales.

En 1944, el promedio salarial diario que pagaba la United Fruit era de \$1,25 por jornada de ocho horas para los trabajadores agrícolas. Las empresas fruteras y TACA pagaban, en promedio, 30% más que el resto de las empresas, por el desempeño de empleos similares. Este cuadro lo demuestra:

---

[183] Hoffman al Departamento de Estado, reporte 98, 19 de septiembre de 1936, 815.5041/12.

[184] Cramp al Departamento de Estado, reporte 104, 9 de mayo de 1938, 5041/13.

COMPARACION DE SALARIOS CONFORME OCUPACION (EN LEMPIRAS)	
Ocupación	Salario diario
Domésticas	0.4
Trabajadores no calificados	
TACA	1.14
Gobierno	0.6
Trabajadores de caminos	1.00 a 1.60
Trabajadores no calificados laborando de día:	
en el interior	1
en la Costa Norte	2
Carpinteros	
TACA	4.8
Gobierno	2
Mano de obra no calificada en plantaciones	6

Fuente: U.S. War Department. Military Intelligence Service.
Survey of Honduras, op.cit.

Formalmente, los asuntos laborales eran responsabilidad del Ministerio de Fomento, Agricultura y Trabajo, pero no existía un departamento u oficina específica encargada de las relaciones laborales; tampoco había agencias gubernamentales que velaran por la estabilidad laboral. De hecho, excepto por el Título XII, del Trabajo y de la Familia, de la Constitución Política de 1936, no existían leyes laborales.

El único control que el gobierno ejercía respecto a las condiciones laborales, era el de insistir en que se incluyeran ciertas estipulaciones al otorgar contratos y franquicias; por ejemplo, que el 80% de los trabajadores de una empresa fueran hondureños, u ofrecer facilidades educativas a los hijos de los empleados; y, en el caso de las grandes empresas (United Fruit, Standard Fruit y Rosario Mining), el establecimiento de hospitales para la atención de los asalariados. No obstante, un despacho del Agregado Militar señalaba que el gobierno de Carías favorecía el empleo de extranjeros en Honduras, pues los "empleados extranjeros calificados son necesarios para casi todo tipo de trabajo por encima del que puede ser desempeñado por la mano de obra no calificada".[185]

---

[185] Brown Jr. al Departamento de Guerra, «Relación del gobierno con los trabajadores», 14 de abril de 1944, RG 38.

CONFLICTOS LABORALES Y PRECARIEDAD RURAL

Pese a que el régimen reprimió los movimientos organizativos y de protesta obrera, durante el periodo 1933-1948 se registraron actos espontáneos en contra de las condiciones de trabajo, que bien pueden ser calificados como huelgas. La primera tuvo lugar a partir del 5 de agosto de 1940 entre los trabajadores de TACA. La iniciaron 126, quienes firmaron una petición publicada en el diario El Cronista; al solidarizarse otros asalariados al movimiento, sumaron 150, de los cuales aproximadamente la mitad devengaba 45 lempiras mensuales. Sus demandas principales eran: salarios más altos, pago extra por trabajo nocturno y trabajo adicional, y jornada laboral de ocho horas, como estaba contemplado en el artículo 191 constitucional. Adicionalmente, pedían la abolición de la deducción salarial mensual por concepto de seguro médico que brindaba el Hospital Viera, el mejoramiento del transporte que ofrecía la empresa entre Tegucigalpa y el aeropuerto Toncontín-TACA empleaba camiones para tal propósito, y el inicio de un efectivo sistema de méritos para promociones y destituciones. El día 13, cien empleados habían retornado a sus labores en Tegucigalpa y, aproximadamente sesenta, habían sido destituidos, incluyendo todos los dirigentes de la huelga; además, estos debían reportarse a la policía dos veces diarias y tenían prohibido salir de la ciudad. Desde el 8 de agosto, ningún periódico hizo referencia al desarrollo del paro[186].

Participaron en la huelga alrededor de 140 de los 260 empleados de TACA en Tegucigalpa. El gobierno brindó protección militar a la empresa y realizó una investigación que reveló la existencia de literatura comunista en posesión de los dirigentes. El día 15, la aerolínea volvió a emplear a unos cuarenta huelguistas, pero rehuso reincorporar a los cabecillas y a aquellos sospechosos de activar contra el gobierno. Ninguna de las demandas de los obreros fue otorgada[187].

---

[186] Erwin al Departamento de Estado, 6 de agosto de 1940, despacho 1087.

[187] U.S. War Department. Military Intelligence Service. Survery of Honduras, op. cit., pp. 20-21.

La Standard Fruit Co., por su parte, informaba lo siguiente acerca de las condiciones laborales en sus plantaciones:

"En años recientes hemos tenido huelgas cortas en el muelle. Ninguna fue ocasionada por reclamos serios, ninguna causó daños a la propiedad y todas fueron solucionadas en unas pocas horas. El último de estos paros fue en abril de 1942, motivado por los inciertos arribos de los vapores y la consecuente pérdida de tiempo en perjuicio de los trabajadores. La última huelga importante por parte de los trabajadores agrícolas ocurrió en enero-febrero de 1932. Fue solucionada mediante el aumento de salarios en varias categorías de trabajo agrícola".[188]

El Departamento de Estado envió a su embajador en Honduras un detallado cuestionario que buscaba determinar la situación del obrerismo en el país, haciéndole ver "la creciente importancia en las otras repúblicas americanas de movimientos y medidas laborales implementadas para mejorar el bienestar social y económico de la gente trabajadora y el efecto de estos desarrollos en nuestras relaciones políticas y económicas con las otras repúblicas americanas".

A la pregunta sobre la actitud del gobierno hacia los sindicatos, Erwin respondió: "Como el presente régimen es una dictadura y el Presidente sospecha de cualesquier organización no controlada por el, se cree que cualquier intento por organizar sindicatos recibiría su desaprobación". Erwin incluyó otros datos que transcribimos, porque arrojan luz sobre un período del que contamos con muy poca información relativa a las condiciones de vida y de trabajo de los asalariados hondureños:

"En la construcción de la carretera que bordeaba el Lago de Yojoa, el Presidente no deseaba que los salarios mínimos fueran fijados más allá de L 1.50 diarios por jornada de ocho horas laboradas probablemente debido a que no deseaba que trabajadores procedentes de otras regiones fueran atraídos, y tal vez debido a la creencia que la actual economía de Honduras no soportaría tales salarios altos.

En la construcción del tramo de la Carretera Panamericana, los

---

[188] Erwin al Departamento de Estado, 30 de diciembre de 1943, 815.504/38.

mecánicos procedentes de Estados Unidos recibían veinte dólares diarios, en tanto que sus colegas hondureños percibían entre 25 y cincuenta centavos de lempira por hora.

A finales de diciembre de 1944, se informó que la Tela Rail road Co., había aumentado salarios en un 15% y pagado un bono navideño, pero, según Erwin, tales beneficios "son probablemente balanceados por el aumento en el costo de vida", y agregaba:

"El obrerismo hondureño no tiene organización ni programa y es improbable que desarrolle ninguno en tanto el Presidente Carías permanezca en el poder y como no hay sindicatos en Honduras, la Iglesia Católica local no ha tenido ocasión para desarrollar ninguna actitud hacia ellos. Aunque el 75% de todos los hondureños son enteramente analfabetos, casi el 55% ilegítimos y tal vez el 90% están mal alimentados, mal vestidos y mal alojados, tales condiciones no constituyen un problema, debido a que no hay agitación en torno a los mismos. En tanto el pueblo esté contento (o, más bien, no abiertamente descontento), hay poca razón para creer que habrá alguna explosión general en el futuro cercano. El campo es potencialmente fértil para el comunismo, pero el pueblo no ha llegado aún a estar articulado. Consecuentemente, es literalmente cierto que no hay problemas laborales en Honduras: desempleo, sindicatos, huelgas, leyes de salario mínimo, de seguridad social, controles de precios ni dificultades de ningún tipo".[189]

Esta actitud complaciente de quien fungió como embajador de Estados Unidos durante diez años (1937-1947) -que pintaba un cuadro irreal de la situación social, pues la ausencia de conflictos obedecía, fundamentalmente, a la represión e intimidación-, era compartida por el encargado de negocios John B. Faust y, en el mundo académico, por el politólogo, también estadounidense, William S. Stokes; él describió a la Honduras que visitó en 1942 en los siguientes términos:

"(...) Es una República agrícola predominantemente de pequeños fundos. La parte principal de la población ciertamente no

---

[189] Este apartado está basado en: Erwin al Departamento de Estado, despacho 154/9, 22 de diciembre de 1944, 815.504/12-2244.

son peones de hacienda o empleados sin tierra de las compañías bananeras o mineras americanas. La mayoría del pueblo hondureño está constituida por pequeños granjeros o residentes en villas agrícolas... la tenencia de la tierra ha resultado ser, tal vez, la fuerza más cohesiva en el gobierno y puede con el tiempo ser la base para el desarrollo de una especie de democracia agraria, rural".[190]

El sucesor de Erwin, Paul Daniels, era menos optimista. Él pensaba que la continuación de la represión política, junto con el bajo nivel de condiciones sociales y económicas, servía como caldo de cultivo para la agitación política.

Un informe técnico fechado en 1951, a tres años de haber dejado Carías el poder, mostraba una realidad social muy distinta a la que periódicamente presentaba Erwin a sus superiores. Un funcionario de la Organización de las Naciones Unidas para la Alimentación y la Agricultura (FAO), sostenía:

"Honduras confronta graves problemas de carácter social y económico. Los problemas relativos a la cuestión rural revisten caracteres de lo más complejos, pero ninguno de ellos tan angustioso como los que afectan directamente a la población campesina... Gran parte de la población agraria del país vive del producto de su escasa parcela de tierra. Son agricultores que, con instrumentos rudimentarios de trabajo, cultivan precariamente lo muy indispensable para su subsistencia. Parece increíble, pero todo incita al agricultor de este país hacia la inestabilidad. El problema de falta de estímulos, de incentivos económicos y la necesidad, lo obligan a vender anticipadamente sus cosechas...".[191]

Entre los factores causantes de esa situación incluía: la dificultad de colocar los productos agrícolas, existencia de un elevado porcentaje de monopolistas locales, altos costos de transporte, pocas facilidades de crédito, escasez de silos para el almacenamiento y conservación de granos; ante todo esto, y dado que sus tierras no les proporcionaban suficientes ingresos, los campesinos preferían trabajar como peones en las industrias o en la

---

[190] William S. Stokes, op. cit., p. 24.

[191] Citado por Leonard, op. cit., pp. 110-111.

construcción de caminos. Al señalar las diversas formas de arrendamiento de tierras, conocidas como corretaje, exponía:

"Hay una forma de expoliación que soportan pesadamente los productores que no disponen de tierras, es decir los subidos arrendamientos que los terratenientes exigen al humilde agricultor. Sobre la forma de cobrarse los arrendamientos de la tierra existen las más contradictorias y arbitrarias modalidades. Es caso corriente cobrar una tercera parte de la producción, o bien una cantidad fija en especie o en efectivo, por manzana. En ciertas circunstancias existen propietarios que exigen hasta el 50% de la producción, con el pretexto de proporcionarle una ayuda adicional en crédito. También se acostumbra la explotación en aparcería, que poco beneficia al agricultor, pues éste trabaja para un patrón, quien en pago le proporciona una fracción de tierra, tan pequeña, que apenas le produce lo suficiente para el sustento, debiendo además entregar una parte de los productos al dueño de la tierra".[192]

ALGUNOS RASGOS DE LA POBLACIÓN

Un elemento que ayuda a explicar la poca tensión social en este periodo es la reducida población, en relación con la cantidad de tierras agrícolas disponibles. Honduras se ha caracterizado, a lo largo de su historia, por su baja densidad poblacional. El Censo de Población de 1935 calculó un total de 962 mil habitantes, lo que daba una densidad promedio de veinte personas por milla cuadrada.

Los principales centros urbanos, según el citado censo, eran:

Ciudad	No. de habitantes
Tegucigalpa	57.998
San Pedro Sula	32.721
La Ceiba	13.795
Choluteca	13.624

---

[192] Gildo Insfran Guerrero. La colonización y el crédito agrícola supervisado en Honduras. Banco Nacional de Fomento, Tegucigalpa, 1951. pp. 4,13-14, 16-17 y 19 (mimeo.).

Los extranjeros residentes, de acuerdo al mismo censo, ascendían a 38.503. El mayor número correspondía a salvadoreños, con 19.268; guatemaltecos, 5964; nicaragüenses, 4304; ingleses, sobre todo negros antillanos, 3180; estadounidenses 1508; alemanes 433, e italianos 199. Las estadísticas para 1938 daban una tasa de nacimientos de 44.3 por mil y una tasa de defunción de 22 por mil. Alrededor de doscientos mil hondureños vivían en otros países, sobre todo en los centroamericanos.

La agricultura proporcionaba empleo a 230 mil personas, lo que equivalía a casi una cuarta parte del total de habitantes; la industria a 23 mil; el transporte a 2647; profesiones y oficios a 4914, y los desempleados ascendían a 337.458. El sector profesional estaba conformado por 186 médicos incluyendo los que laboraban en las empresas bananeras, 68 dentistas, 121 farmacéuticos, 57 enfermeras y cuatro bacteriólogos. La tasa de analfabetismo ascendía al 73,1%; o sea, que afectaba a 703.636 hondureños; el 2,4% podía leer pero no escribir, y el 24,5 era alfabetizado. En su mensaje presidencial de 1941, el gobernante afirmó: "Según el último censo, el porcentaje de analfabetismo en Honduras es de un cincuenta y dos por ciento y no el injusto ochenta por ciento que se nos adjudica".[193]

El Dr. Salvador Paredes, en un artículo periodístico, señalaba que, de acuerdo a datos oficiales de la Dirección de Estadística, durante 1941-42 nacieron 43.943 niños, y entre 1942 y 1943, 42.035.

En los mismos periodos habían muerto 11.068 y 12.764 infantes, respectivamente; se había perdido un poco más de la cuarta parte de los nacidos. En otros términos, de cuatro niños nacidos, murió uno: «el 25%, cifra aterradora para un país tan despoblado como el nuestro; muere anualmente un promedio de doce mil, o sea mil mensuales»[194], precisaba el Dr. Paredes. En

---

[193] Mensajes Presidenciales del Doctor y General Tiburcio Carías A. 1933-1945. Tegucigalpa, Ariston, 1945. p. 221.

[194] Salvador Paredes. Gran campaña nacional de protección infantile, en: El Cronista, adjunto al despacho enviado por Erwin al Departamento de Estado, 12 de noviembre de 1943, 815.4055/5.

aquellos años, solo el 6% de la población en edad escolar asistía a clases y el número de estudiantes apenas llegaba a 2674 en el nivel secundario y a 157 en el superior en toda la nación[195].

Por todo esto, un historiador acusó al gobernante hondureño de haber jugado, al igual que Martínez Hernández en El Salvador, y Ubico en Guatemala, con las simpatías de los pobres, sin haber hecho nada para mejorar su status[196].

El censo de población realizado en 1940 registró 1.107.859 habitantes y, el de 1945, 1.200.542; los departamentos más poblados fueron Francisco Morazán, Cortés y Choluteca, en ese orden. De acuerdo al censo de 1945, los departamentos con más población en áreas urbanas eran Francisco Morazán, Cortés, Santa Bárbara, Copán, Atlántida y Comayagua[197]. Además, las capas medias y el sector terciario de la economía crecían, aunque lentamente. El cuadro siguiente así lo revela.

---

[195] Richard Miller (editor). Honduras, a country study, op. cit... p. 27.

[196] Leonard, op. cit., p. 107.

[197] Honduras. Dirección General de Estadística. Resumen del Censo General de Población levantado el 24 de junio de 1945. Tegucigalpa, Tipografía Nacional, 1947. pp. 12-14.

PROFESIONES Y OFICIOS POR SEXO			
Nomenclatura	Hombres	Mujeres	Total
Abogados	337	337	
Agentes de comercio	21	21	
Arquitectos	26	26	
Bacteriólogos	13	2	15
Comerciantes	3837	393	4230
Choferes	795	795	
Dentistas	75	75	
Empleados de Comercio	212	88	300
Farmacéuticos	118	3	121
Industriales	91	2	93
Ingenieros	262	262	
Licenciados en ciencias Jurídicas	43	43	
Médicos y Cirujanos	212	212	
Oficinistas	615	16	661
Periodistas	45	1	46
Peritos Mercantiles y Contadores	1080	245	1325
Profesores	1323	2672	3995
Quimicos	14	14	
Radio-operadores	38	38	
Radio-técnicos	56	56	
Secretarios de comercio	12	209	221
Telefonistas	16	12	28
Telegrafistas	769	89	858
Tenedores de libros	33	1	34

Fuente: Dirección General de Estadística.
Resumen del Censo General de Población....op. cit., pp. 12-14.

En capítulo posterior abordaremos el grado de participación de estos incipientes sectores medios, aún no muy politizados, que gradualmente conformaron una estructura social más compleja.

Una idea de la composición de las clases sociales en el período bajo estudio, lo ofrece la Ley de Vialidad decretada por el

Congreso en 1943, que clasificaba la población masculina para fines de contribución anual en la construcción y conservación de caminos, de la siguiente manera[198]:

CATEGORIA	APORTE A PAGAR
Capitalistas	8.00
Empleados públicos o de empresas particulares, con sueldo mayor de L.300.00 mensuales	8.00
Empleados públicos o de empresas particulares, con sueldo de L.201.00 a L.300.00 mensuales	6.00
Empleados públicos o de empresas particulares, con sueldo de	4.00
Empleados públicos o de empresas particulares, con sueldos de L.51.00 a L.100.00 mensuales	2.00
Profesionales	5.00
Artesanos con taller	4.00
Artesanos sin taller	2.00
Proletarios	1.00

Se entendía por capitalistas, para los fines de la referida ley, "al que posee bienes de cualquier clase, de cinco mil lempiras arriba", y se prohibía que los proletarios redimieran su contribución en efectivo por trabajo, como lo establecía la legislación anterior.

En cuanto a la clase dirigente nacional, un sociólogo centroamericano ha vinculado su desarrollo a la llegada y consolidación de las empresas bananeras. Ello significó la constitución de un poder "nacional" mediatizado en la forma de

---

[198] Véase: Honduras. Decretos del Congreso Nacional, 1942-1943. Tegucigalpa, Tipografía Nacional, 1943, p. 126.

una burocracia política que reúne las características de una "clase dominante subordinada", cuya función administrativa se limita a la de guardián del orden interno al servicio de intereses extranjeros... determinando la ausencia de sectores socialmente dominantes en el ámbito nacional. El ejercicio del poder, en condiciones de una débil base económica nacional, se convierte en ejercicio burocrático de tareas administrativas, de policía y de intermediación entre los intereses extranjeros dominantes, representados por el enclave bananero, y la población local, una minoría explotada y sometida en el ámbito de la agricultura de exportación, y una mayoría repartida en zonas casi de subsistencia, desarticuladas entre sí. Este hecho matiza la naturaleza de los grupos dominantes hondureños, tradicionalmente de base agraria y mercantil, cuya dominación se redefine a partir de la constitución hegemónica de la plantación extranjera, formando un patronazgo parasitario del Estado. Todo ello le da a su función de "clase" un carácter esencialmente político y no económico.[199]

En síntesis, si bien la estructura social en este período estuvo representada básica y mayoritariamente por dos clases sociales, el campesinado (con pequeñas parcelas o sin ellas) y terratenientes (medianos y grandes), esta formación dual fue ampliándose lenta, pero progresivamente.

El surgimiento de sectores medios, de origen artesano y campesino, convirtieron a la sociedad hondureña en una más compleja y dinámica, con la irrupción de nuevas demandas, grupos de interés y planteamientos; estos se visibilizaron a partir de 1944, con la relativa distensión de los controles represivos del Estado, y se expresaron abiertamente con el ascenso de Juan Manuel Gálvez al poder en 1949.

---

[199] Edelberto Torres Rivas. Crisis del poder en Centroamérica. San José, EDUCA, pp. 50-51.

CAPÍTULO XII:
LA CORRUPCCIÓN

La corrupción y el cohecho no eran un fenómeno nuevo en la administración pública; para el caso, ya hemos visto los niveles escandalosos a que llegaron los familiares políticos del presidente liberal Rafael López Gutiérrez. Durante los dieciséis años del régimen de Carías, estos males endémicos continuaron. El mandatario fue honrado en lo personal, pero toleró, por una serie de circunstancias, el enriquecimiento rápido e ilícito de sus allegados; por tanto, la responsabilidad última recayó sobre él. Como lo exponía claramente un informe diplomático:

"El Presidente Carías entró a su Administración con una enorme carga de obligaciones políticas, acumuladas desde sus campañas sin éxito por la Presidencia en 1923, 1924, 1928 y la exitosa de 1932, y los servicios prestados por nacionalistas al Gobierno en suprimir la revolución de noviembre 1932- enero 1933. Mediante el procedimiento de prolongar la Ley Marcial más allá del tiempo requerido por la situación militar, y por un periodo indefinido, le ha sido posible a Carías pagar esas deudas mediante la inclusión de sus acreedores en las panillas del gobierno, pagando sus salarios de una partida extraordinaria conocida como *Mantenimiento del orden público,* que no tiene límite respecto al monto y no está sujeta a restricciones monetarias. El número de hombres así retenido en el empleo del Gobierno por razones políticas, pero sin beneficio para el servicio público, es vasto y la partida de "Mantenimiento del orden público" es una fuga de fondos del gobierno".[200]

Ese afán de enriquecimiento a costa del erario, provocó conflictos dentro del gabinete entre el ministro de Hacienda, Julio Lozano Díaz -a quien los diplomáticos norteamericanos le otorgaban cualidades de honradez y capacidad- y varios de sus colegas, y entre él y el Mandatario. Cuando Carías rechazó su

---

[200] Higgins al Departamento de Estado, despacho 940, 2 de noviembre de 1933, 815.504/31.

demanda de destituir a los funcionarios, a los que acusaba de corruptos, Lozano Díaz prefirió renunciar. Como consecuencia directa de su retiro, y de acuerdo a un informe de la legación estadounidense:

"En los últimos seis meses, en contraste con los primeros de su administración, la deshonestidad y la corrupción en el gobierno han aumentado. Aunque creo que el presidente Carías es honesto y sin codicia, él está consciente de la corrupción y peculado que está ocurriendo, en algunos casos aun facilitándolo, por parte de sus subordinados, y es por tanto culpable".[201]

Una evaluación de la administración, realizada en 1938 por el Encargado de Negocios, señalaba la creciente venalidad y cohecho, así como la actitud de Carías ante ello:

"No le gustan las decisiones, pero cuando se ve obligado, su juicio se basa enteramente en la conveniencia política. Me parece que él siente que su permanencia en la Presidencia está lejos de estar asegurada y que sólo puede estar en el puesto sosteniendo las riendas del gobierno con una mano de hierro y manteniendo así a todo el Poder Ejecutivo. Aparentemente no confía en nadie, ni siquiera en su propio gabinete, y el siempre creciente descontento a lo largo del país en contra de su régimen lo ha hecho comprender que puede continuar en el puesto solamente por métodos dictatoriales y nunca por medio de la demanda popular. Yo no creo que el fuerte sentimiento anti-Carías en el país está necesariamente dirigido hacia él... está rodeado por personas inescrupulosas y deshonestas y el resentimiento hacia él se basa, en su mayor parte, en el hecho de que aunque debe estar consciente de los delitos más flagrantes de los miembros más importantes del gobierno, él permite que tales cosas continúen... el actual gabinete conduce sus respectivos ministerios con lo que pareciera ser un máximo de ineficiencia y es un hecho lamentable, pero conocido, que su honestidad es cuestionable...las dificultades son obvias, pero hasta que el Presidente arregle o limpie la casa, continuarán existiendo. Como parece que él está algo temeroso de sus más cercanos asociados, y también consciente del creciente antagonismo a su

---

[201] Higgins al Departamento de Estado, 22 de diciembre de 1933, 815.00/4598.

régimen, no se espera que la situación cambie en el futuro cercano... el régimen... ha caído en tal provincianismo y corrupción como podía haberse esperado a principios de siglo, pero ahora, aun para Centro América, es algo inusual".[202]

En el mismo informe remitido a Washington, al referirse al ministro de Fomento, Salvador Aguirre, quien también fungía interinamente como canciller, detalló:

"Su Ministerio está acribillado de corrupción. Hay, por ejemplo, muchas pláticas acerca del desarrollo de caminos en el país, y el presupuesto anual es de aproximadamente $400.000, pero la construcción real de caminos prácticamente no existe. De hecho, excepto como una oficina de trámites para el registro de marcas comerciales, denuncio de propiedades mineras y otros asuntos menores, el Ministerio de Obras Públicas ha logrado poco más que eso. Siendo el agente de compras del gobierno, sus oportunidades para la corrupción son extremadamente grandes. En relación a esto, debo señalar que en muchas conversaciones que he tenido con gerentes de bancos, comerciantes locales y representantes de empresas americanas realizando negocios en el gobierno de Tegucigalpa, se me ha dicho, casi unánimemente, que la cantidad de soborno por miembros del presente Gobierno es casi increíble... yo personalmente sé de varios casos flagrantes en que empleados han sido atrapados in fraganti, pero no se ha tomado acción punitiva en su contra. Esto, por supuesto, no aumenta la popularidad del régimen de Carías".

Con relación a la Secretaría de Hacienda, afirmaba que tal vez era el ministerio más ineficiente; que se sabía que ahí había una gran corrupción, "y aunque esto debe ser del conocimiento del Presidente, así como la mala administración de su organización, no se toma acción en contra de estos caballeros"[203]. Y puntualizó:

"...El oportunismo político es el hilo conductor en cualquier acción tomada por el gobierno y lo mejor que puede decirse de él, es que es en extremo provinciano... todas las decisiones descansan

---

[202] Cramp al Departamento de Estado, despacho 405, 17 de agosto de 1938, 815.00/4768.

[203] Ídem.

en el Presidente y aunque hay varios hombres íntegros, como el Doctor Silverio Laínez y el Señor Julio Lozano, no están incluidos en el grupo presidencial y su consejo no es solicitado ni generalmente adoptado…".[204]

Menos de un mes después, aportó elementos adicionales de análisis:

"La corrupción se encuentra en todas partes... aunque durante los primeros años del régimen de Carías se mantuvo una apariencia de desinterés y honestidad, este Gobierno ahora ha alcanzado un punto donde su interés por permanecer en el poder pasa sobre cualquier otra cosa. La media docena de personas cercanas al Presidente, que con él conducen el Gobierno central, gastan diariamente varias horas en Casa Presidencial, discutiendo todos los problemas políticos y los sucesos centroamericanos, desde el ángulo de cómo se verán personalmente afectados. Honduras en la actualidad está en un estado caótico. Cada departamento, siendo dominado por el comandante del distrito, pone poca o ninguna atención a las órdenes de la capital... otros distritos y municipios están similarmente controlados por el Comandante y Gobernador Político con adhesión al gobierno central en grados diversos, en proporción más o menos directa a la distancia de la capital. El Presidente, aparentemente, no siente que es suficientemente fuerte para remediar esta situación; las órdenes del gobierno central no son puestas en práctica y los varios distritos están bajo gobiernos autóctonos (sic)".[205]

En cuanto a la Administración de Aduanas, bajo el ministerio de Hacienda, Cramp apuntó que no había un control centralizado, que cada administrador de aduanas era, aparentemente, su propia autoridad, y que al gobierno no le interesaba controlarlos. El funcionario también señaló el poco interés del gobernante en el país como un todo, excepto blandir un amenazante "gran garrote" en forma de aviones, armas y municiones. Cramp consideraba que un claro indicador de la debilidad del régimen era precisamente permitir la malversación al por mayor en todo el país, el no

---

[204] Ídem.

[205] Cramp al Departamento de Estado, 2 de septiembre de 1938, 815.00/4769.

acatamiento de órdenes y la increíble ineficiencia. Y todo esto era, a su juicio, la razón más fuerte para su creciente impopularidad. "No es un gobierno del pueblo, sino de un pequeño grupo de políticos incapaces, deshonestos y extremadamente provincianos, controlando la primitiva capital de una pequeña y atrasada República centroamericana".[206]

Un despacho diplomático de 1944 describió algunas formas de enriquecimiento ilícito, según categorías de empleados públicos:

"Los comandantes de armas están a cargo de los soldados en un Departamento. Tienen su sede en la cabecera del Departamento y se les han asignado fondos con los cuales emplear un número específico de soldados. Mediante la revisión de una lista de hombres, una gran parte de la cual es ficticia, y teniendo solamente unos pocos soldados activos, el Comandante colecta el dinero de todo el grupo, le paga a aquellos que en realidad emplea y se apropia de la diferencia. Cuando es necesario realizar una inspección, el comandante convoca a un grupo de amigos, que se colocan en fila y responden a un nombre predeterminado. En algunos casos hasta dos tercios de los nombres que aparecen en la planilla como miembros de la guarnición, son ficticios. Funcionarios de aduanas: un funcionario de aduanas hará dinero permitiendo la libre entrada para los bienes de amigos o asociados en negocios, que venden los bienes y le otorgan un cierto porcentaje de las ganancias resultantes.

Funcionarios de hospitales... sirviendo comida barata y eliminando tantos gastos como pueden. Como una determinada cantidad es otorgada a cada hospital, la persona a cargo del mismo se apropia de la diferencia entre la suma que se le asigna y la que en realidad gasta en mantener el hospital.

Jefes de Policía... dando comida pobre e inadecuada a los prisioneros, y como se le asigna una suma específica para alimentación de los prisioneros, se apropia de la diferencia entre la cantidad que realmente gasta y la cantidad asignada. Puede obtener dinero adicional, vendiendo alimentos a los prisioneros y abastecimiento de la prisión a particulares.

---

[206] Ídem.

Otros funcionarios gubernamentales en posiciones influyentes reciben dinero o regalos ayudando a la gente a obtener concesiones adicionales para repuestos de carros, derechos de agua, concesiones de transporte, etc".[207]

Fue así como se formó y consolidó una camarilla de burócratas, algunos de ellos extranjeros, que hicieron fortuna rápida al amparo del poder. Tal como sostenía el director del FBI:

"El grupo que ostenta puestos públicos está en general contento de ostentar el puesto que tiene, cobrar su sueldo y hacer el dinero extra que puede, de cuando en cuando. Muchas de estas personas son incompetentes, deshonestas o aun pronazis... Mucha de esta gente, que asumió sus puestos en 1933 y ha devengado solamente un salario nominal, ha adquirido bienes inmuebles y propiedades, teniendo en muchos casos un valor en exceso de $100.000. Honduras es un país pobre y cualquier persona que posee $100.000 bien puede ser considerada como rica".[208]

Otras formas de corrupción oficial se detallan en el folleto "Un Cacicazgo Centroamericano", de José Ángel Zúniga Huete, publicado en México en 1938. Aunque con una visión partidista, ofrece cifras sobre la desviación de fondos estatales a manos de particulares en diversas secretarías de Estado como Instrucción Pública, Fomento y Relaciones Exteriores. Entre otros datos, la publicación da a conocer los nombres de los nuevos ricos surgidos del cariato.

A mediados de 1936 se supo que los consejeros del Presidente estaban tratando de convencerlo de que obtuviera un préstamo por cinco millones de dólares, para lo que debían ofrecerse garantías tales como el control de las aduanas. Sin embargo:

"El Presidente no está de acuerdo con la idea de un préstamo, principalmente debido a que el dinero no sería usado para el propósito correcto, sino que caería en manos de los políticos. Es mi creencia que el Presidente consentirá en el préstamo, ya que sus consejeros le señalan que sin fondos será difícil continuar en la

---

[207] J. Edgar Hoover, director del FBI, a Adolf A. Berle Jr., secretario asistente del Departamento de Estado, 20 de enero de 1944, 815.00/4936.

[208] Ídem.

Presidencia hasta 1942, debido al descontento general que ocurrirá de no pagarse los salarios y por el desempleo en general. Los consejeros también están apelando a la vanidad del Presidente, señalando que con este dinero, él será capaz de completar su programa de obras públicas".[209]

En 1941, nuevamente se inició una labor persuasiva para que Carías modificara su oposición a la concertación de préstamos. El vocero gubernamental La Época, argumentaba: "Por razones patrióticas, el General Carías es enemigo de los empréstitos, pero tenemos que llegar a los préstamos tal como lo están haciendo otros países...".[210]

El presidente del Congreso, Plutarco Muñoz, había recomendado obtener un préstamo para mejorar la salubridad, las comunicaciones, la agricultura, educación e industria. En un artículo publicado en El Cronista, sostuvo que si la banca no realizaba el préstamo solicitado, este se podía concertar con las compañías bananeras.

Julio Lozano también estaba a favor de obtener ayuda financiera de Estados Unidos para dichos fines. Erwin, por su parte, recomendó que, para prevenir la mala administración de los fondos que se prestaran, debían adoptarse todas las salvaguardias. En diciembre de 1942 el Congreso aprobó el préstamo, que ascendía a un millón de dólares. A partir de entonces se fue incrementando el número y el monto de préstamos contraídos con organismos financieros controlados por los Estados Unidos.

OTROS HECHOS ILÍCITOS E IMPUNIDAD

Un suceso que conmovió a la sociedad hondureña de la época, fue el asesinato del doctor Francisco Sánchez, director del Hospital General, decano de la Facultad de Medicina y médico personal de Carías. Su muerte tuvo relación directa con la denuncia, que se aprestaba a hacer pública, sobre la venta de narcóticos por parte de

---

[209] Gibson al Departamento de Estado, despacho 450, 10 de julio de 1936, 815.51/908.

[210] La Época, año IX, N° 2528, Tegucigalpa, 26 de noviembre de 1941, p.1.

altos funcionarios gubernamentales. Desde la embajada de EUA se afirmó que en el delito estaban involucrados dirigentes de ambos partidos y que las ramificaciones eran de amplio alcance.[211]

El crimen no fue resuelto porque, si bien capturaron a los autores materiales, éstos no revelaron los nombres de los hechores intelectuales. En 1945 el gobierno publicó un folleto intitulado "Honduras no es traficante de drogas estupefacientes, breve reseña histórica sobre la importación y consumo de drogas hasta la fecha"; en este admitía que antes de 1930 se efectuaban contrabandos e importaciones de sicotrópicos, pero que, a partir de 1933, se había iniciado una campaña contra este tráfico.

Otro hecho que evidenció que un crimen atroz podía quedar impune dependiendo de cuán allegado al régimen fuera el culpable, fue el caso de Norma Zablah, una joven de origen palestino, de padres comerciantes y estudiante del Instituto María Auxiliadora, que fue violada y asesinada en una finca cercana a la capital.

Como presunto responsable del delito se señaló a un miembro del gabinete de gobierno, a quien el Presidente protegió debido a que conocía asuntos financieros confidenciales; esto, de acuerdo con el encargado de negocios a.i. en Honduras, Harold E. Montamat[212], y a los servicios de inteligencia británicos. La familia de la víctima tuvo que abandonar el país y se radicó en México.

La confiscación de los bienes de los alemanes, durante la Segunda Guerra Mundial, se detalla en el siguiente capítulo, por lo que aquí solo apuntaremos que estas propiedades, en lugar de ser nacionalizadas, pasaron -con la anuencia del Estado-, a manos del círculo de consejeros y supuestos amigos de Carías, que el pueblo bautizó con el calificativo de "la argolla".[213] Este grupo también se benefició al cobrar, de manera preferencial, billetes aduaneros y bonos de la deuda pública.

---

[211] Keena al Departamento de Estado, despacho 7, 815.00/4619.

[212] Montamat al Departamento de Estado, 4 de diciembre de 1947. 815.00/12-447.

[213] Al respecto, véase Mario R. Argueta. Los Alemanes en Honduras, Tegucigalpa, Centro de Documentación de Honduras (CEDOH), 1992; y Segisfredo Infante, et al. Los Alemanes en el Sur, 1900-1947, Tegucigalpa, Editorial Universitaria, 1993.

La Segunda Guerra Mundial también permitió a algunos agentes diplomáticos hondureños traficar con la venta de pasaportes a personas desesperadas por abandonar sus países de origen y trasladarse a naciones donde pudieran encontrar refugio y seguridad; o bien extenderlos a quienes, por diversas razones, necesitaban contar con más de un documento. Así, se acusaba al ministro de Honduras en Nicaragua, Julián López Pineda, de haber extendido pasaportes a personas sospechosas de ser agentes alemanes.[214]

También se aprovechó la persecución del pueblo judío para fines de lucro privado. En Nueva York, el italiano Rafael N. Delcore, residente en Costa Rica y de mala reputación, había fundado el Comité de Refugiados y, en connivencia con funcionarios de Carías, promovía trasladar quince mil familias judías a Honduras.

El ministro de Hacienda, Julio Lozano, sospechaba que individuos inescrupulosos en Nueva York podían estar utilizando a Delcore para obtener la aprobación del gobierno, y que este grupo estaría dispuesto a pagar dinero a ciertos funcionarios y particulares en Tegucigalpa para que persuadieran a Carías.

De acuerdo al plan, los judíos serían ciudadanos hondureños desde el momento de su llegada al país y cada familia depositaría mil dólares en un banco estadounidense en la cuenta de la Tesorería General de Caminos. Se dedicarían a la agricultura, y el gobierno proporcionaría a cada familia cincuenta hectáreas de tierras nacionales a inmediaciones de una carretera construida o en construcción.

La venta de visas y pasaportes a refugiados europeos -desesperados por huir de los programas de exterminio ordenados por Hitler- fue otra forma de enriquecimiento ilícito. En 1939, uno de los hijos del Presidente llegó a Tegucigalpa para proponer asentar en el país a diez mil familias judías europeas; de acuerdo al plan, cada jefe de familia pagaría al gobierno de Honduras mil

---

[214] Fred K. Salter, secretario legal del Departamento de Estado, Foreign Service Posts of the Department of State, Tegucigalpa Legation, Confidental File, 1940, RG 84, caja 2, 800-820.02.

dólares, lo que sumaría diez millones de dólares, con lo que se podría establecer el Banco Central. Los refugiados eran especialistas en diversas áreas, y una de las industrias que establecerían sería la de harina de banano.

Cuando el Presidente escuchó los detalles del plan (según el señor Julio Lozano), le dijo a su hijo que no sabía qué contestar y sugirió que el asunto fuera expuesto a la señora Carías y a los ministros de Hacienda y de Guerra. Tanto la señora Carías como los dos ministros opinaron que el plan era inaceptable, ya que Honduras no estaba preparada para admitir diez mil familias judías y que el proponente no era la persona adecuada para sugerir el establecimiento de un Banco Central, ya que la banca y las finanzas estaban fuera de la esfera de sus deberes... Julio Lozano sostuvo que muchos judíos habían llegado a Honduras, luego que su permiso de entrada había sido autorizado por la Casa Presidencial [subrayado en el original]...el señor Lozano luego reveló que varios refugiados judíos recientemente habían sido naturalizados en Honduras, en violación de las estipulaciones de la Constitución en lo relativo a requisitos de residencia. Dijo que había uno o dos abogados locales que están haciendo buen dinero ayudando a obtener pasaportes a judíos en violación de la ley. Él sostiene que estos abogados trabajan con personas en la Casa Presidencial (subrayado en el original[215]).

Algunos altos funcionarios se opusieron a este abierto despojo de los bienes públicos, entre ellos Juan Manuel Gálvez y Julio Lozano Díaz. Comprendían el descrédito, la creciente impopularidad y el desgaste político en que había caído el gobierno, lo cual incidía negativamente en sus aspiraciones presidenciales. Por ello trataron de distanciarse de los más notorios atracadores del erario.

Cuando Gálvez ascendió al poder en 1949, su ministro de Hacienda confió a la embajada norteamericana que las nuevas autoridades se habían visto forzadas, a principios de ese año, a contraer un préstamo con la Tela Railroad Co. por un millón de dólares, a fin de hacer frente a los gastos más inmediatos; el nuevo

---

[215] Despacho 696, 1 de junio de 1939.

gobierno encontró vacías las arcas del Estado, al punto que hasta automóviles nacionales habían desaparecido. También detectó la existencia de fondos gubernamentales en cuentas privadas de funcionarios del gobierno anterior, lo que se suprimió mediante el Decreto 47 del 22 de julio de 1949.[216]

La corrupción fue una de las causas del descrédito del régimen de Carías, tanto dentro como fuera de las fronteras nacionales. En última instancia, él fue el responsable de los actos ilícitos que se cometieron, y del nepotismo que privó durante su mandato. Los documentos aquí citados evidencian que él toleró y condonó a sus amigos, parientes y consejeros dedicados al cohecho y al enriquecimiento ilícito.

Y lo irónico es que, una vez fuera del poder, muchos de los que se enriquecieron a su sombra abjuraron de la lealtad y solidaridad que le debían; le dieron la espalda, cuando no lo atacaron o le entablaron demanda judicial. Así le pagaron aquéllos a quienes él permitió salir del anonimato y acumular fortunas mal habidas. Fue entonces cuando comprendió, finalmente, la soledad del poder y la volubilidad de la naturaleza humana. Seguramente recordó el viejo adagio castellano: "Cría cuervos, que te sacarán los ojos".

---

[216] Cousins Jr., Encargado de Negocios a.i., 19 de julio de 1940, RG 84, caja 2, 820.02.

CAPÍTULO XIII:
LAS RELACIONES INTERNACIONALES CON ESTADOS UNIDOS DE AMÉRICA

Como se ha visto en los capitulas iniciales, la política exterior de los Estados Unidos hacia Centroamérica se caracterizó, durante el decenio de 1920 e inicios de 1930, por el no reconocimiento diplomático a aquellos regímenes que alcanzaban el poder por la vía armada. Esto quedó plasmado en los Tratados de Washington, en 1923, y constituyó el principal obstáculo para que Carías llegara al poder antes de 1933.

Sin embargo, esa política empezó a cambiar cuando Franklin D. Roosevelt alcanzó la presidencia en 1933, con Cordell Hull como secretario de Estado. La administración de Herbert Hoover se había negado a reconocer el gobierno de Maximiliano Hernández Martínez en El Salvador a partir de 1931, cuando éste derrocó al presidente Arturo Araujo. Pero, al asumir las nuevas autoridades estadounidenses, la tónica fue otra.

En 1933, Roosevelt enunció la "política del buen vecino" por la cual, oficialmente, Estados Unidos renunciaba al uso de la fuerza en las relaciones con sus vecinos sureños, y a la intervención directa en sus asuntos internos. En Centroamérica, esta nueva modalidad de la política exterior norteamericana favoreció a los regímenes de fuerza. El primer beneficiado fue el gobierno de Hernández Martínez; primero fue reconocido diplomáticamente, y luego toleradas sus reelecciones en 1935 y 1939. Igual actitud se adoptó ante la perpetuación de Jorge Ubico en Guatemala y sus autoreelecciones en 1935 y 1941; ante el golpe de Estado de Anastasio Somoza en Nicaragua, en 1937, y ante el continuismo de Carías en 1936 y 1943.

De acuerdo con Walter La Feber, un historiador estadounidense, dos factores determinaron el cambio de rumbo en las relaciones de Washington con Centroamérica. Después de la Primera Guerra Mundial, las naciones europeas ya no presentaban, desde el punto de vista estadounidense, un peligro para el istmo. La guerra aceleró el proceso de debilitamiento de la influencia europea, por lo que ya no era necesaria la intervención militar para prevenirla. Además, EUA ya dominaba la economía de la región; su influencia sobre los centroamericanos era tan fuerte, que podía alcanzar objetivos políticos simplemente ejerciendo su enorme peso económico. La Feber sostiene que Roosevelt le dio prioridad a la estabilidad en sus relaciones con Centroamérica, ya que su país la necesitaba para proteger sus intereses económicos. Y ello significó el mantenimiento del status quo.

También afirma que los dictadores del área podían mantener el orden en forma más barata, por lo que únicamente se requirió de ellos que realizaran los aspectos formales de las elecciones (tal como lo establecían los Pactos de Washington de 1923). Por otra parte, los dictadores centroamericanos necesitaban de reconocimiento diplomático por parte de Estados Unidos y de acceso a los mercados monetarios de Nueva York...

"El segundo paso en el cambio de la política norteamericana ocurrió cuando el New Deal asumió dicho papel. En 1934 Roosevelt creó el Banco de Exportación e Importación a fin de otorgar crédito gubernamental con el propósito de que los exportadores de Estados Unidos pudieran vender más bienes en el exterior... de la misma forma el Departamento de Estado negocio tratados comerciales recíprocos con las cinco naciones centroamericanas... cada uno de los cuatro dictadores disminuyó las barreras arancelarias a los productos de Estados Unidos... a cambio del reconocimiento político y la aprobación que los Estados Unidos ofrecía por medio de los tratados. Al importar mayores cantidades de productos agrícolas de Estados Unidos... las cinco naciones llegaron a depender más de Norteamérica en alimentos... un tercer paso ocurrió después de 1938, cuando el New Deal concretó relaciones entre oficiales militares norte y latinoamericanos. en 1940, Estados Unidos había reemplazado completamente a franceses y británicos como abastecedores de equipo militar y fuentes de oficiales para instruir a los ejércitos latinoamericanos. a cambio de su estabilidad interna y amistades externas, los gobiernos centroamericanos recibieron de Estados Unidos mucho de su abastecimiento de alimentos, la mayoría de los mercados para sus economías de una o dos cosechas y casi todos sus préstamos extranjeros y abastecimientos militares".[217]

Analizaremos los aspectos antes mencionados en el contexto de la administración Carías y sus relaciones con Estados Unidos. Obviamente, el gobierno de EUA, por medio del Departamento de Estado, estaba interesado en promover el comercio y encontrar oportunidades ventajosas para la inversión de capital estadounidense en el exterior.[218]

Por ello, si bien las relaciones entre la cancillería norteamericana y las compañías bananeras no siempre fueron armoniosas, y algunas de sus acciones contaron con la desaprobación del Departamento de Estado, éste enmarcó las líneas generales de su diplomacia dentro de las directrices apuntadas por Munro. Además, la política de Carías hacia el capital norteamericano fue de total colaboración e identificación con sus intereses, por lo que quedaba excluida cualquier diferencia entre el Estado hondureño y las transnacionales.

La prohibición en torno a las organizaciones obreras, a las huelgas y otras formas de movimientos contestatarios, son un claro ejemplo de cómo el gobierno aseguró el orden y la disciplina laboral requerida por las empresas fruteras. La violencia y la represión fueron utilizadas cuando se percibió que el cuestionamiento, por mínimo que fuese, podía alterar la "paz" en las plantaciones bananeras.

UN TRATADO COMERCIAL LESIVO

En 1935, Honduras y Estados Unidos suscribieron el Tratado Recíproco de Comercio. Conforme a sus estipulados, nuestro país redujo las tarifas a los automóviles, textiles, harinas, llantas y otras manufacturas procedentes de la nación norteña; a cambio, esta daba seguridad de que los bananos continuarían ingresando a sus puertos libres de impuestos. En realidad, significó un sacrificio fiscal para el gobierno hondureño, ya que las favorecidas fueron

---

[217] Walter La Feber. Inevitable Revolutions: The United States in Central America. W. W. Norton, Nueva York, 1933, pp. 79-83.

[218] Dana Munro. The United States and the Caribbean Republics 1921-1933. Princenton, Princenton University Press, 1947, p. 380.

las empresas bananeras[219].

Al evaluar los beneficios derivados de la firma del Tratado, se concluyó en que no había evidencia de que las exportaciones desde Honduras se hubieran estimulado, pero sí se incrementaron las importaciones de productos estadounidenses: frutas y vegetales, enlatados, mantequilla, sardinas y salmón, avena, leche enlatada y medicinas, entre otras.

Un ejemplo de este intercambio desigual fue lo ocurrido en La Ceiba, donde la importación de bienes estadounidenses beneficiados por la reducción de impuestos, aumentó 85% en valor de agosto a octubre de 1936, en comparación con igual trimestre correspondiente al año anterior[220].

El diputado por el Partido Nacional, Ramiro Carvajal, quien como se recordará fue forzado al exilio, manifestaba desde Managua:

"En este tratado se estipula que Honduras podrá exportar a los Estados Unidos, libre de impuestos, bananos, café, zarzaparrilla, cueros de venado, cacao, plátanos, guayabas preparadas o conservadas, bálsamo, piñas, pulpas de guayaba y de mango. En cambio, Estados Unidos obtiene derecho de introducir a Honduras 17 artículos de sus industrias libres de impuestos, obligándose asimismo Honduras a no modificar el gravamen que el actual Arancel de Aduanas establece sobre veinte clases más de artículos naturales o manufacturados norteamericanos, por mientras dure el contrato. Después de haber otorgado el país franquicias o privilegios a empresas capitalistas norteamericanas, hasta convertir el banano en un negocio exclusivo de exportadores estadounidenses, Honduras, hoy, en virtud de este tratado, renuncia a su derecho a legislar sobre la importación de artículos de 37 industrias de Estados Unidos".[221]

---

[219] War Department. Military Intelligence Service, Survey of Honduras, op. cit, ítem 27.350, p. 63.

[220] Office of American Republics Affairs, 1918-47. Memoranda on Honduras, Vol. 1, noviembre 1935-agosto 1945.

[221] Hoja suelta publicada por Ramiro Carvajal en Managua, el 17 de enero de 1936.

Las relaciones comerciales con los Estados Unidos se fueron incrementando. Durante la década de 1928-38, el 77% de las exportaciones se dirigían a este país y, en los años 1938-1945 aumentaron al 90%; así, gradualmente, desaparecía el mercado europeo que, de por sí, siempre había sido pequeño. Respecto a las importaciones, entre 1928 y 1938 el 70% de la mercadería importada procedía de Estados Unidos y, en el periodo 1938-1945, representaba el 69%[222].

El banano constituía el 65% de las exportaciones hondureñas en 1940, en tanto que los metales preciosos ocupaban el segundo lugar, con el 29%. En ese año, las inversiones estadounidenses se calcularon en 36 millones de dólares; se afirmaba que después de Panamá, Honduras era la dependencia económica extranjera más sobresaliente de Estados Unidos, cuya inversión poseía más de la mitad de la riqueza del país[223].

Durante el año fiscal que finalizó el 31 de julio de 1936, las exportaciones de Honduras alcanzaron $9.215.212 de las que el 81,6% se vendió a Estados Unidos. Las importaciones se estimaron en $8.723.130 y las procedentes de aquel país representaron el 66,4%[224].

Ya en el año fiscal que concluyó el 31 de junio de 1937, el gobierno hondureño pudo constatar los efectos adversos del referido tratado comercial, pues informó haber perdido L 345.430.72, debido a la disminución de impuestos a las mercaderías estadounidenses.

Así, de $2.045.388 por concepto de ingresos aduaneros en 1935, se descendió a $1.864.670 en 1936, y a $1.072.687 en 1937.[225]

Préstamos y otras formas de ayuda Carías fue renuente a que el

---

[222] «Resumen de Información Económica para Honduras», 1 de febrero de 1946, despacho 2171.

[223] Survery of Honduras, op. cit., pp. 39 y 66.

[224]Keena al Departamento de Estado, despacho 600, «Resumen de sucesos y condiciones en Honduras en 1936», 815.00/4724.

[225] Cramp al Departamento de Estado, 30 de septiembre de 1938, despacho 452, 611.531/232.

país contrajera préstamos en el exterior. Por una parte, sabía que sumas sustanciales de los fondos públicos iban a parar a manos de sus amigos y consejeros y, por otra, consideraba que uno de los principales logros de su régimen había sido, precisamente, amortizar paulatinamente la deuda exterior del país, cuyo refinanciamiento arregló exitosamente la administración Paz Baraona.

Seguramente fue la presión de sus allegados la que influyó para que modificara tal actitud, al firmar el acuerdo para la construcción del tramo hondureño de la Carretera Panamericana con fondos provenientes de la agencia federal estadounidense Public Works Administration que, en enero de 1942, aprobó un préstamo por veinte millones de dólares para ayudar a Honduras, Nicaragua, El Salvador y Costa Rica a construir la Carretera Panamericana.

También influyó en su decisión el hecho que Hernández Martínez, en El Salvador, había gestionado exitosamente un préstamo por tres millones de colones con el Banco de Importación-Exportación.

Por Decreto N° 52 del 11 de febrero de 1942, el Congreso facultó al Ejecutivo para contratar con instituciones de crédito extranjeras un empréstito "hasta por la cantidad de 15 millones de dólares, para destinarlos al ramo de vialidad, a la fundación del Banco Nacional y a la compra de elementos bélicos para contribuir a la defensa de este continente".[226]

Pero un memorándum de la División de las Repúblicas Americanas del Departamento de Estado, fechado el 22 de enero de 1942, recomendó que cuatro millones de dólares era la cantidad máxima que se podía prestar a Honduras. Tal decisión, seguramente, se basó en el informe del embajador Erwin quien, desde Tegucigalpa, indicó que para evitar la mala administración de los fondos debían tomarse las necesarias salvaguardias.

El 18 de diciembre de 1942, por Decreto N° 11, el Congreso hondureño aprobó el contrato celebrado el 9 de septiembre entre el gobierno y el Banco de Honduras con el Banco de Exportación-

---

[226] Honduras. Decretos del Congreso Nacional, 1941-1942. Tegucigalpa, Tipografía Nacional, 1942, p. 50.

Importación para obtener un crédito que no excediera de un millón de dólares, a fin de construir la sección correspondiente de la Carretera Panamericana.[227] Pese a que el gobierno insistió en que el tramo carretero pasara por la capital, el hecho es que apenas cruzó por una franja del extremo sur del territorio hondureño. En realidad, el propósito de EUA al auspiciar su construcción, era contar con una red vial que conectara las naciones americanas, y por la cual pudieran desplazarse tropas y municiones de un país a otro.

A mediados de 1943, a solicitud de las autoridades hondureñas, llegó al país una misión técnica financiera, integrada por representantes de departamentos y agencias norteamericanas, con el objeto de estudiar el sistema monetario y bancario de Honduras. En su informe final, la misión recomendó establecer un Banco Central, cuya carencia reflejaba la extrema debilidad financiera del Estado, y su dependencia para obtener efectivo de las empresas fruteras y de los dos bancos privados establecidos en el país.

En marzo de 1943, el Instituto de Asuntos Interamericanos, dependencia creada por los Estados Unidos, inició el Programa Cooperativo de Abastecimiento Alimenticio en Honduras, con tres proyectos principales en Comayagua, Danlí y Tegucigalpa, a fin de estimular la producción de alimentos. Cada gobierno aportó a este proyecto la suma de cuarenta mil dólares.

En julio de 1942 se firmó un contrato entre ambos gobiernos, con el propósito de establecer en Honduras el Servicio Cooperativo Interamericano de Salud Pública, y realizar obras de saneamiento. También firmaron un convenio cooperativo para cultivar y exportar caucho, proyecto que no tuvo éxito, pese a su importancia estratégica, después de que las plantaciones del Lejano Oriente cayeron en manos japonesas.

Honduras, como ya se vio, prestó la Bahía de Trujillo al ejército de EUA, donde este instaló una pequeña base para rastrear los movimientos de los submarinos alemanes en el Caribe; y la Fuerza Aérea Hondureña patrulló esa costa para detectar

---

[227] Honduras. Decretos del Congreso Nacional, 1942-1943. Tegucigalpa, Tipografía Nacional, 1943, pp. 13-16.

sumergibles germanos. Además, centenares de hondureños desempleados se alistaron en buques mercantes de los aliados, y varios de ellos de ellos murieron al ser torpedeados los barcos en que laboraban. El escritor Matías Funes dejó testimonio de los servicios anónimos y heroicos de compatriotas que recorrieron los mares durante la gran conflagración, en sus obras Levando Anclas (1963) y La Rosa Náutica (1953).

En 1948 se iniciaron las conversaciones relativas al desarrollo del Proyecto Hidroeléctrico Río Lindo y, el 23 de febrero, el Congreso autorizó al Ejecutivo para obtener un préstamo del Banco Internacional de Reconstrucción y Fomento (BIRF, que luego se convirtió en el Banco Mundial) hasta por dos millones de dólares.[228]

En diciembre de 1947, el Embajador de Honduras en Washington inició gestiones ante el BIRF y la firma consultora Sanderson & Porter, que realizó un estudio técnico-financiero del proyecto. Sin embargo, la United Fruit Co. se opuso, y manifestó que no estaba interesada en obtener energía de la proyectada central eléctrica[229]; el proyecto prácticamente se engavetó, pues se contaba con que la Compañía sería la principal compradora de energía. Por tal razón no fructificaron las gestiones y no se llegó a ningún acuerdo con la misión del BIRF, que visitó el país en diciembre de 1948.

La actitud del gobierno norteamericano hacia el régimen cariísta, de acuerdo al historiador Thomas Leonard, fue la siguiente: oficialmente no aprobaba la dictadura y, por tanto, las relaciones fueron formalmente correctas, pero carentes de cordialidad. No oficialmente, él era considerado menos deplorable que Anastasio Somoza en Nicaragua y Rafael Trujillo en República Dominicana.[230] Esta conclusión facilitó al Departamento de Estado

---

[228] Honduras. Decretos del Congreso Nacional, 1947-1948. Tegucigalpa, Tipografía Nacional, 1948, pp. 64-65.

[229] Montamat al Departamento de Estado, 24 de febrero de 1948, 815.6436/2-2448; Memorándum de conversación, Departamento de Estado, 815.6463/4-1448.

[230] Thomas M. Leonard. The United States and Central America, 1944-1949; perceptions of political dynamics. Alabama, The University of Alabama Press, 1984, p. 109.

mantener relaciones con el gobierno hondureño que podrían calificarse de armoniosas. Hasta cierto punto, la imagen que se tenía en Washington estaba influenciada por los informes diplomáticos favorables, particularmente de los embajadores John D. Erwin, su sucesor Paul Daniels y el encargado de negocios John B. Faust, quien calificó a Carías como: "Patriota genuino y tal vez el más grande hondureño desde Francisco Morazán". Por ello pedía a sus superiores que revisaran su actitud hacia el gobernante, ya que en su opinión merecía más simpatía de la que hasta entonces se le había otorgado. Y argumentaba:

"La dictadura de Carías es del bien conocido tipo personal, enteramente carente de complicaciones derivadas de la ´ideología´ fascista o metafísica nazi y es similar a numerosas otras que existían en América Latina antes de que nacieran Mussolini y Hilter. Como van las dictaduras latinoamericanas, es mucho mejor que la mayoría, tal vez un poquito menos ilustrada que algunas. Ya que el Departamento no puede seriamente creer que Carías tiene alguna mancha totalitaria, su objeción hacia él parece descansar en dos hechos: a) de que se perpetuó en la presidencia por medios irregulares, b) que suprimió la libertad de palabra y otras libertades encarcelando a sus oponentes políticos... [no obstante] terminó con el caos en Honduras... El Presidente Carías es un gran patriota hondureño, enteramente sin ambiciones más allá de sus propias fronteras".[231]

Erwin opinaba que las futuras generaciones, probablemente, acreditarían a Carías haber hecho más bien que mal, y que Honduras era el único país en el planeta en mejor situación ahora que en 1933. Consideraba que ningún hondureño podía gobernar tan bien como Carías, y que su retiro de la presidencia sería seguido por el caos[232].

---

[231] Faust al Departamento de Estado, despacho 2012-A, 30 de agosto de 1945, 815.0001/8-3045.

[232] Citado por Leonard, op. cit., p. 110.

LOS RECLAMOS DE LA OPOSICIÓN

Zúñiga Huete ya había cuestionado la "política del buen vecino".

En una carta dirigida al Departamento de Estado, en febrero de 1942, señaló la contradicción entre sus declaraciones públicas a favor de la democracia, y la consideración y el apoyo que dispensaba el gobierno de los Estados Unidos al régimen cariísta:

"Es una cruel ironía que, a pretexto de defender y fomentar el desenvolvimiento de la democracia continental, el gobierno de los Estados Unidos esté amparando y ayudando, con toda clase de elementos, a los gobiernos hispanoamericanos de contextura y procedimientos dictatoriales y que, desde todo punto de vista, son la negación más rotunda del régimen democrático... la ayuda que el gobierno de los Estados Unidos de América presta al gobierno dictatorial de Tiburcio Carías, es un hecho público. En la entrevista que el subsecretario Sumner Welles dio a los periodistas en la semana recién pasada, dijo este funcionario, y así lo transmitió el cable, que estaba por firmarse un arreglo con el Encargado de Negocios de Honduras para dar a este país asistencia económica, a fin de que contribuya a la defensa democrática del Hemisferio Occidental. Es evidente que el gobierno de Norte América es dueno de dar su dinero a quien le venga en gana; pero concedérselo al pequeño dictador de Honduras para que ponga su esfuerzo en favor de la democracia, es una ironía como para arrancar una carcajada homérica".[233]

En la misiva, Zúñiga Huete pedía que junto con la "política del buen vecino", el gobierno norteamericano debía restablecer la del presidente Wilson; es decir, el no reconocimiento a los gobiernos de facto surgidos de revoluciones o golpes de Estado. En otra comunicación enviada al subsecretario del Departamento de Estado, Welles, desde México, el 25 de julio de 1942, Zúñiga Huete afirmaba:

"El Partido Liberal de Honduras no pretende que poderes

---

[233] Carta de José Ángel Zúñiga Huete al Departamento de Estado, 28 de febrero de 1942, 815.00/4848.

externos derroquen la dictadura actual y que le hagan entrega del gobierno. Aspira sólo a que las fuerzas externas no amparen y sostengan el régimen vandálico que encabeza Tiburcio Carías Andino, y a que se le presente una oportunidad para conquistar el poder por su propio empeño, basado en el prestigio y la opinión nacional, tal como lo ha obtenido siempre: por el sufragio popular".

La oposición hondureña al cariato estaba convencida de la actitud parcializada de la misión diplomática de EUA en Honduras, particularmente durante los años que la encabezó Erwin. El 28 de mayo de 1944 tuvo lugar en Tegucigalpa una demostración pública que encabezaron damas de la oposición; cuando se congregaron frente a Casa Presidencial, exigiendo la liberación de los presos políticos y la celebración de elecciones libres, el gobierno no las reprimió. Antes bien, el Mandatario recibió una comisión de las manifestantes y prometió estudiar sus peticiones. Pero Erwin se rehusó a servir de mediador para obtener la libertad de los prisioneros, invocando la política de no intervención en los asuntos internos de otros países que sostenía su gobierno.

En octubre de 1945, el Frente Democrático Hondureño, con sede en San José, Costa Rica, apeló sin éxito ante el secretario asistente de Estado, Spruille Braden, a fin de que ayudara a aliviar la crisis política en Honduras. Aunque se conocían detalles de la represión ejercida por Carías, el Frente encabezado por el expresidente Vicente Mejía Colindres y el ex presidente del Congreso, Venancio Callejas, sostuvo que el embajador Erwin nunca informaba plenamente a Washington. También solicitó que se pusieran en vigencia los tratados centroamericanos firmados en Washington, referentes al no reconocimiento de gobiernos ilegales (véase anexo 11).

Zúñiga Huete criticó la política estadounidense de proveer equipo bélico a las autoridades hondureñas en los siguientes términos:

"El embargo de armas y las sanciones sobre créditos revolucionarios que ampara la política llamada del Buen Vecino, han contribuido, y no poco, para el mantenimiento del dictador en el solio, así como el reconocimiento subrepticio que se le ha otorgado por encima de un pacto internacional vigente".[234]

En 1942, el teniente general F. M. Andrews, jefe del Comando de Defensa del Caribe, con sede en la Zona del Canal de Panamá, planteó en carta dirigida a Erwin el 24 de septiembre, la posibilidad de estacionar tropas de EUA en Tegucigalpa, ante la amenaza de una revolución. Le expresó que el Departamento de Guerra había sugerido enviar dos o tres aviones de guerra para que aterrizaran en Tegucigalpa cada semana, y preparar un ejercicio que incluyera el embarque de paracaidistas y tropas aerotransportadas por el aeropuerto de Tegucigalpa. Todo ello, con el fin de impresionar a la población y dejar en claro que Estados Unidos estaba dispuesto a asistir rápidamente al gobierno de Carías. Andrews dejó a criterio de Erwin la decisión al respecto.

Sin embargo, el apoyo de la administración Roosevelt a Carías fue modificándose gradualmente. En marzo de 1946, el Departamento de Estado comunicó a su embajada en Tegucigalpa:

"Este gobierno no está en simpatía con la dictadura de Carías que no está en consonancia con los principios que sostiene este país. Cualquier acción que pueda indicar que Carías tiene el apoyo de este gobierno o que él pueda usar para prolongar su permanencia en la Presidencia debe ser escrupulosamente evitada. Si bien el Departamento está consciente del progreso material hecho en Honduras bajo Carías y aprecia totalmente la cooperación que él prestó durante los años de guerra, no cree que estos factores sean tales como para ameritar cualquier cambio en la actitud básica del Departamento".[235]

Pero, al igual que cuando se originó en el Departamento de Estado la polémica respecto a las ventajas y desventajas de vender aviones de combate al gobierno hondureño, se impuso nuevamente la posición favorable a la venta de armamento adicional. Así, el 25 de agosto de 1947, la Foreign Liquidation Commission firmó un contrato con el gobierno para venderle al crédito un excedente de

---

[234] José Ángel Zúñiga Huete. Un Cacicazgo Centroamericano, México, 1938, p. 74.

[235] José Ángel Zúñiga Huete. Un Cacicazgo Centroamericano, México, 1938, p. 74.

material de guerra hasta por 450 mil dólares".[236]

Los diplomáticos de EUA acreditados en Honduras manifestaron a sus superiores que, con excepción de la latente disputa en torno a las Islas del Cisne, no existían diferencias entre los dos países; y agregaban:

"Los Estados Unidos tienen más influencia en Honduras que en todos los otros países combinados, como resultado natural de la posesión americana de las principales fuentes de riqueza (bananos y minas) y del crecimiento del poder material y moral de los Estados Unidos".[237]

A partir de 1944, muchos cambios ocurrieron en el área centroamericana. La caída de Hernández Martínez en El Salvador y de Ubico en Guatemala; el fin de la Segunda Guerra Mundial y la derrota del nazi-fascismo; los anhelos de democratización e independencia de muchos pueblos del mundo, y el deceso del presidente Roosevelt, sin duda, influyeron para que EUA modificara su política exterior en la región. El anuncio de Carías en el sentido de que se retiraría del poder al concluir su periodo, a finales de 1948, facilitó al Departamento de Estado reorientar su actitud hacia la situación hondureña.

Estados Unidos comprendía que su continuado apoyo a gobiernos de fuerza suscitaba resentimientos y reclamos entre los pueblos del continente. Fue por ello que el ascenso de Juan Manuel Gálvez a la presidencia fue visto con satisfacción por el Departamento de Estado. El 30 de diciembre de 1949, la cancillería estadounidense se refirió al desarrollo favorable en Honduras, que se alejaba del mandato unipersonal.[238] Dos años después, reafirmó su complacencia ante el nuevo gobierno:

"Los Estados Unidos han advertido con satisfacción los pasos activos y efectivos emprendidos por la Administración del Sr. Juan Manuel Gálvez... para aumentar el grado de libertad personal más

---

[236] Daniels al Departamento de Estado, despacho 2908, 2 de septiembre de 1947.

[237] Erwin al Departamento de Estado, despacho 18.7, 215.00/42645.

[238] Department of State. Foreign Relations of the United States. 1950, Vol. II. The United Nations; the Western Hemisphere. Washington, Government Printing Office, 1976, p. 592.

allá de aquel disfrutado por el pueblo hondureño durante los previos 17 años. Los Estados Unidos se empeñan en una cooperación positiva en los campos económico, técnico, educacional y cultural, con el fin de estimular y apoyar esta tendencia hacia la evolución de las ideas y procesos democráticos a fin de proporcionar una base más firme sobre la cual crecer".[239]

En conclusión, el régimen de Carías fue un fiel aliado de los Estados Unidos, deseoso en extremo por alinear la política exterior del país conforme las directrices de Washington. Él fue consecuente con su posición pro estadounidense a lo largo de sus periodos presidenciales y, reiteradamente, la expresó públicamente. Por ejemplo, en su mensaje presidencial de 1941, manifestó:

"Hace varios años, en esta misma augusta tribuna proclamé solemnemente que la política internacional del Gobierno de Honduras estaría en completo y absoluto acuerdo con la política del gobierno de los Estados Unidos de América en todo momento y en toda circunstancia. Estas declaraciones espontáneamente sinceras, inspiradas por mi amor a Honduras y mi admiración hacia el gran estadista que preside los destinos de la Federación del Norte, dichas hace varios años, las repito y las mantengo...".[240]

Cabe preguntarse, para finalizar, si la lealtad demostrada por Carías hacia los Estados Unidos fue totalmente correspondida; aunque vale señalar que la política exterior de EUA se basaba en la cambiante realidad política de los países con los que mantenía relaciones diplomáticas. El Departamento de Estado comprendió que la época de los hombres fuertes latinoamericanos estaba llegando a su ocaso y que se hacía necesaria una reorientación, una apertura hacia gobiernos que representaran las expectativas de cambio y los deseos de libertad y democracia de las naciones latinoamericanas. Carías había cumplido su papel. La hora del cambio había llegado. Nuevas circunstancias demandaban nuevos

---

[239] Department of State. «Policey Statement, Honduras, February 6, 1951». Washington, 1951, p. 1.

[240] Mensajes presidenciales del Doctor y General Tiburcio Carías A. 1933-1945, op. cit., p. 217.

hombres, nuevas ideas, a las cuales no se amoldaban el pensamiento ni la personalidad de Tiburcio Carías, cuyo régimen ya era visto, interna y externamente, como anacrónico.

CON GUATEMALA

En el capítulo relativo a las elecciones presidenciales de 1932, vimos que Zúñiga Huete solicitó apoyo al gobernante guatemalteco Jorge Ubico, quien contestó favorablemente. Ahora examinaremos cómo, ante el triunfo de Carías, la política exterior de Guatemala se adaptó a la nueva realidad.

Jorge Ubico comprendió que un cambio de política resultaría más efectivo que un choque directo con su nuevo colega, y reconoció que Carías representaba la mejor perspectiva para estabilizar la República vecina. Por consiguiente, optó por acomodarse al nuevo régimen, al punto que cuando estalló la rebelión liberal en respaldo de Zúñiga, y al profundizarse la crisis en Honduras, ofreció armas a los nacionalistas, a fin de ayudarlos a suprimir la revuelta. Sin embargo, Estados Unidos lo disuadió.

La pronta y eficiente ayuda del régimen salvadoreño, encabezado por el general Maximiliano Hernández Martínez, causó alarma en Guatemala, donde se temía que Carías se alineara con Hernández o, al menos, le otorgara el reconocimiento diplomático. En realidad, es improbable que el Presidente salvadoreño hubiera proporcionado las armas sin, al menos, una promesa de reconocimiento; aunque es posible que, al igual que Ubico, simplemente decidió ayudar al más fuerte. Lo cierto es que Carías capitalizó astutamente la confrontación entre ambos mandatarios, y obtuvo apoyo al amenazar a uno con aliarse con el otro.

Al darse el fallo arbitral favorable a Guatemala, en enero de 1933, Carías reiteró su compromiso de adherirse a la decisión del Tribunal. Cuando tomó posesión, Ubico envió a su secretario privado, Antonio Nájera, quien se reunió a puerta cerrada con Carías; durante las pláticas, acordaron una política de mutua tolerancia y cooperación limitada, y Carías se comprometió a ser un amigo leal de Guatemala y su gobierno. Así, pese a que apoyó al Partido Liberal durante la campaña electoral, Ubico decidió, pragmáticamente, trabajar con quien había ganado la elección. Cortejó a Carías, y mantuvo en firme su evaluación de que el General era la figura más fuerte en el horizonte político hondureño. No obstante, el Presidente guatemalteco continuó viendo a Carías con recelo y observaba con extrema sensibilidad su posición ante el régimen de Hernández Martínez.

Cuando Ubico lanzó una iniciativa para unir Centroamérica, en 1933, su propuesta fue recibida con considerable entusiasmo en Tegucigalpa y Managua. El gobierno hondureño apoyó la idea y, al igual que el de Guatemala, insistiría en incluir alguna sanción contra los gobiernos que llegaran al poder inconstitucionalmente.

Sin embargo, las reuniones celebradas apenas sirvieron para formalizar el abandono del Tratado de 1923, que resultó impotente ante la decisión de Estados Unidos de intervenir militarmente. El tratado de 1934, relativo a la unión centroamericana, nunca recibió suficientes ratificaciones como para ser implementado.

En 1935, cuando su periodo presidencial estaba por terminar, el caudillo hondureño despachó un enviado personal a fin de indagar la actitud de Ubico ante su plan de continuar en la presidencia. Ubico podía objetar con dificultad, dadas sus propias intenciones al respecto. De esta manera, pese a que había expresado algunas dudas acerca de si Carías tenía suficientes seguidores, o si era una personalidad lo suficientemente fuerte como para mantenerse en el poder, Ubico rechazó las excitativas de facciones de la oposición que buscaban ayuda para una revuelta. Consecuentemente, aseguró al enviado de Carías que él mantendría una estrecha vigilancia en la frontera, a cambio de una acción recíproca. Ubico percibió que sería más fácil trabajar con el régimen establecido que buscar instalar uno nuevo, pues, en ese momento, su principal preocupación era garantizar su propia seguridad. Así, los caudillos, rápidamente toleraron su mutuo continuismo.

Irónicamente, esta vez fue Hernández Martínez quien apoyó una revuelta liberal dirigida por Zúñiga Huete. Y Ubico y Carías respetaron su compromiso de negar a los exiliados el uso de las fronteras. Carías, a solicitud de Ubico, deportó guatemaltecos sospechosos de actividad revolucionaria; y cuando una revolución estalló en Honduras, Ubico proporcionó un oficial de policía para supervisar la reorganización de la policía secreta hondureña, a fin de introducir la eficiencia guatemalteca. También despachó tropas a la frontera con órdenes de internar a cualquiera que cruzara la guardarraya. Los indicios crecientes de apoyo de Hernández Martínez a los rebeldes motivaron a Ubico a enviar un telegrama de advertencia a San Salvador, expresando "la esperanza y convicción de que El Salvador mantendrá estricta neutralidad en vista del problema hondureño". Así, aunque Hernández Martínez se consideró ofendido, se abstuvo de apoyar el levantamiento.

La rebelión hondureña fracasó cuando su líder, el general Justo Umaña, fue capturado por tropas guatemaltecas y sometido a la ley fuga. Ubico demostraba así su disposición de llegar a medidas extremas para apoyar a regímenes vecinos, una lección que no olvidarían los gobiernos de las otras naciones centroamericanas.

Carías y Ubico continuaron apoyándose a lo largo de sus respectivos mandatos; intercambiaron ocasionales comunicaciones personales y sonrieron ante el repetido continuismo del otro. De hecho, cuando Carías prolongó su permanencia por un segundo periodo, emuló el método de Ubico de enviar peticiones populares para lanzar su campaña.[241]

Las relaciones diplomáticas con Guatemala dieron un vuelco con el triunfo de la Revolución de Octubre de 1944 que, además de derrocar el régimen de Ubico, inauguró una década de reformas en la estructura social guatemalteca.

Con el gobierno de Juan José Arévalo (1945-1951) y el de Jacobo Arbenz (1951-1954), los emigrados hondureños no solo encontraron refugio, sino también oportunidades de empleo y educación que les negaban en Honduras donde, por razones de sectarismo político, discriminaban a familias enteras. Esta generación tuvo la oportunidad de ver en el terreno de los hechos la modernización de Guatemala en los aspectos sociales, educativos, jurídicos, institucionales, culturales e, inevitablemente, comparaba el atraso y estancamiento en que vivía Honduras con los nuevos aires que se respiraban en la nación que los había acogido.

Conceptos que en Honduras habían planteado, sin resultado,

---

[241] Véase K. Grieb, op. cit., pp. 99-102

intelectuales como Julián López Pineda quien en su obra La Reforma Constitucional de Honduras proponía que fueran incorporados en la Constitución de 1936-, eran puestos en práctica por el régimen de Arévalo; entre otros, seguridad social, legislación obrera, impulso a la educación y la cultura en todas sus expresiones. Y luego por el de Arbenz: reforma agraria, creciente participación y organización popular por medio de sindicatos, cooperativas, grupos de presión, revalorización del papel social y cultural del indígena, y nacionalismo económico, expresado en la expropiación de las tierras incultas de la United Fruit Co. y en la construcción de la carretera al Atlántico para romper el monopolio sobre el transporte que ejercía la International Railways of Central America.

Todas estas medidas -que en Guatemala reeditaban las aplicadas en México a partir de la revolución de 1917-, causaban recelo entre los regímenes conservadores del istmo; el de Carías, para el caso, desalentaba el viaje de compatriotas hacia la vecina nación. Incluso se sugería en publicaciones y declaraciones oficiales la presencia de agitadores comunistas que, desde allá, trataban de socavar las bases del régimen, así como un pretendido expansionismo mexicano, cuyo objetivo era incorporar Centroamérica a su área de influencia.

Algunos intelectuales del régimen, como el ya mencionado López Pineda o Marcos Carías Reyes, comprendían la necesidad de modernizar la estructura social hondureña. Pero la posición oficial se reducía al inmovilismo, a la negación de la problemática social que, si aparentemente no se expresaba, era precisamente por la violencia y el terror implantados. Basta dar una mirada retrospectiva a la intensa agitación social de las dos primeras décadas del siglo XX para percatarse de que la dinámica social fue amputada a partir de 1933.

En ese contexto, Guatemala y su revolución se constituyó en un punto de referencia para la emigración hondureña, y en el ejemplo de un pueblo que logró derrocar una férrea dictadura e iniciar un urgente proceso de apertura y modernización política.

CON EL SALVADOR

Ya hemos visto en el capítulo sobre las elecciones de 1932 y la "Revuelta de las traiciones" que uno de los factores decisivos para la derrota militar de los seguidores de Zúñiga Huete, fue la ayuda militar que envió el general Hernández Martínez, por medio de un puente aéreo. No obstante lo oportuno de la intervención salvadoreña, las relaciones entre ambos gobiernos carecieron de la cordialidad que podía esperarse. Ya en 1935, la embajada de EUA en Honduras manifestaba:

"El gobierno hondureño, debido a sus planes para mantener al General Carías en la Presidencia, desea mantener relaciones muy amistosas con el gobierno de El Salvador. La asistencia por parte de El Salvador o el uso de la frontera salvadoreña por el partido de la oposición presentaría peligros reales al gobierno hondureño, de modo que es esencial que se mantenga cerrada en el caso de un problema. La amistad entre los dos países no ha sido excesivamente cordial, debido a la estrecha relación entre Honduras y Guatemala y a la actitud más que inamistosa del Presidente Hernández Martínez hacia el General Ubico".[242]

A principios del siguiente año, se indicó que la causa para que no hubiera cordiales relaciones entre ambas repúblicas era que Carías no había cumplido con su promesa de ser uno de los primeros en reconocer al gobierno del hombre fuerte salvadoreño.[243]

El Canciller hondureño confió a los diplomáticos estadounidenses que, si bien estaba seguro de que Hernández Martínez no ayudaría a los opositores de Carías, sí estaba convencido de que él permitía, tácitamente, y probablemente continuaría permitiendo, que aquéllos se agruparan en el lado salvadoreño de la frontera con Honduras.[244] En términos similares se expresó otro diplomático, quien señaló

---

[242] Keena al Departamento de Estado, «Relaciones hondureñas, guatemaltecas, salvadoreñas», despacho 110, 15 de noviembre de 1935.

[243] Gibson al Departamento de Estado, «Reporte de antecedentes políticos», despacho 242, 7 de febrero de 1942.

[244] Keena al Departamento de Estado, despacho 508, 11 de septiembre de 1936, 815.00/4715.

que las relaciones con El Salvador no eran tan amistosas como antes, y que los funcionarios hondureños se quejaban porque el gobierno vecino estaba permitiendo que la oposición, abiertamente, enviara propaganda contra el general Carías; además, que se había formado en San Salvador un comité de emigrados para atacar al gobierno hondureño.[245]

Las esperanzas de los emigrados liberales se cifraban, aparentemente, en que Hernández Martínez continuaría oponiéndose a una posible entente entre Carías, Ubico y Somoza, y que tarde o temprano los ayudaría a derrocar al régimen cariísta. Según el embajador norteamericano en San Salvador, el gobierno salvadoreño, al fracasar en sus esfuerzos diplomáticos para evitar el ascenso del general Somoza, aparentemente había decidido reconciliarse con los hechos consumados en Honduras.[246] En agosto de 1936, el vicecanciller salvadoreño negó que Zúñiga Huete estuviera legalmente en El Salvador; confirmó que él había solicitado permiso para ingresar al país desde hacía varios meses atrás, pero que el gobierno se lo negó, considerando que sería un error otorgarle el asilo político.

En enero de 1937 se informó que las relaciones con los países limítrofes habían mejorado. Y que si bien durante la primera mitad de 1936 los gobiernos salvadoreño y nicaragüense no se mostraban renuentes a que los refugiados se organizaran en sus fronteras para atacar al gobierno hondureño, su actitud cambió, posiblemente, debido al poco éxito de estos intentos, por lo que tomaron medidas para prevenir la organización de insurgentes y frenar las actividades de sus líderes dentro de sus territorios.[247]

Hernández Martínez temía verse rodeado por gobernantes hostiles. Además del tradicional recelo que existía entre su país y Guatemala, veía en el movimiento para reelegir a Carías y en las ambiciones presidenciales de Somoza director de la Guardia

---

[245] Gibson al Departamento de Estado, despacho 45010 de julio de 1936.

[246] Keena al Departamento de Estado, despacho 488, 17 de agosto de 1936, 815.00/4713.

[247] Keena al Departamento de Estado, despacho 600, 8 de enero de 1937, 815.00/4724.

Nacional nicaragüense, el peligro de una triple alianza en su contra.[248]

El subsecretario de Relaciones Exteriores de El Salvador, Arturo Ramón Ávila, confió a Corrigan -el embajador estadounidense en aquel país-, que su gobierno no se sentía cómodo con la situación en Honduras y, de hecho, en las tres repúblicas vecinas. En su informe, Corrigan agregó: "Ellos consideran las tres administraciones como no amigables hacia El Salvador".[249]

El gobierno salvadoreño debió adoptar una actitud realista y acomodarse a sus vecinos ya que, después de todo, cuatro de los gobernantes centroamericanos afrontaban, en mayor o menor grado, oposición armada a sus regímenes. Es así que a inicios de 1942 se supo que, desde hacía cuatro años, un grupo de hondureños había sido arrestado en El Salvador y retenido en prisión por un largo período, supuestamente, a solicitud del presidente Carías. Al mismo tiempo, varios exiliados salvadoreños habían corrido igual suerte en Honduras.

El 8 de mayo de 1944, Hernández Martínez tuvo que dejar el poder como resultado de una huelga general de brazos caídos que se realizó en todo el país. La prensa hondureña, controlada totalmente por el Estado, trató de minimizar el hecho; escuetamente reseñó que el Presidente salvadoreño había renunciado, y que el general Andrés Menéndez lo había reemplazado. No obstante, la caída de Hernández contribuyó a un marcado aumento de la propaganda de los exiliados en San Salvador y agudizó el temor de una acción revolucionaria.[250]

Las nuevas autoridades salvadoreñas, por su parte, se mantenían cautelosas ante los exiliados hondureños. El 15 de junio publicaron un comunicado, recordando la prohibición de emitir trasmisiones radiales, comentarios y discursos contra otros gobiernos; y, en una entrevista brindada al diario Nuevo Mundo, el canciller censuró los ataques contra los gobernantes de los países vecinos, publicados en

---

[248] Corrigan al Departamento de Estado, despacho 561, 21 de enero de 1936.

[249] Corrigan al Departamento de Estado, despacho 786, 5 de septiembre de 1936, 815.00/537.

[250] Leonard, op. cit., p. 112.

la prensa salvadoreña. El 21 de junio, Menéndez aludió a los Acuerdos de Ginebra de 1936, que prohibían la retransmisión radial hostil desde un país en contra de otro, cuando iba en detrimento de las buenas relaciones internacionales y pidió acatar la disposición del Ministerio del Interior, que había prohibido tales retransmisiones.

Los esfuerzos de los exiliados hondureños por comprar armas en El Salvador no tuvieron éxito, pese a existir armamento en manos privadas luego de la caída de Hernández Martínez; no obstante, algunos informes sugieren que funcionarios militares salvadoreños, y el propio canciller, vendieron implementos bélicos a los emigrados.[251]

Tampoco se materializaron sus expectativas de recibir apoyo de las nuevas autoridades. Es cierto que contaron con un santuario, al igual que en Guatemala; pero de ello a involucrar a los gobiernos en una alianza anticariísta para su eventual derrocamiento, había una gran diferencia.

Lo anterior obedeció, fundamentalmente, a dos hechos. En primer lugar, la política exterior hondureña del periodo; Carías, de manera pragmática, evitó intervenir en los asuntos internos de sus vecinos, sobre todo en lo que pusiera en peligro las relaciones bilaterales o que, al menos, así lo interpretaran las autoridades de esas naciones; y esperaba reciprocidad. Así logró, en buena medida, evitar la tradicional intervención de los Estados vecinos en la política interna del país. Su actitud hacia las demás naciones podría resumirse en la frase «vive y deja vivir». Por otro lado, el poderío aéreo hondureño no pasó inadvertido para los gobiernos y ejércitos centroamericanos; estos comprendieron que la posición de Honduras en la región se había fortalecido con esa arma disuasiva, y que se había constituido un cierto equilibrio por el que Honduras ya no era, en el aspecto militar, el país más débil del área.

---

[251] U.S. State Department, Foreign Activity Correlation. «Proposed revolution in Honduras», 17 de agosto de 1944, 815.00/9-744.

CON NICARAGUA

A lo largo del periodo, las relaciones entre Honduras y Nicaragua se vieron empañadas por dos hechos: la disputa fronteriza y las negociaciones comerciales.

La frontera terrestre había sido delimitada en 1896, mediante el Tratado Gámez Bonilla y el Laudo del Rey de España Alfonso XIII, de 1906. Pese a que su fallo era obligatorio para las partes, ya en 1912 Nicaragua objetó su validez, lo que no solo originó el intercambio de notas diplomáticas, sino que incidentes fronterizos. En 1918 ambos gobiernos aceptaron los buenos oficios de Estados Unidos, que luego se transformaron en un procedimiento arbitral, pero el Congreso hondureño no ratificó tal acto.

En 1921 el Secretario de Estado de EUA sugirió el arbitraje por parte del Presidente de la Corte Suprema de Justicia de su país, lo que aceptó Nicaragua, pero Honduras rechazó. En 1930 el Departamento de Estado, nuevamente, ofreció los buenos oficios de su gobierno; se firmó un protocolo en Managua, estableciendo cómo se delimitarían los puntos fronterizos que objetaba Nicaragua. Honduras ratificó la propuesta en 1931 y Nicaragua ratificó el protocolo, pero trazó la línea fronteriza de manera tal, que no era aceptable para el gobierno hondureño.

En 1937 Nicaragua emitió un sello postal, en el que buena parte de La Mosquitia aparecía como territorio en disputa, lo cual crispó las relaciones bilaterales. Esta acción sorpresiva, probablemente, fue inducida por Anastasio Somoza, el director de la Guardia Nacional que pugnaba por alcanzar la presidencia; alcanzó su objetivo en 1936, cuando obligo a renunciar al presidente Juan Bautista Sacasa, y asumió el poder en 1937. Somoza necesitaba desviar la atención de la opinión pública de su país, por lo cual reavivo la disputa fronteriza; esto le agenció el apoyo de diversos sectores políticos y sociales nicaragüenses.

A Carías le preocupaba que Somoza, para alcanzar el poder, había utilizado los servicios de centenares de liberales emigrados en Nicaragua quienes, de ser armados por el nuevo régimen, podían intentar cruzar la frontera para invadir Honduras. A medida que las tensiones eran agitadas por la prensa en ambos países -al punto que se pensó que el estallido de un conflicto armado era inminente-, el gobernante hondureño se veía en el dilema de desplazar tropas a la frontera, lo que podía revertirse en su contra. Un informe diplomático estadounidense esbozó la situación así:

"Es la opinión general que el Presidente Carías está muy ansioso de evitar cualquier guerra con Nicaragua. Se cree que su posición es tal que si se ve obligado a armar un gran número de hombres bien para ir a la frontera en patrullaje o de hecho participar en una guerra contra Nicaragua, habría una fuerte posibilidad de que estas armas pudieran ser dirigidas contra él y su régimen fuera derrocado. Por esta razón, está renuente incluso a enviar municiones a puntos estratégicos.

Puede ser fácilmente visto que el Presidente no se atreve a permitir libertad de movimientos de una cantidad considerable de tropas dentro de sus propias fronteras y su estrategia para librarse de la actual dificultad con Nicaragua, se dice que es más o menos como sigue: por medio de asistencia financiera y de otro tipo, se dice que está respaldando a los antisomocistas. parece que él comprende que su propia posición puede solamente ser sostenida «sentándose firme» y que con el fin de que la posición del Gobierno hondureño en la presente controversia pueda ser justificada y que él permanezca en el poder, la caída de Somoza es esencial. Pero también siente que ha sido traicionado por el General Somoza y que la frontera nicaragüense estará ahora abierta a las actividades de los emigrados hondureños. también se cree que el General Somoza está siguiendo las mismas tácticas, esperando que una revolución en Honduras le permitirá a él permanecer en el poder... Nicaragua, obviamente, al presente es violentamente anti Carías y probablemente daría la bienvenida a su caída...".[252]

No debe caerse en el error de maximizar las diferencias entre Carías y Somoza. Si bien es cierto que éste pertenecía al Partido Liberal de su país, también lo es que, desde su puesto como director de la Guardia Nacional, solicitó y obtuvo del gobierno hondureño colaboración para controlar los movimientos de la

---

[252] Cramp al Departamento de Estado, despacho 26, 27 de septiembre de 1937,815.00/4745.

oposición. Así, en mayo de 1936, se decretó la expulsión de Zúñiga Huete del territorio nicaragüense, quien se asiló en la embajada de México en Managua. Igual decisión se tomó con respecto a Venancio Callejas y su secretario privado Luis Suárez; ambos fueron expulsados a Costa Rica, país que los acogió.

El 9 de junio, Somoza envió un telegrama a Carías, notificándole la concentración de trescientos hombres en el lado nicaragüense de la frontera, frente a San Marcos de Colón y Concepción de María.

Carías despachó cien soldados a Choluteca y giró instrucciones al comandante de San Marcos de Colón a fin de que asistiera en el patrullaje fronterizo. Así impidieron que los opositores cruzaran la frontera.[253]

El Departamento de Estado, por medio de Sumner Welles, urgió a los dos gobiernos a que retiraran sus fuerzas de la frontera, cancelaran sus respectivas compras adicionales de armamento y sometieran sus diferencias al arbitraje; pero insistió en que las negociaciones debían realizarse fuera de Estados Unidos. Aunque los litigantes rechazaron el arbitraje, una comisión mediadora, integrada por Estados Unidos, Venezuela y Costa Rica, se reunió en San José para tratar de llegar a un arreglo satisfactorio.[254] El presidente guatemalteco, Jorge Ubico, había ofrecido su mediación, pero Somoza prefirió que el gobierno norteamericano actuara como árbitro y, de no ser posible, que el Departamento de Estado aconsejara respecto al arbitraje propuesto por Ubico.[255] El Encargado de Negocios en Managua describió así la actitud de Somoza ante la posibilidad de un conflicto armado con Honduras:

"Definitivamente, él no desea la guerra... también está preocupado por el hecho de que Honduras tiene una considerable ventaja en el armamento... afirmó que no tiene miedo de los aviones de guerra hondureños, toda vez que se impida a Honduras

---

[253] Gibson al Departamento de Estado, despacho 422, 12 de junio de 1936, 815.00/4705.

[254] Irwin F. Gellman. Good Neighbor Diplomacy, United States policies in Latin America, 1933-1945. Baltimore, The John Hopkins University Press, 1979, pp. 30 y 32.

[255] Castleman al Departamento de Estado, 28 de agosto de 1937, 715.1715/517.

el uso de pilotos extranjeros... ya que no cree que los hondureños puedan exitosamente operar los aviones por largo tiempo"[256]

Cuando quinientos nicaragüenses que residían en Honduras regresaron a su país, informaron que habían recibido malos tratos de los hondureños, lo que provocó el apedreo de la legación hondureña en Managua, el 10 de octubre de 1937. La cancillería nicaragüense acusó al gobierno de Carías de permitir la circulación de hojas sueltas que atacaban a los nicaragüenses que vivían en Honduras, e incitaban a los hondureños a utilizar la violencia en contra de aquéllos, la mayoría de los cuales laboraban en las empresas bananeras.

Carías, por su parte, sostenía que Somoza había expresado su intención de iniciar la guerra contra Honduras, para lo cual ofrecía ayuda a los emigrados hondureños residentes en Nicaragua; que había concentrado tropas en la frontera, y que su plan era ocupar el territorio en disputa, a fin de utilizarlo como carta de negociación, violando así el acuerdo de los cancilleres reunidos en San José.

La posición oficial fue firme en cuanto a no discutir el Laudo del Rey Alfonso XIII y a no permitir que se reabriera la cuestión del arbitraje. Además, sostuvo que no se buscaría la mediación, a menos que Nicaragua aceptara iniciar las discusiones a partir de su aceptación del Artículo I del Protocolo suscrito por ambos países en 1931. El nuevo representante de Honduras en Washington, Julián Cáceres, quien sustituyó a Lozano Díaz, en entrevista sostenida el 18 de julio de 1938 con funcionarios del Departamento de Estado, manifestó que no consideraba el Laudo como algo sacrosanto; pero, que su gobierno creía que debía ser utilizado como punto de partida, pues se había discutido tanto acerca de su validez, que consideraba que cualquier solución debía partir de su reconocimiento por parte de Nicaragua; y que simultáneamente con el reconocimiento, su gobierno estaba preparado para hacer ajustes y modificaciones con el fin de llegar a una solución.[257]

---

[256] Castleman al Departamento de Estado, despacho 597, 1 de septiembre de 1937, 715.1715/555.

[257] Departamento de Estado. Office of American Republics Affairs, 1918-1947. Vol. I: noviembre 1935-agosto 1945.

Esta posición discrepaba de la que a título personal sostenía Lozano Díaz mientras fungió como ministro plenipotenciario ante EUA. Él señalaba como opción la conciliación, pues opinaba que un nuevo arbitraje o llevar el conflicto ante la Corte Internacional de Justicia de La Haya, no eran factibles. Por ello sugería a su gobierno iniciar una campaña de prensa para acostumbrar al pueblo a la idea de que a veces era necesario hacer concesiones; pero el Presidente rechazó su propuesta, influido por sus consejeros.[258]

La disputa fronteriza fue pospuesta y congelada de común acuerdo; y aunque hubo algunos incidentes, estos no provocaron un estado cercano al conflicto bélico, como ocurrió en 1937. Fue hasta en 1957 que el tema resurgió, cuando la Junta Militar de Gobierno decidió crear un nuevo departamento: Gracias a Dios, que comprende La Mosquitia hondureña. La intervención de la Organización de Estados Americanos (OEA) impidió que incidentes armados, como el ocurrido en Mocorón, condujeran a un enfrentamiento abierto.

Además, ambos países acordaron presentar el caso ante la Corte Internacional de Justicia que, el 18 de noviembre de 1960, confirmó la validez del Laudo Arbitral de 1906; Honduras obtuvo una victoria diplomática y Nicaragua aceptó la decisión emitida en La Haya.

CONFLICTIVAS RELACIONES COMERCIALES

Durante el siglo XX, Honduras y Nicaragua celebraron tratados comerciales en 1908, 1909, 1916 y 1919, conforme a los cuales Nicaragua abastecía a Honduras de azúcar, sobre todo para la zona sur y central. A finales de enero de 1934, el Congreso hondureño rechazó la propuesta nicaragüense de celebrar un nuevo tratado comercial y, en julio de 1935, denunció el instrumento jurídico de 1919, aún vigente. La acción se interpretó como una consecuencia del creciente perjuicio ocasionado a los agricultores y ganaderos nacionales, quienes habían sido incapaces de competir con productos nicaragüenses similares, debido a la mayor fertilidad de

---

[258] Cramp al Departamento de Estado, 31 de agosto de 1938, despacho 417, 815.00/4770.

las terras vecinas y a que allá imperaba una escala más baja de salarios. El desequilibrio en las relaciones comerciales entre las dos repúblicas se refleja en el siguiente cuadro[259]:

RELACIONES COMERCIALES ENTRE HONDURAS Y NICARAGUA (EN DÓLARES)		
AÑO FISCAL	EXPORTACIONES	IMPORTACIONES
1929-30	70.843.14	22.386.70
1930-31	130.632.98	144.513.31
1931-32	20.918.90	108.070.00
1932-33	5.806.31	66.824.33
1933-34	4.090.00	85.527.12
Total	**$232.291.33**	**$627.323.46**

El gobierno rechazó la propuesta nicaragüense de operar bajo el modus vivendi acostumbrado, argumentando que para celebrar un nuevo tratado comercial debían incluirse más ventajas para Honduras; la contraparte presentó propuestas que nuevamente fueron rechazadas[260].

La posición hondureña se justificaba. Aproximadamente el 90% del comercio con Nicaragua consistía en importaciones y apenas el 10% en exportaciones; y, por muchos años, la balanza comercial le había sido desfavorable[261]. La medida proteccionista de elevar las tarifas a las importaciones de ganado generó resentimiento en Nicaragua, que veía en Honduras, al igual que en El Salvador y Guatemala, un mercado eminentemente consumidor de una buena parte de su producción agropecuaria e industrial.

---

[259] Keena al Departamento de Estado, 7 de agosto de 1935, despacho 16, 615.1731/17; Cohen al Departamento de Estado, 16 de febrero de 1934, reporte 2312, 615.1731/2; Lane al Departamento de Estado, despacho 951, 27 de julio de 1935, 615.1731/6.

[260] Keena al Departamento de Estado, despacho 582, 18 de diciembre de 1936, 615.1731/16; Cramp al Departamento de Estado, despacho 749, 28 de julio de 1937, 615.1731/17.

[261] Cramp al Departamento de Estado, despacho 757. 4 de agosto de 1937, 615.1731/19.

Los productos hondureños eran similares a los de sus vecinos, por lo que la administración Carías insistía en que, si bien estaba anuente a escuchar las iniciativas relacionadas con la firma de un nuevo tratado, debían incluirse beneficios para Honduras. Sin embargo, además de consideraciones de orden económico, Carías debía tener en cuenta los aspectos políticos; de ahí que, por estas razones, estaba ansioso de mantener las relaciones más amistosas posibles con Nicaragua.[262]

Somoza y Carías mantuvieron una relación dual. Aunque intercambiaban información sobre los emigrados en sus respectivos territorios, también es cierto que como apuntó el Agregado Naval Asistente de EUA, "el presidente Somoza permite a estos hombres [los exiliados hondureños] permanecer en Nicaragua con el fin de tener un ´garrote sobre el presidente Carías quien, se entiende, da un tratamiento similar a varios exiliados nicaragüenses".[263]

Como puede verse, cada cual se protegía las espaldas ya que sus respectivas políticas, internas y externas, tenían como propósito fundamental permanecer en el poder.

Desde Managua, la embajada de EUA informó a sus superiores:

"Es evidente que el Presidente Somoza está al menos observando cercanamente las maniobras de los revolucionario hondureños y está extremadamente interesado en ver que cuando Carías sea liquidado, esto sea realizado por elementos a los que él considere que le son amistosos".[264]

El mismo documento incluye la conversación sostenida entre el embajador hondureño en Managua, Julián López Pineda, con el diplomático estadounidense James B. Stewart. Según éste, López Pineda le manifestó que Carías le había indicado hacer saber a Somoza que sus intereses eran idénticos y que debían cooperar estrechamente, ya que si un gobierno caía era casi seguro que el

---

[262] Keena al Departamento de Estado, despacho 468, 31 de julio de 1936, 815.00/4711.

[263] En: 815.00/4851, 19 de enero de 1942.

[264] Stewart al Departamento de Estado, 815.00/8-2944.

otro le seguiría.

Fue por ello que, cuando cayeron las dictaduras en El Salvador y Guatemala, el gobierno de Honduras se acercó al de Nicaragua. Este acercamiento fue alentado por el Departamento de Estado y, tanto Phillip W. Bonsal, de la Oficina de Asuntos de las Repúblicas Americanas, como John Cabot, de la División de Asuntos del Caribe y Centroamérica, se desplazaron desde Washington hasta Rochester, donde se encontraba el canciller hondureño Silverio Laínez, por razones de salud. Ellos le hicieron ver el problema fronterizo con la vecina nación, enfatizando que sería imposible el cumplimiento integral del Laudo, debido, entre otras razones, al tiempo transcurrido desde que el Rey de España lo otorgó".[265]

Debe hacerse notar que ya en diciembre de 1943 se estaba perforando un pozo en Puerto Cabezas en busca de petróleo y, tanto la Gulf Oil Co. como la Atlantic Refining Co., habían mostrado interés en la posibilidad de que existiera oro negro en la zona. Afortunadamente, la administración Carías resistió presiones sutiles encaminadas a ceder parte del territorio nacional, en aras de un arreglo con Nicaragua, aunque las interioridades no han trascendido. Este es un mérito que debe otorgársele.

CON COSTA RICA

Este país brindó refugio a muchos exiliados hondureños, entre ellos al expresidente Vicente Mejía Colindres, y al rival de Carías dentro del nacionalismo, Venancio Callejas. Los gobiernos costarricenses permitían que se abriera la correspondencia de los emigrados, y que su contenido fuera transcrito a las autoridades hondureñas y a la embajada de EUA en San José.[266] Esta colaboración permitió a Carías estar al tanto de los movimientos y

---

[265] Department of State, Office of American Republics Affairs, 1948-1947. Honduras, November 1935-August 1945. Vol. 1.

[266] Por esto el investigador puede consultarla en la correspondencia diplomática del Departamento de Estado que se encuentra en los archivos nacionales de Washington y Maryland.

planes de la oposición en el exilio, como de la que aún quedaba dentro del país.

Al estallar la guerra civil en Costa Rica, en 1948, luego de la elección de febrero -cuyo resultado favorable al candidato opositor Otilio Ulate Blanco, fue anulado-, las naciones centroamericanas dividieron su apoyo a los contendientes. Anastasio Somoza y Tiburcio Carías ayudaron a la coalición Picado-Calderón-Partido Comunista, mientras que Juan José Arévalo apoyó a las fuerzas revolucionarias dirigidas por José "Pepe" Figueres.[267]

La formación de la Legión del Caribe -un ejército de voluntarios de diversas nacionalidades, que colaboró con Figueres para el derrocamiento de Teodoro Picado-, deterioró las relaciones entre Honduras y Costa Rica, pues su razón de ser era la caída de las dictaduras que aún subsistían en Centroamérica y el Caribe: Carías, Somoza y Trujillo. El partido Liberación Nacional, de tendencia socialdemócrata y fundado por Figueres, era visto por los gobiernos conservadores del área como simpatizante de ideas izquierdistas.

Igual posición mantenían hacia el "humanismo" del presidente guatemalteco Arévalo, y temían que una coalición de ambos apoyara a los emigrados hondureños y nicaragüenses, a fin de derrocar los gobiernos de fuerza instaurados en sus respectivos países.

Las relaciones entre Honduras y Costa Rica parecieron mejorar sustancialmente luego de la visita del canciller Rodrigo Facio a Tegucigalpa y del aviso de que Costa Rica estaba acreditando su embajador ante el gobierno hondureño. Como consecuencia de esto, y de la reunión sostenida por Carlos Prío Socarrás con Arévalo en Guatemala, se informó al Departamento de Estado lo siguiente:

"La presente actitud de Honduras hacia el panorama centroamericano como un todo es que el único peligro actual a la paz del área descansa en las actividades presentes y potenciales del gobierno de Guatemala. Se cree aquí que la posición de Costa Rica

---

[267] Mario Rodríguez. Central America. Englewood Cliffs, New Jersey. Prentice-Hall, 1956, p. 21.

está suficientemente clarificada y que los varios grupos 'revolucionarios' no pueden lograr nada sin el apoyo de Guatemala.[268]

CON ALEMANIA

La presencia e influencia alemana en Honduras databa de las últimas décadas del siglo XIX, particularmente en las zonas sur y central, donde los alemanes llegaron a controlar el comercio de importación y exportación, al mayoreo y al detalle, por medio de una red de casas comerciales con sede en la isla de Amapala y Tegucigalpa. Si bien es cierto que con la Primera Guerra Mundial su posición se vio debilitada ante las medidas implantadas por el gobierno hondureño -para lo que influyó la presión diplomática estadounidense-, los alemanes fueron capaces de reiniciar sus actividades después del conflicto bélico.

Diversos gobiernos hondureños habían mostrado simpatías hacia Alemania y a la colonia radicada en Honduras, la cual ejercía una influencia importante en las finanzas del Estado, merced a su sólida posición económica y a los préstamos en efectivo que hacía al fisco. Al surgir y consolidarse el movimiento fascista en Italia, y el nazi en Alemania, sus aspectos militaristas, corporativos y de rápido desarrollo económico contaron con simpatizantes entre algunos intelectuales que formaban el círculo de consejeros y allegados de Carías.

Pero esta actitud, vagamente germanófila, cambió cuando EUA entró en la Segunda Guerra Mundial a partir del bombardeo japonés a Pearl Harbor. Por Decreto N° 2 del 5 de diciembre de 1941, el gobierno de Honduras le declaró la guerra a Japón, mientras que, por Decreto N° 5 del 13 de diciembre de 1941, hizo lo mismo contra Alemania e Italia. También procedió a expulsar a Zinsser, el encargado de negocios de la embajada alemana.

La embajada estadounidense elaboró listas de funcionarios gubernamentales a quienes atribuía simpatías con las potencias del

---

[268] Bursley al Departamento de Estado, 27 de agosto de 1948, despacho 185, 815.00/8-27 48.

Eje, como de alemanes residentes en Honduras implicados en el esfuerzo bélico alemán y en el partido nazi. Entre los primeros se incluía, en la Costa Norte, a Carlos F. Sanabria, comandante de armas de Colón, "notorio asesino, admirador de Hitler y un simpatizante nazi, que ahora trata de aparecer como pro-democrático"; a Pedro Cruz, ex alcalde de Trujillo: Juvenal Acosta, jefe del Distrito; Rafael Bernhard, la familia Crespo en Trujillo y otros. Entre los segundos a Juan Doborrow, Heinz Cornelsen, Werner Fertsch, Carl Hammer y Henry Holst; a los propietarios de la Casa Konke "con conexiones nazis definitivas en lista negra tanto de Estados Unidos como de Inglaterra"; a Erich Paysen, "probablemente el nazi alemán más importante en Honduras desde la partida de Zinsser", así como a Roberto Rossner, Francisco y Ernesto Siercke. Entre los opositores hondureños se incluía a Zúniga Huete, ya que "se cree está activo en el complot nazi liberal en contra del gobierno de Carías". La embajada también enlistó al Nuncio papal, monseñor Federico Lunardi, de nacionalidad italiana.

Si bien el comercio alemán nunca alcanzó montos tan altos como los sostenidos con los Estados Unidos, durante el año fiscal 1938-39, el intercambio comercial con Alemania había alcanzado $1.300.000; o sea, el 6,6% de todas las importaciones y exportaciones. Pero, en 1941, las importaciones procedentes de este país habían cesado.[269]

En mayo de 1942, el régimen cariísta arrestó y deportó, vía Amapala, hacia campos de internamiento en Estados Unidos, a varios alemanes residentes en Honduras. A algunos de ellos, el gobierno los implicó en un intento armado ocurrido en San Pedro Sula en abril de 1942. Las listas de arresto incluían a Felipe y Ernesto Bond[270], John R. Heyer, Ernesto Merz, Detlef Paysen, "el alemán más peligroso e

---

[269] War Department. Militar Intelligence Service. Survey of Honduras, op. cit.

[270] Aunque su nombre aparece enlistado, el señor Ernesto Bondy no fue arrestado, deportado ni inquirido, de acuerdo con su hijo, el escritor Ernesto Bondy Reyes. Distinta suerte corrió su hermano Felipe, quien sí fue deportado a un campo de internamiento en Houston, y luego enviado a Alemania por el gobierno de EUA.

influyente en Honduras, propietario y gerente de Casa Konke", Hugo Rauscher, Juan Reese, Frederick Rheinboldt, Werner Rischbieth, Frederick Otto Schumann, Guillermo Seidel, Juan Sechman, Juan Stradtmann y Henry Holst, entre otros.[271]

Como líderes del partido nazi en Honduras identificaron a Heinz Cornelsen, propietario de Cornelsen Sucesores; Roberto Motz, socio y gerente local en Tegucigalpa de la Casa Rossner; Erich Paysen, socio de la Casa Konke y propietario de la Imprenta Ariston y Wily Tostmann, gerente de ese establecimiento tipográfico. Se señaló, además, que todas las empresas de alemanes en Honduras habían sufrido grandes pérdidas desde inicios de la guerra, y que la mayoría no había podido obtener representaciones en Estados Unidos.

Al estallar la guerra, comerciantes hondureños debían a empresas alemanas una suma calculada en cincuenta mil dólares, y la Comisión de Control de Cambios les negó, reiteradamente, giros en dólares para pagar las deudas; el argumento era que los giros serían confiscados por el gobierno alemán, y que no llegarían a las empresas acreedoras.[272]

Por Decreto N° 57 del 17 de noviembre de 1942, el gobierno ordenó el traspaso forzoso, por venta, de los negocios, bienes y derechos de las personas naturales o jurídicas, y sus colaboradores, con nacionalidades de los países del Eje (Japón, Alemania e Italia). La venta forzosa debía hacerse a hondureños o a personas jurídicas constituidas por hondureños. Se procedió, entonces, a poner a la venta, entre otros, los siguientes valores y propiedades de alemanes:

---

[271] Navy Department. «Confidential Reports of Naval Attaches, 1940- 1946». Redden al Departamento de la Marina, 22 de junio de 1942, RG 38.

[272] Hardy al Departamento de la Marina, «Reporte de actividades de nacionales de países no americanos en la República de Honduras». 22 de junio de 1942, RG 38.

PROPIETARIOS	OBJETO DE LA VENTA NÚMERO DE ACCIONES
Erich Paysen	6 del Banco de Honduras.
Erich Paysen	133 de la Cervecería Tegucigalpa
Erich Paysen	8 del Molino Central Harinero
Ilse de Motz	2 del Molino Cebtrao Harinero
Carlos Koster	5 de la Cervecería Tegucigalpa
Hugo Rauscher	273 de Cervecería Tegucigalpa
Francisco Sierke	20 del Banco Atlántida
Francisco Sierke	55 de la Cervecería Tegucigalpa
Martha Motz	33 del Banco de Honduras
M. Cornelsen Sucesores	1 sobre la casa que ocupaba el establecimiento Cornelsen
Casa Rossner	Fábrica de camisas Dayton
Francisco Siercke	Beneficio de café en Marcala/La Paz
Werner Fertsch	2 casas en San Pedro Sula

También vendieron varios lotes de mercaderías de los almacenes de las firmas Casa Rossner, Stieckle, Motz & Cia., Casa Konke S. A. y N. Cornelsen Sucs., lo mismo que semovientes de los establecimientos pecuarios de Ernesto y Francisco Siercke[273]. El gobierno creó interventorías fiscales para rematar en subasta los bienes alemanes que, de acuerdo a un diplomático norteamericano fueron vendidos a figuras políticas de favoritos a precios tan bajos como cinco centavos de dólar y varias fortunas fueron hechas a costa de los residentes alemanes. Los favorecidos con estos bienes fueron amigos políticos de Carías... más o menos la misma historia es válida con respecto a bienes japoneses, valuados en aproximadamente siete millones de lempiras, principalmente balances bancarios, que han desaparecido[274].

De acuerdo con una investigación realizada por el FBI, en julio

[273] Informe de Hacienda, Crédito Público y Comercio presentado al Soberano Congreso Nacional 1942 a 1943. Tegucigalpa, Ariston, 1943, P. XCV.

[274] Randolph al Departamento de Estado, despacho 137. 715.00(W)/9-2252.

de 1941, había en Honduras 510 ciudadanos alemanes, de los cuales 53 fueron deportados. Altos funcionarios del gobierno asistían a las personas que operaban negocios que habían pertenecido a los alemanes.[275]

En fin, la confiscación de los bienes alemanes y su traspaso a manos privadas fue uno de los tantos rostros de la corrupción durante el cariato. Este hecho retardó el restablecimiento de relaciones diplomáticas con Alemania, las que se normalizaron hasta en enero de 1960. Durante la administración Villeda Morales, y por Decreto 80 de junio de 1963, se derogaron los decretos 5 y 9, emitidos el 13 y 17 de diciembre de 1941, por los que se había declarado la guerra a las naciones del Eje.

El 14 de diciembre de 1978, los gobiernos de ambos países suscribieron un convenio mediante el cual Honduras se comprometió a pagar una suma equivalente a dos millones de marcos como compensación por los bienes alemanes intervenidos durante la Segunda Guerra Mundial. El gobierno germano distribuiría tal cantidad entre los propietarios o sus descendientes, y se comprometió a renunciar a todo reclamo ulterior.[276]

La firma del instrumento jurídico generó una polémica entre la Cancillería y abogados nacionales. La primera, por medio de uno de sus portavoces, declaró: "No teníamos ninguna obligación jurídica, pero sí el deber moral de reparar una injusticia"; aclaró que se hablaba de compensación y no de indemnización, y que no estaba destinada al gobierno alemán, sino a los súbditos de ese país, cuyos bienes fueron intervenidos (no confiscados) durante la guerra.[277] El abogado Gustavo Acosta Mejía afirmó que tal acción contravenía las leyes hondureñas; señaló que Alemania fue vencida durante el conflicto, que se le exigió una rendición incondicional, e incluso que indemnizara a sus propios súbditos por los perjuicios de la guerra. Argumento que Alemania Federal estaba interviniendo por la vía diplomática, pero que nuestro país tenía

---

[275] En: 815.00/4904.

[276] Diario La Prensa, 15 diciembre de 1978, p. 2.

[277] Ibid., 16 diciembre de 1978, p. 2.

más derecho a reclamar por los perjuicios ocasionados a barcos que portaban nuestra bandera, además de la muerte de más de cien marinos mercantes, cuyas naves fueron torpedeadas. También sostuvo que el fisco hondureño perdió los ingresos provenientes de la operación de la Marina Mercante Nacional, y que existía una fuerte pérdida, al haber quedado reducido a cero el comercio exterior de Honduras por el hundimiento de los barcos.[278] En su página editorial, diario Tiempo de San Pedro Sula se pronunció en términos similares:

"En este asunto... se confunde el destino que tuvieron aquellos bienes -que pasaron a manos de unos cuatro tagarotes inescrupulosos- con el hecho de que, por lo tanto, debieron ser devueltos a sus antiguos dueños. Una cosa es lo que el Gobierno de Honduras haya hecho con esos bienes, y muy otra la obligación de indemnizar a los alemanes a través de un convenio tan lesivo, de rodillas como nación vencida, que hasta nos obliga a derogar nuestras propias leyes... en Honduras el gobierno de Carías los dio a unos pocos de sus parciales.[279]

Agregó que estaba de por medio la dignidad nacional, y que ni Italia ni Japón habían exigido indemnizaciones por los bienes confiscados, de igual manera, a sus súbditos.

CON JAPÓN

Japón había logrado capturar el mercado textil hondureño, debido a los bajos precios que ofrecía, mucho más reducidos que los de las telas estadounidenses y europeas, aunque de inferior calidad. Un informe económico de 1934 señalaba, alarmado, que la competencia europea había sido casi eliminada por la devaluación del dólar; pero que la competencia de los productos japoneses «está llegando a ser crecientemente aguda, y es una fuente de ansiedad para las empresas americanas»[280].

---

[278] Diario Tiempo, 17 diciembre de 1978, p. 3.

[279] Ibid., 18 de diciembre de 1978, p. 6.

[280] «Reporte de condiciones económicas generales para mayo 1934» abril de 1934, despacho 108/2, 815.00/51.

El Imperio del Sol Naciente emprendió una ofensiva diplomática para ampliar el volumen de sus mercancías en la región, así como para obtener apoyo diplomático a su política expansionista en Asia. Fue así que en 1937, el embajador japonés en Centroamérica, al presentar sus cartas credenciales, propuso a Carías que su gobierno podría establecer plantaciones de henequén en la Costa Norte, entre Cortés y San Pedro Sula; instruir a la población local acerca de los métodos de cultivo y abastecer al país con semillas y equipo para experimentar el cultivo del algodón. A Carías le preocupaba la dependencia hondureña con respecto al banano, y estaba interesado en desarrollar otros recursos agrícolas y naturales[281].

Si bien el artículo 14 de la Ley de Inmigración emitida el segundo año de la administración Carías no impedía el ingreso de ciudadanos japoneses --pero sí de negros, coolíes, gitanos y chinos-, en el país había reticencia para el establecimiento de inmigrantes asiáticos de cualquier nacionalidad. No obstante, debido al ofrecimiento japonés, la política gubernamental podía cambiar.

Sin embargo, a finales de 1937, se informó al Departamento de Estado que Carías había manifestado al Secretario de la legación estadounidense, William M. Cramp,

que el gobierno hondureño no veía con favor tal intrusión en su territorio por parte de colonos japoneses y que no había ni haría ningún compromiso con el gobierno del Japón. Se infirió de la conversación que esto era en parte debido a su creencia que el gobierno de los Estados Unidos no vería con aprobación una expansión agrícola financiada y administrada por el gobierno japonés en las repúblicas centroamericanas, como ha sido hecho en la República de Costa Rica... Por lo tanto, parece que el Presidente y el Gobierno de Honduras no favorecen ninguna expansión japonesa en esta República, a pesar de que las granjas experimentales de algodón en Comayagua no han producido a la

---

[281] Cramp al Departamento de Estado, «Actividades japonesas, posible desarrollo de recursos agrícolas hondureños», despacho 744, 20 de julio de 1937.

fecha resultados muy halagadores[282].

Las relaciones diplomáticas con Japón, al igual que con Alemania, se restablecieron hasta en 1960.

En resumen, puede apreciarse que, en este periodo, la política exterior de Honduras no solo estuvo condicionada por la influencia de todo tipo del gobierno de los Estados Unidos y de las empresas fruteras afincadas en el país, sino también por el deseo genuino de hacer coincidir sus relaciones internacionales con las líneas generales de los EUA. Aquí, como en otros aspectos, Carías sirvió con lealtad a la nación que percibía como rectora de la política y el destino de las naciones americanas.

En cuanto a los países centroamericanos, él tuvo la suficiente habilidad como para no alterar el equilibrio de fuerzas existente en el área, merced a su política de no injerencia en los asuntos internos y sobre todo, gracias al significativo reforzamiento de las capacidades ofensivas de la aviación.

---

[282] Erwin al Departamento de Estado, despacho 87. 10 de noviembre de 1937.

CAPÍTULO XIV:
UNA PRESENCIA ABRUMADORA:
EL CAPITAL ESTADOUNIDENSE

Durante la campaña presidencial de 1923, la principal empresa bananera en Honduras tomó posición en favor del candidato del Partido Nacional. Así lo confirmó Dana Munro:

"Es asunto de conocimiento público en Honduras que la United Fruit Company apoyó a Carías en la última campaña electoral y asistió a los revolucionarios en la lucha contra López Gutiérrez. Estoy convencido de que las intrigas de su representante en Tegucigalpa contribuyeron mucho a las dificultades entre Tosta y Ferrera. Tanto Mr. Welles como Mr. Morales han afirmado que están convencidos de la participación impropia de la compañía frutera en asuntos políticos... la actividad de la United Fruit Company en asuntos políticos es probablemente debida a su deseo de prevenir que la Cuyamel Fruit obtenga una concesión para construir una línea férrea en algún territorio que ambas compañías desean explotar. Mr. Montgomery, de la Cuyamel Fruit, me dijo hace más de un año que Carías les había dicho a sus representantes en Honduras que, si era electo, apoyaría a la United Fruit Company en este asunto, ya que ésta lo había asistido en su campaña, mientras que la Cuyamel no. Los más altos funcionarios de la United Fruit pueden no seguir estrechamente todas las actividades de sus representantes en Honduras, pero considero que ellos dirigen su política general y son responsables por esa política".[283]

White, por su parte, expuso al Subsecretario de Estado que la United Fruit, aparentemente, había asumido un papel muy activo en la política interna de Honduras, participando en favor de la campaña de Carías, supuestamente con la esperanza de que si era electo, recibiría concesiones y un tratamiento favorable[284].

---

[283] Memorándum de Dana Muro a White, División de Asuntos Latinoamericanos, 10 de octubre de 1924, 815.00/3508.

[284] Memorándum de White a Grew, subsecretario de Estado, 6 de octubre de 1924, 815.00/3508.

Sumner Welles -quien desde la República Dominicana llegó como enviado especial para resolver la crisis política hondureña-, comunicó a sus superiores en Washington que las tropas de las fuerzas revolucionarias fueron pagadas, en gran parte, con dinero facilitado por las compañías bananeras. "Armas y municiones, incluyendo cañones y ametralladoras, fueron obtenidas de la misma fuente... el avión, piloto y mecánico fueron proporcionados por los mismos intereses".[285]

El embajador estadounidense confirmó este aserto:

"No hay duda que la Cuyamel Fruit Company y la United Fruit Company estuvieron involucradas en la compra y envío de armas y municiones a los revolucionarios... Arturo Ordóñez, agente de los revolucionarios en los Estados Unidos, llegó a New Orleans con un cheque por $15,000 que le dio el gerente de la United Fruit Company en Tela para comprar armas y municiones".[286]

Ambas empresas justificaban su abierta intervención en los asuntos internos de los hondureños bajo el pretexto de estar apoyando la causa de la paz y la democracia. Un ejemplo de esta fraseología se puede apreciar en esta carta dirigida al Departamento de Estado:

"...los defensores de la capital no representan prácticamente a ningún elemento popular salvo meramente las ambiciones de unos pocos políticos profesionales deseando perpetuarse en el puesto, mientras que los seguidores de los generales Carías, Ferrera, Tosta y Martínez Funes representan la voluntad de prácticamente todo el pueblo... la revolución interrumpe nuestro trabajo; todo lo que deseamos es la organización de un gobierno estable".[287]

Pero el comisionado Welles aclaró las reales motivaciones de

---

[285] Welles a Hughes, 2 de junio de 1924, 815.00/3185.

[286] Morales al Departamento de Estado, despachos 617 y 618, 815.00/3192 y 815.00/3198.

[287] Federick R. Gibbs a Joseph R. Baker, Assistant Solicitor, Departamento de Estado, 5 de abril de 1924; adjunto un memorándum de H. V. Rolston, gerente general de la Cuyamel Fruit Co., fechado el 4 de abril de 1924, 815.00/3074, y citado por Theodore P. Wright Jr. en: «Honduras: a Case Study of United States Support of Free Election in Central America», Hispanic American Historical Review, Vol. 40, mayo de 1960, p. 222.

las fruteras, cuando expresó:

"Yo creo que los desastres que últimamente han abrumado a la República de Honduras pueden en gran medida atribuirse a la intervención directa de ciertos importantes intereses americanos localizados en esa República... Era difícil para los miembros del Partido Liberal... el comprender que la política del gobierno de los Estados Unidos era de una completa imparcialidad.... Cuando las fuerzas de la revolución eran pagadas y armadas con dinero americano v armas y municiones americanas dadas por intereses comerciales americanos y cuando la propiedad de estos mismos intereses estaba siendo protegida contra las fuerzas de Partido Liberal por los buques de guerra... del Gobierno de los Estados Unidos".[288]

Al concluir su carrera como funcionario del Departamento de Estado y al retornar al mundo académico, con la perspectiva de los años transcurridos, Muro reflexionaba sobre lo desafortunado que fue haber enviado buques de guerra a los puertos hondureños para proteger gente que era, al menos parcialmente, responsable de los disturbios que la ponían en peligro[289].

El representante de la Cuyamel Fruit, Joseph Montgomery, admitió al Secretario de Estado que su empresa había prestado al general Vicente Tosta -por medio de su agente Santiago Nuila-, 25 mil dólares para comprar armas y municiones en Nueva Orleans; y que Tosta solicitó a la empresa, durante los últimos días de marzo, quince mil dólares para dar de baja a sus tropas. El préstamo se le otorgó, en tanto que los comerciantes extendieron otro por dos mil dólares para que, a la vez, lo prestaran a las fuerzas de Tosta.

Después de que Tegucigalpa cayó en manos de los alzados, la Cuyamel prestó al Gobierno Provisional cincuenta mil dólares para licenciar a los soldados, dinero que entregó a Ferrera. Por otra parte, el representante de la United Fruit en Tegucigalpa, Ernest

---

[288] Sumner Welles al Secretario de Estado, 2 de junio de 1924, citado por Wright, Ibid.

[289] Dana Munro. The U.sS. and the Caribbean Republics.... op. cit.. P. 136.

Lazarus, y el gerente para Honduras, R. H. Goodell, apoyaban a Carías[290].

La opinión pública fue identificando, cada vez más, a la United Fruit con el Partido Nacional y con las aspiraciones presidenciales de Carías, en tanto que la Cuyamel Fruit y su propietario, Samuel Zemurray, se tornaban anticariístas. Pese a haber apoyado, de manera decisiva, el derrocamiento del presidente liberal Miguel R. Dávila y el retorno al poder de Manuel Bonilla en 1911, ahora auxiliaban al Partido Liberal y a algunos de sus dirigentes.

Munro señaló que Montgomery, el representante de la Cuyamel, le había comunicado, antes de la elección de 1923, que objetaban a Carías, quien era apoyado activamente por la United Fruit Company; y que por esa razón Carías había anunciado que apoyaría a esta empresa[291].

Zemurray utilizaba la intriga en el ámbito local para impedir el acceso de Carías al poder, pero también cabildeaba con el mismo fin en las altas esferas, en Washington. El 25 de noviembre de 1924, Montgomery, desde Nueva Orleans, dirigió un memorándum a Sumner Welles, expresándole que era necesario que el Departamento de Estado emprendiera otras acciones para evitar la candidatura y la elección de Carías.

Argumentaba que tal elección perjudicaría el prestigio y la posición de los Estados Unidos, y que la de Paz Baraona, o cualquiera otro que estuviera totalmente dominado por Carías sería, inevitablemente, seguida por más revoluciones y problemas. Además, subrayó que el gobierno provisional controlaba la maquinaria electoral y estaba determinado a imponer a Carías en la presidencia.[292]

Zemurray se oponía vehementemente al ascenso de Carías, debido a que la Cuyamel operaba el Ferrocarril Nacional mediante un contrato de anticresis celebrado con la administración López Gutiérrez en 1920. Este contrato le otorgaba el Ferrocarril, en

---

[290] Morales al Secretario de Estado, 14 de julio de 1924, 815.00/3223 y despacho 636, 18 de julio de 1924, 815.00/3235.

[291] Memorándum de Muro a White, 13 de junio de 1925, 815.00/3777.

[292] Montgomery a Welles, 25 de noviembre de 1924, 815.00/3806.

carácter de arrendamiento, a cambio de un préstamo por un millón de dólares con un interés del 8%, que se emplearía para su reparación.

Mientras el Estado cancelaba el préstamo, la Cuyamel, por medio de su subsidiaria la Compañía Agrícola de Sula, lo administraría. La empresa frutera se comprometía, en el término de tres años, a reparar y reconstruir la línea férrea, obligándose a pagar cien mil dólares si, al finalizar el plazo, no había cumplido con tal compromiso. Pero, desde el inicio, Zemurray no tuvo intención de devolver ese lucrativo negocio de transporte de pasajeros y mercaderías. Fue hasta en diciembre de 1951 cuando el Ferrocarril pasó al control del Estado hondureño.

Por otra parte, el Estado también había facultado a la Cuyamel, en 1918, para construir el muelle de Puerto Cortés, el cual debía estar concluido y entregado en un periodo de tres años. Pero fue hasta en 1932, durante la administración Mejía Colindres, cuando la nación pudo entrar en posesión de tal obra. La gestión realizada por el gobierno provisional de Tosta, reclamando la devolución del muelle, se encontró con la negativa de Zemurray.

El representante local de la United Fruit le confió al diplomático Dennis que las intrigas de la Cuyamel en contra de la administración Paz Baraona se debían a su temor de que un gobierno fuerte con el que no tuviera relaciones muy amistosas-, podía despojarla del Ferrocarril Nacional; que esa era la razón por la cual se entendía con Gregorio Ferrera. Dennis, por su parte, agregó que había signos visibles en la actitud del representante de la Cuyamel, encaminados a promover la disensión en el gobierno de Paz Baraona[293].

Durante el período presidencial de este médico santabarbarense se sometió a consideración del Congreso la construcción de los llamados ramales clandestinos por parte de la Cuyamel Fruit en Choloma, San Pedro Sula, Villanueva, Búfalo, Travesía, Santa Ana, Santiago, de Guanchías a Santa Rita y el que empalmaba con el ramal del Ulúa. Esto constituía una clara violación de la

---

[293] Dennis al Departamento de Estado, despacho 801. 27 de junio de 1925, 815.00/3794.

legislación nacional, que prohibía tender ferrocarriles privados en un área de cuarenta kilómetros a cada lado del Ferrocarril Nacional, construido o en proyecto, y establecía la zona de influencia del mismo, que iba desde Puerto Cortés a Pimienta y desde este poblado a la desembocadura del río Sulaco con el Humuya. Ante la acción de la empresa frutera, el Congreso emitió el decreto del 5 de marzo de 1925, ordenando que se declararan ramales clandestinos todos los construidos a espaldas de las autoridades y sin autorización del Poder Ejecutivo en las zonas de influencia del Ferrocarril Nacional.

Paz Baraona se declaró en favor de que los ramales se legalizaran y nacionalizaran. Pero Carías se opuso, en su condición de presidente del Congreso Nacional y con el apoyo de la United Fruit, cuyos intereses se verían afectados, particularmente por el ramal que iba de Baracoa a La Lima, que corría paralelo al Ferrocarril Nacional y a la margen izquierda del río Ulúa. Este ramal también iba paralelo a la vía férrea de la Tela Railroad Co., lo que violaba la concesión a esta empresa, mediante la cual el gobierno le otorgó derechos exclusivos en ambos lados de la línea a lo largo de veinte kilómetros.

Zemurray se apresuró a llegar a Tegucigalpa en febrero y en marzo de 1925, prestó cuatrocientos mil dólares al gobierno, a fin de posponer cualquier medida desfavorable a su empresa, la que ha estado y aún está trabajando a favor de la llegada al poder del General Ferrera y sus seguidores... Mr. Pemberton, representante de la Cuyamel en Tegucigalpa... ha tratado de crearme la impresión de que este gobierno sólo podría tener paz a través de la eliminación de los ministros caristias[294].

Uno de los procedimientos favoritos utilizados por las empresas bananeras para obtener favores del Estado, era prestar dinero a un fisco perpetuamente endeudado y moroso, debido a la mala administración, el peculado y la desviación de partidas presupuestarias para someter las frecuentes rebeliones militares. Aun en los años de auge de la exportación de banano como lo fue

---

[294] Dennis al Departamento de Estado, despacho 805, 30 de junio de 1925, 815.00/3797.

el periodo de López Gutiérrez (1920-1923), cuando se incrementaron los ingresos por concepto de impuestos, las finanzas públicas se encontraban crónicamente insolventes.

Otro procedimiento fue obtener concesiones a cambio de la promesa de construir líneas férreas que vincularan la zona norte con el interior del país. Así, las empresas recibían, de las distintas administraciones, tierras, exención de impuestos, utilización de maderas y otros recursos naturales existentes en la Costa Norte.

Para un politólogo estadounidense, dos factores facilitaron las negociaciones de las empresas fruteras con la clase dirigente hondureña: el estilo personalista de la política y la disposición a vincularse en relaciones comprometedoras, obteniendo así acceso al Estado y consolidando relaciones al interior de las elites gobernantes[295]. El mismo autor afirma que Carías mantuvo estrechos lazos con las grandes compañías fruteras, cuyos objetivos eran crear y establecer condiciones políticas que ayudaran a mantener sus intereses económicos. Al vincular el bienestar social y económico de las elites hondureñas a sus actividades, los objetivos a largo plazo de las compañías bananeras estarían más asegurados. Y Carías y sus seguidores serían apoyados en la retención del poder político[296].

Durante la presidencia de Paz Baraona, el presidente del Congreso, Venancio Callejas, introdujo una moción tendiente a anular los decretos emitidos durante la administración Tosta, el 6 de octubre de 1924, que eximían a la United Fruit y, posteriormente a la Cuyamel, del pago del impuesto consular por las mercaderías importadas por sus dos filiales, la Tela y la Trujillo Railroad Co. La creación de tal impuesto, inicialmente del 2%, se remontaba a 1920 y por decreto legislativo del 21 de mayo de 1923, lo aumentaron al 3%. Las empresas lo pagaban bajo protesta.

---

[295] James A. Morris. Honduras, Caudillo Politics and Military Rulers, Boulder, Westview Press, 1984, pp. 7-8.

[296] James A. Morris. «Honduras: the burden of survival in Central America», en: Central America: crisis and adaptation, editado por Steve C. Ropp y James A. Morris. Albuquerque, University of New Mexico Press, 1984, pp. 197-98.

Callejas explicó al diplomático Dennis que las motivaciones para presentar su moción no eran de carácter anti extranjero, sino hacer que las compañías contribuyeran justamente al gobierno hondureño[297].

La moción fue aprobada, provocando el malestar del presidente Paz y del general Carías, pero se vieron forzados a aceptarla. El Decreto 119 del 4 de abril de 1925 no solo ordenaba al Ejecutivo improbar tales acuerdos, sino exigir a las bananeras hacer efectivo el pago de los fondos "que han dejado de percibirse por causa de los acuerdos que deja sin efecto el presente Decreto; y seguirá cobrando el impuesto consular a dichas compañías".[298]

Carías, de acuerdo a Dennis, había estado excitando a sus diputados para que trataran los intereses extranjeros con la debida consideración y desecharan cualquier tendencia radical, ultranacionalista o socialista en la legislación.

Se entiende que el General Carías estaba disgustado por la moción del Señor Callejas y así se lo hizo saber. Los indicios son que el General Carías está en el presente, como aparentemente ha estado por algún tiempo en el pasado, en términos muy amistosos con los representantes de la United Fruit Company. Además, es ampliamente insinuado por los representantes de las compañías fruteras rivales que el General recibe ayuda financiera de la United Fruit Company. Sin embargo, es justo decir que él profesa un deseo de ver todos los intereses extranjeros tratados equitativamente...[299].

Y agregaba que la principal motivación de Callejas y otros para presentar la iniciativa, radicaba en el deseo de explotar un tema popular para su ventaja política personal, y no en una adherencia a nociones definidas de socialismo o nacionalismo.

Las empresas fruteras aceptaron la disposición que las obligaba

---

[297] Dennis al Departamento de Estado, telegrama 46, 5 de abril de 1925, 815.512/12.

[298] Honduras. Decretos del Congreso Nacional Legislativo, 1925, Tegucigalpa, Tipografía Nacional, 1925, pp. 159-161.

[299] Dennis al Departamento de Estado, despacho 742, 1 de abril de 1925. 815.512/13.

a pagar las cantidades adeudadas, y que el Poder Ejecutivo calculó en $67.490.66. Sin embargo, el 4 de marzo de 1933, se emitió Decreto N° 145, aprobando la contrata celebrada entre el presidente Carías y la United Fruit Company. A cambio de que la empresa avalara un préstamo por trescientos mil dólares, extendido al gobierno por el Canal Bank & Trust Co., se le eximía del pago de todas las cargas públicas... ya sean nacionales o municipales... no pagarán otro o mayor servicio, derecho, impuesto, contribución o carga pública de cualquier naturaleza, clase o especie, directo o indirecto, de la República o cualquier municipalidad, departamento y otra subdivisión de la misma... que pueda afectar sus negocios, operaciones, importaciones, exportaciones o bienes de cualquier clase, pues es entendido que ni las cargas nuevas ni los aumentos en las existentes serán aplicables a ninguna de dichas compañías[300].

"Las empresas bananeras sostenían por medio de sus representantes legales entre los que figuraban Urbano Quesada y Juan Manuel Gálvez-, que estaban exentas de todo impuesto, excepto el de exportación, por la cantidad de un centavo y medio de dólar por cada racimo vendido en el exterior. Mientras, Dennis, el encargado de negocios, señalaba que sus costos eran de un dólar por racimo, el cual vendían en los puertos de Estados Unidos por más de dos dólares".[301]

Las dos grandes empresas brindaban apoyo y hacían oposición a los políticos hondureños de acuerdo a sus intereses y conveniencias del momento. Por eso no debe sorprender que, en determinadas circunstancias, adversaran o sostuvieran a aquel que podían utilizar para promover sus posiciones y obstaculizar las de su rival, en la fiera batalla por las concesiones de los gobernantes y la disputa del mercado bananero en EUA. Un ejemplo es la actitud de ambas con respecto a Gregorio Ferrera. En 1930 se informó que la United Fruit financiaba al guerrillero intibucano mediante el otorgamiento de una finca bananera y de un hato ganadero; y que

---

[300] Honduras. Decretos del Congreso Nacional, 1933. Tegucigalpa, Tipografía Nacional, 1933, pp. 104-107.

[301] Dennis al Departamento de Estado, despacho 742, I de abril de 1925, 815.512/13.

para las elecciones de diputados, en octubre de ese año, las dos empresas lo ayudaron, así como a algunos de sus candidatos, "ya que convendría a sus intereses si la presente mayoría nacionalista es mantenida en el Congreso".[302] También se señaló que, después de los acontecimientos de 1924, le dieron a Ferrera una plantación de bananos en el distrito de San Pedro Sula, y que la United Fruit compraba su cosecha bajo garantía, lo que podía considerarse como un soborno a Ferrera para mantener la paz.

En términos generales, la United Fruit se identificó con el Partido Nacional y su candidato Tiburcio Carías, en tanto que la Cuyamel tendió a respaldar al Partido Liberal. La razón para ello se encuentra en el siguiente despacho diplomático:

"La Cuyamel considera que no puede esperar una oportunidad para expandir sus campos de operaciones bajo una continuación del Partido Nacional en el poder. La compañía por tanto desea, por sobre todas las cosas, la eliminación de Carías y el éxito de un candidato y grupo político favorable a sus intereses[303].

Los partidos políticos tradicionales entregaron las más fértiles tierras al capital extranjero, en su afán por capturar el poder y lucrarse de los beneficios derivados de detentarlo. Esto evidencia hasta dónde prevalecía la ambición y el afán de enriquecimiento rápido sobre los intereses colectivos y nacionales. Como afirmó un pionero en el análisis de nuestra realidad social:

"Las guerras civiles se sucedían entonces sin interrupción. Era ése el mejor procedimiento que se podía adoptar en cuanto a la disputa que existía entre una y otra empresa, a fin de adquirir hegemonía absoluta en el país. Armaba cada una de ellas de dinero o rifles al sector político de sus simpatías. Ciegos los nuestros, por pasión o interés, y muy lejos los empresarios de todo sentimiento de pundonor o compasión ante las vidas y las haciendas que con tal motivo caían inmoladas, se dividían después del éxito el botín de la victoria. Para los hondureños era la limosna de agasajos sociales,

---

[302] Lay al Departamento de Estado, despacho 110, 18 de octubre de 1930, 815.00/4445.

[303] Summerlin al Departamento de Estado, despacho 637, 16 de junio de 1928, 815.6156/22.

de pequeñas dádivas de dinero, de pasajes gratuitos, de dulzonas expresiones de simpatía, y sobre todo, de apoyo en el poder. Para los segundos era la cesión... de todo cuanto el capital bananero hiciera o quisiera hacer. De ahí que siendo aquel período de nuestra historia especialmente propicio a Mr. Zemurray, dueño y omnímodo señor de la Cuyamel, correspondiera a los liberales especial complicidad en cuanto a la construcción de los ramales clandestinos, así como en cuanto a la venta vergonzosa de los lotes alternos y distintos peculados de otra índole".[304]

La expansión bananera bajo el control del capital norteamericano tuvo otras consecuencias no menos graves:

"La clase dominante local no logra levantar un proyecto propio de sociedad, de economía, no logra generar su identidad; no logra superar su dispersión, su fraccionalismo; no logra convertirse en clase nacional. Esto hace que las luchas intestinas continúen, que el caudillismo persista, que no haya ejército profesional y nacional. Las compañías estimulan la inestabilidad política cuando les conviene y la tratan de frenar cuando es estéril a sus intereses".[305]

En 1926, el Poder Legislativo derrotó el proyecto de decreto presentado por Paz Baraona, a fin de aprobar la transferencia de los ramales clandestinos al Estado por parte de la Cuyamel Fruit, a cambio de exenciones; entre otras, el uso de las aguas de los ríos para irrigar sus plantaciones, al precio de treinta centavos de dólar anuales por litro y por segundo; el derecho de arrendamiento del Ferrocarril Nacional por setenta años, dejando sin efecto el contrato de anticresis; y la facultad de conectar sus ramales de Guanchías y Santiago, por medio de un puente de hierro sobre el río Ulúa.[306]

El siguiente año, la Cuyamel presentó otra propuesta que se concretaba a dar por cancelado el contrato de anticresis y entregar al Estado los ramales clandestinos, a cambio de extender el

---

[304]José Jorge Callejas. Miserla y despojo en Centroamérica. Mexico, Jus, 1954, pp. 351-52.

[305]Juan Arancibla C. Honduras: ¿Un Estado Nactonal? Tegucigalpa. Guaymuras, 1985, p. 44.

[306] J. J. Callejas, op. cit., pp. 357-58.

Ferrocarril Nacional desde su terminación, en Potrerillos, hasta El Negrito y Morazán. La empresa de Zemurray había adquirido el sector de Guanchías y trataba de impedir que su rival, la Tela Railroad Co. subsidiaria de la United-, prolongara su línea férrea hasta el río Comayagua; de ahí su interés por llegar a un arreglo con el gobierno.

José Jorge Callejas acusó a Carías de haber impuesto a los diputados nacionalistas la obligación de declarar la concesión como inconstitucional, pese a que, previamente, había convocado extracámara a su círculo de diputados, con el objeto de informarlo de los términos de la concesión solicitada por la Cuyamel. En aquel momento, Carías admitió las indiscutibles ventajas de la concesión, por lo que convinieron su aprobación, con solo introducirle algunas modificaciones de poca importancia.

Es de sospecharse las maniobras, respaldadas por halagos de diversa índole, que puso en juego la United, hasta lograr el cambio radical de opinión del General Carías y con él, el fracaso de la más halagadora perspectiva que a los hondureños podía habérsenos presentado, respecto a nuestro Ferrocarril. Supo este jefe de partido explotar entonces, como lo ha sabido siempre, el espíritu de disciplina política que animaba a los diputados nacionalistas y en virtud de la cual pudo compactarlos para nulificar aquel esfuerzo que significaba un triunfo extraordinario del Presidente en funciones, Paz Baraona. Logró así el encarpetamiento de la solicitud de concesión y, de esa manera, el aplazamiento durante 22 años de la redención de nuestro ferrocarril, con incalculables perjuicios para el país.[307]

Durante el gobierno de Paz Baraona, la Cuyamel también intentó celebrar un contrato de arrendamiento que prolongaba, durante 77 años consecutivos, la posesión del Ferrocarril Nacional, sin posibilidad de caducidad del contrato de anticresis. Dichosamente, el Congreso de ese año actuó con entereza patriótica, y rechazó tal acuerdo[308].

El 6 de abril de 1929, por Decreto 148, el Congreso controlado

---

[307] Ibíd., pp. 357-364.

[308] Ibíd., p. 283.

por Carías-, ordenó al Ejecutivo tomar medidas apropiadas a fin de recuperar el muelle de Puerto Cortés, reintegrar al fisco las sumas que hubiera dejado de percibir por el uso indebido, por parte de la Cuyamel, de los ramales clandestinos, así como dejar sin efecto la franquicia de muellaje otorgada a esta empresa para la exportación de ganado y otros productos agropecuarios.[309]

Mejía Colindres vetó el decreto, argumentando que era anticonstitucional y violaba las contratas de las empresas bananeras.

Pero la Corte Suprema, también controlada por Carías, lo ratificó, por lo que el gobierno inicio negociaciones. En marzo de 1932 se acordó que la United Fruit -la cual compró la Cuyamel en 1920-, y con ello heredó sus obligaciones y compromisos , recibiría del Estado hondureño la cantidad de 625 mil dólares en concepto de intereses acumulados; esto, en virtud de que, por el Decreto 93, el gobierno entregaría a la Cuyamel el 25% de lo recaudado en el muelle de Puerto Cortés, pues tenía a su cargo la administración fiscal del mismo. La empresa, por su parte, debía finalizar y entregar la obra en tres años. Pronto surgieron las discrepancias en torno a qué debía entenderse por los términos administración y entrega. Mientras la Cuyamel sostenía que significaban la renuncia al título legal de la propiedad y únicamente la administración fiscal, el gobierno argumentaba que debía tener la propiedad y el control físico y fiscal del muelle. De modo que, si bien en 1921 la obra debía revertir al Estado, fue hasta en 1924 que el gobierno provisional de Tosta la reclamó. Pero la Cuyamel respondió que no era posible llenar esa formalidad sin previo examen de cuentas, el cual no se podía realizar por no estar disponibles los libros mayores de contabilidad de la compañía. Y el gobierno aceptó este argumento[310].

Fue durante la administración de Mejía Colindres que se emitieron los decretos 126 y 127 del 7 de marzo de 1932, nacionalizando los ramales clandestinos. Pero la Cuyamel apeló a

---

[309] Honduras. Decretos emitidos por el Congreso Nacional, 1929. Tegucigalpa, Tipografía Nacional, 1929, p. 174.

[310] J. J. Callejas, op. cit., pp. 338-339.

la Corte Suprema de Justicia controlada por el Partido Nacional-, y falló a su favor pese a que el Poder Legislativo, también controlado por ese partido, había aprobado los actos del Ejecutivo.

La falta de capacidad administrativa del gobierno de Mejía Colindres además del peculado practicado por distintos estamentos de la burocracia-, lo convirtió en un deudor crónico. Sus apelaciones a las empresas fruteras para que le otorgaran préstamos y anticipos, llegaron a lindar con lo patético y humillante. Para el caso, el gerente de la United Fruit, Turnbull, informó al diplomático Lay que el Presidente había solicitado a su compañía un préstamo por cincuenta mil dólares para comprar armamento, lo cual fue resuelto favorablemente, ya que "la Compañía puede prestar al Gobierno algún dinero, ahora que la Corte Suprema ha fallado una decisión a su favor".[311]

Algunas cifras pueden dar una idea más clara del peso e influencia que estas empresas ejercieron en la vida nacional durante las primeras décadas del pasado siglo. Se calculaba que la United Fruit Co., directa e indirectamente, contribuía con el 85% del ingreso del gobierno en 1933, y que de ella dependían miles de trabajadores en Honduras[312]. Ya en 1914, el embajador Ewing se refería a las enormes erogaciones financieras de esta empresa para desarrollar las plantaciones fruteras, ferrocarriles, puertos y facilidades de muelle, y su línea de vapores. Informaba que el desarrollo del territorio que había adquirido era "maravilloso" y que todas sus inversiones legítimas y su desarrollo futuro dependían del apoyo necesario, protección y amparo del gobierno estadounidense. También hizo la siguiente reflexión:

"Pero, con el fin de obtener estas concesiones y privilegios y asegurar su disfrute ininterrumpido, ha creído necesario participar activamente en la política interna de estos países y ha perseguido este curso tan sistemática y regularmente, que ahora tiene ramificaciones en cada departamento del Gobierno y es un factor de los más importantes en todos los movimientos y acciones políticas. Funcionarios gubernamentales, a lo largo de la Costa

---

[311] Lay al Departamento de Estado, 28 de agosto de 1930, 815.51.

[312] Lay al Departamento de Estado, despacho 880, 815.00/4583.

Norte, están sujetos a su influencia y se sostiene abiertamente que aún en el gabinete tiene amigos y defensores. Está fuertemente inserta en el poder. Poseyendo capital inmenso, disfrutando de enormes concesiones y privilegios monopolistas y manteniendo una organización política regular, puede entenderse rápidamente que constituye uno de los más, sino el más importante elemento que debe entrar en una consideración de los asuntos públicos. En realidad es tan poderosa, que ninguna administración está dispuesta a desafiar su oposición por un antagonismo abierto y directo a sus intereses. El Presidente y algunos en su gabinete están bajo su dominio, pero se sienten demasiado débiles como para actuar en sentido contrario a sus demandas, a menos que estén asegurados del apoyo de nuestro Gobierno".[313]

En 1913, los embarques de las empresas fruteras representaban las dos terceras partes de los tres millones de exportaciones hondureñas. Estados Unidos proporcionaba el 80% de las importaciones del país y, en 1914, las empresas bananeras tenían un millón de acres de la tierra más fértil.[314]

A finales de 1930, el total de las inversiones estadounidenses se calculaba en $71.735.000, prácticamente todo en inversiones directas. Honduras contaba con 1200 millas de ferrocarril, todas en la Costa Norte. Y, con la excepción del Ferrocarril Nacional de Honduras (de sesenta millas de largo), todas las líneas pertenecían y eran operadas por las compañías fruteras.[315]

Por todo lo anterior, es fácil comprender el peso e influencia de las empresas bananeras. Aun si no se hubieran propuesto intervenir en la vida política nacional, su misma fuerza económica hubiera gravitado sobre ella. No hay que olvidar que las elites locales estaban dispuestas a desempeñar el papel de gestoras, de administradoras, toda vez que aquéllas les garantizaran el acceso a

---

[313] Ewing al Departamento de Estado, 17 septiembre 1914, microforma M-647, carrete 7.

[314] Walter LaFeber. Inevitable revolutions: the United States in Central America, W.W. Norton, Nueva York, 1983, pp. 42-45.

[315] Department of State. Honduras (hasta 5 de enero de 1935). Serie de información N° 83, 17 de junio de 1935, p. 1.

la fuente de enriquecimiento rápido por excelencia: el poder. Por eso no dudaron en entregar los recursos naturales del país -tierras, aguas, bosques, minerales-, a la explotación extranjera, dotada de capital, tecnología, medios de transporte, nexos con el mercado internacional, y experiencia en la moderna agricultura capitalista representada por la plantación, que era desconocida en el medio nacional. Y los espacios económicos que quedaron disponibles, como el comercio al detalle, fueron copadas por inmigrantes alemanes, árabes y chinos. Así, la clase nacional económicamente pudiente, quedó relegada a la ganadería tradicional, de tipo extensivo, basada en la hacienda; de esta manera, la ganadería tradicional, el ejercicio de una profesión liberal y la participación en la política, se convirtieron en prácticamente los únicos medios para acumular modestas fortunas, aun comparándolas con las de sus homólogos centroamericanos.

Durante el gobierno de Mejía Colindres, la empresa H. B. Watters presentó una propuesta para prolongar el Ferrocarril Nacional hasta el Golfo de Fonseca. Pero, en el Congreso, el proyecto encontró la oposición de varios diputados, entre los que se encontraban amigos y abogados de la United Fruit, como Antonio Rivera, Antonio Madrid y Plutarco Muñoz; sus tácticas eran tan obviamente obstruccionistas, que creció la percepción de que la United Fruit se oponía al contrato con la Watters.[316] Además, el Congreso rechazó la petición del Ejecutivo de prolongar sus sesiones para continuar debatiendo la oferta, que incluía el otorgamiento de un préstamo al gobierno para cubrir la deuda con la Cuyamel Fruit, a causa del contrato de anticrisis y la construcción del muelle de Puerto Cortés.

En 1931, también durante el gobierno de Mejía Colindres, ocurrió la llamada "Revuelta de las aguas", que tuvo sus antecedentes en el intento del gobierno para que las bananeras pagaran al fisco por las aguas de los ríos que utilizaban para irrigar sus plantaciones. Abraham Williams Calderón mocionó en el Congreso elevar el impuesto vigente, de un dólar por hectárea al año, a veinticuatro. Luego de prolongadas discusiones y

---

[316] Lay al Departamento de Estado, despacho 439, 31 de marzo de 1932.

contrapropuestas, el canon quedó en diez dólares por hectárea irrigada y, en 1933, disminuyó a tres dólares. Pero la United, descontenta con la decisión, propició en el mes de abril un nuevo alzamiento de Gregorio Ferrera en la Costa Norte, el cual fue aniquilado por el gobierno a finales de junio, días después de la muerte de Ferrera.

Un observador militar estadounidense descartó que la United Fruit hubiese financiado el último alzamiento de Ferrera. En su opinión, habría sido más barato para la empresa comprar los votos del Congreso reunido en Tegucigalpa. Apuntaba que esa era la época de mayor actividad en la cosecha de banano y que la posible interrupción de los trenes bananeros, por un día, causaría una pérdida financiera más grande «que el costo de los votos de todo el Congreso o el valor de algún soborno dentro de límites razonables".[317]

Por otra parte, un diplomático consideró que la causa principal del levantamiento radicaba en las ambiciones personales de Ferrera y sus asociados, y que el factor más poderoso en sus manos era la depresión económica y financiera, acompañada por el desempleo.[318]

Sin embargo, Mejía Colindres había confiado a dos diputados y a un miembro de su gabinete quien a su vez lo comunicó al gerente de la United, que si el Congreso no posibilitaba que la Compañía obtuviera agua para irrigación a una cifra razonable, ésta podría ayudar financieramente y de otras maneras a los rebeldes[319]. Lo cierto es que la United Fruit -además de comprarle a Ferrera la cosecha de su finca bananera-, le había pagado ochocientos dólares en 1929, durante ocho meses, a petición y por cuenta del gobierno, que deseaba mantenerlo tranquilo.[320]

---

[317] «Observaciones del Teniente Comandante John H. Magruder Jr. De la Marina quien recientemente regresó del buque Marblehead que ha estado en la Costa Norte de Honduras», Departamento de Marina, Oficina de Inteligencia Naval, 1931.

[318] R. M. de Lambert a Thurston. Memorándum de la División de Asuntos Latinoamericanos, 21 de mayo de 1931, 815.00/127.

[319] Lay al Departamento de Estado, despacho 232, 11 de mayo de 1931.

[320] Lay al Departamento de Estado, 25 de abril de 1931, 815.00/33.

LA HEGEMONÍA DE LA UNITED FRUIT CO.

La rivalidad entre las principales empresas que operaban en Honduras cesó en 1929, cuando la United Fruit adquirió la Cuyamel. La fusión de las dos rivales fruteras significó una mayor dependencia de los gobiernos hondureños hacia el abrumador poderío de la United Fruit Co. y, por consiguiente, un incremento de su influencia y poder de decisión en prácticamente todas las esferas de la vida nacional que se vinculaban, de una u otra manera, con sus actividades. Esto debilitó aún más la posición del gobierno de Mejía Colindres en sus relaciones con la United; además, seguía contando con la implacable oposición de los poderes Legislativo y Judicial.

Cuando el Ministro de Relaciones Exteriores, en representación del gobierno, solicitó de urgencia al representante local de la United un préstamo por diez mil lempiras, a fin de prevenir un motín de policías, debido al retraso del pago de sus sueldos, la empresa accedió. Incluso consideró uno adicional por cuarenta mil lempiras para hacer un total de cincuenta mil para que, "provisto el gobierno, tome acción favorable en ciertos asuntos que la compañía está interesada".[321] Y el 20 de diciembre de 1932, nuevamente la United prestó 25 mil dólares a la administración Mejía Colindres para que pagara a las fuerzas militares leales a su gobierno, las cuales habían colaborado en la supresión de la "Revuelta de las traiciones".[322]

Cuando Carías asumió la Presidencia de la República, el 1 de febrero de 1933, las relaciones entre el Estado y la empresa bananera se tornaron cada vez más estrechas; llegaron a establecer una especie de simbiosis o matrimonio de conveniencia, aunque los beneficios derivados de tal alianza no fueron equitativos, sino a favor de la United.

Conviene detallar los mecanismos y procedimientos que utilizaba la United Fruit para promover sus intereses en Honduras.

---

[321] Lay al Departamento de Estado, despacho 634, octubre de 1932, 815.00/34.

[322] Lay al Departamento de Estado, despacho 696, «Reporte de condiciones generales diciembre 1932», 10 de enero de 1933, 815.00/37.

Edward Boatman Guillán, un investigador del tema, ha señalado que su posición como el más grande explotador, el más grande empleador privado, la más grande empresa capitalista del país, el más grande terrateniente privado y la más rica entidad operando en Honduras, no expresa completamente la posición económica de la compañía. La importancia económica de las subsidiarias de la United Fruit Company en la economía local era abrumadora, y los recursos de que disponían eran varias veces mayores que los del Estado hondureño.

Boatman Guillán explica que, cuando la compañía expresaba un deseo a las altas esferas gubernamentales, era escuchada con mucha atención, debido a su peso económico. Este hecho estaba presente en todos los contactos con el gobierno, como factor que intervenía, explícita e implícitamente, en las negociaciones, oficiales o no. Y todos reconocían esto. Algo más que inducía a una cuidadosa atención de los requerimientos de la compañía, era su posición de fuente financiera de emergencia para el empobrecido sector público hondureño. Los avances monetarios eran ofrecidos directamente para obtener resoluciones favorables en ciertos asuntos. Estos préstamos tenían efecto político en un país tan pequeño como Honduras, pues, su negociación u otorgamiento, era un signo que afectaba la confianza del gobierno, y estimulaba las intenciones de los oponentes políticos.

El mismo investigador asevera que un canal fundamental, a través del cual la United Fruit expresaba y aseguraba sus deseos, eran las figuras de la elite local, quienes tenían, por una razón u otra, una opinión positiva del papel de la compañía en Honduras.

Esta actitud era producto de variados y complementarios factores. Algunos tenían el empleo asegurado con la compañía; otros habían recibido ayuda en momentos de necesidades económicas y políticas; otros se habían impresionado por las atenciones de los representantes de la empresa, por su hospitalidad y sus regalos; algunos estaban deslumbrados por el poderío de la compañía, e influenciados por la idea de la necesidad del capital extranjero para desarrollar el potencial de la nación.

Carente de una dinámica base económica para construir su control sobre el país, la elite hondureña identificó, rápidamente, en la United Fruit Company un instrumento que podía financiar el presupuesto nacional y proveer recursos económicos y empleo para el sostenimiento de la oligarquía del interior. La relación de la compañía y la elite local fue de intercambio el uso del poder público para fines corporativos, a cambio de excedentes monetarios para mantener y solidificar el monopolio del poder político... poseía una red de asociados locales, hombres que ocupaban posiciones muy importantes en el gobierno local y quienes eran empleados o habían sido empleados de la United Fruit Company. Su asociación con la compañía, y, en muchos casos, su dependencia de ella para ganarse la vida, aseguraba que cuando aparecían involucrados asuntos de interés de la Compañía, estos hombres se inclinaban a verlos desde la perspectiva de los intereses de ésta. Su visión del orden mundial, su relación personal con los ejecutivos de la Compañía, la historia de atenciones y regalos, y su futuro económico personal, todo ello los presionaba a estar de lado de la Compañía en cualquier disputa: [323].

Boatman-Guillán afirma que la diversidad de canales disponibles permitía a la Compañía calibrar la intensidad de sus esfuerzos en promover políticas que propiciaran su progreso.

Estos iban desde solicitudes informales, apelaciones personales, pagos monetarios, la negativa a solicitudes de préstamo, amenazas de reducción de sus actividades económicas, otorgando apoyo financiero a los candidatos de la oposición política, así como el apoyo efectivo o tácito a generales políticamente ambiciosos, listos a iniciar una revuelta armada. Sin duda, estas poderosas medidas habrían tenido impacto en cualquier gobierno hondureño[324].

Este autor sostiene que la compañía fue extraordinariamente exitosa en la promoción de sus intereses y en la prevención de políticas perjudiciales a los mismos, en su relación con el gobierno

---

[323] Edward Boatman-Guillán. The Political role of The United Fruit Company in Honduras, borrador de tesis doctoral, citado en: Mario Posas y R. del Cid. La construcción del sector público y del Estado Nacional en Honduras, op. cit., pp. 43-46.

[324] Ídem.

hondureño. Las acciones ejercidas por la United al respecto, solamente pueden llamarse por lo que son: "intervención en la política interna de Honduras, intervención que afectó el curso de la historia política del país".[325]

El 4 de marzo de 1933, el Congreso aprobó el contrato celebrado por el Poder Ejecutivo con el Canal Bank and Trust Co., a fin de adquirir un préstamo por trescientos mil dólares al 6% de interés. La United Fruit se comprometió a pagar directamente al banco tal cantidad, de los fondos que debía entregar al gobierno por concepto de la renta aduanera. En compensación, sus afiliadas quedaban exentas de pagar nuevos impuestos que pudiera crear el Estado o el aumento en los ya existentes, durante la vigencia de sus concesiones. Este arreglo mereció el siguiente comentario de Julius Lay, el representante diplomático estadounidense en Tegucigalpa:

"No se sabe exactamente cuánto ahorrará la United Fruit Company como resultado de este contrato, pero es razonable asumir que los beneficios llegarán a una suma muy sustancial".[326]

José Jorge Callejas analizó el contrato detalladamente, e indicó que las ventajas obtenidas por la empresa frutera eran:

1) Garantía... de que en ningún tiempo y por ninguna circunstancia se obligará a las compañías a pagar ni un centavo más del 5% consular... se le eximía de la obligación general y legal de pagar el 8% consular.

2) Se dieron por bien hechos los traspasos que la Compañía Agrícola de Sula había hecho en tiempos anteriores a su empresa matriz, la Cuyamel, de 25,000 hectáreas de terreno, así como el gran número de lotes alternos, que de modo irregular y a la vez ilegal le habían endosado también... se quiso regularizar así un acto a todas luces ilegal: ilegalidad en cuanto al traspaso de las 25,000 hectáreas aludidas, por haberse hecho contra estipulaciones

---

[325] Ídem.

[326] Lay al Departamento de Estado, despacho 759, 7 de abril de 1933, 815.00/39; Lay al Departamento de Estado, despacho 736, 16 de marzo de 1933, 815.51; Harris al Departamento de Estado, 16 de marzo de 1933, reporte 1979, 815.51/14; Lay al Departamento de Estado, despacho 734, 10 de marzo de 1933, 815.51/11.

precisas de la Ley Agraria Nacional, e ilegalidad mayor aún, respecto a los lotes alternos expresados, porque le estaba vedado todo traspaso, sin previo asentimiento del gobierno, a la Compañía Agrícola de Sula, en cláusulas terminantes de sus documentos originales.

3) Respecto al pago de un centavo oro por la exportación de cada racimo de banano... a cambio de su gestión para la obtención del préstamo ya citado logró que ese plazo se prorrogara por 40 años más... en tanto que la misma United paga en otros países menos entregados a su voracidad que el nuestro, dos y tres centavos por racimo, en Honduras continúa estático el impuesto aludido, no obstante el fabuloso enriquecimiento de la empresa y a pesar de que nuestras necesidades estatales crecen por virtud de circunstancias que nos dicta la evolución y crecimiento obligado de los pueblos...[327]

A principios de abril, a iniciativa de la United Fruit se convocó al Congreso a una sesión especial, con el propósito de que aprobara una contrata entre el Gobierno y la Cuyamel Fruit Co. -ahora subsidiaria de la United-, relativa a la construcción de ramales ferroviarios y un puente sobre el río Ulúa. El Congreso la aprobó con modificaciones aceptables para la compañía; también aprobó una contrata con la Trujillo Railroad Co. otra subsidiara de la United Fruit-, por la cual, a cambio de la devolución de tierras nacionales, el Estado dispensaba a la empresa de la obligación de construir el ferrocarril de Trujillo a Juticalpa, con un ramal hacia Tegucigalpa. Durante la sesión especial, se excusaron dos diputados que se habían opuesto a estas contratas durante las sesiones regulares, probablemente como resultado de incentivos por parte de la United.

El pretexto para interrumpir la construcción del ferrocarril de Puerto Castilla-Juticalpa-Tegucigalpa y Puerto Castilla-Olanchito, fue la enfermedad de la sigatoka que atacó los bananales; pero, en ninguna de las contratas, se establecía como objeto principal el cultivo del banano u otras actividades agropecuarias. Por tanto, conviene recalcar que la construcción del ferrocarril era una obra

---

[327] J. J. Callejas, op. cit., pp. 405-411.

pública que la Trujillo Railroad Company se comprometió a ejecutar por encargo del gobierno. En tal sentido, la no construcción de la vía era motivo suficiente para declarar la caducidad de la concesión ferrocarrilera, para exigir los daños y perjuicios, y la devolución total e inmediata de las partes del ferrocarril ya construidas, del muelle, anexos e instalaciones de las tierras concesionadas.

Las medidas, actos y demás disposiciones que autorizaron el retiro de la Trujillo Railroad Company obedecieron a un plan preconcebido, consumado con absoluta precisión; el gobierno, en un período de nueve años, fue cediendo, incondicionalmente, todos sus derechos ante las conveniencias de la transnacional. De 1933 a 1942, se emitieron decretos legislativos y acuerdos del Poder Ejecutivo que reflejan claramente la claudicación de Honduras a sus derechos de propiedad sobre todas las obras construidas por la empresa y a reivindicar derechos eminentes sobre las tierras que entregó[328].

Con objetividad, Lay informó a Washington su apreciación con respecto a la decisión del Poder Legislativo La United Fruit Company probablemente nunca tuvo un congreso hondureño más sumiso a sus deseos. En realidad, creo que ninguna compañía frutera ejerció nunca una influencia y control más poderoso sobre un gobierno hondureño (con la posible excepción del gobierno de Manuel Bonilla, creado por una revolución ayudada por la Cuyamel) que el ejercido ahora por la compañía sobre el gobierno del presidente Carías[329].

Y, en noviembre de ese año, Higgins, el encargado de negocios a.i, comunicó a sus superiores en Washington que la United controlaba al gobierno hondureño "en un alcance sin precedentes e increíble"; afirmaba que no había funcionario gubernamental importante dentro de su zona, en la Costa Norte, que no estuviera obligado con la Compañía en una u otra forma. Además, señaló

---

[328] Arnaldo Villanueva Chinchilla y otros. Trujillo con x. Tegucigalpa, Procuraduría General de la República, 1979, p. 127.

[329] Lay al Departamento de Estado, «Suspensión del Congreso en su sesión especial», 28 de abril de 1933, despacho 775, 815.032.

que, por el número de gente en sus planillas o bajo su dominio en otras formas, la empresa tenía un control efectivo sobre los medios de acción, como sobre las fuentes de información.

La consecuencia natural es que el trabajo político de un funcionario consular allí, generalmente, es mantenido dentro de canales dictados por las políticas, no siempre las mejores, de la United Fruit Company, de la que él mismo depende para muchas cosas... no es fácil mantener una actitud justa e imparcial con la compañía. El tipo de pensamiento de sus funcionarios es tal que necesariamente ven en un hombre un adherente o un enemigo y, cuando entra en duda, busca obligarlo a tomar bando por una posición u otra.[330]

Para el caso, el diputado Eleazar F. Vargas presentó una moción encaminada a exigir el cobro de una multa por ocho mil dólares a la Trujillo Railroad Co., que se destinaría a la construcción de un mercado por la municipalidad de Juticalpa. Pero la iniciativa fue improbada por el Congreso[331], y, en julio de 1934, se informó que la Tela Railroad Co. estaba desmontando su ingenio de azúcar -que en los últimos años había producido un promedio de noventa mil bolsas de azúcar- para trasladarlo a Jamaica, pero el gobierno no reaccionó.[332]

A medida que se acercaba 1936, año en el cual, de acuerdo a la legislación vigente, debía convocarse a elecciones presidenciales, el gobierno fue incrementando sus gastos para reforzar el aparato bélico y perpetuar a Carías en el poder. Al no contar con suficientes fondos, recurrió nuevamente a las empresas bananeras con el propósito de que realizaran anticipos; y éstas eran las circunstancias que aprovechaban para que el Congreso aprobara o dispensara sus demandas y concesiones, según el caso.

---

[330] Higgins al Departamento de Estado, «Trabajo político de los funcionarios consulares en Honduras», despacho 953, 20 de noviembre de 1933, 815.00/4592.

[331] Honduras. Decretos del Congreso Nacional de 1934. Tegucigalpa, Tipografía Nacional, 1934, p. 13.

[332] Lay al Departamento de Estado, «Reporte de Condiciones Generales para junio, 1934».

El gerente de la United, Walter E. Turnbull, oficialmente mantenía una actitud de neutralidad ante el inminente continuismo, alegando que su empresa no buscaba concesiones y no deseaba involucrarse, directa o indirectamente, en nada relativo a una continuación forzada o a un cambio de gobierno[333]. Pero lo cierto es que Carías era el hombre de la United, su fiel representante, a quien, como hemos visto, apoyó desde la campaña electoral de 1923. Él demostró su fidelidad a la empresa tanto al frente del Congreso como del Ejecutivo, atendiendo pronto a sus intereses, incluso si atentaban contra los intereses nacionales.

Otro ejemplo de la incondicionalidad de Carías hacia los intereses de la inversión extranjera, lo ilustra el siguiente hecho. En las sesiones que concluyeron el 29 de febrero de 1936, el Congreso aprobó un proyecto de ley que fijaba un impuesto a los capitales enviados fuera del país, que oscilaba entre el 1 y el 5%. Pero, el 10 de marzo, el Poder Ejecutivo lo rechazó por medio del veto.[334]

El proyecto fue presentado por los diputados G. Cantarero y Tomás González quienes, en su exposición de motivos, reprodujeron las cifras elaboradas por la Comisión de Control de Cambios Internacionales y Estabilización del Sistema Monetario; estas revelaban que durante 1935-36, había salido del país, por concepto de remesas, dividendos, servicios financieros del Estado y empresas particulares, la cantidad de L 2.696.998. El ministro de Hacienda, Julio Lozano Díaz, apoyaba el proyecto. En 1937 nuevamente se presentó, pero el Congreso levantó sus sesiones sin haberlo debatido.[335]

En 1939, el embajador Erwin informó que Julio Lozano amenazaba con renunciar a su cargo, por no estar de acuerdo con la nueva concesión que trataba de obtener la Tela Railroad; su intención era quedar exenta de prolongar hacia el interior el

---

[333] Keena al Departamento de Estado, 19 de noviembre de 1935, despacho 115, 815.00/4643.

[334] Keena al Departamento de Estado, 13 de marzo de 1936, despacho 310, 815.511/58.

[335] Keena al Departamento de Estado, despacho 298, 6 de marzo de 1936, 815.512/57; telegrama 12, 9 de abril de 1937, 815.512/64.

Ferrocarril Nacional, lo cual era su responsabilidad, en virtud de los términos del contrato de anticresis de 1920, celebrado entre una subsidiaria de la Cuyamel Fuit - la Cortés Development Co.- y la administración López Gutiérrez; y cuando la United Fruit Co. adquirió esa empresa en 1929, también adquirió todas sus obligaciones.

La Tela también solicitaba ser exonerada de comprar bananos a los finqueros independientes que tuvieran plantaciones a lo largo del Ferrocarril Nacional. Si esto se aprobaba, la bananera quedaba liberada de las obligaciones contenidas en el artículo 17 del Decreto Legislativo 93 de 1918, que estipulaba la adquisición de 1.200.000 racimos de banano a los productores hondureños.[336]

Además, la United Fruit solicitó ser exonerada de sus obligaciones en Puerto Castilla y que éstas fueran traspasadas a la Standard Fruit; las mismas tenían una vigencia de cuarenta años y aún restaban veinticinco, por lo que planteó que el período fuera reducido a cuatro años. Al respecto, el embajador comentó que esa cláusula en particular, significaba que después de cuatro años concluirían las operaciones en el Puerto de Castilla, lo que sería un golpe económico a esa parte de Honduras. En relación con las posiciones asumidas sobre estas peticiones al interior del Poder Ejecutivo, el mismo diplomático valoró así la postura adoptada por Lozano:

"Es realmente el único funcionario de importancia en el gobierno que está en contra de lo que considera como una traición a los derechos populares en estos asuntos... la lucha real parece ser entre un grupo en el Congreso, dirigido por el Dr. Antonio C. Rivera, Presidente del Congreso, por un lado, y el Ministro Lozano, prácticamente solo en el otro...".[337]

Pero el peso económico del capital estadounidense era decisivo.

El 90% de las exportaciones era producido por las empresas concesionarias de los EUA, así: bananos, 70%; plata y oro, 20%;

---

[336] Congreso Nacional. Boletín Legislativo. Serie IV. N° 31, 15 de mayo de 1918.

[337] Erwin al Departamento de Estado, despacho 618, 9 de marzo de 1939.

café, 4%; y, otros productos, 6%. Las planillas y los gastos locales de las compañías sumaban anualmente once millones de lempiras, divididos así: United Fruit, 60%; Standard, 20%; Rosario, 11%; Agua Fría Mining Co., 3%; y, los demás, 6%[338].

En junio de 1939, Luis Suazo, el editor del semanario El Heraldo de San Pedro Sula, fue citado por Carías, en Tegucigalpa, por haber escrito artículos en los que criticaba a la United Fruit por vender mercaderías en sus comisariatos, haciendo así competencia a los comerciantes locales. También por señalar que el presidente salvadoreño, Maximiliano Hernández Martínez, intentaba modificar la Constitución de su país a fin de continuar en la presidencia. A Suazo se le ordenó que se reportara tres veces diarias a la Dirección de Policía en Tegucigalpa. Él apeló a la Corte para que se respetara su derecho constitucional a la libertad de opinión, pero, en criterio de Erwin, no se creía que «"a Corte Suprema o ningún otro organismo judicial se atrevería a fallar a favor de ningún individuo que no esté en buenos términos con el Ejecutivo".[339]

A lo largo del cariato continuaron las excelentes relaciones con las empresas bananeras, al tiempo que se profundizó la dependencia y la desigualdad. El Estado colocaba sus recursos y su poder coactivo al servicio de las corporaciones y, a cambio, recibía préstamos y anticipos que permitían la compra de armamento, el pago de salarios al Ejército y la burocracia, y el desarrollo de las actividades administrativas gubernamentales. En otras palabras, la supervivencia del régimen, en una época signada por el peso abrumador del monocultivo bananero, por la economía de subsistencia en el interior del país y por la secuela de larga duración de los efectos de la gran depresión.

¿CAMBIAR PARA PREVENIR?

No obstante, llegó un momento en que, debido a los cambios que se estaban dando en otros países americanos entre el capital y

---

[338] Cramp al Departamento de Estado, «Situación económica en Honduras», despacho 645, 10 de octubre de 1938.

[339] Erwin al Departamento de Estado, 2 de junio de 1939.

el trabajo, entre las masas asalariadas y las elites tradicionales, así como entre los asalariados y las empresas de capital estadounidense, se perfiló lo que podía suceder en Honduras, tal como ocurrió en 1954. Samuel Zemurray, en ese entonces presidente de la United Fruit, lo percibió como algo que se daría tarde o temprano. Por ello, en una conversación con el embajador de su país, le comentó sobre la necesidad de celebrar una elección libre en Honduras en 1948. Además.

"(...) Él dijo que el Presidente Carías le había dado al pueblo una muy buena administración y que tal vez nadie pudo haberlo hecho mejor. Sin embargo, señales de tormenta se estaban acumulando y de no haber un plan de buena fe que permita que los hondureños expresen su escogencia en las urnas, él cree que habrá desórdenes sin precedentes y derramamiento de sangre en este país... Zemurray dijo que no haría ninguna diferencia quien es electo presidente del país, toda vez que sea un hombre que dé al país una administración honesta o tan honesta como puede ser esperada bajo las cualquier sospecha de engaño. Yo aproveché la oportunidad para expresar que había un sentimiento general en Honduras que la United Fruit Company estaba respaldando la candidatura del Dr. Juan Manuel Gálvez... Zemurray dijo que esto no era cierto; que su compañía no tiene candidato y que él sólo está preocupado en ver que quien sea electo sea representativo de la gente y cuyo ascenso a la presidencia sea considerado como una escogencia popular. El piensa que si se sigue este camino, será posible una transición pacífica; de lo contrario, él anticipa desorden y derramamiento de sangre en gran escala...".[340]

En su extenso informe, el embajador anotó que Zemurray lo urgió a enfatizar este punto de vista al presidente Carías, y que Mr. Turnbull, quien era muy amigo del presidente, hablaría con él en los mismos términos. Señaló que Zemurray no se esforzó por ocultar su interés en mantener el orden, ya que ninguna propiedad privada o concesión estaría a salvo en Honduras, a menos que la sucesión de Carías se lograra pacíficamente.

---

[340] Erwin al Departamento de Estado, despacho 2450, 23 de agosto de 1946, 815.00/8-2346.

Según el informante, en ningún momento el ejecutivo de la compañía indicó alguna inclinación hacia algún candidato, y no expresó ningún temor acerca de que Carías no completaría su periodo, que finalizaba en 1948; manifestó que estuvieron de acuerdo en que fue un error, tanto de estrategia política como de violación de principios, que Carías continuara en la presidencia por una resolución del Congreso, después de que había ganado su primera elección honestamente.

"Yo fui un tanto sorprendido por el profundo sentimiento exhibido por Zemurray, ya que ha sido la impresión popular que algún tipo de entendimiento existía entre la United Fruit Company y el Presidente Carías respecto a la sucesión. Quedé convencido, luego de una plática de una hora con Zemurray, que no existe entendimiento de este tipo y que él estaba expresando honestamente su punto de vista. Por supuesto, uno no puede descontar la posibilidad de que la verdadera escogencia de la compañía frutera sea el Dr. Juan Manuel Gálvez (el actual Ministro de Guerra) y puede ser que Zemurray considera que Gálvez puede ganar en una elección libre".[341]

El olfato político de Zemurray quien por varias décadas estuvo íntimamente involucrado en la política hondureña, le hacía ver que debía modificarse la época caracterizada por las grandes concesiones y el poder indiscutible de las empresas bananeras; tal vez no en su esencia, pero sí en algunos aspectos formales. Los vientos de cambio que agitaban diversos países latinoamericanos, empezaban a exigir modificaciones en las reglas del juego entre las multinacionales norteamericanas y las elites locales; éstas, a la vez, se percataban de que el papel tradicionalmente desempeñado por sus naciones, como abastecedoras de productos minerales y agrícolas bajo el control extranjero, había llegado a un punto en que sus posibilidades se agotaban. La modernización y gradual industrialización, como el cuestionamiento de sus estilos políticos por parte de los emergentes sectores medios, planteaban la modificación de los términos tradicionales establecidos entre las elites y la intervención foránea. La necesidad de cambios políticos

---

[341] Ídem

contaba también con la aprobación de la política exterior de los Estados Unidos, tal como vimos en el capítulo referente a las relaciones internacionales.

Se ha afirmado que Carías pecó de exceso de lealtad hacia las empresas y al gobierno de los Estados Unidos; y que ante las nuevas condiciones, en las que predominaba el espíritu de insurrección en las masas populares, la política dura de los terratenientes feudales resultaba, más bien, provocadora de la revolución. Por todo ello, los elementos más claros del Partido Nacional vieron la urgente necesidad de acudir a una nueva política: la de conciliación nacional.

"Era el pensamiento de la burguesía compradora y burocrática, con el visto bueno del imperialismo... Ante la línea dura e inflexible de los terratenientes feudales, surgió la tendencia reformista propugnando una política más de acuerdo a la realidad, una política que para la reacción burguesa y los monopolios era un paso adelante en el afianzamiento de su dominio, porque podría aplacar las iras populares".[342]

LAS RELACIONES CON LA STANDARD FRUIT CO.

La Standard Fruit Co. -inicialmente denominada Vaccaro Bros, por el apellido de sus fundadores-, desempeñó un papel menos prominente y más discreto, tanto en las disputas interempresariales, como en la política nacional.

No obstante, desde los albores del siglo XX, la Standard inició su diversificación económica mediante la fundación del Banco Atlántida en 1913, de la Cervecería Hondureña, la Honduras Sugar & Distilling Co., la fábrica de manteca La Blanquita, la Compañía Industrial Ceibeña y otras filiales.

El encargado de negocios a. i., informó a su gobierno que la naturaleza de las relaciones entre la United y la Standard era un secreto estrechamente guardado, pero que había fuertes indicios de que la primera controlaba a la segunda o, al menos, tenían

---

[342] Ramón Amaya Amador. «El camino de Mayo es la victoria», en: Presencia Universitaria, Suplemento 6, año 2, N° 7, abril de 1974, Tegucigalpa, p. 2.

acuerdos de trabajo, "resultando en que la política de la Standard se mantiene en estrecha conformidad con la de la United".[343]

La vinculación de la Standard Fruit Company con la administración Carías se dio, particularmente, mediante préstamos y anticipos realizados por el Banco Atlántida, propiedad de la Standard. Por ejemplo, el realizado por la cantidad de seiscientos mil lempiras, que se pagarían a razón de diez mil lempiras mensuales, más intereses. Este préstamo concluía con las "numerosas cuentas que estaban pendientes en los libros del banco contra el gobierno de Honduras, de modo que la cantidad real de dinero es de alrededor de cuatrocientos mil lempiras"[344], escribió John Miceli, alto ejecutivo de la Standard.

En 1910, esta empresa obtuvo del Estado una concesión por 99 años, con el fin de construir el ferrocarril que conectaría el puerto de La Ceiba con la cabecera departamental de Yoro. Se requería de los hermanos Vaccaro la construcción de puentes, la terminación del muelle de La Ceiba, así como prestar servicio de transporte de correo entre la Costa Norte y los Estados Unidos. Una cláusula estipulaba que si después de catorce años no se había completado la construcción de la vía férrea, perderían ciertos derechos y privilegios; además, tendrían que pagar mil pesos oro por cada kilómetro no construido. Quedaba a criterio del concesionario el trazado de la línea "por los puntos donde sea más favorable", y recibiría doscientas cincuenta hectáreas de terrenos nacionales libres, en dominio útil, por cada kilómetro de línea férrea construido "desde el comienzo de dichos trabajos".[345] Ya en 1912, la Vaccaro ocupaba 25 mil hectáreas bajo estos términos. Además, varios finqueros que habían adquirido plantaciones mediante el método conocido como "denuncia" vendieron sus lotes a la

---

[343] Higgins al Departamento de Estado, despacho 953, 20 de noviembre de 1933, 815.00/4592.

[344] Thomas O. Karnes. Tropical enterprise: The Standard Fruit and Steamship Company in Latin America. Baton Rouge, Louisiana State University, 1978, p. 184.

[345] La Gaceta, Periódico Oficial de la República de Honduras. Serle 357. N° 3.561, Decreto N° 16, 26 de mayo de 1910.

compañía que, de esta manera, contó con dominio pleno[346].

Durante el año fiscal 1916-17 no se había continuado la línea principal, y menos de la tercera parte de los 204 kilómetros a Yoro habían sido concluidos. El ferrocarril, que transportaba millones de libras de carga y miles de pasajeros cada año, era fundamental para la empresa de los Vaccaro. La continua expansión de la compañía urgía de un ramal hacia el fértil valle del río Aguán, un punto mucho más cercano a La Ceiba que el que imponía la línea hacia Yoro.

El 1 de abril de 1919, Carmelo D'Antoni obtuvo de Francisco Bertrand y del Congreso el Decreto 117, que modificó muchas estipulaciones, pero, en particular, permitió a la compañía cambiar su ruta. En ese momento, la línea llegaba 47 millas hacia el oeste, a partir de La Ceiba, y presumiblemente, debía dirigirse hacia el sur, a Yoro. La última enmienda otorgó poder a los ingenieros de la compañía para determinar el punto más factible a través de las montañas, hacia el valle del Aguán, en tanto la ruta no infringiera el derecho de vía de la Trujillo Railroad Company, propiedad de la United Fruit.[347]

En 1927, cuando de acuerdo a la concesión de 1910 debía estar concluido el ferrocarril a Yoro, la Standard no había cumplido con los términos, que la obligaban a construir 26,6 kilómetros anuales. El gobierno de Mejía Colindres llegó a la conclusión de que por varios años la empresa había fallado en cumplir las estipulaciones contractuales, por lo que invocó la que fijaba la multa de mil pesos por kilómetro no construido, la cual ascendía a ochenta mil pesos oro. John Miceli protestó en nombre de la compañía; solicitó un recuento de la distancia completada, pero sin éxito. También solicitó que se revisara la contrata para reducir a doce kilómetros anuales el requisito de 26; pero esto fue rechazado por el Congreso casi unánimemente.

Sin embargo, investigaciones posteriores permitieron reducir de la multa unos doce mil dólares. En 1932 se modificó el Decreto de 1919, y el número de kilómetros a construir quedó reducido a doce por año, hasta que la línea llegara a la ciudad de Yoro. En

---

[346] Thomas Karnes, op. cit., p. 47.

[347] Ibíd., pp. 62-63.

caso de no hacerlo, se le impondría una multa de mil dólares por kilómetro no terminado. La Standard entregaría al gobierno cincuenta mil dólares "como compensación a la facultad de construir solamente doce kilómetros anuales en la línea principal"; traspasaría al Estado cinco mil hectáreas de tierra que, como indicó José Jorge Callejas, había obtenido gratuitamente y estaba agotada por la prolongada explotación. También "uedaba obligada a construir un ramal que comunicara a Sonaguera con la línea principal y al mantenimiento del ramal de La Ceiba a Jilamo".[348]

En 1935, ya durante el gobierno de Carías, por Decreto 83 se le dispensó de la obligación de llevar el ferrocarril hasta Yoro, cuando se estipuló:

"Si de las nuevas explotaciones que, de tiempo en tiempo hiciere la compañía, se justificare para ella, la continuación del ferrocarril esde márgenes del río San Marcos hasta la ciudad de Yoro, podría verificarla, con anuencia del Poder Ejecutivo[349].

De este modo, dos centros urbanos, el Puerto de Castilla -previamente vinculado a la línea férrea de la United Fruit-, y Yoro, quedaron al margen de los beneficios derivados de estar conectados con el resto del país. Así, permanecieron aislados y reducidos a economías de subsistencia.

Si bien la participación de la Standard en la política interna fue más discreta que la de la United y la Cuyamel, eso no significa que estuvo al margen de los conflictos entre caudillos y facciones. Para el caso, durante la guerra civil de 1924, uno de los dirigentes del Partido Nacional, Fausto Dávila, confesó al mediador Sumner Welles estar profundamente interesado en el bienestar y el desarrollo de las compañías fruteras norteamericanas localizadas en Honduras, y que "estaba agradecido por la asistencia material que la United Fruit Company y la compañía frutera, propiedad de

---

[348] Honduras. Decretos del Congreso Nacional 1932. Tegucigalpa. Tipografía Nacional, 1932, pp. 59-60

[349] Honduras. Decretos del Congreso Nacional 1935. Tegucigalpa, Tipografía Nacional, 1935, p. 92.

los hermanos Vaccaro, habían prestado a la revolución".[350]

Si bien es cierto que los recursos financieros de la Standard eran menores que los de sus competidoras, también lo es que era propietaria del banco más fuerte que operaba en el país. Por ello, en sus relaciones con los gobiernos, contaba con una carta económica de mucho peso al momento de negociar, ampliar o modificar una contrata.

LAS EMPRESAS MINERAS

La administración Carías también fue claramente favorable a los intereses de las empresas mineras, al igual que sus predecesores. La New York and Honduras Rosario Mining Co. fue la más grande y fuerte de las que realizaron exploraciones e inversiones en el país, y la que por más tiempo operó de manera interrumpida. La Rosario, como llegó a ser conocida, se constituyó como empresa minera a finales de 1879. En 1881 inició operaciones en San Juancito, siendo favorecida por concesiones de veinte años de duración, que eran periódicamente renovadas.

En un detallado estudio, Julio Lozano Díaz el ministro de Hacienda y experto financiero del régimen de Carías, abogó por una mayor participación del Estado en las utilidades de las empresas mineras y comparó los beneficios que estas recibían con los que percibía la nación:

"Principia el Estado por conceder el dominio de una zona minera mediante el pago de un pequeño impuesto anual; luego, otorga al interesado una concesión, por determinado número de años, eximiéndolo del pago de todo impuesto establecido y por establecer sobre su capital, sobre sus rentas y sobre todas sus propiedades. Le otorga además el privilegio de importar al país, libre de todo gravamen, su maquinaria y materiales necesarios para el funcionamiento de su empresa, y le concede las franquicias de extraer y exportar, libre también de todo impuesto, los productos de sus

---

[350] Welles al Secretario de Estado, 2 de junio de 1924. Records of the Department of State relating to internal affairs of Honduras 1910-29, microfilm 16.

minas. En esta forma favorece el Estado al capital que llega a Honduras a dedicarse a la industria minera. En cambio, el Estado ha tenido que conformarse con el trabajo que esa industria proporciona al operario hondureño y con alguna obra pública que el concesionario se obliga a ejecutar, cuyo valor, distribuido entre el número de años que corresponden a su concesión, en relación con las utilidades que obtiene el capital, resulta en una participación casi insignificante para el Estado, con fuerte sacrificio para el Tesoro Público, en beneficio directo de aquéllos que aportan su contingente económico.

Los sueldos y salarios que pagan las empresas mineras, aun en su estado de mayor florecimiento, a los hijos del país, han llegado a un límite mínimo indispensable para la subsistencia del empleado y operario. Por otra parte, los dividendos que perciben los accionistas han alcanzado su mayor porcentaje en la historia de esas compañías. En consecuencia, el país de donde procede el capital, logra mayores rendimientos que aquel que suministra el trabajo, sacrifica sus rentas y agota sus recursos naturales.

Se impone, desde luego, otra orientación a la política proteccionista de aquella industria. El Estado debe cooperar al desarrollo de la industria minera, sin que su liberalidad llegue al extremo de comprometer lo que puede llegar a ser una de sus mejores fuentes de riqueza... se ha cometido un gravísimo error al otorgar esas concesiones sin que el Estado perciba otro beneficio que el trabajo, pobremente remunerado, que esa industria proporciona a los hijos del país. Parece que ha llegado la hora de que nosotros despertemos y eso me impulsa a sugerir que en las concesiones que se otorguen en lo sucesivo se establezca la obligación, de parte del concesionario, del pago de un impuesto de exportación sobre los productos mineros".[351]

Proponía Lozano que el impuesto fuera de carácter progresivo sobre el valor efectivo neto de los productos mineros, con una participación estatal en las utilidades; calculaba que, en el mejor de los casos, a Honduras le quedaba el 32% del valor de los minerales

[351] Julio Lozano. «La industria minera en Honduras protegida por el Estado». Revista Artel, tercera etapa, año XII, N° 227. Tegucigalpa. octubre de 1970, p. 15; y. N° 230, enero de 1971, p. 26.

exportados, en tanto que el restante 68% salía del país. El estudio, leído por su autor en Washington y divulgado en el país, seguramente motivo a varios congresistas a cuestionar la tradicional política concesionaria.

Fue así que, cuando la Rosario Mining solicitó ante el Poder Legislativo que nuevamente le renovaran su contrata que vencía el 31 de diciembre de 1940-, varios diputados deseaban elevar la tasa de impuesto hasta el 25%; la empresa estaba anuente a pagar hasta el 7% sobre sus ganancias, en lugar del 5% estipulado en la contrata por expirar. Otros consideraban que la Rosario debía construir plantas de energía eléctrica y otras utilidades para beneficio del país. Fue entonces cuando el Poder Ejecutivo paró en seco estas pretensiones nacionalistas, de acuerdo con lo que el gerente de la empresa, Herber Matheson, conversó con el embajador Erwin:

Fue gracias al apoyo del presidente Carías que la nueva concesión fue aprobada por el Congreso con un mínimo número de cambios... en varias ocasiones, afirmó Mr. Matheson, el Presidente Carías convocó a diputados opuestos al otorgamiento de la concesión a la Casa Presidencial y demandó que cesaran de oponerse a la medida y votaran por su aprobación tal como había sido firmada por el Poder Ejecutivo... Mr. Matheson enfatizó el apoyo dado por el Presidente Carías para obtener la aprobación del Congreso a la nueva concesión y dijo que sin su ayuda, su compañía, muy posiblemente, hubiera encontrado considerable dificultad en obtener una nueva concesión.[352]

Como resultado de la presión ejercida por el Presidente, el impuesto sólo se elevó al 7%; y la empresa, de conformidad con el artículo 13 de la contrata renovada, que vencería el 31 de diciembre de 1960, renunció al derecho de solicitar ayuda diplomática o consular en el caso de que surgieran diferencias entre ella y el gobierno. El aumento del 2% sobre las utilidades sería efectivo a partir de enero de 1947, pero solo aplicaba a la mina de San Juancito. Sobre las otras minas que pudiera explotar,

---

[352] Erwin al Departamento de Estado, despacho 957, 16 de febrero de 1940, 815.63/61.

seguiría pagando el 5% durante los primeros diez años[353]. Durante los restantes diez años, el porcentaje a pagar sería acordado con el gobierno. Las ganancias netas serían calculadas sobre el valor recibido por la explotación, menos los gastos de operación en Honduras. La empresa hizo un anticipo por 250 mil dólares, deducidos del impuesto a pagar al Estado.

A continuación se presentan algunas cifras de los tributos que pagó la Rosario en Honduras y en su país de origen:

IMPUESTOS SOBRE GANANCIAS QUE PAGÓ LA ROSARIO MINING CO. (EN US$)		
Año	En Honduras	En Estados Unidos
1941	21.200	74.487
1942	32.674	177.325
1943	¿	desconocidas
1944	¿	deconocidas
1945	45.925	280.000
1946	72.908	388.000
1947	23.299	72.500
1948	34.500	141.000
Total	230.426	1.133.312

Fuente: Blankinship al Departamento de Estado. "Tributación en Honduras", 12 de septiembre de 1949, 815.51/9-1249.

Cuando Juan Manuel Gálvez asumió la presidencia, el gobierno empezó a exigir a la empresa minera mayores obligaciones. Esto motivó la queja del gerente de la Rosario, quien expresó que a las preocupaciones causadas por los cambios en el Código de Minería y el aumento de impuestos, se agregaba la tendencia del actual gobierno a ser menos solícito. Como ejemplo, citó el reciente aumento al tamaño del distrito escolar que debía financiar. Pero, aunque que la Rosario protestó contra la medida, el ministro de Fomento, Julio Lozano, mantuvo su posición.

Otras empresas mineras de capital estadounidense que operaron en Honduras durante el período aquí estudiado, fueron la

---

[353] La Gaceta. Año LXV, N° 11.043, 2 de marzo de 1940, pp. 1-2.

Compañía Minera Agua Fría, cuya concesión fue ratificada por el Congreso el 10 de abril de 1934, con una duración de veinte años.

El Estado le concedió la libre importación de maquinaria, herramientas y materiales; la libre exportación de oro, plata, cobre y arsénico; y el uso de maderas y aguas localizadas en la jurisdicción de Danlí, su sitio de operaciones. El Estado percibía el 2% de las utilidades netas.[354]

A la New York and Honduras Rosario Mining Co. se le otorgó concesión el 12 de febrero de 1946, por Decreto legislativo N° 52, con el fin de explotar las minas de El Rosario y San Andrés en el departamento de Copán, por el término de veinte años. También se le otorgó, de conformidad con las estipulaciones del Código de Minería vigente, la libre importación de maquinaria, herramientas y materiales; y la exportación libre de derechos e impuestos de toda clase, de los minerales explotados. Quedó obligada al mantenimiento de un hospital para los trabajadores de aquellas minas, donde laboraran al menos doscientos operarios; a establecer y sostener escuelas primarias y a pagar los salarios del personal docente; y a cancelar al Estado el 5% de las ganancias netas derivadas de la explotación.[355]

A lo largo de este capítulo se puede apreciar la actitud en demasía complaciente y generosa de la administración Carías hacia el capital extranjero, consistente en dar todo tipo de apoyo y facilidades a la inversión foránea, a fin de que desarrollara actividades extractivas y productivas, en un intento por impulsar, por la vía capitalista, una economía de exportación.

Lo trágico es que después de los años transcurridos desde que se otorgaron las primeras concesiones, el Estado seguía aplicando las mismas políticas, harto liberales, en detrimento de sus recursos fiscales y del progresivo deterioro de los recursos naturales. Nunca trató de renegociar, con ventajas para el país, los términos de las relaciones con la inversión extranjera.

---

[354] Honduras. Decretos del Congreso Nacional 1934. Tegucigalpa, Tipografía Nacional, 1934, pp. 157-59.

[355] Honduras. Decretos del Congreso Nacional 1945-46. Tegucigalpa, Tipografía Nacional, 1946, pp. 166-70.

Carías hubiera podido, por el control que ejercía sobre el aparato estatal, modificar esas relaciones inequitativas. Pero, lejos de hacerlo, terminó de supeditar los intereses y recursos naturales del país a los designios del capital extranjero; subordinó los primeros a los intereses del segundo, y las prioridades públicas a las conveniencias foráneas.

La debilidad intrínseca del Estado y de la clase dirigente hondureña facilitó la posición hegemónica de las empresas extranjeras, particularmente de la United Fruit Company. La gran depresión económica y su prolongado impacto sobre nuestra economía, terminó de convertir al Estado en un gestor de los deseos de la inversión extranjera y en un garante del orden interno, el cual no obtuvo con base en el consenso, sino por medio de la persecución, adhesión y lealtad al caudillo.

Podrá argumentarse que este fue un proceso inexorable, que se gestó tal vez desde finales del siglo XIX; que la desnacionalización era algo irreversible, y que Honduras estaba destinada a convertirse en la "República bananera" por antonomasia; que en una economía clásica de enclave, las decisiones trascendentales se tomaban en las sedes donde se originaba el capital invertido.

Pero también puede sostenerse que, en la medida que las fuerzas productivas nacionales iban creciendo -si bien a un ritmo muy lento-se presentaron condiciones y espacios que permitían el replanteamiento de los vínculos entre la nación y la presencia comercial-financiera extranjera, siempre y cuando hubiera existido la voluntad política, aunada a un proyecto y programa verdaderamente hondureño; vale decir, a una visión de país.

CAPÍTULO XV:
LA OPOSICIÓN

Fin noviembre de 1933 hubo pequeños estallidos armados1 en Danlí y Puerto Castilla, que fueron fácilmente suprimidos[356]. El grupo opositor, en el departamento de El Paraíso, estaba dirigido por el general Rafael Cárcamo -quien por varios años fue uno de los principales seguidores de Gregorio Ferrera-, asistido por Ramón Rodríguez, Emilio Valle y Alejandro Granados. En ese departamento se llevaron a cabo otros dos ataques en San Lucas y San Antonio, que también fueron repelidos.

En Nicaragua fueron capturados, en marzo de 1933, los generales hondureños Inés R. Dueñas, Toribio López, Manuel Samayoa, Modesto Rodas Alvarado (p), Alfredo B. Reina, Anastasio Guardiola, Saúl Zelaya Jiménez, Alejandro Gómez, Arnulfo Santos Guillen, Alfredo Lara y Tiburcio Guerrero. El 3 de noviembre de 1933, Carías envió a Nicaragua al subsecretario de Gobernación, Horacio Fortín, para persuadir al presidente Juan Bautista Sacasa de que reconcentrara a los emigrados, a lo que accedió el mandatario nicaragüense.[357]

Pese a todo, en 1935 se iniciaron los preparativos para convocar a la Asamblea Constituyente que se llevaría a cabo el siguiente año, lo que mereció el siguiente comentario de un observador:

"La elección de diputados a la Asamblea Constituyente será una farsa aun mayor; por el momento no parece haber nada que prevendrá la reelección del General Carías, ya que la acción de la Asamblea Constituyente, cuando se reúna, es una decisión adoptada de antemano".[358]

Durante 1936 aumentaron las demostraciones de oposición -tanto del nacionalismo callejista como del liberalismo-, en la

---

[356] A. R. Harris, reporte 2222, 8 de noviembre de 1933, RG 165, 1488, micropelícula 7.

[357] A. R. Harris, reporte 2235, 24 de noviembre de 1933, RG 165, micropelícula 7.

[358] N. W. Campanole, Agregado Militar, War Department, reporte 3201, 9 de enero de 1936, M1488, micropelícula 6.

medida que el continuismo se perfilaba como un hecho irreversible, en clara violación a la Constitución.

En el capítulo sobre el continuismo vimos que, desde 1931, era visible la ruptura entre Tiburcio Carías y Venancio Callejas. En 1932, cuando Carías fue nombrado por la convención como el candidato presidencial, Callejas quien ya entonces manifestaba públicamente sus aspiraciones presidenciales prefirió renunciar antes que aceptar la vicepresidencia en la boleta electoral de su partido.

Al acercarse la fecha de convocatoria a elecciones presidenciales, Callejas comprendió que era un hecho consumado que el sector cariísta había optado por la reelección, cerrándole así el paso a sus aspiraciones. Dos de sus partidarios en el Congreso, los diputados Ramiro Carvajal y Mariano Bertrand Anduray, fueron deportados el 16 de octubre de 1935 por el hecho de ser callejistas y atacar en El Detective la corrupción y las políticas fiscales del gobierno. Cuando los dos parlamentarios llegaron a San José, en una entrevista concedida al corresponsal del The New York Times, acusaron al gobierno hondureño de haber terminado con la libertad de prensa y de palabra[359].

El gobierno, además, destituyó a Román Bográn como cónsul general en Nueva York, por haber adoptado igual posición. Al diputado José E. Martínez no se le autenticó el pasaporte para que pudiera regresar, luego de haber vacacionado en el exterior, y Felipe Reyes se vio forzado a abandonar el país.

De acuerdo a la embajada estadounidense, la facción de Callejas no buscaba una ruptura definitiva con su partido, sino, más bien, tomar ventaja de las condiciones imperantes para atraer seguidores[360]. El disidente nacionalista dio la batalla por consolidar sus fuerzas y posiciones en el seno de su partido, pero la lucha fue desigual. Como observó un biógrafo de Carías:

"Forcejeó con coraje y decisión, cuando no había sonado para él la hora señalada por su destino. De ahí que el Doctor Callejas entrara en choque violento con el Jefe Supremo de su partido y con

---

[359] Sack al Departamento de Estado, despacho 905, 23 octubre 1935.

[360] Keena al Departamento de Estado, despacho 82, 1 de noviembre de 1935, 815.00/4636.

otros jerarcas del nacionalismo que, para no perder sus posiciones, tenían la obligación y el deber de ser solidarios con Carías. De aquel choque irreflexivo de parte del Doctor Callejas, era él, único personaje que saldría perdiendo en el desigual desafío entre la fuerza individual y la del poderoso rodeado de tantos medios para abatirlo".[361]

Uno de los jerarcas con quien Callejas entró en conflicto -además de Carías-, fue Antonio C. Rivera, presidente del Congreso Nacional, quien también tenía ambiciones presidenciales. Como jefe del Comité Ejecutivo del partido, había convocado a una convención con el propósito de que lo eligiera como presidente del partido, cargo que, se suponía, Carias dejaría vacante al asumir la Presidencia de la República. Callejas pudo frustrar el intento, al lograr que la Convención decidiera que era prematuro reemplazar a Carías, y que debía permanecer en la jefatura del partido por un año más.

Pero el éxodo de hondureños aumentaba en la medida que se generalizaba la represión. En marzo de 1936, se calculaba que en Nicaragua se encontraban dos mil emigrados; quinientos en Belice; mil en El Salvador, y doscientos en Costa Rica.[362]

En enero de 1936, Venancio Callejas logró escapar de Tegucigalpa; llegó a San Salvador el 18 de enero, junto con su secretario privado Luis Suárez, y declaró a la prensa que la emisión de una nueva Constitución no tenía más objeto que abrir una vía menos ilegal para el continuismo del general Carías, pues la Constitución vigente establecía que las reformas relativas al período presidencial y a las reelecciones no surtían efecto en el período en que se introdujeran ni en el siguiente. "Puedo afirmarle... que el continuismo es adversado por la casi totalidad del pueblo hondureño, pues a él nos oponemos todos los nacionalistas, con excepción de una parte de los empleados públicos, y todo el Partido Liberal".[363]

---

[361] Lucas Paredes, op. cit., p. 589.

[362] Alex A. Cohen, reporte 3350, San José, 11 de marzo de 1936.

[363] Declaraciones a Diario Latino, San Salvador, 22 de enero de 1936.

Los diplomáticos estadounidenses comunicaron que el gobierno estaba arrestando a todos los miembros de la oposición que consideraba que podían conspirar contra él; y que la penitenciaría y los cuarteles estaban llenos de prisioneros políticos:

"Esta política está causando bastante malestar contra el gobierno.

En Tegucigalpa corren rumores de que los grupos de Zúñiga Huete y Callejas se han unido y formulado un plan para derrocar al gobierno, que será implementado durante marzo... la fortaleza de este movimiento dependerá del interés que las clases trabajadoras adopten. No se cree que ni el gobierno ni la oposición sepan cuál será la reacción de los trabajadores".[364]

El principal dirigente liberal, Ángel Zúñiga Huete, llegó a Nicaragua el 9 de mayo de 1936 y un día después llego Venancio Callejas, procedente de El Salvador, de donde lo habían deportado. Pero, en Nicaragua, Callejas fue encarcelado y expulsado a Costa Rica el 12 del mismo mes. Zúñiga Huete, para quien también se emitió orden de captura, logró evadirla refugiándose en la embajada mexicana.

Desde su exilio, Callejas continuó su labor opositora; ahí estableció contacto con un sector del liberalismo representado por el exmandatario Mejía Colindres y organizó el Partido Nacional Legalista. El 21 de septiembre de 1936, los zuñigahuetistas y callejistas firmaron el pacto de alianza en San José. Según éste, tras el derrocamiento de Carías, se instauraría un gobierno provisional dirigido por el liberal Rafael Medina Raudales; distribuirían el comando de tropas entre los principales jefes de ambos partidos equitativamente, al igual que los cargos públicos. El gobierno provisional convocaría a elección para una asamblea constituyente, que restablecería la vida constitucional.

Para lograr sus propósitos, esperaban recibir ayuda del gobierno de El Salvador, que deseaba un puerto en la costa caribeña de Honduras, así como de Somoza, quien no simpatizaba con Carías y, de hecho, había estado en tratos con el general

---

[364] Correspondence American Legation-Consulate. Tegucigalpa, 1936. RG 84, Vol. IX, caja 8.

Joaquín Bonilla (nacionalista callejista, hijo de Manuel Bonilla) para buscar su derrocamiento.

Sin embargo, en ese año se hizo más notoria la recíproca ayuda que se prestaban los dictadores centroamericanos. El 16 de marzo de 1936, Anastasio Somoza, el jefe de la Guardia Nacional de Nicaragua y el poder tras el presidente Sacasa, declaró que se comprometía a capturar y reconcentrar cualquier grupo o cabecilla de revolucionarios que se organizaran o intentaran organizarse con fines subversivos contra la paz de la República vecina; "el Gobierno de Honduras puede estar seguro de que el Ejército de Nicaragua vigilará la frontera hondureño-nicaragüense a la sombra de un deber que considera sagrado y altamente humano".[365]

En Honduras existía la impresión generalizada de que el general Somoza tendía a parcializarse con el Partido Liberal y que no se oponía activamente a la concentración de emigrados liberales en la frontera nicaragüense. Pero la embajada estadounidense, considerando que Somoza era candidato a la presidencia, interpretó que esa declaración se debía a que él estaba convencido de que el actual gobierno de Honduras continuaría en el poder.[366]

Desde San José, Callejas dirigió una carta al presidente F. D. Roosevelt, a finales de 1936, en la que le hacía ver cómo Carías, al reelegirse con la anuencia del Congreso, había violado los Pactos de Washington de 1923 y la Constitución Política hondureña, y le informaba sobre la represión gubernamental contra la oposición. A la vez, pedía al Presidente que ampliara los Pactos de Washington y desconociera como gobierno legítimo la dictadura que Carías pretendía imponer (véase anexo 6).

Aparentemente, Callejas no se percataba de que la política de los EUA hacia Centroamérica y el Caribe había tomado un nuevo rumbo con el ascenso de Roosevelt y la implementación de la política del "Buen Vecino"; ésta otorgó un apoyo tácito, o por lo menos toleró, a los gobiernos autoritarios y dictatoriales del área, a partir del reconocimiento diplomático a los regímenes de

---

[365] Reproducido en El Cronista, 18 de marzo de 1936.

[366] L. J. Keena, Correspondence, American Legation-Consulate, Tegucigalpa, 1936, Vol. 1 IX, RG 84, caja 8.

Hernández Martínez y Ubico. El mismo resultado negativo obtuvo Zúñiga Huete, con las peticiones dirigidas, vía epistolar y personal, al Departamento de Estado. (Ver anexo 12).

Pese a ello, la oposición no cejaba. Las fuerzas revolucionarias parecían estar organizadas en tres grupos: el primero estacionado en San Marcos de Colón, cerca de la frontera con Nicaragua, dirigido por el coronel Inés R. Dueñas, con seiscientos hombres; también contaba con una columna al mando del general Mariano Bertrand Anduray; otra, de trescientos hombres, bajo el general Concepción Peralta; y, grupos pequeños, de cien a doscientos hombres, liderados por los generales Techo [sic] Guardiola, Valle Cárcamo, Félix Vásquez, Santos Guillén, Chito [sic] Vásquez. El segundo, cuya existencia no estaba confirmada, se ubicaba en Trujillo, y era dirigido por el general Justo Umaña. El tercero se situaba en Ocotepeque y se desconocía quién era su líder.

El plan rebelde consistía en esperar el desarrollo de un ataque en la Costa Norte y en el área central del país; una vez que lograran capturar algunas poblaciones, se apoderarían de la capital. En la fase inicial, la lucha se basaría en pequeños grupos, con carácter de guerrillas, y líderes bien organizados.[367]

Los liberales se jactaban de que el gobernante salvadoreño, Hernández Martínez, los apoyaría; sin embargo, la evaluación diplomática y militar norteamericana era mucho más realista:

"Existe la creencia entre los observadores imparciales que si la oposición a los generales Carías, Ubico y Somoza se fuera a unir y escogiera a Honduras como su primer campo de acción, contarían con simpatía y asistencia del Presidente Martínez. Sin embargo, no se piensa que tal unión de intereses podría ser alcanzada hasta después de la elección del General Somoza como Presidente de Nicaragua".[368]

El 29 de agosto hubo escaramuzas entre las fuerzas gubernamentales y las opositoras en Ocotepeque y en las cercanías de San Marcos de Colón; en Ocotepeque, unos doscientos hombres fueron vistos alrededor de Sinuapa, el valle del Sumpul y entre la

---

[367] N. W. Campanola, reporte 3428, 24 de abril de 1936.

[368] L. J. Keena, despacho 488, 17 de agosto de 1936, RG 84, caja 8.

ciudad de Ocotepeque y Monte Cristo.[369]

Según observadores, la construcción de caminos realizada por el gobierno durante 1935 facilitaba el transporte rápido de tropas en camiones para enfrentar cualquier fuerza insurrecta. Además, la administración Carías contaba con jefes indios en sus planillas, "en cantidades que aseguraran su lealtad". También, "los oponentes del Gobierno, y particularmente sus líderes tendrán que mostrar más atrevimiento personal en fomentar y dirigir un movimiento revolucionario".[370]

La situación no se tornaba halagadora para los rebeldes. En Los Planes de la Sierra fueron derrotados los generales Manuel Samayoa y Mariano Bertrand Anduray; y, en El Salvador, fueron capturados, por autoridades de ese país, Luis Alonso López, Salvador Sanabria Valle, Moisés Gómez y Presentación Moncada; en tanto que en Las Guarumas, Choluteca, fueron capturados Juan Bautista Mendoza y sus seguidores.[371]

Ante este revés, el general Bertrand Anduray solicitó permiso al gobierno hondureño para permanecer en El Salvador y que su familia se le pudiera unir, prometiendo retirarse de la vida pública. La solicitud se le otorgó aunque, en la mayoría de los casos, se negó un permiso similar a las familias de los refugiados políticos.[372]

En agosto de 1936, el gobierno adquirió ocho aviones militares, lo que le permitió ejercer un mayor control sobre el territorio. A principios de 1937, se aplicó el toque de queda en la capital y en otras ciudades, con estricta vigilancia en las entradas y salidas. El 30 de junio, fue expulsado de Nicaragua el dirigente liberal Rafael Medina Raudales, quien se refugió en Costa Rica.

En 1937, el gobierno supo del desembarco de unas quince personas cerca de Tela, encabezadas por el principal caudillo militar liberal, Justo Umaña, quien, asilado en Guatemala, retornó

---

[369] L. J. Keena, 5 de septiembre de 1936.

[370] L. J. Keena. «Algunas observaciones generales sobre la situación política en Honduras», despacho 508, 11 de septiembre de 1936, RG 84, caja 8.

[371] El Cronista, 14 de septiembre de 1936.

[372] L. J. Keena, despacho 532, 17 de octubre de 1936.

a Honduras vía Belice; atacó El Progreso el 16 de febrero con resultados adversos, ya que pereció el segundo al mando de la fuerza rebelde, al igual que seis de sus acompañantes, mientras el gobierno sufrió una baja y once heridos. Umaña debió retirarse a las montañas para luego retornar a Guatemala.

Otras fuentes estimaron que el grupo invasor ascendía a 75 efectivos; que hubo catorce muertos y 35 prisioneros. El día 19, el vicecónsul norteamericano informó que la aviación había bombardeado El Progreso, que luego se había lanzado un ataque de infantería, matando a dieciséis rebeldes, en tanto que los sobrevivientes se habían dirigido a Tela.

La derrota de Umaña revelaba la falta de coordinación y comunicación entre los grupos armados de la oposición; su desembarco debía ocurrir simultáneamente con la captura de la ciudad de La Esperanza y la destrucción de los aviones y hangares del gobierno y de TACA, en Tegucigalpa; tales acciones, gracias a la red de espionaje oficial, fueron abortadas antes de que se pudieran concretar.

Como ya se dijo en el capítulo relativo a las relaciones con Guatemala, Ubico prestó a Carías uno de sus agentes de la policía secreta para que reorganizara el servicio de contrainteligencia hondureño, a semejanza de las líneas tan efectivamente empleadas en Guatemala. Además, ordenó la ejecución de los generales Umaña y Miguel Ángel Zapata, luego que escaparon de su frustrada invasión y habían retornado al vecino país. Cuando éstos se aprestaban a huir en un vagón ferroviario desde la capital guatemalteca hacia Puerto Barrios, fueron detenidos y se les aplicó la ley fuga. Mientras, la familia de Umaña fue masacrada en el occidente hondureño.

De haber facilitado el desembarco de Umaña, se responsabilizó a toda la comunidad garífuna de San Juan, cerca de Tela, donde enviaron una compañía de soldados. Llevaron a la playa a todos los hombres apresados en la aldea, y les ordenaron que cavaran sus propias tumbas; luego, fueron fusilados. Los que se encontraban pescando, lejos de la costa, escaparon a la matanza y lograron llegar a Belice; se ha calculado que hubo unas treinta víctimas[373].

Carías también reforzó su seguridad personal; viajaba en automóvil blindado, seguido de otro vehículo con cuatro guardaespaldas armados de ametralladoras Thompson. No obstante, se informó que varios jefes políticos no estaban obedeciendo sus órdenes, que incluso se jactaban de ello, y que el gobernante no hacía algo por disciplinarlos. "La conclusión es que no tiene control sobre ellos. Carías ahora ejerce muy poco control sobre una parte considerable de la República".[374]

Sin embargo, en 1939, nuevamente empezaron las alcaldías y municipalidades a pedir la continuación de don Tiburcio para un periodo presidencial adicional, que concluiría en 1949.

Todas las autoridades municipales, habiendo sido cuidadosamente "electas", con vista a su subordinación al Gobierno Central, uno no tiene que mirar lejos por la fuente básica de esta clase de "aclamación popular". Carías ha manifestado que no se opondrá a esta "aspiración popular", y que el movimiento ha surgido sin "su intervención o influencia". No se opondrá a cualquier acción hacia la extensión de su periodo presidencial hasta 1949[375].

"Los movimientos opositores habían sido controlados, tanto por la represión, como por las divisiones internas y por las ambiciones de sus dirigentes. Es así que, en 1942, Zúñiga Huete concluyó en que ´Carías sólo dejará la presidencia por muerte natural o violenta, por presión externa y revolución interna o externa. Todas estas causas son, por ahora, muy remotas, remotísimas´".[376].

---

[373] J. B. Patte, reporte 3958, 10 de agosto de 1937; 23 de julio de 1937, 815.00/7-345; Hoffman al Departamento de Estado, despacho 626, 20 de febrero de 1937, 815.00/560; Hoffman al Departamento de Estado, despacho 611, 22 de enero de 1937 y, despacho 617, 6 de febrero de 1937. También véase: Ruy Galvao de Andrade Coelho. Los Negros Caribes de Honduras. Tegucigalpa, Guaymuras, 1981, pp. 39-40.

[374] J.B. Patte, Panamá, reporte 4489, 21 de noviembre de 1938.

[375] Alex A. Cohen, reporte 4833, 11 de diciembre de 1939.

[376] Zúñiga Huete, desde México, a Moisés Gómez, en Costa Rica, 20 de agosto de 1942, en: 815.00/4876, RG 59, caja 4216. En carta enviada por Félix Canales Salazar desde México a Celeo Dávila, en Costa Rica, sostenía: «Mi

Pero el régimen no se vio exento de, al menos, una tentativa de golpe por parte de un grupo de oficiales que contaba con estudios profesionales en el exterior. El grupo fue dirigido por Jorge Ribas, Marco Tulio Mendieta y Mario Sosa Navarro, graduados en las escuelas militares de Guatemala y México, respectivamente; contaba con la colaboración del teniente René Zelaya Smith, del sargento Manuel Antonio Barahona y del cabo Telmo Ruiz. También se sospechaba que estaban implicados algunos cadetes de la Escuela de Aviación, así como el propio sobrino del presidente, Calixto Carías, entonces comandante de armas de Amapala. Aunque fueron arrestados algunos militantes del Partido Liberal, como Arístides Girón, Miguel Iriarte, Guillermo Leiva Bueso, Lisandro Valle y Cristóbal Canales, no se determinó que el liberalismo como tal hubiese participado en el fallido intento, de acuerdo con un informe del FBI.

Para ultimar detalles, los complotistas se reunieron en un centro social, lo que revela su desconocimiento sobre las tácticas de un golpe de Estado; un espía del régimen escuchó la plática y, además, fueron denunciados por el capitán Luis Villacorta. Así, Carías ya estaba al tanto de la trama. Al regresar de su propiedad campestre en Zambrano, su habitual paseo dominical, ordenó a Lino Zúñiga que, con un grupo de soldados, se desplazara a Casa Presidencial, arrestara a los miembros de la Guardia de Honor y asumiera sus funciones. Entre los detenidos estaban unos quince implicados.

También arrestaron a civiles, acusados de ser cómplices. Entre ellos Emilio Gómez Rovelo quien, en declaraciones brindadas a la prensa mexicana, declaró ser el jefe de la tentativa. En total, unas cincuenta personas fueron capturadas y recluidas.

Se dijo que el plan incluía asesinar a Carías al regresar de su finca Villa Elena, en Zambrano aunque los arrestados negaron haber planificado un magnicidio; secuestrar a su esposa e hija,

---

impresión es que la dictadura de Carías durará tanto como dure la división de la oposición». RG59, Confidential US State Department, Central Files, Internal and Foreign Affairs, 1945-1949, LM 144, micropelícula 1, 7 de febrero de 1945.

arrestar a los telegrafistas de Casa Presidencial, apoderarse del arsenal ubicado en los sótanos de la mansión oficial, donde se colocarían cañones antiaéreos para retener los aviones de la Fuerza Aérea, y distribuir armas a grupos de civiles. En el interrogatorio, Ribas Montes, el cabecilla, admitió los detalles, pero rehusó revelar si había superiores jerárquicos involucrados[377]. De acuerdo a Ribas -quien fue puesto en libertad el 18 de diciembre de 1945-, el plan consistía en realizar un ataque sorpresivo, hacer prisionero a Carías, y arrestar a líderes administrativos; se contaba con la ayuda de ciertos oficiales de la Fuerza Aérea.

Con esto, la suspicacia de Carías hacia los oficiales de academia se incrementó. En una reunión sostenida con el cuerpo diplomático, que acudió a Casa Presidencial a manifestarle su simpatía, declaró:

"Yo he sido siempre muy confiado, a los muchachos de mi guardia nunca les he dicho una palabra de represión por la cual hayan podido tomar a mal algún acto mío; a muchos de ellos les he ayudado: han podido, mientras servían en el palacio, estudiar en la Universidad y escuelas secundarias... Naturalmente, ahora tendré que ser más cauto porque, lo repito, no es en favor de mi vida, sino que es un deber mío".[378]

LA OPOSICIÓN EN EL EXILIO

Los acontecimientos de 1944 renovaron las esperanzas de democratización de los pueblos del istmo. Todo inició con la caída del dictador salvadoreño Hernández Martínez, tras una huelga general exitosa, que culminó con su renuncia el 8 de mayo; el dictador perdió el respaldo del Ejército, el cual había sido decisivo, junto con el apoyo de la elite cafetalera, para su prolongada permanencia en el poder. En Guatemala, su colega Jorge Ubico también fue obligado a renunciar por una huelga general

---

[377] Erwin al Departamento de Estado, despacho 591, 26 de noviembre de 1943.

[378] Ramón Oquelí, «Gobiernos hondureños durante el presente siglo», op. cit., p. 50.

encabezada por estudiantes universitarios, en junio de 1944.

Estos dos hechos trascendentales permitieron reactivar la oposición en el exilio. Así ocurrió con la Unión Patriótica Centroamericana, que buscaba unificar a los distintos grupos; con la Unión Democrática Centroamericana; presidida por Juan José Meza; con el Comité Liberal Demócrata, dirigido por Zúñiga Huete; y, con el Frente Democrático Hondureño, presidido por Alfonso Guillén Zelaya.

En Costa Rica, Venancio Callejas y Vicente Mejía Colindres presidían el Centro Democrático Hondureño; también funcionaba el Comité Liberal Demócrata, que respaldaba al Partido Liberal e incluía, entre otros, a Héctor Medina Planas, Serapio Hernández, Inés R. Dueñas, Gustavo R. Pinel y Francisco Pinel Córdova; otros emigrados eran Virgilio y Pompilio Aguiluz, Salvador Sanabria Valle, Moisés Herrera, Pío Suárez y Enma de Bonilla.

En Guatemala, tras la caída de Ubico, se fundó el Frente Democrático Revolucionario Hondureño, cuyo secretario general era Andrés Alvarado Puerto. Esta facción anunciaba no tener compromisos "con los partidos políticos históricos ni con los viejos caudillos hondureños", y se proclamaba como un movimiento de juventud, renovación y rectificación nacional. Enunciaba los siguientes principios: 1) Sufragio efectivo y no reelección, reconociendo al pueblo el derecho de rebelión cuando se intente vulnerar este principio. 2) Descentralización de los Poderes Supremos del Estado y restablecimiento de la autonomía municipal. 3) Reconocimiento de los derechos políticos a la mujer. 4) Orientación técnica de la política económica y agraria, reorganización de la hacienda pública, de las finanzas y del sistema tributario, creación del sistema bancario nacional, industrialización del país, modernización de la agricultura. 5) Reforma del sistema educacional; campaña de alfabetización, autonomía universitaria. 6) Justicia social: mejoramiento de las condiciones de vida de las clases trabajadoras, emisión del Código de Trabajo; reconocimiento de los derechos de asociación, de huelga y de paro. Establecimiento del seguro social. 7) Salud y asistencia social. 8) Organización técnica del Ejército como institución apolítica. 9) Campaña cívica: divulgación de los principios democráticos. 10)

Mantenimiento irrestricto de la libertad de pensamiento. 11) Inviolabilidad de la propiedad privada y de la honra humana. 12) Luchar por el restablecimiento de la unión de Centroamérica.[379]

Un análisis de la inteligencia militar estadounidense atribuía el fracaso de los intentos de invasión a Honduras a las siguientes razones: 1) Insuficiente fortaleza; 2) pobre organización; 3) falta de líderes reconocidos y respetados; 4) presencia de espías gubernamentales entre los exiliados políticos.[380]

En la ciudad de México, también en 1945, se constituyó una agrupación con el mismo nombre (Frente Democrático Revolucionario Hondureño), con Antonio Miralda Santos como secretario general y Ricardo Alduvín Abaunza, como secretario del exterior; otros miembros del directorio eran Roberto Bermúdez Bográn, Jeremías Rivera Mejía, Virgilio Cardona y Rodolfo Aguiluz Berlíoz. Entre los firmantes del acta constitutiva figuraban Ángel Zúñiga Huete, Ricardo Diego Alduvín, Enrique Aguiluz Meza, Guillermo Alvarado, Manuel Flores Rosa y Leonardo López, padre e hijo.

En Panamá existía una filial del Comité Liberal Demócrata, que presidía Andrés Brown Flores; su secretario general era Enrique Aníbal López y su prosecretario Rafael Oviedo, en tanto que en Cuba activaba el Comité Cubano Pro Liberación de Honduras, presidido por Ernesto Matamoros y Lucha, exiliado político y perseguido por el régimen durante trece años.

Las nuevas realidades políticas regionales estimularon a la oposición para tratar de superar sus diferencias. Pero, los opositores subestimaron el aparato represivo con que contaba Carías y el apoyo internacional que lo respaldaba. Fue así que Callejas se desplazó de Costa Rica a El Salvador y, el 6 de julio de 1944, pronunció un discurso, excitando al auditorio a apoyar al pueblo hondureño:

---

[379] Nuestro Diario, Guatemala, 17 de abril de 1945.

[380] Declaraciones de emigrados hondureños en Guatemala, entrevistados por Nathan A. Brown Jr., Agregado Militar. Military Intelligence División, 1 de enero de 1946, Records of the Office of Strategic Services, Research and Analysis Branch División, XL 35428, RG 226.

"Agentes de la revolución hondureña en este país están comprando todo tipo de munición, revólveres y pistolas que pueden encontrar para invadir a Honduras tan pronto como sea posible".[381]

Un grupo que disentía de Zúñiga Huete, la Asociación Revolucionaria Hondureña, organizada en junio de 1938 en la ciudad de México, consideraba que el pacto celebrado con Callejas en 1936 únicamente tenía por objeto, "la conquista del poder para la distribución de puestos públicos" y que lo que debía organizarse era un bloque permanente de hombres libres, dispuestos a poner en práctica sus postulados después de la victoria. Para nuestro instituto, la revolución no termina con la obtención del poder, sino que busca en él las fuerzas necesarias a su desenvolvimiento... La revolución debe hacerse para poner en ejercicio una ideología redentora que dé a los hondureños la posibilidad de vivir unidos al amparo de un régimen de justicia y de libertades, pero nunca para alimentar en su seno tendencias divergentes en las que sólo pueden incubarse preconcebidas aspiraciones personales... Dividir la revolución en el momento mismo de la victoria valdría tanto como abrir a los usurpadores la oportunidad de reaccionar, plegándose a una cualquiera de las fuerzas disidentes, bien para perseguir la lucha armada o para emprender la lucha cívica. Y en ambos casos, el triunfo o el fracaso del grupo a que se asociaron, rompería la unidad de los combatientes con la necesaria derrota de uno cualquiera de los sectores revolucionarios. Como consecuencia, la revolución quedaría anulada y el desangre habría resultado no sólo inútil sino criminal".[382]

Esta asociación estaba integrada por Manuel Flores Rosa, presidente; Antonio Miralda Santos y Martín Paz, secretarios; Guillermo Alvarado, tesorero; Julio Bueso, protesorero; y, Arturo

---

[381] Massey, Agregado Militar. Militar Intelligence División, 10 de julio de 1944, RG 226, documento 83321.

[382] Carta enviada el 2 de julio de 1933, desde México, a diversos hondureños emigrados, incluido Venancio Callejas; la firmaron Antonio Miralda Santos y Martín Paz. El original se conserva en la Colección Hondureña del Sistema de Biblioteca de la Universidad Nacional Autónoma de Honduras (UNAH).

Barahona, Luis Alonso López, Julio Connor, Valentín Miralda, Arturo Guillén B. y Santiago Buck, vocales. Otro miembro de la misma, Medardo Mejía, publicó una fuerte crítica contra Zúñiga Huete en un folleto intitulado "Yo Acuso", en el que formuló severos cargos al caudillo; entre otros, ambición de mando e incapacidad organizadora; no hacer ni dejar hacer; intransigente, mesiánico, falto de estrategia y tácticas eficaces; con vacilaciones y contradicciones; incapaz de organizar la reacción, la retirada y la derrota, sin concederle valor al pensamiento, la concordia y la organización, únicamente a la fuerza de los acontecimientos, sin contar con una teoría revolucionaria positiva, sin acción práctica ordenada y conciliatoria.

Negaba que su Asociación estuviera vinculada con el comunismo acusación lanzada por Zúñiga Huete, y declaraba que pretendía organizar el Partido Liberal sobre bases amplias y justas, a fin de poder luchar con ventaja contra el feudalismo y neofeudalismo en la arena nacional y mundial, ya que, "detrás del absolutismo cariísta existe el feudalismo, en sus condiciones específicas, y el imperialismo, con su absorción particular, impidiendo el desarrollo de la democracia y la institución de las libertades".[383]

Este grupo de exiliados en México cambió su nombre por el de Frente Democrático Hondureño; lo encabezó Guillén Zelaya, e incluía en su directorio a Andrés y Gerardo García, Alberto Ramos, Julio Connor y Medardo Mejía.

La correspondencia cruzada entre Guillén Zelaya con diversos emigrados en México y Centroamérica revela que él no veía factible la caída de Carías mediante un movimiento armado, sino más bien por medio de una acción pacífica, realizada luego de haber alcanzado la unidad de todos los grupos opositores, sin consideraciones partidarias. El apoyo del gobierno de EUA a las dictaduras americanas dejaba muy pocas posibilidades de éxito a la vía militar, por lo que la oposición debía adherirse a los principios

---

[383] Medardo Mejía. «Yo acuso». México, s.f.

de la Carta del Atlántico[384], reservando el método violento como última opción.

Muy probablemente, sus deducciones estaban influenciadas por los frentes unidos formados en varios países europeos, en los que diversas fuerzas políticas se unificaron para oponerse a los avances del fascismo.

Tanto Guillén Zelaya, como el dirigente obrero mexicano Vicente Lombardo Toledano, sostenían que, en tanto no concluyera la Segunda Guerra Mundial, todos los esfuerzos debían dirigirse hacia ese fin y, cuando este objetivo se alcanzara, se debía proceder al derrocamiento de las dictaduras latinoamericanas. Esta tesis la refutaban los hechos mismos, pues tanto el pueblo salvadoreño como el guatemalteco provocaron la caída de sus tiranos, precisamente cuando aún se luchaba, a escala mundial, contra Hitler y Mussolini.

Otro grupo opositor fue la Unión Democrática Centroamericana, constituido en enero de 1943 en la capital mexicana; ideológicamente estaba asociado con el Partido Unionista Centroamericano, y su propósito declarado era derrocar las dictaduras centroamericanas.

Su membresía estaba compuesta, sobre todo, de exiliados de la región, pero contaba también con intelectuales que colaboraban en los periódicos mexicanos. Su secretario general era el costarricense Vicente Sáenz; otros hombres de letras afiliados eran Luis Cardoza y Aragón, Rafael Heliodoro Valle y Alfonso Guillén Zelaya.

Entre las organizaciones que lo apoyaban se contaba la Confederación de Trabajadores de América Latina (CTAL), dirigida por Lombardo Toledano. Los informes diplomáticos norteamericanos interpretaban este hecho como un intento de

---

[384] Se denomina Carta del Atlántico a la declaración emitida a bordo de una nave de guerra en el océano Atlántico, en agosto de 1941; enuncia los objetivos de los Aliados durante la Segunda Guerra Mundial. Inicialmente la firmaron el presidente estadounidense F. D. Roosevelt y el primer ministro británico W. Churchill. Posteriormente se incorporó la Unión Soviética y otras naciones, hasta totalizar 24. Incluye ocho puntos, entre los que destaca el derecho de los pueblos a elegir su forma de gobierno, el derecho a la soberanía y autodeterminación de todos los pueblos que la hayan perdido por la fuerza. También destaca que «Todas las naciones han de vivir en seguridad dentro de sus propias fronteras. El hombre debe vivir sin temores y necesidades».

México por extender su influencia en Centroamérica: "México no dejará piedra sin remover en su esfuerzo por llevar a Centro América a su esfera de influencia, con el fin de exaltar su propio prestigio".[385]

En enero de 1944, se organizó en México el Comité Liberal Democrático de Honduras, presidido por Zúñiga Huete. Integraban su directiva Rafael Heliodoro Valle, Ricardo D. Alduvín, Guillermo Alvarado, Manuel Alvarado, Manuel Flores Rosa, Eusebio Toledo López, Jesús Castro Blanco y Antonio Miralda Santos; varios de ellos se habían separado de otras agrupaciones de emigrados (véase anexo 7).

UNA OPOSICIÓN DIVIDIDA E INTRANSIGENTE

Una serie de circunstancias prolongó la permanencia de Carías en el poder. Por otra parte, la división entre el sector corrupto y tradicional del Partido Nacional y aquél con ideas modernizantes y una visión más actual de la administración pública, no provocó una ruptura dramática, sino gradual, con el viejo orden.

Cada país centroamericano presentaba su propio desarrollo sociopolítico, con grados diversos en la evolución de sus fuerzas productivas y con diferentes tradiciones de lucha. Por tanto, era erróneo pensar que automáticamente, por una especie de "teoría del dominó", las causas que motivaron el derrocamiento de Hernández Martínez y Ubico darían similares resultados en Honduras y Nicaragua.

Para el caso, la oposición hondureña ya no contaba con elementos versados en el arte de la guerra; probablemente, el último, en una larga sucesión de caudillos guerreros, había sido el general Justo Umaña; José María Reina h., de igual rango y militancia, había fallecido trágicamente. Honduras tampoco disponía de una red de caminos, con centros urbanos cercanos entre sí, con alta densidad poblacional y con un sector industrial como El Salvador, donde sí fue posible una huelga general que logró derrocar al tirano. Además, la oposición afiliada al partido

---

[385] Pitt al Departamento de Guerra, 6 de febrero de 1945, RG 38.

mayoritario estaba dividida, sin una plataforma política e ideológica que atrajera a las masas trabajadoras.

El 3 de septiembre de 1944, los emigrados en San Salvador eligieron un directorio encabezado por Venancio Callejas como presidente, y por Rafael Díaz Chávez como vicepresidente. Este directorio se reunió con Zúñiga Huete en la capital salvadoreña, y acordaron nombrar un gobierno provisional encabezado por un intelectual seguidor de Zúñiga, quien ya gozaba de merecido prestigio a escala continental: Rafael Heliodoro Valle, que residía desde hacía muchos años en México.

El presidente salvadoreño, Menéndez, había prometido facilitar mil rifles, municiones y algunas ametralladoras, pero la promesa no se concretó. El plan oficial proponía que la mitad de la fuerza invasora estuviera compuesta por soldados salvadoreños vestidos de civil, lo que fue rechazado por Callejas; él temía que Zúñiga Huete obstruyera los planes de invasión, que no le asignaban un papel protagónico.

El pacto firmado el 2 de agosto de 1944 nombró dos jefes: Venancio Callejas, por el Partido Nacional, quien sería el director militar y asignaría a líderes de ambos partidos la jefatura militar de las operaciones; y, a Federico A. Smith por el Partido Liberal, quien estaría acreditado en San Salvador como jefe y representante de la revolución. Estos conformarían el comando supremo. El pacto proclamó a Rafael Medina Raudales como presidente provisional, conforme a los lineamientos del acuerdo firmado por Callejas y Zúñiga Huete en San José, el 20 de septiembre de 1936.

El documento fue firmado por Venancio Callejas, Federico A. Smith, Ernesto Argueta, Arístides Girón Aguilar, Gabriel A. Izaguirre, Salvador Zelaya, N. J. Chinchilla, Luis Suárez, Napoleón Cubas Turcios, J. Medina Planas, Marcial Umaña, Lisandro Coto, Manuel A. Cantor, Alberto Escobar, M. Cantor h., Arturo Rivera, M. P. Batres, Santos F. Chinchilla, Roberto López Callejas, S. Villela Fuentes, Manuel A. Villeda, Alfredo R. Martínez, J. R. Callejas, Horacio Padilla, Mariano Bertrand Anduray, Cornelio Serrano, Salatiel Barahona, J. Daniel Pazzety. Tomás Umaña Palomo, Manuel de J. Pineda y José Matute h.

Nuevamente, la tentativa de alianza no fructificó, con lo que la oposición, lejos de fortalecerse, se debilitó aún más; y esto, indirectamente, consolidó el control de Carías.

Un intento conjunto por invadir Honduras desde la frontera salvadoreña, aunque logró capturar San Marcos de Ocotepeque en octubre de 1944, fue repelido por la aviación gubernamental, que logró desalojarlos. Participaron en este intento Pedro C. Cortés, Santos Chinchilla, Santos Sanabria Valle, Gregorio Velásquez, Arturo Rivera, Mariano Bertrand Anduray, Pompilio Aguiluz, Roberto López Callejas y otros".[386]

El Frente Democrático Hondureño, que adversaba el liderazgo de Zúñiga Huete, y encabezaba el poeta y periodista Guillén Zelaya, trató de persuadir a Callejas, desde México, para que se aliara con ellos. Expresaba el intelectual olanchano:

"La Carta del Atlántico es resultado de las condiciones de un mundo que busca encontrar un punto de convergencia con el fin de restablecer el equilibrio mundial, ahora roto por la agresión nazi-fascista. La Carta del Atlántico no es una ilusión, es un imperativo histórico. Esta es una guerra que no puede concluir con una paz, bien imperialista o comunista. Debe ser una paz basada en principios democráticos avanzados".[387]

Le afirmaba que era mejor que surgiera ahora una división entre los exiliados respecto al futuro candidato a la presidencia, y no después de que cayera Carías, cuando faltaría tiempo para impedir que "el personalismo fomentara la disgregación y malograra los frutos de la victoria". Le aclaró que su grupo no contaba con candidato, y que lo importante era ponerse de acuerdo sobre las condiciones que debía poseer la persona que gobernaría después de la dictadura. Y le advertía que su alianza con Zúñiga Huete era la de dos formas distintas de lucha que, transitoriamente, iban por el mismo camino, pero que estaban condenadas a separarse a medida que lo recorrían.

"En cambio, la vinculación con nosotros es la de dos fuerzas semejantes que, si en la actualidad marchan por senderos aparentemente opuestos, de fuerza tendrán que encontrarse para

---

[386] Lucas Paredes, op. cit., p. 587.

[387] Carta de A. Guillén Zelaya a V. Callejas, México, 29 de marzo de 1944.

librar unidas la batalla final. Eso lo sabe el Frente Democrático Hondureño y está seguro de que si la ideología que el Centro Democrático Hondureño sustenta, es la misma que me revelaste en tu primera carta, no será posible que todos y cada uno de sus miembros lleguen a una conclusión diferente... Deliberadamente he dejado fuera del cuerpo de mi carta, la última parte del comentario sobre tu alianza con ZH (Zúñiga Huete]. Dice así: Si este pacto es nulo como garantía de libertad electoral, no lo es para ocasionar perjuicios. Precisamente, a quien más perjudican es a ti. Tú podrías agrupar, junto a los nacionalistas disidentes, un núcleo apreciable de los liberales policarpistas; pero, en vez de trabajar en ese sentido, creas -mediante un pacto para garantizar el sufragio libre la perspectiva de una lucha electoral entre el liberalismo y el nacionalismo legalista, y matas la posibilidad a que me refiero; sencillamente porque, en una contienda de partido, cada quien ocuparía su sitio, y el Partido Nacional, aunque le agregues el calificativo de Legalista, no tendría, al caer la dictadura de Carías, una sola posibilidad de triunfar, por más libres que fuesen las elecciones. Lo que sí harías... es abrir todas las oportunidades de victoria al mismo pasado incapaz, odioso y podrido que, para bien de Honduras, debe ser definitivamente liquidado. En el mundo que se renueva, no se puede fomentar ni tolerar la resurrección del pasado, sin contribuir aunque no se quiera- a estorbar el progreso. El pasado debe perecer para siempre. Y para eso es imperioso luchar desde ahora y no cuando caiga Carías...".

Los preparativos para emprender ataques armados continuaron a lo largo de 1945, pero las divisiones internas no cesaron. Un análisis del Director del FBI señalaba que prácticamente desde la elección presidencial de 1932, el Partido Liberal había estado dividido; el encarcelamiento y exilio de los líderes había dejado a los liberales "sin cabeza", en tanto que la supresión de la libertad de expresión les impidió reorganizarse. Adicionalmente, dentro del partido, había elementos que se oponían a la candidatura presidencial de Zúñiga Huete, temiendo una recurrencia de los males sufridos bajo Carías; este grupo estaba compuesto, principalmente, de intelectuales y profesionales, en tanto que la mayoría de liberales, conformada por el pueblo más pobre, apoyaba a Zúñiga Huete como el líder del partido.[388]

Zúñiga Huete se trasladó de México a Guatemala, de donde fue expulsado en 1945, debido a su apoyo a los seguidores de Adrián Recinos, el ex embajador de Guatemala en Estados Unidos y candidato presidencial derrotado por Arévalo en las elecciones del 15 de marzo de 1945. Por tal razón, tuvo que retornar a México.

Los diplomáticos de EUA afirmaban que los liberales no confiaban en Zúñiga Huete, ya que tenía demasiados enemigos, carecía de tacto y era demasiado ambicioso en lo personal; temían que, de triunfar, establecería una dictadura, por lo que aspiraban, luego de la victoria, a una convocatoria a elecciones libres y que fuera el pueblo quien escogiera al presidente. Por ello, sus correligionarios preferían que el movimiento armado fuera dirigido por Callejas y Federico Smith en El Salvador; y por Joaquín Bonilla, del Partido Nacional y José María Guillén Vélez, del Partido Liberal, en Nicaragua.

A lo largo de 1945 se sucedieron penetraciones armadas en el territorio. En abril hubo un ataque en Copán, donde murieron diez soldados y el comandante de armas, así como 29 invasores.

El FBI calculó que perecieron cincuenta personas, entre tropas gubernamentales y rebeldes. Después de un día de combate, aún retenían Copán y Santa Rita, pero luego se internaron en la Montaña del Espíritu Santo, cerca de Florida; el grupo ascendía a unos doscientos efectivos. Mientras seiscientos soldados, dirigidos por Carlos Sanabria, Matías Arriaga y Leopoldo Hernández, intentaban cercarlos, las autoridades guatemaltecas arrestaron a los generales Santos Chinchilla y Encarnación Arita. La fuerza invasora fue dirigida por Ángel Matute, Ernesto Alvarado, Pompilio Aguiluz y Daniel Pazzety, quien resultó herido.[389] Otro choque armado ocurrió

---

[388] Hoover a Berle, Secretario Asistente de Estado, «Tendencias revolucionarias en Honduras», 815.00/7-644.

[389] Memorándum de Hoover a Lyon del Departamento de Estado, 14 de abril de 1945, 815.00/4-1445; Erwin al Departamento de Estado, 16 de abril de 1945, 815.00/4-1645; 19 de abril de 1945, 815.00/4-1945. Erwin evaluaba así este intento: «La estrategia rebelde parece ser mantener una fuerza al interior de Honduras con la esperanza de atraer otros elementos anti Carías».

en abril de 1945, en Santa Bárbara y Zompopero. La victoria fue para las fuerzas gubernamentales, que participaron con setecientos soldados dirigidos por Carlos Sanabria.

Los intentos opositores continuaban, pero las discrepancias internas, lejos de disminuir, aumentaban. Una personalidad que pudo haber sido el símbolo de la unidad era el prestigioso intelectual Rafael Heliodoro Valle. Sin embargo, fue blanco de virulentos ataques desde el seno del liberalismo. El 3 y 4 de mayo de 1945, él sostuvo dos entrevistas con el presidente Carías, luego de un viaje a Sudamérica, en el que hizo escala en Tegucigalpa. Lo habían con vencido de que el gobernante estaba dispuesto a retirarse del poder y que lo entregaría a quien triunfara en las elecciones de 1948.

La intransigencia con que fueron escuchadas mis primeras insinuaciones para hablar en su nombre a quienes desearan darse cuenta de la realidad de Honduras, hizo fracasar mi modesto afán de pacificador. Entrevisté al Presidente Carías en dos ocasiones más, en abril del año pasado (1946), y me autorizó para decir públicamente su resolución de retirarse a la vida privada, después de entregar el mando a quien los hondureños elijan en el próximo octubre.[390]

Los ataques contra Valle los encabezaron Zúñiga Huete y Ricardo Alduvín quien, en carta del 11 de junio de 1945, señaló que se oponía a la reconciliación que Valle había iniciado con Carías, pues debía ser este quien iniciara tal aproximación, y no los emigrados. Alduvín argumentaba que, aunque la oferta de Carías fuese legítima, debía cumplir varias condiciones para que se aceptara: libertad inmediata y absoluta de todos los reos políticos; decreto de amnistía para los millares de emigrados; separación del gobierno; restablecimiento de todas las garantías constitucionales; libertades de imprenta, asociación, elecciones e independencia del Poder Judicial. También criticó a Valle por tomar iniciativas sin el consentimiento de la emigración o, por lo menos, de sus más

---

[390] Carta de Valle a Celeo Murillo Soto, México, 12 de diciembre de 1947, en: Celeo Murillo Soto. Un hondureño y una actitud política (en busca de la concordia). Tegucigalpa, Tipografía Nacional, 1948, p. 13.

prominentes representantes:

"Ese deber es aún más imperativo para un hombre como tú, que tiene la enorme responsabilidad de llevar un nombre ilustre en todo el continente, que todos reconocemos; que ha figurado y de derecho figura en las filas del Comité Liberal Democrático, Unión Democrática Centroamericana y que no ha renunciado a la designación que se le hizo de Presidente del gobierno revolucionario hondureño. Yo no sé cómo, habiéndose hecho solidario de los tremendos cargos que el Comité y la Unión Democrática han lanzado a Tiburcio y estando unido tu nombre a un pacto de los revolucionarios, has podido iniciar gestiones ante Carías, sin el consentimiento de tus amigos de ayer, o sin haber renunciado explícitamente a los compromisos que con ellos tenías. ¿Bajo qué bases se celebrarían esos arreglos? ¿Hay garantías suficientes en la palabra de Tiburcio para que los hondureños confiemos en sus manos nuestra tranquilidad y nuestra libertad, nuestra vida y nuestros derechos ciudadanos?".

Y advertía al polígrafo que podía convertirse en víctima de una maniobra, que lo colocaría en el poder en nombre de un partido "hipotético nacional, de conciliación, maniobra muy vieja y muy gastada en que los conservadores llevan al poder a un liberal, al que primero distancian de su partido y después lo lanzan como candidato nacional. Eso hicieron con el líder liberal Ponciano Leiva para enfrentárselo al doctor Bonilla; eso hicieron con Manuel Bonilla.. para enfrentárselo a Juan Ángel Arias; eso hicieron con el mismo Tiburcio, rabiosamente liberal, con el doctor Bonilla y con Miguel R. Dávila, y a quienes los conservadores lo hicieron candidato de un partido de unión nacional, de conciliación nacional... celebrar un pacto con Tiburcio sería reconocer la dictadura, darle personalidad, someternos a ella, hasta que ella resuelva dejarles paso libre a las instituciones y cubrirnos de ignominia. Que siga la dictadura, si no podemos echarla abajo, pero que no sea con nuestro reconocimiento, con nuestra aprobación, con nuestro beneplácito. Si ese es un hecho fatal, superior a nuestras posibilidades, que sea...".[391]

---

[391] Carta de Alduvin a Valle, México, 11 de junio de 1945.

La lectura de esta epístola refleja tanto las posiciones reduccionistas, como el pesimismo respecto a las posibilidades de que el régimen cayera. Otro prominente liberal, cuñado de Zúñiga Huete, compartía ese criterio: "Mi impresión es que la dictadura de Carías durará tanto como dure la división de la oposición".[392]

JOSÉ ÁNGEL ZÚÑIGA HUETE, UNA PERSONALIDAD SINGULAR

Para comprender mejor el contexto, intentaremos analizar la personalidad del principal y más controversial jefe de la oposición, José Ángel Zúñiga Huete. Para empezar, contamos con una autodescripción en la que analiza su carácter y sus actitudes políticas:

"Si por ser leal a mi país y a la causa de mi partido se me moteja de intransigente, acepto el calificativo con serenidad y con la satisfacción de que no sirvo a intereses mezquinos y apetitos de caudillos y caciques. Creo estar al servicio de la causa del progreso y de la cultura de nuestro país...".[393]

Pero no todos coincidían con sus apreciaciones. Una valoración de los diplomáticos estadounidenses, señalaba: "Él es ese tipo de hombre que desearía ser un dictador, es un hombre vengativo y probablemente trataría de vengarse de los nacionalistas que lo han mantenido en el exilio político durante los pasados doce años".[394]

En realidad, Zúñiga Huete nunca pensó en compartir en un plano de igualdad la jefatura opositora. Él se percibía a sí mismo -dado el número de seguidores que lo respaldaban-, como el caudillo indiscutible de la emigración. En carta dirigida al coronel salvadoreño, Asensio Menéndez, el 4 de junio de 1945, se defendía de la acusación de intransigencia y ante el hecho de que la Junta de

---

[392] Carta de Félix Canales Salazar en México, a Celeo Dávila en Costa Rica, RG 59 Confidental US State Department, Central Files: Honduras, Internal and Foreing Affairs, 1945-1949, LM 144, micropelícula 1.

[393] Carta de Zúniga Huete a Miguel Morazán, México, 18 de enero de 1945, LM/144, 815.00/2-2845, micropelícula 1.

[394] En: 815.00/9-1144.

Gobierno guatemalteca no le hubiera otorgado ayuda, ya que se deseaba que Zúñiga Huete aceptara dirigir el movimiento en alianza con Callejas y Ernesto Alvarado. Entre otras cosas, en la carta manifestó:

"Los señores Venancio Callejas y J. Ernesto Alvarado no representan a ningún sector de opinión; en Honduras el Partido Nacional Legalista que pretende dirigir el primero es una cubicación imaginaria que sólo tiene el respaldo de los familiares del mismo"[395].

Y el año anterior, desde Guatemala, sostuvo:

"El Jefe de la Revolución Liberal-Demócrata será el Licenciado Ángel Zúñiga Huete, en cuyo favor se ha firmado ya un acta de proclamación que suscriben la casi totalidad de los emigrados hondureños. El Jefe de la Revolución Liberal-Demócrata de Honduras acepta como subalternos y a sus inmediatas órdenes, a todos los que quieran sumarse espontáneamente al movimiento, inclusive al Doctor Venancio Callejas y su familia. En la lucha contra el dictador Carías Andino lo que se disputa es el poder. El Doctor Venancio Callejas rompió compromisos existentes con el liberalismo y con Zúñiga Huete, con la mira de supeditarlo y marginarlo en la lucha contra el dictador Carías Andino; y por tal motivo... no entrará jamás en un nuevo acuerdo con quien ya una vez pretendió desplazarlo. Inútil es todo trabajo que tenga por mira crear un nuevo entendimiento entre las indicadas partes. Como miembro del partido político del dictador Carías Andino, el Doctor Callejas fue el primero en oponerse en el Congreso y actuando como diputado, a una ley de amnistía propuesta a favor de los liberales, contribuyendo no poco al fracaso de la moción. ¿Cómo es que el doctor Callejas, ex carista resentido, pretende ponerse actualmente a la cabeza de los liberales de quienes ayer fue su verdugo? Al Doctor Callejas se le ha preguntado cuál es el personal de su hipotético partido político, su directorio, su programa ideológico, la actuación de su imaginario grupo, dejando sin respuesta el cuestionario... para vindicarse con los liberales, necesita el señor Callejas firmar su adhesión a las

---

[395] En: 815.00/7-345.

filas liberales de manera pública y ostensible y dar principio a una carrera de méritos y ejecutorias. El licenciado Zúñiga Huete sólo será candidato presidencial en el futuro... si el Partido Liberal de Honduras lo nomina...por el consentimiento y voto de sus correligionarios y sólo aceptará ser Presidente de Honduras si resulta electo gobernante de su patria por el voto espontáneo y libre de sus conciudadanos en comicios honestos y limpios. nunca aceptará la presidencia provisional de Honduras, en caso de presentarse tal evento... La oposición al gobierno de Carías está formada, casi en su totalidad, por el Partido Liberal de Honduras, y por consiguiente, para triunfar no necesita someterse a la dirección y comando de cuatro carlístas resentidos, entre los que figuran el Doctor Callejas y sus familiares. Honduras ya sufrió el nepotismo de Carías Andino y su linaje y no desea tener una nueva dinastía en el Gobierno[396].

Además de dirigir sus críticas a Callejas, también lo hizo contra Rafael Heliodoro Valle. Así, en carta dirigida desde México, le recordó que en la reunión sostenida en esa ciudad, Valle preguntó si se podía llegar a un entendimiento con Carías.

"Yo le contesté que todo político estaba en la obligación de escuchar y discutir las proposiciones de su adversario, pero para que nosotros tomásemos en cuenta insinuaciones de Carías, precisa que esas proposiciones sean sometidas a nuestra consideración. No sería práctico ni decoroso que nosotros, los perseguidos, los oprimidos y expatriados opositores del dictador, seamos los que han de formular propuestas. Una actitud semejante nos expondría a ser desairados... en esa ocasión le pregunté... si en su entrevista reciente con el dictador Carías y algunos de sus amigos había recibido usted propuestas de entendimiento para desenvolverlas con los opositores al gobernante. Usted contestó que ninguna sugestión ni propuesta concreta había recibido del dictador ni de los amigos de éste, para presentarles a los adversarios proscritos... ignoramos, hasta hoy, que usted tenga alguna misión de enlace o

---

[396] Guatemala, 25 de noviembre de 1944, 815.00/7-345.

avenimiento entre el dictador Carías Andino y sus opositores".[397]

Valle continuaba optimista respecto a la posibilidad de llegar a puntos coincidentes con el oficialismo. En una carta dirigida desde México, informó a Callejas que Carías le había prometido liberar a Héctor F. Bustillo y a Pablo E. Lozano. Y, en comunicación a Celeo Dávila, le confió que había llegado el tiempo de alcanzar un entendimiento, a pesar de los enemigos irreconciliables de Carías, ya que no se pensaba que sería derrocado por las armas.

En una carta a Pío Suárez de la que envió copia a Mejía Colindres, negó que Carías le entregaría a él la presidencia y aseguró que, en la reunión, éste no le había reclamado la representación de la oposición para iniciar pláticas con él. Atribuía la "desoladora realidad" de la oposición a la falta de unidad y entendimiento entre sus hombres más importantes, y le confió que, si se realizara un verdadero plebiscito en Honduras, la victoria sería para el Partido Nacional, pues las tácticas empleadas en los últimos doce años para derrotar al régimen habían fracasado y Carías se había consolidado. Consideraba que era muy posible que, si la desintegración de sus enemigos continuaba, Carías dejaría la presidencia cuando lo deseara, y escogería a su sucesor. También manifestó que insistir en la disensión, agitando a los partidos históricos, mostraba que no se deseaba la paz para Honduras, sino asegurar un puesto público. Declaró que él utilizaría nuevos hombres y emplearía nuevos métodos, esbozando un programa de renovación social y política, alrededor del cual se afiliarían los hondureños que verdaderamente se preocupaban por el país. Finalmente, aludió a un movimiento en el que participaba la juventud universitaria y muchos que habían servido en el Ejército, de ambos partidos.

"Este movimiento está tratando de crear una conciencia revolucionaria que podrá solventar la situación sin apelar a las armas. Puede sacrificar las personalidades antes que el bien común".[398]

---

[397] Carta de Zúniga Huete a R. H. Valle, 8 de junio de 1945, en la que lo calificó como «un niño grande en asuntos políticos».

[398] En: 815.00/5-1845 y 815.00/-2145.

LA OPOSICIÓN CÍVICA DE NUEVOS ACTORES

Entre tanto, en Honduras, el ejemplo de los pueblos salvadoreño y guatemalteco daba nuevos ímpetus a la oposición. Fue así que el 28 de mayo de 1944, un grupo de damas capitalinas marcharon por las calles de Tegucigalpa, pidiendo la libertad de los presos políticos y la celebración de elecciones libres. Presentaron una petición a Carías que firmaron, entre otras, Adela de Callejas, Argentina Díaz Lozano, Visitación Padilla y Carlota B. de Valladares. El día 29 las recibió el Mandatario en Casa Presidencial, pero sin resultado alguno (véase anexo 8).

El 4 de julio, día de la Independencia de Estados Unidos, hubo manifestaciones callejeras en la capital, pidiendo nuevamente la renuncia del Presidente, la celebración de elecciones libres, la liberación de los prisioneros políticos, el regreso de los emigrados y el restablecimiento de la libertad de prensa. Estas protestas fueron significativas, por cuanto en ellas participaron sectores de las capas medias, cuya radicalización y politización iba en ascenso, revelando que declinaba el temor a la represión.

La respuesta del régimen fue la persecución y el encarcelamiento de varios de los participantes en las demostraciones; a otros, la policía les impidió abandonar sus hogares, y los privaron de energía eléctrica y agua. Al día siguiente hubo un intento por iniciar una huelga en Tegucigalpa, pero fracasó, debido "a las medidas violentas y amenazantes asumidas por el Gobierno". La prensa salvadoreña divulgó el ametrallamiento ocurrido en Nueva Ocotepeque sobre la población civil, el día 5, por lo que muchas personas tuvieron que cruzar la frontera para refugiarse en poblados vecinos.

El 6 de julio se realizó otra demostración en San Pedro Sula; algunos de sus organizadores eran: Carlos Perdomo, J. Antonio Peraza, Presentación Centeno, Héctor Pérez Estrada, Armando Aguiluz, Manuel Antonio López, Manuel F. Barahona, Francisco R. Zúñiga, Francisco y Manuel Bográn, Camilo Girón, Jacinto Meza y Jaime R. Turcios. Era notoria la presencia de elementos representativos de los sectores profesionales y comerciales de la ciudad.

La manifestación del día 4, en Tegucigalpa, tuvo algunas

connotaciones violentas, pues los manifestantes lanzaron piedras y quebraron ventanales de la Casa Presidencial; incluso trataron de derribar los portones de hierro. Pero la Guardia de Honor repelió el intento de asalto con gases lacrimógenos, lo que bastó para dispersar a la multitud. Desgraciadamente, el curso de los acontecimientos no presentó las mismas circunstancias en la realizada por los sampedranos.

Se había concedido permiso para que se llevara a cabo, en el entendido de que no se pronunciarían discursos, lo que fue aceptado por los organizadores. Pero, cuando el doctor Peraza pidió a los manifestantes que se dispersaran, ocurrió un incidente por el cual murió un opositor de apellido Irías a manos de un soldado. Esta fue la chispa que dio origen al ametrallamiento de los civiles por parte de efectivos del Ejército y la Policía, apostados en los techos de las casas. Se ha escrito mucho sobre este trágico episodio, tratando de explicar cómo y por qué ocurrió. Un investigador neutral, el vicecónsul norteamericano en Puerto Cortés, se trasladó a los pocos días a San Pedro Sula con instrucciones de su embajada de indagar exhaustivamente, y proporcionar una versión pormenorizada de los hechos. Luego de entrevistar a 23 personas los días 13 y 14 de julio, llegó a estas conclusiones:

"Se sabe que fueron masacrados veinte y dos, entre hombres, mujeres y niños, además de muchos heridos... Dos doctores que atendían a los heridos, así como tres enfermeras, afirmaron que sabían de veinte y ocho que murieron de heridas... estoy convencido que al concluir la manifestación del 6 de julio hubo una masacre en grande, bárbara y a sangre fría".[399]

---

[399] Lee M. Hunsaker, 15 de julio de 1944, 815.00/7-1544. Un historiador sampedrano concluye que «es difícil saber hasta dónde pudo llegar la culpabilidad de Juan Manuel Gálvez, que vio y reconoció los cadáveres. Desde luego que él era el responsable de la tropa, como Ministro de Guerra, aunque no controlaba necesariamente todos sus actos. Es difícil creer que ordenó los disparos y creo en su arrepentimiento por no haber tomado más precauciones. No tenemos... suficiente información para saber quién ordenó la masacre... en la medida en que Carías era el Presidente y Gálvez Ministro de Guerra, ellos eran los responsables de lo que la tropa hiciera, aunque no en sentido estricto los culpables. Y las instituciones y los hombres no

Desde San Salvador, la embajada estadounidense comunicó a su homóloga en Tegucigalpa que los exiliados habían llegado a la conclusión de que no podrían derrocar a Carías por medio de la resistencia pasiva y que tendrían que iniciar invasiones simultáneas desde El Salvador y Nicaragua. El primer país ayudaría, ya que deseaba una salida al Atlántico, y se le había prometido que, de triunfar, se le daría una faja de tierra a lo largo de la frontera con Guatemala; Somoza brindaría su apoyo porque detestaba a Carías, y deseaba el establecimiento de un gobierno amistoso en Honduras. Los dos países ofrecían ayuda militar.

El 29 de octubre, la Unión Democrática Centroamericana indicó que los revolucionarios hondureños estaban en una situación precaria, sin recibir ayuda desde El Salvador; por el contrario, el gobierno salvadoreño, presidido por el coronel Osmín Aguirre, había concluido una alianza militar de defensa mutua con Carías[400]. Como consecuencia, dieciséis salvadoreños habían sido encarcelados y concentrados en Ojo de Agua por las autoridades hondureñas, en tanto que Aguirre ya había convencido a otros opositores para que abandonaran El Salvador.

El 4 de octubre de 1945, el Centro Democrático Hondureño envió una carta al secretario asistente de Estado, Spruille Braden, haciéndole ver que el embajador Erwin no gozaba de la confianza del pueblo hondureño, y solicitando el no reconocimiento de Estados Unidos de gobiernos surgidos de golpes de Estado. Desde San José, la suscribían sus directivos Vicente Mejía Colindres, Venancio Callejas, Moisés Herrera y Luis Suárez Romero (véase anexo 11).

La oposición en Honduras también veía en el diplomático a un representante parcializado en favor de la dictadura y comparaba sus acciones con las de las delegaciones mexicana y guatemalteca que recibían a delegados que presentaban, por su medio, pliegos de peticiones y denuncias a Carías.

---

pueden sacudirse sus responsabilidades blanqueando los sepulcros de sus víctimas». Rodolfo Pastor Fasquelle. Biografía de San Pedro Sula: 1536-1954. San Pedro Sula, Centro Editorial, 1990, pp. 397-398.

[400] Dougherty al Departamento de Marina, 29 de junio de 1944, RG 38.

El embajador Erwin, al informar sobre la situación política de Honduras, admitía que los ciudadanos no gozaban de libertad de palabra y estaban privados de algunas otras libertades que, generalmente, disfrutaban los residentes de países genuinamente democráticos: "pueden ser, y a veces lo son, arrojados a la cárcel y mantenidos allí por semanas, meses e incluso años sin proceso judicial formal. Pero, estos desafortunados son relativamente pocos en número y muchos están implicados en conspiraciones para derrocar el gobierno debidamente constituido por medios violentos. No hay razón para creer que los derechos individuales serían mejor respetados por elementos de la oposición si obtuvieran control del gobierno de este país, y es razonablemente cierto que la vida y la propiedad estarían menos seguros que bajo el presente régimen".[401]

El 14 de agosto de 1945 surgió un intento por romper el monopolio bipartidista con la fundación del Partido Democrático Hondureño (PDH), que aspiraba a constituirse en una tercera fuerza política. Su comité ejecutivo provisional lo integraban Daniel Quesada, Carlos Zelaya Galindo, José Pineda Gómez, Julio C. Colindres M., Virgilio Cáceres Rojas, Lisandro Gálvez, Octasiano Valerio, Rosendo Ferrera, Francisco Cáceres B. y Miguel Navarro. Uno de sus ideólogos, José Pineda Gómez, explicaba la razón de ser del nuevo partido:

"Se propone el Partido Democrático Hondureño fundar en Honduras una democracia efectiva, afirmar y defender las instituciones republicanas, pugnar por una legislación social, apoyada en principios constitucionales, para que se cumplan a favor del obrerismo y el campesinado previa su organización en un ambiente libre y legal; levantar el nivel de vida de los trabajadores del campo y de la ciudad para que éstos puedan disfrutar sin restricciones, de elementos para satisfacer siquiera con plenitud las necesidades materiales".

En 1948, el PDH se fusionó con el Partido Revolucionario Hondureño para crear el Partido Democrático Revolucionario

---

[401] Erwin al Departamento de Estado, despacho 1917. 28 de junio de 1945, 815.00/62845.

Hondureño (PDRH). El 2 de junio, el Comité Central Ejecutivo del PDRH -conformado por Antonio Madrid h., Rodolfo Pastor Zelaya y Ramón Rosa Figueroa h.- decidió unificar ambos programas. El resultado fue un documento coherente, que analizaba la realidad nacional de la época. En este demandaban la industrialización, reforma agraria, desarrollo infraestructural, creación de la banca nacional, salud pública, fundación de una guardia civil, profesionalización de las fuerzas armadas, reforma tributaria, adecuación de la legislación a las necesidades del país, incluyendo la promulgación del Código del Trabajo, la implantación del salario mínimo y seguro social, el otorgamiento de precios básicos y facilidades de crédito a los campesinos, y el establecimiento de cooperativas de producción y consumo.

En cuanto a la clase capitalista hondureña, se pedía garantía estatal para las propiedades de los terratenientes, crédito barato y ayuda técnica; para los industriales, protección gubernamental a sus inversiones y sus productos, acceso al crédito y capacitación de la mano de obra; para los comerciantes, la emisión de leyes que permitieran el desarrollo empresarial y, para los banqueros, la creación de nuevas instituciones crediticias.

En relación con los sectores emergentes de clase media, se abogaba por los derechos de organización sindical y cultural de los maestros, como por los derechos de asociación con fines científicos, culturales y de defensa económica para el resto de profesionales; igualdad de la mujer respecto al hombre, tanto en el disfrute de derechos políticos como en la igualdad de oportunidades económicas; protección a la niñez y otorgamiento de la autonomía universitaria[402].

Si bien es cierto que estas ideas eran de carácter general y no detallaban las formas y procedimientos para aplicarlas, también lo es que, en su conjunto, contenían y expresaban las aspiraciones de los sectores medios; estos, aunque pequeños en número, si se comparan con la totalidad de la población, estaban articulados y eran coherentes en sus propuestas, lo que indicaba los cambios en

---

[402] Programa del Partido Democrático Revolucionario Hondureño. San Pedro Sula, Alma Latina, 1948, pp. 1-11.

la composición social que estaba experimentando Centroamérica.

Varios de estos planteamientos estaban poniendo en práctica los gobiernos de Calderón Guardia y Picado en Costa Rica, como el de Juan José Arévalo en Guatemala, lo que estimulaba a los grupos y sectores medios de las naciones vecinas. El Programa del PDRH fue parcialmente incorporado por los partidos Nacional y Liberal en sus respectivas plataformas; y, algunos de sus aspectos, implementados por los gobiernos de Gálvez, Lozano y Villeda Morales.

LAS TENSAS RELACIONES CON GUATEMALA

La llegada de Juan José Arévalo a la presidencia de Guatemala significó que la oposición hondureña contaba con otro gobierno receptivo a sus esfuerzos; así, el mandatario guatemalteco recibió a una delegación de emigrados y ordenó liberar a los que habían detenido en Chiquimula[403]. Un informe naval se refería en los siguientes términos a las relaciones intergubernamentales centroamericanas: "Honduras mira con suspicacia las relaciones cordiales entre El Salvador y Guatemala en sus esfuerzos por llevar a cabo la unión. Honduras también está suspicaz del actual gobierno guatemalteco, por ser demasiado condescendiente con el obrerismo... en la superficie Honduras es amistosa con Guatemala, pero recientes incursiones fronterizas por parte de emigrados hondureños procedentes de Guatemala han hecho mucho por promover fricciones...".[404]

El 28 de abril de 1945, Erwin señaló al Departamento de Estado que Carías sospechaba que Arévalo trataba de promover algún esquema de unión, tal vez únicamente entre Guatemala y El Salvador, pero con el respaldo de México, del cual se sospechaba

---

[403] Fisher al Departamento de Marina, «El Salvador, Costa Rica, Nicaragua, Honduras, fortaleza y efectividad del gobierno, situación política interna», Intelligence División, Confidental Reports of Naval Attaches, 1940-46, 26 de junio de 1945, RG 38, C-10-J 245662-24986.

[404] Peyton H. Park, Comandante USNR, «Honduras, Partidos Políticos, Fortaleza / Efectividad del Gobierno», 26 de junio de 1945, RG 38, 11817-11904.

que estaba intentado atraer a El Salvador "al bloque izquierdista actualmente compuesto por México y Guatemala".[405]

La embajada de Estados Unidos en Costa Rica también aportó elementos de juicio en el análisis de las relaciones Honduras-Guatemala. Informó que el presidente Picado había mostrado un telegrama de la embajada costarricense en Honduras, que indicaba que "el proyecto de entendimiento entre Arévalo y Castañeda alarmaba al gobierno hondureño", a lo que Picado replicó: "Puede informarle al Presidente Carías que el gobierno de Costa Rica no está participando en ninguna combinación Arévalo-Castañeda".[406]

Desde Managua, Somoza manifestó a la embajada estadounidense que le comunicaría al agente confidencial de Carías en su país, Gustavo Castañeda, que en tales circunstancias, él se oponía a la unión entre Guatemala y El Salvador; y que si atacaban a Honduras y Nicaragua, él lucharía. El dictador pensaba que el intento de unión entre los dos países era una maniobra de México para obtener hegemonía política en Centroamérica e instalar gobiernos afines a él. Somoza opinaba que México no solo trataba de infiltrar ideas radicales, sino de promover sus exportaciones en Centroamérica. Concluía el despacho diplomático:

"Él considera que la unión de Guatemala y El Salvador puede constituir una amenaza hacia el Presidente Carías de Honduras y que si este gobierno es derrocado, está seguro de que su propio gobierno sería el siguiente en ser atacado".[407]

Las relaciones diplomáticas con Guatemala se fueron haciendo más tensas. El 15 de octubre de 1945, el gobierno guatemalteco declaró non grato a un funcionario de la embajada hondureña, y exigió que fuera retirado. Argumentó que habían arrestado a revolucionarios hondureños y, de los interrogatorios, se infería la probabilidad de que el gobierno hondureño estuviera estimulando a conspiradores guatemaltecos, incluso financiándolos; que habían detectado los fondos que eran lo suficientemente grandes, en

---

[405] Erwin al Departamento de Estado, 28 de abril de 1945, 714.16/42845.

[406] Johnson al Secretario de Estado, 28 de mayo de 1945, 714.16/5-2445.

[407] Warren al Secretario de Estado, despacho 55, 6 de junio de 1945. 714.16/6-645.

manos de residentes en Honduras, por lo que se suponía que procedían del gobierno hondureño. El canciller guatemalteco expresó al embajador de los EUA en su país que el gobierno de Honduras, al permitir ataques por prensa y radio desde de su territorio, estaba intentando derrocar al gobierno guatemalteco[408].

ENTRE DUDAS Y PRESIONES

A mediados de septiembre de 1944, se informó en Washington que Carías se encontraba entre dos fuegos. Por un lado, los consejeros que habían acumulado fortuna durante su presidencia comprendían que, al salir Carías del poder, se acabarían las posibilidades de defraudar el fisco, por lo que lo excitaban a que no renunciara y que, si era necesario, luchara. En este grupo se encontraban, entre otros, Fernando Zepeda Durón y Vicente Cáceres, quienes temían que al entrar otro gobierno, tendrían incluso que abandonar el país.

Otro sector, constituido por Julio Lozano, Abraham Williams y Juan Manuel Gálvez -quienes no estaban implicados en actos de corrupción-, consideraba que los primeros mal aconsejaban a Carías y que él cometía un error al pensar que era un hombre popular, basado en la información que le brindaban sus consejeros; al no haber salido de Tegucigalpa en dieciséis años y no estar en contacto con el pueblo, había perdido el sentido de la realidad.

Este grupo razonaba que por el bien del partido, Carías debía renunciar a participar en unas elecciones en las que el Partido Nacional tendría una buena posibilidad de éxito; ellos pensaban que, ante las elecciones, la alianza de Callejas con Zúñiga Huete se rompería, pues cada cual trataría de ganarlas. Dividida la oposición, las posibilidades de triunfo del nacionalismo aumentarían. Además, sabían que muchos liberales no simpatizaban con Zúñiga Huete por considerarlo vengativo y proclive a proclamarse dictador. Incluso exponían que si el Partido Nacional perdía los comicios, no habría incentivo para perseguir a sus dirigentes y confiscar sus

---

[408] Kyle al Departamento de Estado, despacho 611, 15 de octubre de 1945, 714.15/10-1545.

propiedades, ya que no habría derramamiento de sangre. Por tanto, aun si eran derrotados, tendrían oportunidad de reorganizarse para subsiguientes elecciones.

El FBI consideraba como posibles candidatos del Partido Nacional a Abraham Williams Calderón y Juan Manuel Gálvez, "probablemente el más querido... que cualquiera de los otros posibles candidatos, ya que es amistoso, se mezcla con el pueblo y viaja frecuentemente a lo largo del país, solo y sin guardaespaldas; tiene a su cargo a los comandantes y mayores de plaza". Otros, de acuerdo a su orden de importancia, eran Camilo Reina, director de Policía en Tegucigalpa; Calixto Carías, sobrino de Tiburcio y comandante de Amapala; Julio Lozano, ex ministro de Hacienda; Rufino Solís, comandante de La Ceiba; y, Gonzalo Carías, cónsul en Nueva York[409].

El agregado militar informó que Gálvez le había aconsejado al Presidente que, por el bien del país, tomara unas vacaciones; y que, de otras fuentes, se había enterado de un plan, de amigos y consejeros cercanos al Presidente, para pedirle que renunciara en favor de Gálvez, de quien se expresó así: "Es uno de los pocos hombres honestos que están cerca del Presidente y no vacila en decirle la deplorable corrupción e ineficiencia que está siendo perpetrada por su administración".

También informó que el gobierno no las tenía todas consigo, y que su estabilidad empeoraba, con la considerable preocupación e indecisión en las altas esferas. Diversas fuentes indicaban una considerable agitación en la Costa Norte, y que el gobierno sospechaba que se planeaban actividades en su contra en esa región.

Un alto funcionario atribuía el nerviosismo de los residentes en la Costa Norte a que, recientemente, había llegado el general Mariano Reyes a inspeccionar los cuarteles de la zona, acompañado por quince soldados. Carías le había encargado la misión de revisar cuidadosamente la condición y lealtad de los oficiales y soldados de las diversas guarniciones para que, a su regreso, le informara personalmente el resultado de sus investigaciones.

---

[409] Hoover a Berle, 20 de enero de 1944, 815.00/4936.

Pese a todo, prevalecía la opinión de que una revuelta armada era improbable por varias razones: los fondos de la oposición eran insuficientes, y carecía de líderes militares capaces; la fortaleza, lealtad y eficiencia de la Fuerza Aérea; y, la escasa posibilidad de éxito de una huelga de brazos caídos, como la realizada en El Salvador.[410]

El agregado naval de EUA en Guatemala confirmó las apreciaciones de su colega, al expresar que Carías parecía estar suficientemente firme en la montura como para continuar siendo presidente indefinidamente, si así lo deseaba.

Pero agregó que había rumores, aparentemente bien fundados, que en el futuro cercano presentaría su renuncia. Explicó que las razones eran que se estaba poniendo viejo y solitario, y que su esposa estaba en un hospital en los Estados Unidos donde, probablemente, permanecería por un largo tiempo y él deseaba acompañarla. "Ella parece haber sido la fuerza que lo sostiene y, sin ella, él muestra menos interés en su puesto".[411]

A mediados de agosto de 1945, la embajada estadounidense comunicó que el director de La Época y confidente de Carías, Fernando Zepeda Durón, confió al encargado de negocios, Faust, que el Presidente estaba "algo triste y preocupado", debido a que toda su relativamente modesta fortuna estaba invertida en Honduras. Deseaba vender algunas propiedades, pero muchas estaban a nombre de su esposa, y temía que la señora Carías no entendería la solicitud de extender un poder notarial y "podía preocuparse tanto, que existía peligro de una recaída".

Según Zepeda Durón, el Presidente estaba analizando, seriamente, la posibilidad de retirarse de la política e irse a los Estados Unidos, donde podría comprar una pequeña granja para tener algo que hacer. Pero no podía hacerlo inmediatamente,

---

[410] Brown al Departamento de Guerra, despacho 897, 22 de mayo de 1944, RG 226.

[411] Fisher al Departamento de Marina. «El Salvador, Costa Rica, Nicaragua, Honduras. Fortaleza y efectividad del gobierno, situación política interna», 10 de septiembre de 1945, RG 38, Intelligence División, Confidental Reports of Naval Attaches, 1940-46, C-10-J 24562 a 24986.

porque no poseía fondos suficientes fuera de Honduras, y no había podido liquidar suficientes propiedades para adquirir los medios. También le preocupaba la situación política. ¿Quién le sucedería en la presidencia?

"Abraham Williams es bien educado y competente, pero procede de Choluteca y tiene pocos o ningún seguidor en la Costa Norte, donde tradicionalmente se han generado las revoluciones. El señor Zepeda Durón mencionó a don Julio Lozano... como una persona que podía llegar a ser presidente; sin embargo, afirmó francamente que no creía que don Julio podría ser electo al puesto, ya que cualquier intento por imponer a un presidente sin una elección, resultaría en una revolución... las dificultades que surgirían de una renuncia de Carías son obvias".[412]

Aunque en mayo de 1945 fueron arrestadas 28 mujeres que intentaban desfilar, en diciembre fueron liberados varios prisioneros políticos, incluyendo los involucrados en la conspiración anticariísta en octubre de 1943. En enero de 1946 aún permanecían prisioneros varios dirigentes, si bien liberaron al teniente René Zelaya Smith y al coronel Pablo Lozano.[413]

UN NUEVO PANORAMA

En diciembre de 1945, Carías anunció públicamente, por primera vez, su intención de entregar el poder al finalizar su tercer periodo. Como se recordará, en 1939 se había modificado nuevamente la Constitución para extender su mandato presidencial hasta 1949.

En el mensaje al Congreso, correspondiente a 1945, expresó: "Por declaración del Soberano Congreso Nacional, el mandato presidencial que he venido y estoy ejerciendo, terminará el 1 de enero de 1949. He tratado de corresponder fielmente a la demostración de confianza dada por la Nación. Dentro de la

---

[412] Faust al Departamento de Estado, despacho 2012-A, 30 de agosto de 1945, 815.001.

[413] Erwin al Departamento de Estado, 18 de enero de 1946, 815.00/7-2345 y 815.00/12-1845.

medida de mis capacidades... he querido servir, con lealtad y cariño, a mis compatriotas. Y, en la fecha establecida, haré entrega del Poder a la persona legalmente electa".[414]

Una vez confirmado que Carías no insistiría en el continuismo, la oposición fue modificando sus tácticas; ya no trataba de derrocarlo por medio de las armas, y más bien se dedicó a explorar las condiciones mínimas para la actividad proselitista, a fin de determinar la posibilidad de participar en las elecciones de 1948.

El régimen dictó algunas medidas que podían interpretarse como los primeros pasos encaminados a garantizar que se permitiría, de manera abierta, la labor política opositora. El 21 de enero de 1946 se levantó el estado de sitio y se permitió cierta libertad de expresión, lo que posibilitó la aparición de tres periódicos de oposición: Orientación y El Libertador, en Tegucigalpa, y La Tribuna en La Ceiba. No obstante, el 17 de marzo de 1946, el Congreso aprobó el Decreto 95 -moción presentada por Fernando Zepeda Durón-, que penaba a los hondureños que, a juicio de las autoridades, fueran encontrados culpables de actividades totalitarias y disociadoras que de cualquier forma intervengan para establecer en Honduras las normas o principios del sistema de gobierno totalitario o comunista o que coincidan o tiendan los mismos fines, con pena de reclusión menor en su grado máximo y, en casos de reincidencia, la pena de reclusión mayor en su grado mínimo[415].

El hecho de que el gobierno deseara adquirir aviones AT-6 en Estados Unidos, propició que funcionarios diplomáticos de ese país reflexionaran sobre la naturaleza del régimen:

"¿Es Honduras una dictadura? Lo es menos que la dictadura de Somoza. Algunos prisioneros políticos han sido liberados. La prensa es más libre que hace un año. Pero aún es cierto que el pueblo no ha sido convocado para elegir un presidente desde 1932... Las "elecciones" de 1936 para una Asamblea Constituyente

[414] Mensajes presidenciales del Doctor y General.., op.cit., Tegucigalpa, Ariston, 1945, pp. 293-294.

[415] Honduras. Decretos del Congreso Nacional 1945-1946. Tegucigalpa, Tipografía Nacional, 1945. p. 233.

no fueron disputadas por el Partido Liberal, que también rehusó votar para las elecciones a diputados en 1942. Así, el Congreso es un sello de goma y no hay verdadera libertad para criticar u oponerse al régimen de Carías, quien ha prometido retirarse en 1948. No existe una manera legal y efectiva para que el pueblo saque un gobierno que desaprueba. No se puede seriamente afirmar que hay libertad de palabra, de asociación, organización y verdadera libertad de prensa. Es desafortunado que Honduras deba emerger como la prueba de examen, ya que no tiene historia o tradición de práctica democrática, por el contrario, su historia es una de turbulencia y de demagogos egoístas, apelando libremente a la revuelta para obtener el poder. Su paz ha provenido de su dictador. Pero esa paz ha sido la paz de la opresión...".[416]

Después de entrevistarse con Carías en abril de 1946, Rafael Heliodoro Valle le confió a Faust que no dudaba que él cumpliría su promesa de celebrar elecciones libres en 1948, y entregaría el poder a un sucesor debidamente electo, el 1 de enero de 1949. Valle no favorecía un cambio de gobierno por medios violentos y aconsejaba a los emigrados tener paciencia, convencido de que sí habría elecciones libres en 1948[417]. Carías, por su parte, aseguró al diplomático Dawson que habría elecciones a finales de 1948, las que serían justas y libres, "con la oposición que exista, dándosele todo tipo de facilidades", y que él no sería candidato[418].

Erwin informó que los precandidatos por el Partido Nacional eran Gálvez y Williams, y que el Partido Liberal buscaba dividir al oficialismo, alentando a Williams a que buscara la postulación; con la división, intentaba obligar a los nacionalistas a nombrar un candidato de compromiso.

Tiburcio Carías Castillo le confesó al funcionario del

---

[416] Cochran a Briggs, memorándum Interno del Departamento de Estado, 3 de junio de 1946, FW 815.248/5-2846.

[417] Faust al Departamento de Estado, 25 de abril de 1946, 815.00/4-2246.

[418] «Democracia en Elecciones en Honduras», 21 de enero de 1947, RG 59, General Records of the Department of State, Office of American Republics Affairs. Memorándum Realting to Individual Countries, 2 de marzo de 1918, 31 de diciembre de 1947, Honduras, caja 50.

Departamento de Estado, Gordon Reid, que él había abrigado aspiraciones a la presidencia, pero que temía lanzar su candidatura, ya que Estados Unidos podía considerarla como una forma de "continuismo"; además, su padre no había mostrado entusiasmo ante tal propuesta. Mientras, el director de la Office of American Republics Affairs, Ellis O. Briggs, le hizo ver al embajador de Honduras en Washington que su gobierno "estaba indispuesto a cooperar militarmente con Honduras, ya que tenía un régimen que no permitía elecciones libres y periódicas".[419]

El Partido Liberal inició la larga y difícil tarea de reorganizarse tras la prolongada persecución y acoso; en 1947, el presidente del Consejo Supremo del partido era Antonio R. Reina h. y, Federico Smith, el vicepresidente. En abril, los líderes Ramón Villeda Morales, Federico Smith, Héctor Valenzuela, Lisandro Gálvez y Hernán López Callejas visitaron a Robert Newbegin, funcionario de la embajada en Tegucigalpa. El portavoz, Villeda Morales, explicó que, aunque representaban a diferentes partidos políticos, estaban unidos en su oposición al régimen, y que el propósito principal de su visita era obtener el apoyo del gobierno de los EUA.

"Yo les expliqué que el gobierno de los Estados Unidos, de acuerdo con sus obligaciones internacionales, no podía intervenir en los asuntos domésticos de Honduras; que si bien tenemos una actitud más amistosa y un mayor deseo de cooperar con gobiernos que se sostienen en la libre voluntad del pueblo periódicamente expresada, no parecía haber nada que pudiéramos hacer en la presente circunstancia".[420]

Esta visita marcó el inicio de una nueva estrategia de la oposición: hacer contacto con funcionarios norteamericanos, tanto en Honduras como en Estados Unidos, a fin de obtener apoyo privado y público del Departamento de Estado. En aquel momento,

---

[419] Erwin al Departamento de Estado, despacho 2575, 19 de febrero de 1947; Memorándum de conversación de Newbegin, jefe de la División de Asuntos de Centroamérica y Panamá, 24 de octubre de 1947, Foreing Relations of The United States, 1947. The American Republics. Washington, GPO, 1972, Vol. VIII, p. 742.

[420] Newbegin al Departamento de Estado, «Visita de opositores hondureños», 19 de abril de 1947, 815.00/4-1947.

ya se habían desengañado de las posibilidades de cooperación activa de los gobiernos salvadoreño y guatemalteco. El Agregado Militar de Estados Unidos para Centroamérica lo confirmó:

"No hay disposición por parte del gobierno guatemalteco para dar ayuda material o ningún otro tipo de ayuda o asistencia a los opositores hondureños ahora domiciliados en Guatemala; de hecho, el gobierno tomaría medidas activas para suprimir cualquier movimiento procedente de territorio guatemalteco. Al presente. Guatemala está demasiado absorbida con problemas políticos internos y económicos como para tener algún interés activo oficial en los asuntos internos de sus vecinos...".[421]

El 11 de agosto, Antonio R. Reina h. y Federico Smith -en nombre del Consejo Supremo del Partido Liberal-, enviaron al nuevo embajador Paul Daniels, quien sustituyó a Erwin, un memorándum sobre la situación política de Honduras. Nuevamente solicitaron que EUA retirara su apoyo a los dictadores latinoamericanos e influyera para que se dieran libertades a los pueblos y se retornara a la constitucionalidad; también solicitaron a Daniels que intercediera para la liberación de los presos políticos[422].

En diciembre, Zúñiga Huete se desplazó desde su exilio en México hasta Washington, donde se entrevistó con Daniels, quien había sido promovido a director de la Oficina de Asuntos de las Repúblicas Americanas, y le presentó un memorándum donde declaraba que su partido "se caracteriza como organismo de orientación ideológica centrista, alejado de todo extremismo de derecha y de izquierda; y los postulados de su programa remontan su genealogía a los principios fundamentales de la democracia de Inglaterra y de los Estados Unidos de América, naciones de las que los liberales de Honduras somos admiradores y nos consideramos amigos...".[423]

---

[421] Devine Jr. al Departamento de Guerra, 21 de marzo de 1946, ‹Relaciones hondureñas-guatemaltecas», RG 226, Intelligence Reports.

[422] Daniels al Departamento de Estado, despacho 2893, 14 de agosto de 1947, 815.00/8-1447.

[423] Memorándum de Zúñiga Huete a Daniels, 19 de diciembre de 1947, caja 5090, reproducido en el anexo 12.

Desde Nueva York -donde en 1946 se había constituido el Comité Liberal por la Democracia en Honduras, presidido por el médico José Guadalupe Reyes-, Zúñiga Huete dirigió otra misiva a Daniels, insinuando la posibilidad de concertar un arreglo entre Carías y la oposición liberal, encaminado a celebrar elecciones presidenciales libres en 1948.[424]

A finales de enero de ese año, Zúñiga Huete acreditó a Roberto Arellano Bonilla para que realizara gestiones orientadas a lograr que las elecciones fueran supervisadas y garantizadas por representantes de un comité formado por tres o más naciones americanas. Y dejó entrever que, si esta medida no se concretaba, su partido podría abstenerse de participar en los comicios.[425]

LAS ELECCIONES DE 1948, ENTRE LA DESCONFIANZA Y LA INCERTIDUMBRE

El 27 de enero de 1948, el Congreso Nacional convocó a elecciones presidenciales y diputadiles para el periodo 1949-1955; la fecha de los comicios se fijó para el 10 de octubre.

El 20 de febrero, la convención del Partido Nacional, unánimemente, aclamó a Juan Manuel Gálvez y a Julio Lozano como sus candidatos a la presidencia y vicepresidencia, respectivamente. En su plataforma, el Partido Nacional incluyó algunos puntos que, posteriormente, se implementaron durante la administración Gálvez. Por ejemplo, la fundación del Banco Central, la reforma tributaria, a fin de aliviar la carga de impuestos indirectos que recaía sobre los sectores menos favorecidos, y de crear los directos, que no habían existido durante el régimen de Carías, y que las empresas tributaran de acuerdo a sus ganancias; la modernización del sistema fiscal, y la creación del crédito agropecuario.

También en febrero, luego de años de exilio, retornó el caudillo liberal José Ángel Zúñiga Huete. Aunque su liderazgo había sido

---

[424] Zúniga Huete a Daniels, 24 de diciembre de 1947, 815.00/12-2447.

[425] Montamat al Departamento de Estado, despacho 41, 24 de febrero de 1948, 815.00/2-2448.

controversial y no compartido por todos los liberales, era evidente que -pese a los años y a la falta de resultados visibles en cuanto al derrocamiento o renuncia de Carías-, aún no surgía el político con el suficiente carisma e influencia como para disputar a Zúñiga Huete la dirección y el control de la principal fuerza opositora. Él confesó las dudas que lo asaltaban a su amiga Visitación Padilla, a finales de 1948:

"Me asalta la duda de si los veintiún años de exilio y las contrariedades saboreadas a través de una vida que ya se aproxima a su fin natural, se deben a que escogí la ruta de Don Quijote en vez de tomar la de Sancho Panza... pero con todo... no me arrepiento de mi romanticismo político... no habría podido separarme de la línea de conducta en que me he desenvuelto...".[426]

El 16 de mayo de 1948, la Convención Liberal eligió -tal como lo hizo en 1932-, a Zúñiga Huete y a Francisco Paredes Fajardo como sus candidatos a la presidencia y vicepresidencia. Su plataforma, contentiva de noventa puntos, incluía la organización del Ministerio de Trabajo; el establecimiento de cooperativas agrícolas; salario mínimo para los obreros y la participación en las ganancias de las empresas donde laboraban; el pago del trabajo extra y de vacaciones anuales; garantías para las huelgas pacíficas; distribución de tierras comunales; limitación de los latifundios y progresiva extinción de los monopolios agrícolas; creación de la banca estatal y otorgamiento de la autonomía universitaria.

En ambos partidos privaba la incertidumbre. Por una parte, Gálvez y Lozano temían que Carías sólo los utilizara, y que sus consejeros lo persuadieran de continuar en el poder. Gálvez confesó al cónsul Montamat, el 7 de mayo de 1948, haber realizado varios viajes a Choluteca, donde había logrado el apoyo de Abraham Williams. Desde diciembre de 1946, Williams había renunciado al ministerio de Gobernación, reteniendo únicamente la vicepresidencia de la República.

Gálvez también manifestó a Montamat que él, Lozano y Williams eran leales a Carías, pero que estaba rodeado de un círculo de corruptos que había acumulado, de manera ilegal,

---

[426] José Angel Zúniga Huete. Autobiografía. Tegucigalpa, 1970, pp. 65-66.

fortunas que ascendían, en promedio, a dos millones y medio de lempiras. Luego de la entrevista, Montamat concluyó que con el apoyo de Williams, Gálvez ganaría la justa electoral hasta en una elección libre y abierta.

Otro elemento de incertidumbre en el nacionalismo era el también aspirante presidencial Rufino Solís, quien había sido destituido como comandante de armas de La Ceiba y nombrado cónsul de Honduras en Nueva Orleans -cargo al que renunció poco tiempo después- evidentemente para alejarlo del país. Él insinuaba la posibilidad de establecer una alianza con el Partido Liberal, así como de dividir al oficialismo, fundando el Partido Nacional Auténtico. El director de Diario del Norte, Enrique Ortez Pinel, sostenía que el liberalismo debía apoyar al general Rufino Solís[427].

El Partido Liberal, por su parte, abrigaba grandes dudas y reservas respecto a la limpieza de las próximas elecciones. Percibía que la candidatura de Gálvez no era más que una maniobra táctica de Carías, quien manipularía al primero. De este modo, el sistema de imposición y enriquecimiento ilícito continuaría, con Carías como el poder real, si bien retirado a una posición menos visible, pero no por ello menos decisiva. Los hechos darían un mentís a estos temores, en la medida que Gálvez de manera inteligente y habilidosa-, se iba disociando del antiguo régimen.

Algunos sectores del liberalismo estaban descontentos con la candidatura de Zúñiga Huete. Su estilo autoritario, carente de flexibilidad, tacto y sentido de la realidad, generaba suspicacia dentro de su partido. Se realizaron algunos esfuerzos para que retirara su candidatura y fuera reemplazado por Ramón Villeda Morales o por Abraham Bueso. El cónsul de EUA en San Pedro Sula evaluaba así las posibilidades del candidato liberal:

"Pocos dudan que Zúñiga Huete sería electo por una gran mayoría si se permitieran elecciones realmente libres ahora. ´Chángel´ tiene el apoyo de los trabajadores, agricultores, pequeños comerciantes y de casi todos los profesionales, hombres de negocios y terratenientes que forman el Partido Liberal... Para el trabajador que no ha sopesado a Zúñiga Huete como hombre ni

---

[427] Leonard, op. cit., pp. 120 y 122.

dado su alianza a ningún conjunto de principios proclamados por Zúñiga Huete, él es solamente un símbolo o una tradición, pero esto es suficiente. Como tal, es el símbolo de la oposición, un mártir por los derechos del hombre común, una esperanza para un anhelo, pero no un claramente definido bienestar... El miedo a Zúñiga Huete, aunado con el conocimiento de su apoyo popular, es la razón fundamental en la mente de los azules, no solo del grupo pro Carías, sino también de muchos de los disidentes, por lo que no puede haber una elección verdaderamente libre... Debido a la expectativa general de que la venidera elección será fraudulenta, los liberales ven dos caminos para la victoria: uno sería la ruptura dentro del Partido Nacional, posiblemente como resultante del desorden nacional, o una rebelión armada"[428].

En septiembre de 1948, la dirigencia liberal retomó la idea de no participar en el proceso electoral. Ello obedecía a varios factores. Los principales eran la falta de condiciones que aseguraran el desarrollo de una campaña electoral libre de interferencias e intimidaciones, particularmente en las áreas rurales; la falta de recursos económicos para financiar su propaganda; y, el hecho de no haber podido reorganizar el partido.

La decisión de no concurrir a las urnas se materializó el 22 de septiembre (véase anexo 13) y, el 9 de octubre, Zúñiga Huete y otros miembros del Consejo Supremo buscaron asilo en diversas representaciones diplomáticas. Antes de asilarse en la embajada de Cuba, Zúñiga Huete llamó a una rebelión popular armada.

"El plan consistía en el levantamiento de los liberales en todos los lugares donde pudiesen actuar, apoderándose, principalmente, de las armas de los pequeños resguardos, dislocar las comunicaciones para sembrar el caos en todo el país, por medio de guerrillas. Esto serviría para distraer la atención del gobierno, porque el núcleo medular de la empresa se confió a jefes que vendrían en dos aviones del exterior, trayendo por de pronto 400 rifles, 40 ametralladoras y 100,000 cartuchos adquiridos en el exterior...".[429]

---

[428] Williams al Departamento de Estado, despacho 2397, octubre de 1947,815.00/10-1747.

[429] J. A. Zúñiga Huete. Autobiografía, op. cit., p. 58.

El llamamiento no encontró eco en sus correligionarios, ya sea por la falta de una debida planificación, o bien porque el pueblo ya estaba cansado del largo ciclo de guerras civiles y de la ausencia de un liderazgo efectivo y unido. De hecho, el único que respondió a la excitativa bélica fue el general Mariano Bertrand Anduray, quien sufrió un desenlace trágico. Pese a todo, el 10 de octubre se realizaron las elecciones, en las que únicamente participó el Partido Nacional. Los resultados oficiales fueron:

No. de votos registrados	300.496
Votos Partido Nacional	255.496
Votos Partido Liberal	472
Votos nulos	3.026
No votaron	40.982

Al comentar este resultado, el representante diplomático estadounidense expresó: "Obviamente se tuvo la intención de dársele a la oposición una oportunidad decente... para los niveles locales fue una vasta mejoría y un paso hacia adelante significativo para el día que ha de traer una vida verdaderamente democrática a este país...".[430]

Zúñiga Huete partió de Cuba nuevamente a México, donde falleció en abril de 1953. Para entonces, la dirigencia del liberalismo había pasado a una nueva generación, encabezada por el médico Ramón Villeda Morales. Con planteamientos ideológicos renovados y con una base social mucho más amplia, pudo conducir a su partido a dos victorias electorales: en 1954, cuando su triunfo fue frustrado por la ruptura del orden constitucional y, en 1957, luego de haber transado con el Ejército.

Juan Manuel Gálvez tomó posesión de la Presidencia de la República el 1 de enero de 1949. De manera gradual, con gran tacto y habilidad política, se fue distanciando de su predecesor; refutó así a sus adversarios como a sus propios correligionarios, que afirmaban que su administración sería una continuación del

---

[430] Bursley al Departamento de Estado, despacho 241, 15 de octubre de 1948, 815.00/10-1548.

cariísmo. Los hechos, las expectativas y reclamos de una nueva generación, imbuida en sus propias ambiciones y proyectos, dirían otra cosa.

TERCERA PARTE: EL OCASO

NOTA PARA LA TERCERA PARTE

En esta parte aborda el gradual eclipse político del caudillo hondureño más importante de la primera mitad del siglo XX. Esta etapa se puede dividir en dos momentos: de 1949 a 1954, y de 1955 hasta su fallecimiento, en 1969.

En el primero destacan las relaciones entre Carías y Gálvez, que se caracterizaron por el estira y afloja, el toma y daca. Carías buscaba conservar la mayor cuota posible de poder e influencia, y Gálvez intentaba crear sus propios espacios. El segundo momento se caracteriza por el distanciamiento creciente entre Carías y Lozano, y la emergencia de nuevos actores en la política y en la sociedad hondureña: las Fuerzas Armadas, las capas medias y el movimiento obrero organizado.

CAPÍTULO XVI:
EL INICIO DEL FIN (1949-1954)

En un delicado y hábil equilibrio, Gálvez gobernó con sello y estilo propios, y se distanció de la sombra y gloria de su predecesor. Esto condujo a una permanente tirantez, que desembocó en la ruptura, la división partidaria y la pérdida de las elecciones en 1954.

Y es que Carías, en su visión patrimonialista, llegó a considerarse indispensable e insustituible en la conducción de los destinos nacionales. Nunca se reconcilió con la idea de que sus años de apogeo declinaban lenta, pero inexorablemente. Adicionalmente, no se percató de que vientos de cambio y retos inéditos habían irrumpido en Honduras, con planteamientos y reclamos que habían estado congelados mientras él gobernó, a causa de la intolerancia y represión implantadas durante su prolongado régimen.

Durante 1949 privó entre ambos una relativa cordialidad, pero solo se estaba marcando un compás de espera. El siguiente año, la embajada estadounidense informó que Carías se encontraba muy triste, debido a la falta de firmeza de Gálvez en su trato con la oposición y con elementos "agitadores". También estaba molesto por el énfasis colocado en proyectos supuestamente iniciados durante su régimen, pero que completó el gobierno de Gálvez, quien se adjudicaba el crédito. Adicionalmente, habían surgido diferencias de opinión sobre nombramientos en la administración pública[431].

Es de destacar que Carías había dejado la presidencia de la República, pero retenía la jefatura del Partido Nacional. Por tanto, disponía de los recursos derivados de la deducción mensual de la planilla gubernamental, un formidable fondo de campaña, que hacía prematuro cualquier vaticinio sobre la merma de su influencia. En 1951 ya flotaba la idea de que Carías podría presentar su candidatura presidencial para los comicios de 1954. El embajador Erwin, nuevamente nombrado para tal cargo, comentó:

"Si bien Carías dejó tras él, cuando fue Presidente, un buen récord de honestidad e integridad personal, no hay duda de que

---

[431] Bursley al Departamento de Estado, 9 de noviembre de 1950.

varios miembros de la argolla que ocuparon puestos donde manejaron fondos públicos, se enriquecieron devengando pequeños salarios: naturalmente, estos hombres están extrañando las oportunidades que antes disfrutaron. Es principalmente de esta pandilla de donde procede la demanda por 'el regreso de Carías'".[432]

En 1952 cobró fuerza la candidatura presidencial de Carías, lo que confirmó la embajada que, a la vez, informó que Gálvez no había declarado definitivamente su intención de buscar la reelección, aunque "las inferencias de que está contemplando la idea son, sin embargo, inequívocas".[433]

El diario La Época, que continuaba como vocero de Carías, públicamente se oponía a la posible reelección de Gálvez. Argumentaba que era desleal apoyar tal intento, pues atentaba contra la Constitución y contra el Partido Nacional; además, que la Ley Electoral prohibía actividades electorales previas a los ciento cincuenta días anteriores al día de la elección, por lo que tales gestiones eran ilegales. También afirmaba que Gálvez, personalmente, no deseaba ser reelecto, pero que lo estaban presionando aquéllos que se beneficiarían de tal iniciativa. Recordaba a sus lectores que el artículo 200 constitucional exigía dos tercios de votos favorables en el Congreso Nacional para reformar la Constitución, lo que refutaba el grupo pro-Gálvez, el cual sostenía que solamente se requería de mayoría simple[434].

Por otra parte, había indicios de que Abraham Williams intentaba alinearse con Gálvez y su grupo, posiblemente para obtener el apoyo del Presidente en caso de que él no intentara su reelección. Sin embargo, Gálvez confió al Encargado de Negocios que él no estaba intentando una reelección; que solamente oía, miraba y trabajaba, ya que el momento para una campaña presidencial aún estaba lejos[435].

---

[432] Erwin al Departamento de Estado, despacho 353, 7 de diciembre de 1951, 715.11/12-751.

[433] Randolph al Departamento de Estado, 22 de septiembre de 1952, 715.00 (W)/9-2252.

[434] Randolph al Departamento de Estado, 29 de septiembre de 1952, 715.00/W/9-2952.

[435] 8 de diciembre de 1952, 715.00/2-852.

El embajador en Washington, Rafael Heliodoro Valle, en una conversación informó al Departamento de Estado de la creciente frialdad entre el presidente Gálvez y el expresidente Carías; había evidencias de que Gálvez deseaba postularse nuevamente y que la actitud de Carías, si eso se materializaba, sería determinante para que un nuevo partido se afirmara en Honduras o para que, nuevamente, el país se viera afectado por disensiones conducentes a la guerra civil...[436]

En tal contexto, la embajada concluyó:

"..hay poca diferencia entre Gálvez y Carías en teoría, pero, en la práctica, Gálvez es una persona mucho más liberal, dedicada a los derechos de la población y más capaz para el desarrollo de su país. Ambos son anticomunistas y ambos le temen a la intromisión de Guatemala en el territorio y en la vida de Honduras. La tendencia nacionalista mostrada bajo Gálvez; probablemente, continuaría bajo Carías, pero las compañías americanas quizá serían capaces de alcanzar de nuevo ´arreglos especiales´ con un gobierno de Carías, que no podrían y no han podido hacer con Gálvez"[437].

Mientras, el nuevo Presidente, gradualmente, fue removiendo de la administración a hombres leales a Carías; en noviembre de 1953 reemplazó 26 comandantes en Olancho, Comayagua, Ocotepeque, Francisco Morazán, El Progreso, Yoro, Choluteca y Valle, y consolidó su control al colocar en las vacantes a personas fieles al nuevo régimen.

EL MNR, UN NUEVO PROTAGONISTA

Ya por esa fecha empezó a conformarse dentro del Partido Nacional una facción disidente que desafiaba el control que continuaba ejerciendo Carías, y que combinaba el deseo por renovar la institución con la ambición de adquirir cuotas de poder. Esta corriente, que empezó a ser conocida como Movimiento Nacional Reformista (MNR), contaba con la tolerancia e incluso simpatía del

---

[436] Valle a Raid, memorándum de conversación, 25 de mayo de 1953, 615.1731/5-2553.

[437] En: 715.00/6-1253, 12 de junio de 1953.

presidente Gálvez quien, de manera inteligente, iba consolidando sus posiciones.

Los diputados cariístas, la mayoría en el Congreso, emitieron un comunicado declarando que el MNR no era un partido político, por lo que no tenía derecho a representantes en las mesas electorales. El MNR replicó que si bien no estaba establecido como partido político -con estatutos y personería jurídica- era una agrupación política y que la Ley Electoral permitía que estas agrupaciones participaran en elecciones municipales. El Partido Liberal apoyaba la tesis cariísta, pues solo éste y el Partido Nacional contaban con reconocimiento jurídico.

El 29 de noviembre de 1953 se realizaron las elecciones municipales, que fueron la primera medición de fuer as entre las dos corrientes nacionalistas. De 122.765 sufragios, el Partido Nacional obtuvo 44.334; el MNR 37.022 y, el Partido Liberal, 35.218. La asistencia a las urnas no llenó las expectativas, ya que se esperaba la comparecencia de 180 mil votantes. En términos porcentuales, el Partido Nacional recibió el 36%; el MNR el 30% y, el Partido Liberal, el 28%. El primero triunfó en Comayagua, La Paz, Choluteca, Colón, Santa Bárbara y Valle; el segundo en Islas de la Bahía, Intibucá, Olancho, Copán, Yoro, Cortés y Lempira; y, el tercero, en Francisco Morazán, Ocotepeque, El Paraíso y Atlántida. La suma de los votos del MINR y el Partido Liberal excedía los recibidos por el Partido Nacional, lo que la embajada estadounidense interpretó como un repudio a las aspiraciones presidenciales de Carías y como un voto de confianza a Gálvez, dado que el MNR era una agrupación nueva.

El resultado también fue visto como un revés para Carías, quien antes de la elección controlaba 240 municipios, pero el desenlace electoral únicamente le otorgó 66, en tanto que el MNR logró 91 y el Partido Liberal 79: Incluso, de acuerdo a este análisis, Carías solo pudo ganar Colón por las maniobras de Carlos Sanabria.

"Pareciera que los cariístas, habiendo recibido aproximadamente 44 mil votos... han perdido control del país como un todo... es ahora obvio que no habrá revisión de la Constitución, con el elemento cariísta en control del Congreso Nacional; una mayoría de dos tercios es requerida para reformar la Constitución".[438]

Después de esta elección se realizó una reunión secreta entre el Partido Nacional y el MNR. Participaron Filiberto Díaz Zelaya y Pedro Triminio, como miembros del Consejo Supremo del Partido Nacional; Hernán López Callejas, Víctor Cáceres Lara -diputado y subdirector de diario El Día-, Hermes Bertrand Anduray y Policarpo Callejas, por el MNR. Ahí acordaron nombrar una comisión integrada por Abraham Williams, Díaz Zelaya y Triminio para entrevistarse con Carías y dialogar sobre sus diferencias para alcanzar acuerdos.

Pero al no poder llegar a un consenso, el MINR emitió un manifiesto en el que declaró que se disociaba de los cariístas y convocaría a una convención para febrero de 1954, cuando se organizaría como partido político; ofrecía a Carías la alternativa de participar en el MNR y, si rehusaba, se aliaría con el Partido Liberal, bajo las condiciones establecidas por el MNR.

UN AÑO CRUCIAL

1954 fue un año trascendental en la historia de Honduras; en estos doce meses sucedieron hechos cruciales, que repercutieron a lo largo de la segunda mitad del siglo XX. El 16 febrero de 1954, la embajada informó que era un hecho que el Partido Nacional nombraría a Carías como candidato a la presidencia, y a Gregorio Reyes Zelaya a la vicepresidencia[439].

En Washington, por otra parte, había preocupación ante el desenvolvimiento de los acontecimientos en Guatemala y sus repercusiones en el resto de América Central. Ya se habían iniciado los preparativos para derrocar el régimen de Jacobo Arbenz, y el gobierno de Gálvez era presionado para que cediera el territorio nacional como punta de lanza para la inminente agresión.

El forcejeo al interior del Partido Nacional se intensificó; a medida que se acercaban las elecciones, cada bando se posicionaba y movía sus piezas en el ajedrez político. Y la situación del caudillo

---

[438] Erwin al Departamento de Estado, 7 de diciembre de 1953, 715.00/12-153.

[439] Despacho 350, 16 de febrero de 1954, 715.00/2-1654.

ya no era la misma. Para el caso, de 23 comandantes de armas, apenas le permanecían leales los de La Paz, Comayagua, Colón, Yuscarán, Danlí y Nacaome[440].

En una conversación en Nueva York, entre Henry Cabot Lodge Jr. y Tiburcio Carías h., ambos representantes ante las Naciones Unidas, éste se quejó de la actitud de la United Fruit hacia su padre, por estar fría con él y tratar de debilitarlo, en tanto trabajaba con el presidente Gálvez, quien coqueteaba con las fuerzas izquierdistas guatemaltecas. La actitud de la United Fruit, en su opinión, podría provocar caos en Honduras, lo que a su vez causaría su caída en manos de Guatemala, y haría necesaria la intervención de Estados Unidos. Su padre, afirmaba, estaba dispuesto a cooperar con la United Fruit si ésta no hacia demandas exageradas. Al reseñar esta conversación, el 6 de febrero de 1954, Cabo Lodge agregó que él estaba dispuesto a ayudar, hablando con los directivos de la empresa frutera.

Cuando Lodge conversó con el vicepresidente de la United Fruit, Joseph Montgomery, éste le aclaró que su representada no buscaba marginar a Carías ni dividir al Partido Nacional; que la compañía esperaba que el Partido Nacional no se dividiera, evitando así una victoria del Partido Liberal, tal vez contaminado de comunismo.

Indicó que enviaría a Walter Turnbull para que visitara a Carías Castillo en Nueva York y a Carías Andino en Honduras[441].

Jubilado después de largos años de servicio a la United Fruit, Walter Turnbull se había convertido en asesor de la empresa. Se entrevistó con Carías y, de acuerdo a su versión, él se mostró enojado con Gálvez, a quien acusó de atacarlo a través de la prensa reformista. Sostuvo que Carías ya estaba muy viejo para la presidencia, que su elección sería el retorno de "la argolla2, y que la única posibilidad de reconciliación era que Gálvez la buscara.

Turnbull dio cuenta a Gálvez del contenido de esa reunión, pero no cifró muchas esperanzas en una reconciliación; Gálvez dio la impresión de que no estaba personalmente enojado con Carías, y

---

[440] 26 de marzo de 1954, 715.00/3-2654.

[441] Memorándum de conversación, 10 de febrero de 1954, 715.00/2- 1054.

reiteró que no sería candidato presidencial bajo ninguna circunstancia. Turnbull también se entrevistó con Williams y Lozano, pero llegó a la misma conclusión respecto a la imposibilidad de un avenimiento[442].

Al acercarse la fecha de invasión a Guatemala, el Departamento de Estado decidió reemplazar a Erwin por un diplomático de carrera, con experiencia comprobada en las intrigas de la Guerra Fría: Whiting Willauer.

Uno de sus primeros pasos, luego de presentar sus cartas credenciales en Tegucigalpa, fue visitar a Carías para conocerlo y sondear sus puntos de vista. Éste le confió que siempre había sido un ardiente defensor de los Estados Unidos y que había instruido a su hijo Tiburcio, con el fin de que en las Naciones Unidas apoyara a Washington en cualquier oportunidad; que mientras fue presidente eliminó el crimen y llevó paz y prosperidad al país, para lo cual había utilizado métodos fuertes y por eso las críticas en su contra. Y que en la actualidad existía una ola de crimen, ya que miembros del gobierno estaban vendiendo armas a particulares. El nuevo embajador le preguntó cuál era su opinión respecto a la influencia comunista en Honduras; Carías le contestó que siempre había sido decididamente antisoviético y anticomunista, y recordó que en algún momento la representación diplomática de Estados Unidos lo había presionado para que reconociera a la Unión Soviética, lo que él rehusó. También confió a Willauer que en el gobierno de Gálvez había tres personas que estaban en tratos con los comunistas guatemaltecos: el coronel Armando Velásquez Cerrato, jefe del Estado Mayor; Francisco (Pocho) Morazán y Humberto López Villamil, jefe de la Oficina de Cooperación Intelectual y quien se había desempeñado como embajador alterno ante las Naciones Unidas. Acusó a Velásquez de presionar a los comandantes de armas para que se sumaran al reformismo, quienes -ante la amenaza de perder sus cargos-, se habían visto forzados a apoyar a esa facción del nacionalismo. Le recordó a su visitante que, mientras fue presidente, persiguió a todos los comunistas, en tanto que Gálvez, con su política blanda, les había permitido regresar de Guatemala.

---

[442] Erwin al Departamento de Estado, 12 de marzo de 1954, 715.00/3-1254

Entre los comentarios dirigidos a sus superiores, Willauer afirmó que Carías no criticó a Gálvez por el tratamiento dado a grupos anticomunistas, algunos de los cuales lo habían visitado, solicitándole ayuda y consejo[443].

El diplomático aportó más detalles de la entrevista. Al preguntarle a Carías -quien se consideraba el padre de la paz en Honduras-, cómo pensaba evitar que hubiera guerra, él le respondió que estaba seguro de obtener la mayoría absoluta en las urnas; admitió que las posibilidades de guerra eran muy fuertes, pero que creía tener suficiente control sobre varios comandantes leales para prevenir cualquier desorden, toda vez que el gobierno cumpliera con su deber de mantener el orden. Ante la pregunta de si existía alguna posibilidad de reunirse con Gálvez, le respondió que estaría dispuesto a entrevistarse con él en un lugar mutuamente aceptado, toda vez que no hablaran de política...

"Fui muy cuidadoso desde el inicio... deseando evitar cualquier idea de que yo, como Embajador de Estados Unidos, estaba interfiriendo en sus asuntos políticos internos y que... la única razón que estaba hablando con él y con otros al respecto era debido a la evaluación universal de la posibilidad de guerra civil y la emergencia del comunismo en los asuntos internos de Honduras, lo que constituiría una gran amenaza para la paz mundial y particularmente para Centro América".[444]

De acuerdo con el diplomático, el propósito de la entrevista había sido "enfatizar el peligro, ampliamente reconocido, que en ausencia de cualquier compromiso político, la lucha en Honduras puede resultar en violencia, que sólo beneficiaría a los comunistas".

De esta conversación Willauer concluyó que Carías, hasta entonces, no tenía intención de llegar a una coalición con los reformistas y que su tozudez era el obstáculo más grande en una situación que, de otra manera, sería más manejable; adicionalmente, consideró que los cariístas no tenían oportunidad de ganar en una

---

[443] Willauer al Departamento de Estado, despacho 379, 17 de marzo de 1954, 715.00-3-2254.

[444] Willauer al Departamento de Estado, 23 de agosto de 1954, 715.00 (W), 8-2354.

elección democrática, a menos que se aliaran con los reformistas.

Los asesores de Carías, entre ellos Gabriel Mejía, estaban cada vez más preocupados por su intransigencia ante los reformistas. Otro de sus consejeros, Antonio Mata, confió a la embajada que estaban por decirle a Carías que debía alcanzar un arreglo con el Partido Reformista, o públicamente se unirían a éste, en masa[445].

Respecto a la posible alianza entre reformistas y cariístas, de acuerdo a los análisis de la embajada, existían obstáculos insuperables; entre otros, la hostilidad personal entre Williams y Carías, así como la creciente inquietud entre los líderes reformistas acerca de que tener a Carías como aliado podría repeler, más que atraer, votos y apoyo popular.

Sin embargo, Willauer también se entrevistó con Williams, quien le manifestó que el MNR había descartado la idea de fusionarse o aliarse con el Partido Liberal, y que intentaría fusionarse con los cariístas, con Williams como candidato presidencial y Gregorio Reyes Zelaya en la vicepresidencia; además, que los reformistas retornarían al Partido Nacional, reconociendo a Carías como su jefe supremo[446].

Ante las huelgas obreras que iniciaron el 1 de mayo en la Costa Norte, y se extendieron durante 69 días, la actitud de Carías fue dual. En las páginas de La Época se condenaba el movimiento social y se afirmaba que tenía inspiración comunista; pero, por otra parte, el expresidente daba instrucciones al Poder Judicial para que los jueces dieran un trato flexible a los dirigentes del primer Comité de Huelga, que habían sido arrestados y trasladados a Tegucigalpa, donde fueron encarcelados. Incluso la embajada afirmó que Carías estaba otorgando apoyo financiero y legal, de manera encubierta, al Partido Democrático Revolucionario Hondureño, "presumiblemente en un esfuerzo por obtener votos obreros".[447]

El Partido Nacional y el MNR no pudieron superar sus diferencias, por lo que cada cual convocó a su respectiva

---

[445] 30 de agosto de 1954, 715.00/ (W) /8-3054.

[446] 19 de mayo de 1954, 715.00/5-1954.

[447] R. Coerr al Departamento de Estado, despacho 120, 715.00/ (W) 9-2054.

convención. El 21 de marzo, el MINR designó como candidato presidencial a Abraham Williams, con Filiberto Díaz Zelaya como compañero de fórmula. El Partido Nacional postuló a Tiburcio Carías, en tanto que el Partido Liberal escogió a Ramón Villeda Morales.

Ante los diplomáticos estadounidenses y el electorado, Carías justificó su candidatura manifestando que obedecía al desorden imperante en el país. Afirmó que al dejar la presidencia en 1949 había expulsado a los comunistas de Honduras, pero que la política suave de Gálvez había permitido que regresaran, y que actualmente cruzaban constantemente la frontera desde Guatemala.

En septiembre, tras la caída del régimen de Arbenz, el nuevo mandatario en Guatemala, Carlos Castillo Armas, Somoza en Nicaragua y el presidente Osorio de El Salvador, otorgaron su respaldo a Carías; mientras, los liberales solamente contaban con el apoyo de la Costa Rica de José Figueres. Somoza había enviado o deseaba enviar dinero para financiar la campaña de Carías, aunque se rumoraba que éste había rechazado la ayuda para evitar incurrir en compromisos.

Nuevamente se presentaban tres aspirantes a la presidencia, tal como había ocurrido en 1902 y 1923. Los comicios se llevaron a cabo en octubre de 1954 de manera pacífica, algo inusual en la vida política hondureña. Esto posibilitó la masiva concurrencia a las urnas, y que el candidato opositor obtuviera el primer lugar, con el 48% de los votos; pero no alcanzó la mayoría absoluta requerida por la Constitución vigente, la de 1936.

El resultado final fue: Partido Liberal, 121.213 votos; Partido Nacional, 77.041 y, el Movimiento Nacional Reformista, 53.041. Como se puede observar, los votos de las dos alas del nacionalismo superaban los obtenidos por el liberalismo, que se benefició del sufragio de las clases media y obrera, gracias a la campaña electoral y a las promesas del carismático José Ramón Villeda Morales.

Correspondía entonces al Congreso Nacional seleccionar al triunfador. Pero esto no fue posible al no existir el quórum necesario para sesionar; de esta manera, el país se encontraba sin un sucesor del presidente Gálvez, quien había solicitado permiso del Legislativo para ausentarse de Honduras y recibir tratamiento médico en Panamá.

El más cercano confidente de Carías, Gabriel Mejía, afirmó que por primera vez, éste empezó a dudar de su habilidad para gobernar, pues comprendió que la oposición de liberales y reformistas en el Congreso Nacional, probablemente, le impediría nombrar magistrados a la Corte Suprema de Justicia y a muchos miembros del Ejecutivo. Él no deseaba, de acuerdo a Mejía, ser una mera figura decorativa, y estaba considerando ordenar a los diputados cariístas que rompieran el orden constitucional, negándose a participar en las sesiones del Congreso que iniciarían el 5 de diciembre; así, promovía el continuismo de Gálvez[448].

La otra opción era que la Corte Suprema de Justicia escogiera al ganador, pero esto tampoco se realizó, a pesar de que los magistrados eran cariístas, pues los acontecimientos se precipitaron. El 10 de diciembre, el vicepresidente Julio Lozano Díaz, quien sustituía al presidente Gálvez desde noviembre de 1954, se proclamó Jefe de Estado, disolvió el Congreso y lo reemplazó por un Consejo Consultivo de Estado.

---

[448] Willauer al Departamento de Estado, 30 de noviembre de 1954, 715.00/11-2954.

CAPÍTULO XVII:
EL ECLIPSE (1955-1969)

Por Decreto Ejecutivo N° 35 del 31 de enero de 1955, Julio Lozano acordó conceder mil lempiras mensuales, por concepto de gastos de representación, a los expresidentes Vicente Mejía Colindres, Tiburcio Carías Andino y Juan Manuel Gálvez Durón. En carta abierta, Carías renunció a la asignación, afirmando que todos los hondureños debían servir a su país sin egoísmo, y estar preparados para sacrificarse sin esperar recompensas.

Mientras, Carlos Sanabria, uno de sus más antiguos seguidores -y de los más temidos-, fue destituido como comandante militar de Colón el 9 de febrero de 1955. Después de ocupar ese cargo durante 22 años, decidió viajar a Guatemala "por un período indefinido". En opinión de la embajada, este personaje había llegado a ser un símbolo de opresión, por lo que su remoción contó con el respaldo popular en casi todo el país, excepto el círculo de Carías[449].

Gabriel Mejía confió a Willauer que Carías había renunciado firmemente a cualquier candidatura y creía que su futuro estaba en apoyar al jefe de Estado y trabajar por la victoria del Partido Nacional; otro de sus objetivos era que, si se daba una victoria del Partido Liberal, el ala villedista quedara excluida del control del poder.

Lozano, bajo la influencia nefasta de un grupo de asesores, y con el único propósito de continuar en el poder, había conformado el Movimiento de Unión Nacional bautizado por la opinión pública como Partido Unión Nacional -PUN-, el 12 de octubre de 1955. Cuando una delegación de esta facción visitó a Carías, él la rechazó y rehusó discutir sus planes.

De acuerdo con el diario liberal El Pueblo, el propósito principal de Lozano era eliminar de la escena política a Carías. Y la embajada opinaba que al Partido Liberal le convenía que Carías

---

[449] R. Coerr, primer secretario, despacho 345, 14 de febrero de 1955, 715.00(W)/2-1455.

siguiera como líder del Partido Nacional, porque podía mantener la grieta entre reformistas y nacionalistas[450].

El 15 de noviembre de 1955, en Zambrano, se reunieron Carías, Gabriel Mejía y Salomón Jiménez Castro. Acordaron que el PUN no debía ser, bajo ninguna circunstancia, un partido político, y que debía limitarse a coordinar las actividades de campaña de los reformistas y nacionalistas. También concluyeron que había sido un error estratégico conformar el directorio del PUN con funcionarios públicos, por lo que el cariísta Rubén Álvarez, y el reformista Hernán López Callejas, serían sustituidos en el directorio. Carías enviaría un telegrama personal a todos los comités nacionalistas departamentales, llamándolos a inscribir a sus correligionarios en el censo. Finalmente, habría un intercambio frecuente de impresiones entre Carías y Lozano, por medio de intermediarios.

No obstante, a finales de noviembre, Lozano seguía sin conocer las intenciones de Carías, y no descartaba que quisiera volver a ser presidente e insistiera en nombrar a los candidatos nacionalistas y reformistas para la próxima Asamblea Nacional Constituyente. Dado que esta podría elegir al presidente, Lozano sospechaba que la motivación principal del caudillo era que la Constituyente lo eligiera a él. El jefe de Estado admitía que la motivación de Carías también podía ser el deseo de retener tanto poder como le fuera posible, sin figurar personalmente, por lo que, al menos, esperaba que el vicepresidente fuera su hijo Gonzalo.

Por medio de Jiménez Castro, Lozano manifestó a Carías que no consideraba que él estuviera trabajando por el bien del Partido Nacional, sino que por su propio poder egoísta, en tanto que él laboraba por el bien del país, del Partido Nacional y la conciliación del pueblo hondureño. Le advirtió que no permitiría que interfiriera o lo manipulara. Adicionalmente, destituyó a siete telegrafistas que informaban a Carías sobre las condiciones locales, pasando por encima del jefe de Estado[451].

---

[450] Despacho 224, 25 de octubre de 1955, 715.00/10-2555.

[451] Willauer al Departamento de Estado, despacho 284, 29 de noviembre de 1955, 715.00/11-2955.

Como puede verse, las relaciones entre ambos estaban muy deterioradas y se acercaba el punto de ruptura. También hubo un realineamiento de fuerzas dentro del cariísmo. Personajes hasta entonces fieles al caudillo, iniciaron la desbandada para incorporarse al oficialismo. Ante esta actitud oportunista, la embajada comentó que muchos de los seguidores de Carías lo abandonaron por Lozano "porque pensaron que no había futuro político cuando Carías era demasiado viejo para postularse y no había heredero aparente".[452]

Por otro lado existía la posibilidad, aunque remota, de un entendimiento entre Carías y Villeda Morales. Aquél aún conservaba influencia sobre la oficialidad militar y podía obtener algún apoyo y aceptación castrense para el líder liberal. "Esto ciertamente sería ventajoso para Villeda, quien debe comprender que hay una profunda renuencia de parte de muchos militares influyentes a verlo subir a la Presidencia".[453]

Pero como en política no existen las posiciones irreductibles, a principios de octubre Carías ya había decidido apoyar la candidatura de Lozano. El mismo Lozano se lo confirmó al embajador Willauer, al igual que su anuencia a ser el candidato oficial[454].

No obstante, la destitución de comandantes cariístas en La Paz, Comayagua, Santa Bárbara y Danlí continuó durante 1956. Carías le envió una carta sin firma al jefe de Estado para proponerle un acuerdo, por el que Lozano controlaría todos los delegados a la próxima Asamblea Constituyente. Además, se quejaba porque, desde noviembre de 1955, no se le había entregado la parte correspondiente del 5% que deducían a los empleados públicos. Lozano replicó que no se proponía pagarlo en el futuro cercano, hasta que llegaran a un acuerdo.

Al regresar a Honduras después de una visita a su país, Willauer informó que Carías no apoyaba totalmente a Lozano

---

[452] Norman E. Warner a John C. Pool, 5 de junio de 1957, RG 84, 3503 C-ARA/ MID, correspondencia.

[453] Ibid.

[454] Despacho 210, 14 de octubre de 1955, 715.00(W)/10-1455.

quien, por su parte, intentaba reducir poco a poco su antiguo poder. Consideraba que sin el apoyo de los cariístas, Lozano contaba apenas con un respaldo minoritario. También comunicó a Washington que Gabriel Mejía le había confiado que había "tremenda insatisfacción" por el intento de Carías de lanzar a su hijo Gonzalo como candidato a la presidencia. Concluía el diplomático: "Carías es un enigma al presente".[455]

Roberto Arellano Bonilla comunicó a la embajada que un amigo suyo, nacionalista "absolutamente confiable", cuyo nombre no quiso revelar, le había contado que recientemente, y con lágrimas en los ojos, Carías había evocado los tiempos de su militancia liberal, diciéndole que esos habían sido los días más felices de su vida; y que antes de morir deseaba hacer algo por ellos (los liberales), y que no los iba a "defraudar". Esto podía confirmar, de acuerdo a la representación diplomática, el rumor de un entendimiento con el Partido Liberal[456].

El 7 de marzo, Lozano comentó a Willauer estar desilusionado respecto a la posibilidad de llegar a un acuerdo. Por ello pensaba renunciar y depositar el poder en una junta o en un individuo, pues el precio que exigía Carías era muy alto: entre otras cosas, que los reformistas fueran reemplazados por nacionalistas en la administración pública.

La impresión del embajador era que Carías estaba renuente a negociar con los reformistas, a quienes veía como renegados del Partido Nacional y a los que aún odiaba con pasión, a menos que aceptaran sus condiciones, lo que podía significar la destrucción del MNR y el castigo para la mayoría de sus afiliados. "Si Lozano es incapaz de obtener apoyo satisfactorio de los caristas, entonces su mayor esperanza parece estar en atraer el apoyo sustancial de los liberales conservadores (esto es, de los no villedistas)".[457]

La Época continuaba atacando al Movimiento Unión Nacional; lo calificaba de "ridículo", y a sus seguidores los llamaba

---

[455] Willauer al Departamento de Estado, 10 de febrero de 1956, 715.00/2-1056; despacho 435, 715.00/4-1056.

[456] Despacho 440, 16 de abril de 1956, 715.00/4-1656.

[457] 9 de marzo de 1956, 715.00(W)/3-956.

"desertores" del Partido Nacional, que no estaban autorizados para hablar en su nombre. Además, empezó a proyectar la imagen de Gonzalo Carías como heredero del liderazgo de su padre. Sin embargo, la embajada, en sus evaluaciones periódicas de la realidad política hondureña, afirmó que ni la membresía del Partido Nacional ni el público en general lo apoyarían. Al contrario, sopesó que el esfuerzo por levantar a Gonzalo más bien podía revertirse en contra de Carías, y provocar que más de sus antiguos seguidores optaran por Lozano. Y afirmó que diario El Pueblo apoyaba la idea de exaltar a Gonzalo para sus propios propósitos: dividir a sus opositores[458].

Además, notificó a la cancillería de su país los actos de corrupción en que había incurrido Gonzalo, mientras fungió como cónsul en Nueva York durante la presidencia de su padre. Asociado con Henry Klapisch y su hijo Jacques, se apropió de trescientos mil dólares para la compra de armamento; exigió pagos ilegales a marinos que buscaban trabajo; realizó contrabando de cigarrillos hacia Honduras; ejerció el monopolio sobre la venta de pescado en Tegucigalpa, que transportaba a la capital en carros del gobierno; participó en negocios ilícitos para la exportación de ganado y aceite de hígado de tiburón; y monopolizó la venta de máquinas de escribir al gobierno[459].

A mediados de 1956, la polarización de fuerzas era extrema. La represión oficial se generalizaba, lo que aumentaba el descontento y la forja de alianzas hasta entonces impensables. Por ejemplo, se distribuyeron volantes convocando a una huelga general que no encontró respaldo en la población -con el encabezado "Viva el Partido Liberal-Viva el Partido Nacional"-. La embajada consideró que "los liberales villedistas y Gonzalo Carías eran los principales autores de la huelga... se da como un hecho por el público, y por el gobierno..."[460].

---

[458] Pool al Departamento de Estado, 13 de abril de 1956, 715.00(W)/4-1356.

[459] Despacho 441, 16 de abril de 1956, 715.00/4-1656.

[460] Despacho 523, 22 de junio de 1956, 715.00(W)/6-2256. Se daba cuenta de una supuesta alianza entre Gonzalo Carías y Villeda Morales y de que se intentaba organizar disturbios. Tanto El Pueblo como La Época

Los hasta entonces cariístas, por su parte, continuaban desertando. Entre ellos Ramón E. Cruz -uno de los voceros de Carías en las pláticas tripartitas-, quien se convirtió en miembro del Consejo Ejecutivo del MUN; Salomón Jiménez Castro, ministro de Gobernación y considerado como uno de los más firmes seguidores de Carías, pasó a ser director general del MUN; Tomás Martínez, comandante de armas bajo Carías y uno de sus más confiables solucionadores de conflictos, fue dado de baja de las filas cariístas. Lo cierto es que había una insatisfacción generalizada en las filas nacionalistas ante los esfuerzos de Carías por colocar a su hijo como candidato presidencial.

Según Esteban Mendoza, ministro de Relaciones Exteriores y uno de los más cercanos asesores de Lozano, la estrategia de Carías era que, si había problemas, intervendría para solucionarlos y luego dictaría sus condiciones a Lozano, a quien permitiría continuar en el poder, pero bajo su control. Carías no creía en gobiernos de conciliación partidaria y, según Mendoza, continuaba ambicionando que el país fuera dirigido por el Partido Nacional, reunificado con el MNR. Carías acusaba al expresidente Gálvez de haber dividido el Partido Nacional y, en una entrevista con periodistas salvadoreños, sostuvo que el problema actual era el resultado de la influencia de Gálvez sobre Lozano; que ambos eran los responsables por el actual estado de cosas.

Mendoza también comunicó al encargado de negocios, Pool, que Carías estaba dispuesto a hablar con Lozano; el canciller se mostraba optimista, y había aconsejado a Lozano aceptar un arreglo sobre la base de pagar a Carías los gastos en que había incurrido en la elección de 1954; nombrar a su hijo Tiburcio como embajador en Washington; a Gonzalo como uno de los tres designados en la sucesión presidencial; y otorgar algunos puestos públicos a sus seguidores.

También comunicó al diplomático que Williams (del MNR) estaba considerando postularse a la presidencia, y que circulaba el rumor de que Lozano abandonaría el país el 21 de agosto, por lo

---

desarrollaban una línea propagandística similar en sus ataques a Lozano, absteniéndose de atacarse mutuamente. 21 de mayo de 1956, 715.00/5.2156.

que consideraba imperativo un arreglo inmediato con Carías. Por su parte, el embajador guatemalteco se entrevistó con Carías, quien le manifestó que su interés principal era mantener el orden público, por lo que ordenaría a sus seguidores no apoyar ningún movimiento subversivo. Ante la sugerencia de que Lozano le pagara los gastos de campaña, se había mostrado ofendido y no quiso discutir el tema; cuando le preguntó a quién apoyaría si Lozano no era candidato presidencial, Carías respondió que eso era impensable y que debía continuar hasta la elección. Declaró que en ningún caso apoyaría a Williams.[461]

De acuerdo a la embajada, Williams estaba trabajando para que no se concretara el pacto Lozano-Carías, porque debilitaría sus posibilidades de alcanzar la presidencia. Así, con la intención de molestar a Carías, los comandantes leales a Williams arrestaron a algunos cariístas.

El 20 de agosto el gobierno suspendió el estado de emergencia que había decretado ante el creciente malestar popular y la convergencia de las fuerzas opositoras. El coronel Velásquez Cerrato fue enviado a Washington con el cargo de agregado militar, y Mendoza confió a Pool que continuaban las pláticas entre Carías y Lozano, por medio de sus intermediarios.

Carías había manifestado que deseaba que su hijo Tiburcio fuera nombrado embajador en Estados Unidos; Lozano pagaría sus deudas de campaña, pero nada de ello se anunciaría públicamente, ya que parecería que el jefe de Estado estaba comprando al caudillo. Los cariístas recibirían tres puestos en el gabinete, el MINR tres y los liberales (auténticos) dos; otros empleos se repartirían en la misma proporción. Como ni Lozano ni Carías se tenían plena confianza se esperaba, de acuerdo a Mendoza, que tres jefes de misiones extranjeras serían "garantes morales" del acuerdo; le dijo a Pool que confiaba en que su gobierno sería uno de ellos, a lo que él replicó que era muy improbable, en vista de la política de Estados Unidos de no interferir en los asuntos internos

---

[461] 27 junio 1956, 715.00/6-2756; 10 de agosto de 1956, 715.00/8-1056; 18 de agosto de 1956, 715.00/8-1856.

de otros Estados.[462]

Pero, las negociaciones se rompieron definitivamente poco tiempo después, cuando Lozano intentó reducir el número de puestos prometidos a Carías; Gabriel Mejía consideraba que el pacto pudo haberse firmado el 1 de septiembre de 1956, si Lozano hubiera estado dispuesto a cumplirlo con base en las propuestas que él mismo había hecho.

Los rumores respecto a un posible golpe de Estado empezaron a cobrar fuerza y a Lozano le preocupaba sobremanera que Carías estuviera detrás de tal iniciativa. En cuanto a una acción armada por parte de los liberales, sabía que si bien tenían algunas armas en su poder, no eran suficientes, por lo que no pensaba que tuvieran tal intención. Mientras, Carías seguía presionando para que el gobierno le entregara trescientos mil lempiras que, afirmaba, eran las pérdidas en que había incurrido durante la campaña de 1954.

Lozano rehusaba concederle esa cantidad, pero sí estaba dispuesto a entregarle 32 mil lempiras, correspondientes al 5% que deducían a los empleados públicos, en tanto que el Partido Liberal y el MINR solamente recibían diez mil.[463]

La situación política se deterioró rápidamente, al igual que la salud del jefe de Estado; esto lo obligó, en septiembre, a depositar el poder en el presidente de la Corte Suprema de Justicia, Juan Manuel Gálvez. El malestar era generalizado, y las tensiones se agudizaron debido a que Villeda Morales y otros dirigentes del Partido Liberal fueran expulsados del país el 7 de julio.

El intento de un grupo de oficiales y civiles armados por apoderarse del cuartel San Francisco, el 1 de agosto, reveló que la oposición no encontraba cauces pacíficos y legales para expresar su descontento. Y las Fuerzas Armadas, si bien continuaban leales al régimen, también estaban realizando sus propios preparativos desestabilizadores.

---

[462] Pool al Departamento de Estado, 28 de agosto de 1956, 715.00/8-2856.

[463] Willauer al Departamento de Estado, 29 de noviembre de 1955, 715.00/11-2955. El 5% que se deducía a los empleados públicos se distribuía en cantidades proporcionales, de acuerdo a la filiación política de los burócratas.

Las elecciones, totalmente fraudulentas, fueron la gota que desbordó el vaso. Se realizaron el 7 de octubre, con el fin de elegir diputados a una Asamblea Nacional Constituyente, cuyo propósito era restablecer el orden constitucional y proclamar a Lozano como presidente de la República. Los resultados oficiales fueron: alianza MNR-MUN, 370.318 votos; Partido Liberal, 41.724 y, Partido Nacional, 2,003.

El 21 de octubre de 1956, las Fuerzas Armadas debutaron en la política nacional y derrocaron, de manera incruenta, el régimen de Lozano. Este nuevo actor -que en pocos años se constituiría en factor clave del poder-, conformó una junta militar integrada por los oficiales Héctor Carraccioli, Roque J. Rodríguez y Roberto Gálvez Barnes; en poco tiempo, este triunvirato reveló contradicciones internas, que culminaron con el retiro del general Roque J. Rodríguez, el debilitamiento de las posiciones asumidas por el mayor Roberto Gálvez Barnes, y la incorporación de un nuevo miembro: el coronel Osvaldo López Arellano.

Gabriel Mejía, quien continuaba siendo el principal y más fiel asesor de Carías, se entrevistó con Osvaldo López Arellano y otros oficiales, lo cual permitió conjeturar que don Tiburcio podría aliarse con López Arellano, en busca de la victoria para su partido; Carías también agrupó a los políticos en la llanura para impedir el ascenso del Partido Liberal.

Mejía manifestaba optimismo respecto a la posibilidad de una alianza Partido Nacional-MNR en la Asamblea Nacional Constituyente. En las negociaciones para integrar un bloque unificado, acordaron que presentarían 32 candidatos, de los cuales 26 integrarían una planilla combinada; la nueva agrupación se llamaría Coalición Nacionalista. Sin embargo, aún no habían acordado un candidato único para la presidencia; a los liberales les ofrecerían puestos en el gobierno de acuerdo al número de diputaciones obtenido.[464]

Las pláticas se rompieron cuando Gonzalo Carías insistió en ser el candidato presidencial. Mejía opinaba que Carías había exagerado la fortaleza del voto nacionalista y que no podía estar en

---

[464] 19 de agosto de 1957, 715.00/8-1957.

contra de su hijo. Su afirmación de que "todo está en la bolsa" era interpretada como que no valoraba la situación, o bien pensaba en un fraude. En un cuestionario que la Federación de Estudiantes Universitarios remitió a los candidatos, se les preguntaba si respetarían los resultados de la elección; Villeda Morales y Williams contestaron afirmativamente, en tanto que Carías se mostró ofendido y no contestó.

Gabriel Mejía se reunió con Carías y su hijo Gonzalo para analizar la posición de las Fuerzas Armadas, en el sentido que aceptarían la elección del presidente de la República que hiciera la Asamblea Nacional Constituyente, aun si no se concretaba el pacto entre los partidos. Carías Castillo tuvo que admitir el hecho, y su padre, después de meditarlo, afirmó que si eso era así tendrían que aceptarlo, ya que "no podemos tener éxito en cualquier revolución si las Fuerzas Armadas no permanecen neutrales o nos apoyan".[465].

Inicialmente, Carías se inclinaba por retirar a sus diputados, pero, en la misma reunión, Mejía le recordó que la Constituyente había dispuesto que, en ausencia de los propietarios, llamarían a los diputados suplentes, y existía la posibilidad de que algunos de éstos fueran liberales. Finalmente, Carías autorizó a Mejía para que le dijera a Williams que se considerara en libertad de actuar, lo que dio lugar al siguiente comentario del embajador Willauer:

"Obviamente, si Carías se mantiene en esta determinación existe una excelente oportunidad de paz; sin embargo, he escuchado recientemente que las Fuerzas Armadas aún están esperando que la Asamblea apruebe un artículo constitucional que las coloque en una posición muy favorable".[466]

Debe recordarse que a estas alturas el coronel López. Arellano, en un ascenso meteórico, ya había consolidado su posición entre sus colegas castrenses y en la institución militar, desplazando a cualquier rival potencial. Este hecho era reconocido por la embajada:

"López ha construido una maquinaria personal dentro de las

---

[465] Willauer al Departamento de Estado, 15 de noviembre de 1957, 715.00/11-1457

[466] Ídem.

Fuerzas Armadas... por medio del reemplazo de viejos comandantes y otros oficiales militares localmente asignados, sin vínculos locales y que le deben todo a López... un indicador de que López intenta apoyar elecciones libres lo será el reemplazo de un número de comandantes claves en las semanas inmediatamente anteriores a las elecciones... la maquinaria de López ilustra la juventud de los nuevos militares hondureños... la nueva cosecha -como el mismo López- puede recordar al General Carias como un Presidente, pero no le debe lealtad como jefe... creemos que él tiene ambiciones políticas pero no inmediatas... hasta donde se sabe, él estaría satisfecho con el puesto de Ministro de Defensa, para los militares el papel de vigilantes sobre el gobierno y una continuación del actual prestigio y privilegios. De todo lo que sabemos de López y sus alianzas, emerge la impresión de que él está completamente dispuesto a usar las Fuerzas Armadas para asegurar elecciones libres o, al menos, para mantener a los militares sin entrometerse".[467]

La Asamblea Nacional Constituyente eligió a Villeda Morales como presidente de la República el 16 de noviembre de 1957, con los votos en contra de nacionalistas y reformistas. Se argumentó que en dos ocasiones el pueblo hondureño había mostrado su preferencia por Villeda Morales en las elecciones presidenciales de octubre de 1954 y en las de diputados a la Asamblea Nacional Constituyente -en 1957-y que era mejor evitarle al Estado los gastos que causaría una nueva elección presidencial, que apenas serviría para agitar las pasiones partidarias[468]. La decisión fue ratificada por la Junta Militar, y Villeda Morales otorgó a las Fuerzas Armadas la anhelada autonomía institucional.

Carías no pudo reconciliarse con la idea de que la oposición liberal había retornado al poder, del que estuvo ausente desde 1932. Su frustración era doble: por una parte continuaba considerando a los reformistas como tránsfugas y, por otra, veía a sus enemigos políticos constituidos en autoridad, con un programa de reformas que amenazaba el viejo orden al cual él estaba tan

---

[467] Friedman a Warner, 29 de junio de 1957, ARA/MID.

[468] Mario Posas y Rafael del Cid. La construcción del sector público....op. cit., p. 162.

arraigado. Y es que a partir de 1954, con la gesta social forjada por los trabajadores bananeros, se inició una época de expectativas crecientes que ya no se podía desconocer o reprimir.

Fue así que, a pesar de su avanzada edad, Carías tejió maniobras para desestabilizar al nuevo gobierno. En febrero de 1958, la embajada informó:

"En noviembre, Carías le dijo a Luis Somoza que no permitiría que Villeda Morales fuera presidente de Honduras y que le estaba pidiendo ayuda para prevenir la instauración de Villeda. El Presidente de Nicaragua nos dijo en ese entonces que le había informado a Carías que no podía ayudarlo, pero que mantendría la frontera neutral. El Presidente le dijo al Embajador esta semana que Carías aún estaba planificando derrocar a Villeda Morales y había renovado su solicitud de municiones y otra asistencia del gobierno de Nicaragua".[469]

El mayor desafío que enfrentó el régimen liberal ocurrió el 12 de julio de 1959, cuando el coronel Armando Velásquez Cerrato intentó derrocarlo. Fue gracias a la resistencia de milicias civiles, que el golpe fracasó; las Fuerzas Armadas intervinieron en las últimas horas de la tarde, cuando ya era evidente el colapso de la intentona.

El presidente Villeda Morales anunció que le había concedido una hora a Carías para que entregara las armas depositadas en su casa; de lo contrario, civiles armados las confiscarían por la fuerza.

Pero el ultimátum no se cumplió. López Arellano explicó que Carías no había entregado las armas, alegando no poseerlas, por lo cual no intentaron entrar en su vivienda. Velásquez Cerrato se presentó ante Carías a las siete de la mañana, solicitando que le ayudara en su rebelión, pero éste ni siquiera habló con aquel, pues, según Moya Posas, no deseaba saber nada al respecto. Desde edificios vecinos las milicias liberales habían disparado hacia su casa, mataron a uno de los hombres que protegían a Carías e

---

[469] Hudson al Departamento de Estado, despacho 345, 3 de febrero de 1958,615.17/2-358. También informaba que exiliados nicaragüenses en Honduras realizaban actividades revolucionarias.

hirieron a dos.[470]

En 1958 aún no se había unificado el Partido Nacional con el MNR debido, en parte, al choque de personalidades entre Carías y Williams. En una conversación con el diplomático estadounidense Cunnigham, Horacio Moya Posas le explicó que habían modificado los estatutos del Partido Nacional en lo relativo a la estructura de poder, y que el orden de precedencia tradicional: Convención, Carías, Directorio, había cambiado a Convención, Directorio, Carías; según Moya Posas, este arreglo contaba con la aprobación del caudillo. Se asumía que cuando él muriera, desaparecería la posición titular que actualmente ocupaba.[471]

Los intentos renovadores dentro del nacionalismo continuaron a lo largo de 1960 y 1961. Gabriel Mejía declaró al nuevo embajador Charles Burrows que su partido estaba "adaptándose a los tiempos", y que la visita que estaba realizando no solo era a iniciativa suya, sino también una sugerencia de Carías; que el Partido Nacional deseaba que Villeda Morales finalizara su periodo; que esperaba que las elecciones presidenciales de 1963 fueran honestas y justas, y que otro presidente constitucional le sucediera en el siguiente periodo.[472]

En febrero de 1962, una delegación del MNR visitó a Carías, lo que ilustra el papel dominante que aún desempeñaba en los asuntos partidarios. Esta visita se podía interpretar como un gesto conciliador, que demostraba la buena fe reformista para acordar la unificación.

Quizá por ello, Gonzalo Carías asistió a la convención del Partido Nacional, cuyo programa incluía: rápida solución al

---

[470] Pool al Departamento de Estado, despacho 22, 17 de julio de 1959. 715.00/7-1759.

[471] Cunnigham al Departamento de Estado, «Entrevista con el Licenciado Horacio Moya Posas, Presidente del Partido Nacional», despacho 99, 10 de septiembre de 1958, 715.00/9-1158. El diplomático concluía: «Los obstáculos de pobreza, falta de patronazgo, la continua división entre las dos facciones, la ausencia de liderazgo efectivo y... el hecho que el General Carías continúa vivo, todo milita en contra del progreso político para estos grupos».

[472] 26 de mayo de 1961, 715.00/5-2661.

problema fronterizo con El Salvador y a la disputa con los Estados Unidos sobre las Islas del Cisne; apoyo a la autonomía universitaria; apoyo a la Alianza para el Progreso, a la integración centroamericana y a la reforma agraria; también incluía mayor participación ciudadana directa en el gobierno por medio del referéndum y plebiscito, así como la distribución justa de las riquezas.

Ante esta renovación programática, la representación diplomática de EUA comentó que los líderes nacionalistas y reformistas habían hecho un giro radical hacia un programa progresista, "como única oportunidad posible de arrebatar el poder al Partido Liberal en 1963".[473]

El intento unificador seguía presente, pero no era nada fácil; Carías aún era visto como la influencia dominante en el Partido Nacional, aunque el declive de su autoridad podía reflejarse en la adopción de un programa progresista, diseñado por el nacionalismo para superar su reputación de reaccionario y ultraconservador.

Para una posible reunificación, Carías impuso como condición que Williams lo visitara, a lo que éste accedió. Las dos facciones celebraron convenciones por separado, en Tegucigalpa, y en febrero de 1962 realizaron una en común, donde votaron por la reunificación; adoptaron una versión modificada del programa previamente aprobado por el Partido Nacional; eligieron un Comité Central compuesto de dieciocho miembros, diez nacionalistas y ocho reformistas; y aprobaron una resolución urgiendo reformas a la Ley Electoral y una amnistía política.

Con la fusión, el MNR perdió su representación en el Consejo Nacional de Elecciones y la posición del caudillo, aparentemente, se consolidó. No obstante, de acuerdo al análisis de la embajada:

"Si bien Carías parece haberse restablecido como el jefe de todas las fuerzas de la derecha, su autoridad sobre el nuevo partido unificado puede ser considerablemente menor de la que tuvo sobre el Partido Nacional en solitario. Aunque sería una locura al presente dudar que el viejo hombre aún tiene suficiente poder para

---

[473] 23 de febrero de 1962, 715.00(W)/2-2362.

determinar el candidato nacionalista para presidente en 1963, el programa adoptado por el Partido Nacional indica que Carías ha debido hacer algunas concesiones a sus antiguos enemigos...".[474]

Pero no era fácil renovar desde adentro al partido de la estrella solitaria, pues Carías no toleraba que desafiaran su control y liderazgo. Así, a mediados de 1962, la embajada informó que el PN aún no encontraba una fórmula prometedora para proyectar su imagen de partido progresista.

En agosto, Gabriel Mejía comentó al embajador Burrows que Carías se inclinaba, "casi en un 75%", a apoyar a su hijo Gonzalo para que fuera escogido como el candidato a la presidencia. Esto había empezado a provocar división dentro de las filas azules, y llegaba en mal momento, cuando los comités locales nacionalistas se estaban reorganizando[475].

En Tegucigalpa y La Ceiba, seguidores de Gálvez lo propusieron como candidato a la presidencia y, como designados, a Abraham Williams, Gonzalo Carías y Gabriel Mejía. Esto era un desafío a Carías quien, como se recordará, no había perdonado a su antiguo ministro de Guerra por su supuesta traición. La embajada opinaba que Gálvez, aun con sus 75 años de edad y frágil salud, era considerado como el candidato más popular que los nacionalistas podían ofrecer. Sin embargo, la hostilidad de Carías, y tal vez su propia renuncia a buscar nuevamente la presidencia, podían evitar su postulación[476].

En 1962, el nacionalismo formuló una severa crítica al gobierno de Villeda Morales, recordándole que había sido electo por la Asamblea Nacional Constituyente, en elecciones de segundo grado.

El PN señaló una ausencia total de respeto a la autonomía municipal, ya que en los dos primeros años de la administración liberal, las municipalidades habían sido nombradas por el Poder

---

[474] Constable al Departamento de Estado, despacho 341, 7 de marzo de 1962, 715.00/3-762.

[475] Burrows al Departamento de Estado, 11 de agosto de 1962, 715.006(W)/8-1162.

[476] Burrows al Departamento de Estado, 20 octubre 1962, 715.00(W)10.2062.

Ejecutivo, no obstante que el artículo 334 constitucional establecía que fueran electas por el pueblo:

"...con base en una Ley de Elecciones inconstitucional, el actual régimen ha impuesto en todo el país municipalidades electas a su arbitrio, anulando en muchos casos las elecciones recaídas en ciudadanos elegidos por el pueblo, con el pretexto de no estar debidamente inscritas las candidaturas de los vencedores".

También condenaba la incapacidad administrativa del gobierno, su intolerancia política, la deshonestidad en el manejo de los fondos públicos, la persecución de la ciudadanía por la Guardia Civil, así como la tolerancia con los afiliados al comunismo internacional, infiltrados en varios organismos estatales. Además, acusó al régimen de haber fallado a su promesa de hacer un gobierno de conciliación nacional; por todo ello, "el gobierno de Honduras... no reúne los requisitos esenciales mínimos que exige la Resolución de Punta del Este para tener derecho a participar en los beneficios de la Alianza para el Progreso".[477]

El Partido Nacional deseaba obtener representación igualitaria en los consejos electorales locales, como en el nacional, ya que mientras el Partido Liberal contaba con tres representantes en cada junta electoral municipal y departamental, los nacionalistas solo contaban con uno.

Un detallado análisis de la situación del Partido Nacional, con sus limitantes y posibilidades futuras, fue elaborado por Peter D. Constable, segundo secretario de la embajada de EUA. En el documento, el funcionario afirmó que el PN aún tenía que demostrar que había evolucionado desde la maquinaria personal del expresidente Carías Andino a un partido democrático moderno.

Señaló que la vida del Partido Nacional coincidía con la hegemonía de Carías y, aunque había corrientes intentando activamente llevar al partido hacia una formación menos personalista, no se creía que éstas fueran lo suficientemente fuertes como para romper el apretón de Carías. Explicó que este «apretón»

---

[477] Partido Nacional de Honduras. «Exposición: Los principios democráticos son violados en Honduras». Tegucigalpa, 7 de junio de 1962, incluida en: despacho 470, 715.00/6-1362

ya no era ejercido exclusivamente por el General de 86 años, pero era impuesto, en su nombre, por la pandilla de carístas que crecieron a su alrededor y que representaban su modus operandi.

"El apoyo masivo [al Partido Nacional] está en esa porción del campesinado que no está al tanto de cuestiones ideológicas, la cual admiró la personalidad y fortaleza de Carías y no fue molestada por su dictadura. El partido es probablemente más débil entre el obrerismo organizado, cuyo liderazgo es generalmente hostil al Partido Nacional, aunque hay apoyo para el expresidente Gálvez. Los nacionalistas tienden a atraer a grupos conservadores de negocios y comerciantes y a las clases profesionales. Carías, como Jefe Supremo, en la práctica es más poderoso que la Convención y el Consejo Central, y puede imponer su voluntad en temas de mayor importancia para él (...) Poco de mayor importancia puede ser realizado sin su sanción, pero las ideas, los planteamientos y programas están viniendo de abajo... las divisiones entre los dos sectores del partido han continuado, especialmente en los niveles departamental y municipal, en la escogencia de nuevos concejos. Existe insatisfacción con el prolongado dominio de Carías sobre el partido, en asuntos de política y programa partidario, y candidaturas rivales para la nominación presidencial en 1963... en ausencia de una firme estructura organizacional por medio de la cual puedan ser solventadas, todo gira en el sistema bizantino del recurso a Carías. La intriga fluye y refluye alrededor del viejo expresidente. Su casa en Tegucigalpa es escena de constantes visitas de nacionalistas buscando persuadir a Carías a sus puntos de vista. Todos abandonan su presencia, reclamando hablar en su nombre (...) Al momento, sólo hay un disidente, Antonio Ramón Díaz, en abierta hostilidad con Carías y la jerarquía partidaria. Ha sido oficialmente expulsado del partido debido a su prematura campaña por la candidatura presidencial. El Concejo ha estado haciendo un enorme esfuerzo para reorganizar el partido en los niveles local y departamental... para facilitar el trabajo ha prohibido las campañas proselitistas, lo que no ha impedido al hijo de Carías, Gonzalo, promover su propia candidatura durante viajes a lo largo del país, ni ha evitado frecuentes estallidos entre nacionalistas y ex reformistas en elecciones de concejos locales y departamentales, así como en la formación de frentes locales femeninos. El Partido Nacional cuenta con un nuevo programa adoptado por la Convención (febrero de 1962J. Es realista al aceptar cambios sociales y económicos que han ocurrido durante el presente gobierno, prometiendo expandirlos e implementarlos más honesta y eficientemente".[478]

Los problemas los detalló así:

1) La larga sombra de Carías que se extiende a lo largo de la historia del partido, y hoy oscurece a otros líderes potenciales.

2) Las divisiones al interior del partido.

3) Su reputación a lo largo de casi 25 años en el poder. Hoy, lo mejor que algunos apologistas pueden decir de su régimen de 16 años es que trajo estabilidad a Honduras. Aunque esto no fue un logro insignificante, el fracaso de Carías y del Partido Nacional en aprovechar esa estabilidad para siquiera hacer un inicio rudimentario hacia el progreso económico y social, ha tendido a disipar las bendiciones de la paz de Carías. Agregado a este pecado de omisión, la dictadura perpetró un número suficiente de actos represivos como para ganarse el odio de la oposición. El control político que ejerció, por medio de sus lugartenientes, fue absoluto y, a menudo, alcanzó hasta los más humildes y en diferentes esferas. Las amargas memorias del régimen fueron en algo mitigadas por el gobierno de Gálvez, quien permitió mayor libertad política e inició modestas reformas. Desdichadamente para el Partido Nacional, el régimen de Lozano (1954-1956) retornó a la tradición de la dictadura y dejó el rechazo como última impresión del gobierno nacionalista.

Constable aportó las siguientes conclusiones:

"El Partido Nacional está debilitado por divisiones internas, por el continuo dominio del envejecido Carías y su reputación como antidemocrático y dictatorial. Los nacionalistas pueden ofrecer a los votantes un programa social y económico similar al de los liberales, reclaman que están mejor equipados para implementar un programa progresista para traer una mejoría real al

---

[478] Peter D. Constable. «Evaluación del Partido Nacional», aerograma A-115, 6 de octubre de 1962, 715.00/10-662.

país. Mucha de la propaganda de campaña del nacionalismo se centrará en temas políticos, como que la Ley Electoral de 1960 es inconstitucional y que el gobierno es tolerante con el comunismo. La derrota en las urnas haría que los nacionalistas impulsaran un golpe. Las debilidades del Partido Nacional, al presente, indican que no ganará la elección municipal de 1962 ni la presidencial de 1963. Un factor importante, que mitiga estas debilidades, es la situación económica que no ha mostrado una mejoría bajo la administración liberal, en el poder desde 1957. La insistencia del General Carías en la candidatura de su hijo podría conducir a una división abierta del Partido Nacional, similar a la división nacionalista/reformista de 1954, que fue básicamente una división a lo largo de las líneas Carías y anti Carías. Hasta muy recientemente, la principal oposición a Gonzalo Carías fue organizada por Gabriel Mejía; sus seguidores establecieron grupos juveniles y femeninos e intentaron ganar el control de la maquinaria del Partido a nivel local. Sin embargo, Mejía, aunque hombre de negocios muy exitoso y un político inteligente, es una figura opaca y no ha tenido éxito en alcanzar el apoyo de las bases nacionalistas. Gálvez no ha actuado abiertamente para asegurar su candidatura, pero no ha desautorizado los esfuerzos que actualmente se realizan en su favor. Sus seguidores lo ven como el candidato que puede derrotar al candidato liberal, un punto de vista ampliamente compartido dentro del Partido Liberal. Los nacionalistas que lo apoyan esperan que tendrá éxito con una campaña de conciliación nacional, que obtendría muchos votos liberales al recordar los 'buenos tiempos de Gálvez'. Es muy posible que Gonzalo, y especialmente su padre, prefieran ver al partido derrotado en 1963, antes que el control quede en manos de Gálvez y otros con los que el General ha mantenido, por largo tiempo, relaciones tirantes".[479]

Los analistas de la embajada tampoco descartaban la posibilidad de que si Gálvez -quien ya contaba con 75 años de edad- era electo, sólo cumpliría un año de su periodo presidencial, renunciaría y sería reemplazado por el primero de los tres

---

[479] Ídem.

designados. Así, Gonzalo Carías podría buscar su candidatura para primer designado, más que para presidente.

La cantidad de aspirantes a la presidencia aumentó al sumarse un nuevo personaje, decisivo por el poder que acumulaba: el coronel Osvaldo López Arellano. Este confesó al embajador Burrows que estaba pensando seriamente aceptar la postulación; manifestó que representantes carístas y galvistas le habían propuesto una candidatura de compromiso, por lo que, si se decidía, renunciaría a las Fuerzas Armadas en los próximos días.

Sobre estas maniobras, Burrows comentó al Departamento de Estado que, debido a la posición intransigente de Carías respecto a la candidatura de Gálvez, López podía, como candidato de compromiso, romper el estancamiento entre los seguidores de Gálvez y de Gonzalo Carías. Aunque las posibilidades de López de ganar la elección eran pocas, "su mera presencia en la planilla nacionalista serviría para oponer a los nacionalistas y al Ejército en contra de los liberales y de la Guardia Civil".[480].

Sin embargo, el 20 de mayo de 1963, López Arellano retiró su postulación; argumentó que Gálvez y sus seguidores rehusaron apoyarlo, y amenazaron con dividir el partido si él era nombrado.

Por otra parte, escoger a un sucesor de López Arellano en la jefatura de las Fuerzas Armadas representaba un peligro para la estabilidad nacional, por lo que se afirmó que muchos amigos en el gobierno, diplomáticos y militares, lo presionaron para que no aceptara la candidatura.

La convención nacionalista se realizó a inicios de 1963. Gonzalo -quien había sido acusado por los nacionalistas de estar bajo la influencia comunista, por medio de su cuñado Guillermo Ayes-, fue derrotado por estrecho margen. La candidatura recayó en Ramón Ernesto Cruz, un candidato de compromiso que aceptaron las distintas corrientes. Él recibió treinta votos, en tanto que Carías Castillo 27. La autoridad que Carías Andino ejerció sobre el Partido Nacional durante cuarenta años fue, finalmente, derrotada.

---

[480] Burrows al Departamento de Estado, 12 de enero de 1963, 715.00(W)/1-1263.

Al Departamento de Estado se le informó que el mérito principal por este resultado era de Gabriel Mejía, quien ya había expresado a la Embajada su descontento hacia los nacionalistas, especialmente hacia Carías. Él había reunido suficientes votos para ganar la candidatura, pero decidió inclinar la convención en favor de Cruz, al concluir que no sería bien recibido por los cariístas.

Los seguidores de Gonzalo Carías intentaron medidas desesperadas y a veces tácticas rufianescas para obligar a la Convención a que eligiera a Gonzalo, pero sin éxito. El general Carías renunció como Jefe Supremo del partido, lo que unánimemente rechazó la Convención. Gonzalo rehusó ser nombrado como primer designado en la planilla de Cruz y, al cierre de la Convención, él y sus convencionales ya la habían abandonado; se disoció del partido para la próxima campaña y urgió a sus seguidores a abstenerse. "Tal vez el factor más importante en la intransigencia cariísta es el temor a que cualquier candidato, que no sea Gonzalo, podría terminar con su hegemonía en el partido".[481].

Pero al caudillo se le escapó el control del partido y cometió un grave error de cálculo y estrategia política al abandonar el nacionalismo, que lo había protegido y exaltado, hasta llevarlo al pináculo del poder y la gloria. ¿Quién o quiénes influyeron en él para que tomara tal decisión?

EL PPP: UN INTENTO FALLIDO

Como fuere, lo cierto es que en los primeros meses de 1963 formó el Partido Popular Progresista (PPP) y, el 8 de julio, solicitó su inscripción; presentó mucho más de las quince mil firmas que exigía la Ley Electoral y evidencia documental de su organización en todo el país, lo que demostraba que aún conservaba una cuota de influencia y prestigio, particularmente en los departamentos más pobres, ubicados en el sur y suroeste de Honduras. Sin embargo, el gobierno de Villeda Morales, el de López Arellano y

---

[481] Knox al Departamento de Estado, POL 2-1 HONDURAS, 25 de mayo de 1963.

los siguientes, se negaron a reconocer jurídicamente al PPP.

El Partido Liberal, por su parte, presentaba facciones; la más numerosa se agrupaba en torno al presidente del Congreso Nacional, Modesto Rodas Alvarado, que se caracterizaba por su antimilitarismo y sectarismo. Otra, favorecida por el presidente Villeda Morales, la encabezaba el canciller Andrés Alvarado Puerto, quien adoptaba posiciones centristas, más anuentes al reconocimiento de otras fuerzas políticas de oposición. Pero, en la convención, la mayoría favoreció a Rodas Alvarado, llamado el "León del liberalismo", lo que alertó a las Fuerzas Armadas y al Partido Nacional. Además, estimuló las ambiciones de poder del coronel López Arellano, ya latentes desde años atrás.

Aunque el ambiente estaba repleto de tensiones, se esperaba que las elecciones se llevarían a cabo en octubre. Pero fueron bruscamente suspendidas por el sangriento golpe de Estado del 3 de octubre de 1963, con lo cual, por segunda vez, las Fuerzas Armadas derrocaron un gobierno civil. Liberales y nacionalistas vieron frustradas sus expectativas; obligadamente, cedieron paso al que entonces ya era el poder hegemónico, y quedaron en una posición aún más subordinada que en el pasado.

Mucho se ha escrito sobre las razones que motivaron a López Arellano y a sus compañeros de armas a asaltar el poder. La documentación consultada indica que mediante el golpe se buscó, básicamente, impedir el virtual triunfo de Modesto Rodas Alvarado quien, con su retórica antimilitar, atemorizaba al estamento castrense.

El régimen militar logró consolidarse tras recibir el reconocimiento diplomático del gobierno estadounidense y obtener el abierto respaldo del Partido Nacional, entonces dirigido por quien, durante varios años, fungió como asesor jurídico de las Fuerzas Armadas Ricardo Zúñiga Augustinus, quien formó un cogobierno con López Arellano.

El nuevo gobierno convocó a elecciones para una Asamblea Nacional Constituyente, que se realizaron en febrero de 1965. El propósito esencial era constitucionalizar a López Arellano y decretar una nueva Carta Fundamental, tras quedar rota la de 1957. La represión, la intimidación y el exilio continuaron aplicándose tanto a la oposición liberal como a los grupos de izquierda.

El Partido Popular Progresista declaró que permanecería neutral ante la elección, y su portavoz, Ángel V. Matute, en un comunicado del 22 de diciembre de 1964, advirtió a los miembros de no colaborar con el Partido Nacional -ya que les habían ofrecido posiciones en las planillas para diputados-, y amenazó con expulsar del PPP a quien las aceptara[482].

En enero de 1965, el Partido Liberal y el Popular Progresista anunciaron la creación de un movimiento cívico, respaldado por las organizaciones obreras y campesinas; entre otras, la Confederación de Trabajadores de Honduras (CTH), la Federación de Sindicatos de Trabajadores Norteños de Honduras (FESITRANH), la Federación Central de Sindicatos Libres de Honduras (FECESITLIH), la Asociación Nacional de Campesinos de Honduras (ANACH) y la Federación de Asociaciones Femeninas de Honduras (FAFH). Declararon que el objetivo era «influir para que se cree la atmósfera más propicia para elecciones libres y la restauración de la autoridad civil sobre la militar».

La convención del Partido Nacional, reunida en septiembre de 1966, le confirió a Carías un pergamino, reconociéndolo como Jefe Supremo; pero él lo rechazó, y más bien solicitó a la delegación que lo visitó que influyera en el gobierno de López Arellano para que inscribiera al Partido Popular Progresista[483].

En 1958, el embajador Willauer visitó al caudillo para despedirse e indagar sus opiniones políticas. Manifestó que había recibido la impresión de que el General se mantenía vigoroso y con una mente activa[484]. Igual acto de cortesía realizó el embajador Jova, el 13 de agosto de 1965, quien también lo encontró en buena forma física para su edad y le pareció notablemente lúcido, aunque algo anecdótico...

---

[482] POL 2-1 Honduras, 24 diciembre 1964. Sobre la posición del PPP ante las elecciones, véase el anexo 14.

[483] POL 2-1 Honduras, 28 septiembre 1966.

[484] Willauer al Departamento de Estado. «Carías acostumbró controlar el Congreso desde el Palacio Presidencial», despacho 373, 25 de marzo de 1958, 715.00/3-2558.

"con relación a la situación en Honduras, expresó la opinión que el actual gobierno [el de López Arellano] debe mostrar mano firme en el mantenimiento del orden y en controlar a los comunistas, a la vez que un mayor espíritu de conciliación con vista a obtener el apoyo de elementos respetables del Partido Liberal así como de los caristias".[485]

El 23 de diciembre de 1969, a las cinco de la mañana, Tiburcio Carías Andino falleció. Nació y murió en años históricos: 1876, cuando Soto y Rosa iniciaron la Reforma Liberal; y, 1969, cuando aconteció la guerra entre Honduras y El Salvador. Los 93 años de su existencia estuvieron repletos de personajes y acontecimientos de los que fue protagonista de primera importancia, al punto que dejó plasmada su personalidad y su estilo político a lo largo del siglo XX.

Tocaba ahora a los historiadores intentar evaluar sus virtudes y fallas, sus aciertos y limitaciones, a fin de comprender y explicar su vida y su tiempo.

---

[485] Jova al Departamento de Estado, 13 de agosto de 1965, POL 6-Honduras, POL-15 Honduras.

CONCLUSIONES

Luego de haber descrito los hitos que plasmaron la huella de Tiburcio Carías en el periodo analizado, ha llegado el momento de la evaluación y la síntesis, de formular los juicios que fundamentan esta obra.

UNA DE LAS PRINCIPALES ACUSACIONES que debe imputársele a Tiburcio Carías es haber consumado, irreversiblemente, la entrega de los recursos naturales del país al capital extranjero; y, con ello, haber subordinado la nación a los dictados de Washington. Si bien es cierto que este proceso avasallador inició en los albores del siglo XX, lo trágico es que Carías, pese a haber gobernado en nombre de un partido llamado Nacional, practicó, sistemáticamente, políticas antinacionales. Como consecuencia, durante su régimen se consolidó -y profundizó el control estadounidense sobre los recursos naturales de Honduras, y la desnacionalización del país.

EL LIBERALISMO DECIMONÓNICO, con sus postulados de libertad electoral, alternabilidad en el poder, equilibrio entre tres los poderes del Estado, libertad de prensa, reunión, locomoción, que se vivió entre 1924 y 1932 con las administraciones Paz Baraona y Mejía Colindres, fue interrumpido por Carías en el momento mismo de ascender a la presidencia; cuando su adversario político intentó impedir su ascenso, le dio las justificaciones necesarias para iniciar y mantener la represión. Pero él mantuvo vigentes algunos aspectos de la doctrina liberal y positivista: separación entre la Iglesia y el Estado, subordinación de la primera al segundo, y políticas concesionarias generosas para las empresas extranjeras; al igual que sus predecesores, estaba convencido de que el capital y la inversión foránea eran los únicos medios para desarrollar el país. Visto desde esa perspectiva, su gobierno no fue una aberración de los principios liberales clásicos. Más que una ruptura, fue una prolongación.

FUE UN MEDIOCRE ADMINISTRADOR y, al contrario de la percepción tradicional, su control sobre el poder no fue absoluto. Tuvo que compartirlo con un reducido grupo de burócratas y comandantes de armas, a quienes permitió el enriquecimiento a costa de los fondos públicos, a cambio de su apoyo y lealtad. Propició la adulación y el culto a la personalidad. Fomentó la delación, el espionaje y la obediencia ciega y vertical. Su régimen trajo estabilidad política, pero esta no fue producto del consenso libremente expresado, sino de la imposición, la violación de la Constitución y el atropello de los derechos humanos de millares de hondureños. La represión fue permanente.

Todo acto que en su criterio pusiese en peligro el continuismo, fue acallado, dentro y fuera de su partido.

SE HA DICHO QUE CASTRÓ MORALMENTE a una generación. Y esta afirmación es válida porque reforzó los sentimientos de indiferencia, apatía, miedo y conformismo ante la participación política, la injusticia y la arbitrariedad. Un legado funesto de sus casi dieciséis años de dictadura, es que se arraigó una atmósfera de intolerancia, de suspicacia, de temor ante lo nuevo, ya fueran ideas, actitudes o valores. Privó la mediocridad, lo provinciano. Para encontrar una atmósfera de libertad, proclive a la creación artística y literaria, gran parte de la intelectualidad tuvo que emigrar y, la que permaneció en el país, vivió en un ambiente de ideas constreñidas, o bien se llamó al silencio.

SU CONCEPCIÓN DEL PARTIDO NACIONAL y del Estado fue patrimonialista. Consideró que ambos eran de su propiedad personal, la recompensa merecida después de largos años de luchas y combates, militares y electorales. Él se vio a sí mismo como el hombre providencial, insustituible. Pero la dura realidad le demostró lo contrario. Su personalismo, en última instancia, le hizo más mal que bien a su partido, ya que implantó una estructura vertical y antidemocrática, que no impidió su escisión temporal ni sus posteriores derrotas electorales.

CARÍAS ES EL CAUDILLO HONDUREÑO que ha permanecido por más tiempo en el poder. Retuvo el control del Estado de 1933 a 1948, pero su influencia directa o indirecta sobre la política nacional se remonta, al menos, a 1923, y se extiende hasta 1963. Recuérdese que tres mandatarios -Tosta, Paz Baraona y Gálvez- accedieron a la presidencia con su aprobación, o fueron expresamente escogido por él. Contó con el respaldo de diversos grupos de interés, de sectores de la clase terrateniente, y de medianos y pequeños propietarios. Aun sin conocerlo, una parte significativa del campesinado lo apoyó, pero no sucedió lo mismo con el proletariado agrícola de la Costa Norte. Carías desconfió de éste, de su militancia combativa, que se expresó en una serie de huelgas ocurridas en la década de 1920 e inicios de la siguiente. Él las reprimió, garantizando así la "paz" y el suficiente margen de ganancias para las compañías bananeras.

TAMPOCO PUDO RESPONDER a las expectativas de los grupos socioeconómicos emergentes, pertenecientes a los dos partidos tradicionales. Marginados de la toma de decisiones y las oportunidades económicas, éstos se consideraban con la suficiente legitimidad como para postular y afirmar su propio estilo, distinto del autoritarismo practicado por Carías y los caudillos que lo precedieron; y no se conformaron con ser meros espectadores y agentes pasivos del proceso político. El Movimiento Nacional Reformista, organizado en 1953, debe verse como la expresión política de los grupos con ideas modernizantes que, afines al Partido Nacional, se aglutinaron en torno a Juan Manuel Gálvez, Abraham Williams y Julio Lozano. El primero supo implantar su estilo gerencial y político, así como distanciarse de manera gradual, hábil e inteligente, de quien expresamente lo había seleccionado para ser su sucesor, convencido de que seguiría gobernando tras bambalinas, lo que resultó fallido.

EL RÉGIMEN CARIÍSTA NO TRATÓ de flexibilizarse, de modernizarse, de ganar adeptos entre los sectores emergentes, las capas medias y los obreros organizados. No se percató de que la situación nacional e internacional había cambiado enormemente desde 1933. La gran depresión y sus repercusiones, la consolidación del socialismo en la Unión Soviética, la Segunda Guerra Mundial, la derrota del fascismo, la crisis de los imperios coloniales, los anhelos de liberación nacional de los pueblos africanos y asiáticos, y el proceso democrático guatemalteco iniciado en 1944, no modificaron la visión del mundo y de la vida de Carías y sus asesores; la excepción fue Julio Lozano, que recomendó algunas medidas en el campo de la economía y la planificación.

EN EL ASPECTO ECONÓMICO, pese a la crisis y al

estancamiento en que vivió la nación durante el periodo que inició en 1930 y se prolongó durante los años cuarenta, en el cuadro de las exportaciones disminuyó el peso del monocultivo bananero. Otros productos, particularmente el café, cobraron importancia. Esto es trascendental no solo desde la perspectiva económica, sino también social; a diferencia de Guatemala y El Salvador, en Honduras esta actividad no estuvo concentrada en las grandes plantaciones, sino que se realizó en medianas y pequeñas propiedades, por lo que su venta generó una distribución más amplia del ingreso. Pero, en términos generales, el Estado no presentó alternativas para hacer frente a la gran depresión o, al menos, amortiguar sus efectos más graves.

EL PAÍS SE SUMIÓ, de 1933 a 1948, en un largo sopor del cual despertó a partir de 1949. Tocó a la administración Gálvez asumir un reto colosal: la modernización de Honduras. En aquellos años, el tradicional atraso y aislamiento se tornaba más dramático al compararlo con el desarrollo industrial de las otras repúblicas regidas por dictadores: Guatemala, El Salvador y, en menor medida, Nicaragua. Paradójicamente, ese mismo atraso explica, parcialmente, el menor grado de polarización económica y social en Honduras, donde la estructura de clases ha sido menos rígida que la de sus vecinos. Además, la dinámica de los conflictos sociales, muy visible hasta 1932, fue congelada por la vía de la intimidación y represión durante la dictadura, y resurgió en 1949. Su manifestación más elocuente fue la gran huelga de 1954.

PARA MODERNIZAR EL PAÍS por la vía capitalista, las compañías bananeras y el Departamento de Estado percibieron, paulatinamente, que era necesario cambiar prácticamente todas las esferas de la vida pública que habían permanecido estancadas durante la administración Carías; entre otras, la infraestructura y las comunicaciones, salud y educación, legislación, agricultura, industria y comercio. Por ello apoyaron nuevos cuadros, que proyectaran la voluntad de implantar cambios pacíficos, encaminados a impulsar la postergada e imperativa modernización, como requisito para aumentar el volumen de inversiones.

UN SIGNO DEL AGOTAMIENTO físico y político del régimen fue la actitud huraña, suspicaz y reservada de Carías, su preocupación por la seguridad personal y su negativa a conocer el país más allá de Zambrano. Esa actitud contrastaba con el estilo abierto de Gálvez que, deliberadamente, recorrió gran parte del país para relacionarse con la población. La concepción de una Honduras estática, inamovible, era cada vez más obsoleta y sus consejeros contribuyeron a reforzar la falsa impresión de "orden, estabilidad y progreso". En resumen, el régimen -carente de políticas de desarrollo y con su estrecha visión parroquial- fue un obstáculo para el desarrollo de las fuerzas productivas y sociales, y del capital extranjero, que se debatían en un país sin vías de comunicación, con una economía de subsistencia que seguía dependiendo, en gran medida, del monocultivo controlado por las empresas fruteras. Urgía la diversificación económica y la apertura política, que la administración cariísta no fomentó.

PESE A TODO, Carías poseyó la suficiente dosis de visión política y de sentido común como para percatarse de que las nuevas necesidades y reclamos no podían ser permanentemente desdeñados y reprimidos. No olvidó las lecciones derivadas de los hechos ocurridos en El Salvador, Guatemala, y en la misma Honduras durante 1944. Así, prudentemente, supo y pudo retirarse a tiempo; cedió el paso a nuevos grupos de su partido, con aspiraciones políticas propias, largamente postergadas, en el entendido de que podría seguir siendo una influencia decisiva. Afirmar que su retiro de la presidencia de la República se debió exclusivamente a presiones diplomáticas y a los cambios ocurridos a partir de la Segunda Guerra Mundial, es una verdad a medias. Debe dársele crédito a su olfato político. Él no padecía de miopía política. Por ello logró seguir siendo una fuerza influyente en la década de 1950 e inicios de la siguiente.

CON CARÍAS MURIÓ el viejo liberalismo del cual fue un adherente desde sus inicios políticos a finales del siglo XIX, al igual que caducó en Guatemala con la caída de Ubico, o en Nicaragua con el derrocamiento del último Somoza. Con su gestión, el liberalismo doctrinario se fue osificando, envejeciendo, tornándose conservador. A partir de 1949, fue gradualmente reemplazado por una concepción más a tono con los nuevos tiempos. En el escenario político nacional se fue conformando un liberalismo remozado con ingredientes socialdemócratas, que tendría como sus principales portavoces a Juan Manuel Gálvez y Ramón Villeda Morales. La frase acuñada durante la presidencia de Villeda Morales: "Hemos perdido dieciséis años; debemos recuperarlos", refleja la noción de rezago que pesaba en el país y la convicción de que debía superarse de inmediato.

POR TODO LO DICHO, Carías estuvo lejos de ser un "déspota ilustrado", menos un estadista. Fue incapaz, pero tampoco tuvo la voluntad de reconciliar a la familia hondureña, lo que sí logró Gálvez. Heredó problemas latentes y postergados, que los gobiernos que le sucedieron debieron afrontar con nuevos métodos. Legó un estilo de hacer política basado en la secretividad y los arreglos bajo la mesa, que encontró entusiastas practicantes en uno y otro partido, así como un método vertical de mando que no favorece el diálogo, ya que se fundamenta en las "órdenes superiores".

CUANDO DESCENDIÓ DEL PODER se retiró a su heredad sin ser perseguido; tanto su persona, como su familia y sus bienes, fueron respetados hasta el fin de su existencia. Esto dice mucho de la nobleza y generosidad del pueblo hondureño, que había madurado y comprendido que el revanchismo político no soluciona los ingentes problemas del país. Ello, pese a que centenares de familias podían dar testimonio de cómo sus seres queridos fueron vejados, humillados, torturados y acosados, cuando no ejecutados por los esbirros del régimen. El pueblo hondureño demostró su capacidad para el diálogo y el trabajo organizativo y disciplinado durante las huelgas que estremecieron al país en 1954. Pese a no haber contado – salvo honrosas excepciones, con escuelas para el aprendizaje democrático o con modelos cívicos, en esta jornada escribió una de sus más bellas páginas de justo reclamo y comedimiento.

¿CUÁL FUE EL IMPACTO de Carías en la historia hondureña? Con el paso de los años, su figura y su recuerdo se han ido desdibujando de la memoria colectiva, incluso dentro del Partido Nacional. Sin embargo, su régimen ha sido invocado con nostalgia especialmente durante períodos electorales, en la medida que se agudiza la descomposición social. Se le ha idealizado, presentándolo como un periodo de ley, paz y orden, de armonía social, de ausencia de conflicto. Así, en la campaña presidencial de 2005, el candidato nacionalista revivió y renovó algunos elementos del cariísmo, e incluso presentó la pena de muerte como la solución a la escalada criminal; en fin, una visión simplista ante fenómenos cada vez más complejos.

BIBLIOGRAFÍA

Argueta, Ernesto. Conflicto cívico entre la dictadura y el pueblo; mi contribución por la liberación de Honduras. Tegucigalpa, La Razón, 1949.

Argueta, Mario R. "Las guerras civiles hondureñas". Presencia Universitaria, tomo VIII, enero-febrero de 1981, pp. 68-69.

Bardales Bueso, Rafael. El fundador de la paz. San Pedro Sula, Central Impresora, 1989.

Bermúdez Milla, Héctor. "Evocación del General Tiburcio Carías Andino". Honduras Ilustrada, (54) 18, enero de 1970.

Bulmer-Thomas, Victor. La economía política de Centroamérica desde 1929. San José, Banco Centroamericano de Integración Económica, 1989.

Cáceres Rivera, Miguel y Sucelinda Zelaya Carranza. "Honduras, seguridad productiva y crecimiento económico: la función económica del cariato». Tegucigalpa, 2004 (avance de investigación). Ponencia presentada en el VII Congreso Centroamericano de Historia.

Carías Andino, Tiburcio. Mensajes presidenciales. Tegucigalpa, Ariston, 1945.

Comité Liberal Democrático de Honduras en México. Homenaje a las víctimas de San Pedro Sula. México, 1944.

Manifiestos del Comité Liberal Democrático de Honduras en México, 1944.

Consejo del Distrito Central. Cinco años de labor administrativa; homenaje en esta gloriosa efeméride, al Dr. y General T°-burcio Carías Andino Ilustre Presidente de la República y Benemérito de la Patria. Tegucigalpa, Calderón, 1943.

Díaz Chávez, Filánder. Carías, el último caudillo frutero. Tegucigalpa, Guaymuras, 1982.

Esquivel, Rogelio. La Honduras de hoy bajo el régimen admirable del Presidente Carías Andino. Tegucigalpa, 1942.

Ferrera, Gloria Esperanza, et al. Gobierno del General Tiburcio Carías Andino: Marco histórico. Tesis para optar a la Licenciatura en Historia, UNAH, Tegucigalpa, 1985.

Fonseca, Gautama. Cuatro ensayos sobre la realidad política de

Honduras. Tegucigalpa, Editorial Universitaria, 1982.

Frente Central Ejecutivo de Juventud Liberal. Mártires de la tiranía. Tegucigalpa, Ariston, 1959.

García, Sixto. El desastre de una dictadura. Tegucigalpa, s. f.

González y Contreras, Gilberto. El último caudillo (ensayo biográfico). México, Costa Amic, 1946.

Un pueblo y un hombre: Honduras y el General Carías. Tegucigalpa, La Democracia, 1934.

Guardiola, Esteban. «Palabras... en el acto de congregar los ilustres personajes cuyos nombres llevan las aulas de la Escuela Normal Central de Varones». Revista del Archivo y Biblioteca Nacional, tomo XII (8) 480-488, febrero de 1934.

Hernández, Daniel. La justificación histórica de la actual prolongación en el poder. Tegucigalpa, Tipografía Nacional, 1940.

Honduras. Decretos del Congreso Nacional 1933-1948.Tegucigalpa, Tipografía Nacional, 1949.

Leonard, Thomas M. The United States and Central America, 1944-1949, perceptions of political dynamics. Alabama, The University of Alabama Press, 1984.

U.S. Policy and arms limitations. The Washington Conference of 1923. Los Ángeles, Center for the Study of Armament and Disarmament, 1982.

Marroquín Rojas, Clemente. «Murió el General Carías Andino». Honduras Ilustrada, (54) 18-19, enero de 1970.

Martínez, Juan Ramón. «Carías Andino, una dictadura a la medida de las fruteras». Panorama Centroamericano IX (102). 29-30, noviembre de 1981.

Matamoros y Lucha, Ernesto. Yo acuso... (al tirano Carías Andino).La Habana, Comité Cubano Pro Liberación de Honduras, 1946.

Mejía, Medardo. «El General Carías». Revista Ariel, XI (218) 1-1, enero de 1970.

Mejía, Romualdo Elpidio. 4 de julio de 1944. Tegucigalpa, Ariston, 1945. Vida y obra de un estadista. Tegucigalpa, Tipografía Nacional, 1942.

Oquelí, Ramón «Gobiernos hondureños durante el presente siglo». Economía Política, II (2): 20-58, julio-septiembre 1972; II

(3): 5-18, octubre-diciembre 1972; II (4): 5-23, enero-abril 1973; II (5): enero-abril 1974; II (8): 5-42, mayo-octubre: 1974.

Paredes, Lucas. Biografía del Dr. y General Tiburcio Carías Andino. Tegucigalpa, Ariston, 1938.

Drama político de Honduras, México, Editorial Latinoamericana, 1958.

Partido Liberal de Honduras, Consejo Supremo. Panorama político de Honduras. Tegucigalpa, La Razón, 1948.

Partido Nacional de Honduras, Comité Central. Corona fúnebre Dr. y Gral. Tiburcio Carías Andino. Tegucigalpa, 1971. Un gobierno y una patria. Tegucigalpa, Calderón, 1948.

Pastor Fasquelle, Rodolfo. Biografía de San Pedro Sula 1536-1954. San Pedro Sula, Centro Editorial, 1990.

«El ocaso de los cacicagos: Historia de la crisis del sistema político hondureño». Boletín Informativo Honduras, Especial, (21):1-11, febrero de 1986.

Rivera Suazo, Marcial. El cortejo de la muerte. Diccionario biográfico del Cariísmo. San Salvador, Cisneros, 1927.

Sagastume Fajardo, Alejandro Salomón. Tiburcio Carías Andino, enclave y dictadura, 1933-1949. Tesis para optar a la Licenciatura en Historia, UNAH, Tegucigalpa, 1985.

Sanabria, Salomón. La cárcel y mis carceleros. México, Jus, 1952.

Stokes, Williams S. Honduras an area study in government. Madison, University of Wisconsin Press, 1950.

«Tiburcio Carías Andino, baldón de Centro América», Guatemala, Gutemberg, anónimo, s. f., reproducido en: Presencia Universitaria, VII (58) 14, octubre de 1979.

Valladares Rodríguez, Juan. «Algunos datos sobre la ascendencia del General Tiburcio Carías Andino». Anales del Archivo Nacional, 4(8): 66-67, agosto de 1970.

Varela M., Francisco. Apuntamientos históricos. Tegucigalpa, Soto, 1959.

Villeda Vidal, Salvador. «El caudillo Presidente en la mansión de piedra». Revista Acción Social, 13 (154) 17 y 19, diciembre de 1968.

Zúniga Huete, José Ángel. Carta abierta a Tiburcio Carías

Andino, Dictador de la República de Honduras. México, 1943.

La Carta del Atlántico. México, 1943.

Cartas: una actitud y una senda, veleidades de una veleta. Kingston, Times Publishing Co., 1937.

Un Gobierno de Facto. Por qué es inconstitucional el régimen que preside Tiburcio Carías Andino, dictador de Honduras. México, 1943.

ANEXOS

1
CARTA DE CARÍAS A FRANKLIN E. MORALES

Tegucigalpa, 27 de marzo 1923

Señor:

De acuerdo a mis ideas el Partido Nacional que postulaba mi candidatura a la Presidencia de la República, ha tenido y tiene el firme propósito de trabajar decididamente porque se opere en el país, de manera pacífica, la transmisión del poder público. Para cumplir con ese fin, he dado todos los pasos necesarios para evitar cualquier trastorno revolucionario. A este efecto, y en presencia de las noticias de un posible alzamiento armado, por parte de otros aspirantes a la Presidencia, he dirigido circulares a todos mis partidarios, recomendándoles que se abstengan de tomar parte en cualquier movimiento bélico. De esas circulares acompaño un ejemplar y una de las respuestas, firmada por el doctor don Salvador Aguirre, ex Ministro de Estado.

Consecuentemente con mi criterio pacifista, me dirigí al señor Presidente de la República y al Señor Ministro de la Guerra, por medio de los doctores don Felipe Cálix, don Audato Muñoz y don Manuel G. Zúñiga, diputados los dos primeros y el ex Cónsul de Honduras en la Argentina el último, para declararle mis propósitos pacifistas, ofreciéndole, además, mi apoyo y el de mi partido, para la conservación del orden público, promesa reiterada hace pocos días a requerimiento del Jefe de Estado, en los momentos en que se creía inminente el estallido de una conspiración.

El Presidente de la República, General Don Rafael López Gutiérrez, no sólo se ha mostrado agradecido y muy complacido con la actitud mía, sino que en cada ocasión ha mandado ofrecerme, por medio de los agentes nominados, que respetará y hará respetar la libertad electoral. No obstante tales promesas, se vienen permitiendo los casos de coacción electoral, los cuales han sido debidamente detallados y caracterizados en la prensa periódica, sin que el gobierno destituya a los funcionarios culpables. Las denuncias no sólo se han hecho por la prensa, sino también personalmente al Jefe de la Nación y al Ministro de Guerra, acompañando a ellas las pruebas preeminentes y, en más de un caso, la misma confesión escrita de los funcionarios responsables.

A pesar de las circulares y de las promesas del señor Presidente de la República y del señor Ministro de Guerra no han cumplido sus ofertas, y las autoridades conculcadoras de la ley permanecen en sus puestos, cometiendo cada día mayores arbitrariedades contra mis partidarios, y llevando al pueblo en general el miedo y el convencimiento de que el gobierno no garantizará el ejercicio del sufragio libre, porque se propone coaccionar al electorado a favor de una candidatura oficial. Como casos concretos, puedo citar el delito de coacción cometido por el Comandante de Armas en el departamento de Colón, General don Gregorio Aguilar O., ordenando la elección de un diputado y recomendando la candidatura presidencial del Doctor Vicente Mejía Colindres, en virtud, según lo manifiesta, de que es la candidatura que ha lanzado el doctor Carlos Lagos, hermano político del señor Presidente de la República, y actual jefe militar de la zona de la Costa Norte. Este Comandante ha llegado hasta hacer amenazas de muerte a uno de mis partidarios.

Parecidos atentados ha cometido el Comandante de Armas del departamento de Valle, lo mismo que el de Olancho, influyendo en el ánimo de los electores, por medio de recomendaciones y amenazas, para que se adhieran a determinada candidatura. Todos estos funcionarios permanecen en sus puestos, a pesar de haberse pedido su destitución. Con tales procedimientos no sólo se evidencia la falta del Gobernante al cumplimiento de su palabra, sino que se viola el texto expreso de la Ley Electoral vigente, cuyo artículo 60 dice a la letra: "Toda acción u omisión de un funcionario público que tenga por objeto manifiesto ejercer presión en los electores o juntas electorales, constituye delito de coacción, que será penado con reclusión menor en su grado mínimo. Igual pena se impondrá a cualquier autoridad o funcionario público del Poder Ejecutivo que de PALABRA O POR ESCRITO se dirija a sus subalternos o a los electores, con el objeto de INFLUIR a favor de determinada candidatura". Y lo más grave es que el Gobierno, en su prensa, da una interpretación completamente antojadiza al artículo citado, diciendo que hay que saber si el funcionario ejecutó actos de imposición o de recomendación como autoridad o como particular, cuando la ley no establece ni puede establecer esa diferencia, y cuando si se le diera el sentido que le da el Poder Ejecutivo, sería completamente ilusoria la libertad electoral, porque desde el Presidente de la República hasta el último empleado, podrían recomendar o imponer candidaturas, y para excusarse les bastaría afirmar que lo hicieron en su carácter particular. Esa interpretación, que ha asombrado al público, ha venido a corroborar la idea de que el Ejecutivo no piensa ni en cumplir sus promesas ni en respetar la ley en la presente campaña electoral.

Lo expuesto demuestra el estado actual del asunto eleccionario, y da motivo para suponer que el gobierno continuará desarrollando una política de coacción, que puede violentar las pasiones y llevarlas quizá hasta la protesta armada. En Honduras, la mejor garantía de la paz está en el respeto de la libertad electoral, pues se ha observado que como consecuencia de cada imposición aparece la guerra civil.

Y para evitar toda duda acerca de mi conducta, que sólo se inspira en el amor a la paz, he creído necesario y conveniente hacer las anteriores declaraciones a fin de declinar toda responsabilidad por si llega el caso desgraciado de que el irrespeto a la ley provoque un conflicto de fuerza entre el Gobernante y el Partido Nacional.

(f) TIBURCIO CARÍAS A.

Al Excelentísimo Señor Franklin E. Morales, Enviado Extraordinario y Ministro Plenipotenciario de los Estados Unidos en Honduras.

2
OTRA CARTA DE CARÍAS A FRANKLIN E. MORALES

Tegucigalpa, 28 mayo de 1923

Señor:

Atendiendo la excitativa que usted se ha servido hacerme Atengo el honor de manifestarle que asistiré gustoso a la conferencia de candidatos a la Presidencia de la República, que se verificará el miércoles de la presente semana; pero creo conveniente hacer a usted las siguientes declaraciones previas.

I.   Dos son los partidos que han entrado en la lucha en la presente campaña eleccionaria: el Partido Nacional y el Partido Liberal. El primero está compacto, con una sola candidatura; y el segundo se ha fraccionario y ha presentado tres candidaturas.

II.   El Partido Nacional ha proclamado mi candidatura; y el Partido Liberal, al que pertenecen todos los elementos del Gobierno, ha postulado a los doctores Policarpo Bonilla, Juan Ángel Arlas y Vicente Mejía Colindres. Hay probabilidades de que el grupo liberal lance uno o dos candidatos más.

III.   Para que la función republicana del sufragio se ejerza en provecho del país, conviene que la contienda electoral quede reducida a dos candidaturas, una del Partido Nacional y otra del Partido Liberal. Los liberales deben unirse alrededor de un solo candidato, para evitar la anarquía y la desconfianza pública. La unión de los liberales haría imposible el fraude que, por causa de multiplicidad de candidatos, puede cometerse en el Congreso Legislativo, fraude que de seguro engendraría la guerra civil.

IV. El Partido Liberal cuenta en su seno a todos los miembros y empleados del Gobierno. La Administración actual organizó un régimen de familia. Por tal motivo, y por sus repetidos errores, ha provocado el descontento general. Ha habido grandes desfalcos en la Hacienda Pública, y sin tomar en cuenta la Ley, sino únicamente las relaciones de parentesco o de partidarismo, se ha dispuesto de las riquezas del Tesoro Nacional en favor de determinadas personas, con perjuicio de la colectividad hondureña. Es notorio, además, que se han cometido fusilaciones y torturas, en gran número de individuos, prohibidas por la Constitución del Estado. Por otra parte, el sistema de Gobierno que se ha implantado, ha sido de un exclusivismo tan absoluto, que los ciudadanos pertenecientes al Partido Nacional han sido constantemente perseguidos, encarcelados y vigilados, mientras el Gobierno para sostenerse, ha tenido que acudir a las emigraciones salvadoreñas y nicaragüenses, aumentando así el descontento del pueblo y creando un peligro permanente para la paz de El Salvador y Nicaragua.

V. Por lo expuesto se comprenderá que no es posible la fusión de los partidos en uno solo, ni que surja un candidato único. Si mi separación pudiera contribuir a la armonía de los partidos, para que surgiera un solo candidato de conciliación, yo no tendría inconveniente en renunciar mi candidatura, pues, sólo me ha obligado a aceptarla el deseo de que se restablezca la paz y la justicia en mi país, pero esa renuncia produciría resultados contrarios. A fuerza de energía, y apelando al cariño y a las consideraciones personales que me dispensan los miembros del Partido Nacional, he logrado evitar que éste se lance a la guerra para reivindicar sus derechos, en la esperanza de que en una lucha cívica pueda el pueblo darse un gobierno respetuoso de las instituciones, que descanse en la opinión pública e inspire confianza a los poderes vecinos. Mi separación anarquizaría el Partido Nacional, porque resuelto éste a no abandonar la lucha, buscaría en su seno nuevos candidatos, no siendo creíble que aceptara a ninguno que pertenezca a la agrupación liberal; o apelaría a la guerra, porque cualquier candidato único sería liberal y contaría con el apoyo franco o disimulado, pero siempre eficaz, del Gobierno. Un candidato único, que, repito, tendría que ser liberal, significaría, además, la amenaza constante contra El Salvador y Nicaragua, ya que las emigraciones de estas repúblicas residentes en Honduras, están al servicio del Gobierno actual, y fundan el éxito de sus futuras empresas en el triunfo de un candidato liberal. Por el convencimiento de la experiencia, creo que el medio único y seguro para afianzar la paz en este país, consiste en que se haga efectiva, pero de modo práctico y verdadero, la libertad del sufragio en las próximas elecciones presidenciales debiendo ser la lucha entre dos candidatos, para evitar el fraude que pudiera cometerse en el Congreso, pues habiendo varios candidatos, los diputados tienen facultad de elegir en definitiva.

Por mi parte, como Jefe del Partido Nacional, declaro que si las elecciones se practican en completa libertad y sin fraude que burle la voluntad popular, me someteré gustoso a la decisión de la mayoría expresada en los comicios.

Con protesta de mi alta consideración y aprecio, me suscribo de usted muy atento y respetuoso servidor.

(f) TIBURCIO CARÍAS[486]

---

[486] Franklin Morales al Departamento de Estado, 31 de mayo de 1923, despacho 389, RG 59, 815.00/2596.

LA RENUNCIA QUE DE SU CANDIDATURA A LA PRESIDENCIA DE LA REPÚBLICA HA HECHO EL SEÑOR GRAL. DON TIBURCIO CARÍAS ANTE LA HONORABLE CONVENCIÓN DEL PARTIDO NACIONAL

Honorable Convención del Partido Nacional:

Os presento mi cordial saludo al inaugurar vuestras sesiones y desde luego, hago votos fervientes porque resolváis con todo acierto los problemas que tengáis que discutir.

Dignaos oír la exposición que os voy a presentar.

-I-

Roto el orden constitucional de la República por consecuencias de la dictadura establecida por el ex Presidente Gral. Don Rafael López Gutiérrez, quien había hecho burla a la libertad del sufragio, mediante la imposición más descarada que registran los anales patrios, tuve que ponerme al frente de la revolución reivindicadora, para restablecer el imperio de la ley.

La lucha fue larga y sangrienta, bien que coronada con el mejor éxito, dando por resultado el implantamiento del Gobierno del General Vicente Tosta, uno de los jefes que contribuyó en grado máximo al triunfo definitivo de nuestras armas.

La administración reparadora del General Tosta seguía su marcha regular, desenvolviendo las energías de la Nación para impulsar el progreso; pero, en su gabinete figuraba como Ministro de Guerra el Gral. Don Gregorio Ferrera, en quien comenzaban a germinar las ambiciones de mando, que fueron auspiciadas por la camarilla de que se rodeó, la cual se componía en su mayor parte de enemigos de nuestra causa.

Ferrera ya tenía premeditada su traición, y aprovechó su puesto de Ministro de Guerra para hacerse de elementos, con los cuales intensificó la guerra que acababa de terminar con el fracaso de sus ambiciones.

Hoy la República, aunque desangrada, se encuentra en un periodo de relativa paz, que da respiro a nuestros conciudadanos para que puedan meditar sobre el problema electoral que está pendiente aún, eligiendo con cordura y patriotismo los candidatos a la Presidencia y Vicepresidencia de la Nación.

-II-

Cuando el Partido Nacional, que representa las tres cuartas partes del pueblo hondureño, me hizo la honra de designarme su candidato para la Presidencia en la pasada lucha electoral, yo acepté gustoso esa designación y enfrenté la situación con la actividad y la energia indispensable, sin que me guiara ningún fin rastrero, sino el bien de mis compatriotas y la dignidad y la honra de la patria, a la cual lo sacrifico todo.

El problema de la elección presidencial vuelve de nuevo a agitar los ánimos del pueblo, y el Partido mantiene sus anteriores candidaturas, pero como han variado las bases sobre las que opera la política internacional nuestra, con motivo del Tratado General de Paz y Amistad suscrito en Washington el 7 de febrero de mil novecientos veintitrés por los países centroamericanos, muy especialmente en lo que estatuye el artículo II de ese Tratado, debe tomarse otra orientación, a lo cual es mi deber contribuir, ya que estoy lejos de toda ambición personal.

Debemos, pues, procurar se utilicen otras actividades y energías que sean prenda de paz interior y exterior, y para dejaros campo para que peséis las causas expuestas y encontréis la mejor solución de este problema de vital importancia para nuestro Partido.

Os presento mi renuncia de la Candidatura para Presidente de la República que el partido me ha honrado, renuncia que os pido admitirme, Honorables Señores Delegados, y que a la vez designéis de entre nuestros correligionarios, la persona más apta y de mayores méritos que me sustituya en la designación antes relacionada.

Os reitero mis votos porque tengáis completo y brillante éxito en vuestras labores.

Tegucigalpa, D.C. 24 de noviembre de 1924.

TIBURCIO CARÍAS A.

4
EL GENERAL TIBURCIO CARÍAS
SE DIRIGE A LOS HONDUREÑOS

El General Tiburcio Cartas, Jefe del Partido Nacional, dirigió al pueblo hondureño el siguiente manifiesto con el motivo de su ingreso a Tegucigalpa el día de anteayer:

Consecuente con la ideología encarnada en sus Estatutos, el Partido Nacional dio una muestra de alta democracia entregando el poder en paz, el 1° de febrero de 1929. Resultado inmediato de este acto trascendental, ha sido el respeto internacional conquistado para Honduras, como país que tiene instituciones efectivas y concepto vivo del decoro patrio.

A raíz de la declaratoria de elección que el Congreso Nacional hizo en el Doctor don Vicente Mejía Colindres como Presidente de la República para el período de 1929 a 1933, y en vista de la intranquilidad y zozobra en que se hallaba el Partido, os dirigí mi Manifiesto de 21 de enero de 1929 con mis exhortaciones para cooperar a mantener la paz y la tranquilidad de la República, y tengo la satisfacción de declarar que la conducta seguida por el Partido me llena de un legítimo orgullo, porque ha sabido demostrar que tiene valor moral suficiente para conformarse con la pérdida de las elecciones, sin resentimientos, sin rencores y sin odios y encaminando sus actividades por las sendas del orden y del trabajo.

El derecho es la gran fuerza reguladora de la vida individual y colectiva; pero no el fementido derecho que se funda en la fuerza, sino el derecho basado en las instituciones nacionales que cimientan la armonía social y garantizan al ciudadano el ejercicio de los supremos atributos de los hombres libres.

Ejercitando su derecho, el Partido Nacional debe entrar decidido y entusiasta en la contienda política para elegir en el último domingo de este mes los diputados que llevarán la representación popular en la Asamblea Legislativa.

En mi retiro, alejado completamente de toda lucha, he meditado serenamente sobre la actual situación del país y acerca de los medios más oportunos para continuar la labor de civismo que con la entrega del poder en paz, inició el Partido Nacional; y he llegado a la conclusión de que para estimular con mayor fuerza la conciliación y armonía de la familia hondureña, una de las formas más eficaces y prácticas sería la de integrar el Congreso con hombres de notoria honradez, que antepongan a sus intereses personales los sagrados intereses de la Patria; ya que también ese Congreso tiene que resolver problemas de vital importancia que demandan juicio ilustrado y excepcional grandeza de carácter, dado el momento histórico que atraviesa la República. Una legislatura así respetuosa a las instituciones, puede convertirse en un moderador de las pasiones populares y en la aliada eficaz del poder público, para contener los avances del partidarismo fanático que en estos días está presentándose como una amenaza contra el bienestar, concordia y solidaridad de la Nación.

El Partido Nacional ha dado el ejemplo fecundo, afianzando y haciendo efectivas las instituciones patrias y convirtiendo en un culto el respeto a la libertad del sufragio. Armado de esas nobles ejecutorias, tiene derecho a exigir de los poderes públicos el mismo respeto a los sagrados atributos de la ciudadanía y a la práctica irrestricta de la función del voto.

Id, pues, ciudadanos nacionalistas, haciendo gala del celo patriótico que habéis demostrado, llenos de buena intención y de valor sereno, a depositar vuestros votos para la elección de Diputados, sin que ninguna coacción o amenaza del fanatismo político o de funcionarios irrespetuosos a la ley, puedan haceros desistir del propósito firme de llevar al Congreso Nacional diputados patriotas, íntegros y comprensivos, ajenos a violentas pasiones partidaristas y a per- judiciales egoísmos, para que puedan continuar sin interrupción la labor de civismo y amor a Honduras que, como una noble escuela, ha fundado y procura sostener el Partido Nacional.

Tegucigalpa, 12 de octubre de 1930.

TIBURCIO CARÍAS A.

5
PATRIÓTICA EXPOSICIÓN PRESENTADA ANTE EL CONGRESO NACIONAL POR EL GRAN REPUBLICANO MIGUEL PAZ BARAONA, EN DEFENSA DEL HONOR Y DE LA CONVENIENCIA DE HONDURAS Y DEL PARTIDO NACIONAL

New York, 12 febrero de 1936.

Señores Secretarios del Soberano Congreso Nacional:

El triste recuerdo de los millares de Hondureños que han E sido muertos en nuestras abominables guerras fratricidas, que han sido llevados al sacrificio en nombre de grandes ideales y principios, los dolores de que he sido testigo ocular que han sufrido los hijos, las madres y esposas de algunos de los sacrificados, mis deberes de ciudadano Hondureño y de individuo afiliado al Partido Nacional, son los sentimientos que me impulsan a dirigiros esta nota, para que siendo posible me saquéis de esta angustiosa duda que tengo respecto a la legalidad de la Convocatoria de una Asamblea Constituyente, hecha recientemente por el Soberano Congreso Nacional de 1936.

Antes de exponer las causas de estas dudas deseo hacer algunas consideraciones que sirven de apoyo a mi solicitud y que creo contribuirán a justificarla. En el año de 1924, el Partido Nacional se levantó en armas acaudillado por el actual presidente de la República, contra una dictadura que establecieron al finalizar el período constitucional del General Rafael López Gutiérrez después de efectuar múltiples violaciones a la ley y al derecho ajeno. Entonces el Partido Nacional se presentó como defensor de los derechos conculcados y atacó al Partido Liberal por haber declarado aquella dictadura y después del triunfo de la revolución, ésta fue bautizada con el pomposo nombre de «Revolución Reivindicadora».

En esa revolución reivindicadora perecieron centenares de infelices hondureños que fueron impulsados al sacrificio de sus vidas por los directores del nacionalismo, en nombre de la libertad, del derecho y de la justicia; las pérdidas que sufrieron los propietarios fueron así mismo enormes, que reconocidas aumentaron la deuda interna de manera considerable, deuda que tiene que pagar el pueblo hondureño tarde o temprano, haciendo muchos sacrificios.

A mi juicio, Señores Secretarios, para que una revolución se justifique, para que los sacrificados de la guerra no le hayan sido en vano, los autores de la revolución, por honradez, por patriotismo y por lógica deben cumplir con los ideales que aseguraron los que impelían al combate, porque si no lo cumplen, la revolución no se justifica, ni nada edifica en el terreno de la moral y las llamadas reivindicaciones se convierten en crueles y sangrientas farsas. Yo creo que el Soberano Congreso Nacional y los señores Secretarios opinarán conmigo en la apreciación de este delicado punto. He estado estudiando la Constitución de 1924 para ver si las dudas que abrigo respecto a la legalidad de la convocatoria desaparecen para recobrar la tranquilidad que he perdido por temer a la deshonra de nuestra patria, la del Partido Nacional y de ese Honorable Congreso.

En esa constitución de 1924, emitida por el Partido Nacional triunfante, en el título VII, entre las atribuciones del Poder Legislativo, encuentro el inciso V del Art. 92 que textualmente dice: Decretar, interpretar, reformar y derogar las leyes».

Si solamente ese Art. 92 existiera, donde se faculta al S. C. Nacional para reformar y derogar las leyes, yo no diría nada, porque entonces es perfectamente seguro que nuestros representantes están cumpliendo con su deber. Pero, desgraciadamente, hay un título XXII que dice: "De las reformas a la Constitución y de las leyes constitutivas".

Art. 179. Uno o algunos de los Arts. Constitucionales y de las leyes constitutivas podrán reformarse o suprimirse por una Constituyente en sus sesiones ordinarias y por dos tercios de votos para que la supresión entre en vigor.

Art. 180. La reforma que haga de los Arts. Constitucionales que prohíben la reelección del presidente o del que le sustituya, el que fija los límites de la edad para ser electo y el que establece la duración del período presidencial, no producirá sus efectos en el periodo en curso ni en el siguiente.

Como se ve por los artículos copiados, los legisladores de 1924 establecieron el título XXII y los Arts. transcritos con el objeto, según me parece, de restringir y reglamentar las amplias facultades que da al Soberano Congreso el inciso V del Art. 180-92. El que lea el Art. 180 se convencerá de que los legisladores estaban contra el continuismo.

Pasamos a considerar otro punto. Los Honorables señores Diputados, el señor Presidente de la República y demás funcionarios del Estado, antes de ocupar los puestos para que fueron designados, presentaron la promesa de la ley cuyo texto se encuentra en el Art. 168 de la Constitución Política: Prometo ser fiel a la República, cumplir y hacer cumplir la Constitución y las Leyes.

Después de esa promesa los señores diputados en primer término quedaron obligados, según mi modo de pensar, a cumplir y hacer cumplir los Arts. 179 y 180 que forman parte de la Constitución.

¿Cómo eludir honorablemente esa promesa? Esto es lo que yo no alcanzo a comprender y esa la principal causa para apelar a vuestras luces, con el objeto de ver claramente en lo que se basó el S. C. Nacional para convocar a una Asamblea Constituyente VIOLANDO SU PROMESA DE SER FIEL A LA REPÚBLICA, CUMPLIR Y HACER CUMPLIR LA CONSTITUCIÓN Y LAS LEYES.

Ojala, señores secretarios, que mi súplica no cause molestias y que sea atendida, por lo que quedará altamente agradecido vuestro atento y seguro servidor.

(f) M. PAZ BARAONA.

6
CARTA DE VENANCIO CALLEJAS
AL PRESIDENTE ROOSEVELT

San José de Costa Rica, 30 de noviembre de 1936.
Excelentísimo Señor Presidente
de los Estados Unidos de Norte América
Mr. Franklin D. Roosevelt,
Casa Presidencial
Washington, D.C.

Me dirijo a usted Señor Presidente en mi condición de ciudadano hondureño, por la circunstancia especial de que en estos momentos en que mi patria sufre el peso de un oprobioso régimen tiránico, tocará a su ilustre gobierno, en gran parte, con la aplicación o no aplicación del Tratado de Washington de 1923, reconociendo o des- conociendo la dictadura que el General Tiburcio Carías Andino inaugurará el primero de febrero entrante, cooperar al restablecimiento de la paz en la República de Honduras o fomentar la lucha armada en que se empeña el pueblo hondureño por recuperar el ejercicio de sus derechos constitucionales.

No solicitamos de Ud., señor Presidente ni la solicitaríamos por ningún motivo, la intervención del Gobierno Americano: tampoco pedimos protección de ninguna especie al gobierno que Ud., preside, porque conceptuamos que es indecorosa toda protección a un país libre para resolver sus conflictos internos; queremos solo que los Estados Unidos cumplan un tratado internacional solemnemente celebrado bajo sus auspicios y garantía moral negándole el reconocimiento a un gobierno usurpador.

La celebración de una nueva conferencia internacional que por su iniciativa se llevará a cabo en la ciudad de Buenos Aires por los países del Continente Americano, para buscar el afianzamiento de la paz internacional y estrechar los vínculos de amistad entre los países de América, ha abierto una nueva esperanza a los pueblos de nuestro hemisferio, hartos ya de sufrir los rigores de una vida llena de inquietudes y dolores, engendrados generalmente por la tiranía de algunos gobernantes. Queremos creer y tenemos la esperanza de que la nueva conferencia internacional de Buenos Aires, resolverá con acierto el problema de la paz continental, no solo afianzándola entre las naciones, sino que, también consolidándola dentro de cada país, ya que la guerra en la América se ha presentado con mayor frecuencia en su aspecto interno que el internacional, especialmente en las naciones de la América Central. Si la conferencia de Buenos Aires no ha de resolver estos graves problemas, tendrá que ser catalogada como una nueva reunión protocolaria, sin importancia ni trascendencia alguna, a la que los representantes de las naciones han ido solo a cambiarse discursos de inocente contenido, formulando votos diplomáticos por «la ventura» y «la prosperidad» de sus respectivos pueblos y gobiernos.

La realización de la paz en los pueblos América, radica en nuestro concepto, en el cumplimiento de las leyes internas de las naciones y el acatamiento de los compromisos internacionales que se contienen en el derecho de gentes y en los tratados y pactos celebrados.

Desgraciadamente hasta ahora, las leyes y los tratados y pactos han sido impunemente violados cuantas veces lo ha requerido la aparente conveniencia de los gobernantes, haciéndose frustráneo todo intento de paz. Ud., mismo señor Presidente, en su importante discurso sobre la paz, pronunciado el 14 de agosto de este año, refiriéndose a este aspecto de la vida internacional, dijo que: "Constituye una amarga experiencia el que todo el conjunto de países se dé cuenta de que no solamente el espíritu, sino la letra misma de los arreglos internacionales se viole con impunidad, sin consideración a los más elementales principios del honor".

En atención a las precedentes consideraciones y a las declaraciones por Ud., vertidas, y por ser además los Estados Unidos el país a cuya iniciativa va a suscribirse el nuevo tratado internacional de Buenos Aires, es que queremos expresar a Ud. la seguridad que en estos momentos guarda el pueblo de la República de Honduras, de que el Tratado General de Paz y Amistad, suscrito por los países centroamericanos, en la ciudad de Washington, el 7 de febrero de 1923, vigente ahora solamente para Honduras, Guatemala, y Nicaragua, por haberlo denunciado oportunamente las Repúblicas de Costa Rica y El Salvador, será fielmente cumplido por su honorable gobierno, otorgando su reconocimiento al nuevo periodo de mando que en la citada República de Honduras pretende inaugurar el General Tiburcio Carías Andino, el primero de febrero del próximo año, en virtud de que, en conformidad con el tratado de referencia el señor Carías no puede ser reconocido.

El tratado de Washington a que aludimos es norma moralmente obligatoria para el gobierno de los Estado Unidos, tanto por haber sido firmado por invitación de ese gobierno y suscrito bajo sus auspicios, como porque oficialmente declaró, el 30 de junio de 1923, el entonces Excelentísimo señor Secretario de Estado, Mr. Charles E. Hughes, que: "La actitud del gobierno de los Estados Unidos, con respecto al reconocimiento de nuevos gobiernos en las cinco Repúblicas Centroamericanas, cuyos representantes firmaron en Washington el 7 de febrero de 1923, el Tratado General de Paz y Amistad, será conforme a las estipulaciones de dicho tratado".

La violación del Tratado de Washington de 1923 y de la Constitución Política de la República de Honduras, por parte del General Tiburcio Carías Andino, es manifiesta. En el tratado de referencia, el principio de la alternabilidad del poder se consignó en la siguiente forma:

"Las partes contratantes se obligan a mantener en sus respectivas constituciones el principio de no reelección de presidente y vicepresidente, y aquéllas en cuya Constitución se permita esa reelección se obligan a provocar la reforma constitucional en ese sentido en la próxima reunión del poder legislativo, después de la ratificación del presente tratado".

Y en el artículo 110 de la Constitución Política hondureña de 1924, se establece que: "El período presidencial será de cuatro años y comenzará desde el primero de febrero. El ciudadano que hubiere ejercido la presidencia en propiedad o interinamente en el curso de un período no podrá ser electo presidente ni vicepresidente para el siguiente período". Pero ni una ni otra prohibición pusieron coto a las absurdas pretensiones del General Carías, quien, mediante un golpe de Estado, perpetrado en connivencia con el Congreso Nacional, abrogó totalmente la

Constitución Política, porque le vedaba continuar legalmente ejerciendo la Primera Magistratura, e ilegalmente se convocó una Asamblea Constituyente que emitió una nueva Constitución para el Estado en la que se consignó, sin elecciones de ninguna clase, la prórroga del período presidencial del propio General Carías por seis años más único objeto que se tenía para emitir esa nueva Carta Fundamental.

Es generalmente conocida la situación que con motivo de las arbitrarias pretensiones del General Carías priva en nuestro país, en donde para llevar a cabo aquellos inicuos propósitos, se mantiene encarcelados a más de setecientos ciudadanos honrados, en el destierro a millares, suprimidas todas las libertades, anuladas todas las garantías y establecido en toda la nación, un régimen de terror y de violencia. No es posible para la nación hondureña y para los países del continente a la expectativa, que una situación como la que el General Carías pretende crear pudiera obtener de su gobierno, Señor Presidente, el reconocimiento, porque ese hecho significaría que nada valen ni nada significan para el gobierno de los Estados Unidos los arreglos internacionales; porque un reconocimiento otorgado a un gobierno de la especie del que en Honduras pretende implantar el General Carías, estaría diciendo a todos que en el concepto del Gobierno Americano, son lo mismo gobiernos legítimos nacidos de la voluntad popular, que los gobiernos de atraco, nacidos de la violencia y el fraude; porque un reconocimiento del tal naturaleza, estaría proclamando ante la opinión pública continental, que existe una liga de gobiernos para oprimir a los pueblos libres y demócratas; porque ese reconocimiento catalogaría a los Estados Unidos, según su propia declaración de Ud., entre los países que violan impunemente los arreglos internacionales, sin consideración de los más elementales principios del honor; y porque, en fin, ese reconocimiento sería un certificado auténtico de que ha muerto, en nuestro hemisferio, en el concepto internacional, los principios de la democracia, de la libertad y de la dignidad.

De su importante y reciente discurso pronunciado en Río de Janeiro tomamos las siguientes declaraciones: "Las naciones amigas de América no pueden rendir un mayor servicio a la civilización que mantener la paz tanto doméstica como internacional". El lema de la guerra es que sobrevivan los fuertes y que mueran los débiles y el lema de la paz es que los fuertes ayuden a los débiles a sobrevivir. Ojalá que estas declaraciones se puedan ver realizadas en las conferencias de Buenos Aires, dictándose las medidas justas y legales para que puedan garantizar esa paz en la América, proscribiéndose para siempre las guerras internas e internacionales, como a tentadoras a nuestra civilización.

Si los Estados Unidos creen, como Ud. lo ha dicho, señor Presidente, en "la democracia, la libertad y la paz"; si los Estados Unidos no quieren en ninguna forma fomentar la guerra, como también lo ha declarado Ud., estamos seguros de que el Gobierno Americano desconocerá, como gobierno legítimo, la dictadura que el General Carías pretende imponer a Honduras, sobre el dolor del pueblo y la violación de las instituciones patrias, pues no habría manera de compaginar aquella hermosa declaración, con un acto de reconocimiento a ese régimen antidemocrático, que, por otra parte, fomentaría la guerra en Honduras, planteando la constante lucha armada entre los que pretenden el implantamiento de las tiranías y los que estamos depuestos a defender la democracia, y abriría además, un funestísimo precedente en la América, porque hoy éste, mañana aquel, y después otros muchos pretenderían el escalamiento del poder por los caminos prohibidos del asalto, contando anticipadamente con el apoyo moral del reconocimiento del Gobierno Americano. En esta hora de extremas angustias en que se disputan por todas partes la supremacía los amigos y los enemigos de la libertad; en que se abren como perspectivas siniestras para nuestra América las dictaduras de pocos con el fascismo y la dictadura de muchos con el comunismo, la América necesita erguirse con energía, para defender lo más grande que tenemos: la democracia y la libertad; y los Estados Unidos, país demócrata y libre por excelencia, no puede, no es posible que pueda, coadyuvar con su apoyo moral al establecimiento de gobiernos dictatoriales, como el que en nuestro país pretende imponer el General Carías. De la aplicación o no aplicación que se haga por los Estados Unidos del Tratado de Washington, en el caso planteado del General Carías, en Honduras, ha de derivar para nuestro país y para los pueblos del continente la confianza que se deba tener en el cumplimiento de los tratados y convenios que dentro de breves días se suscribirán en Buenos Aires y en los que, en el futuro, se firmen bajo garantía moral de los Estados Unidos.

Con las muestras de mi más distinguida consideración y respeto, soy del Señor Presidente, Atto. S. S.

Dr. VENANCIO CALLEJAS
    Mr. Roosevelt through Minister Sack

MENSAJE PARA EL PUEBLO DE HONDURAS
DEL COMITÉ LIBERAL DEMOCRÁTICO
DE HONDURAS EN MÉXICO[487]

En n esta hora crucial y tormentosa para la democracia de Hispano-América, los liberales hondureños residentes en México nos dirigimos a nuestros connacionales, que allá, dentro de las fronteras patrias, sufren los horrores del despotismo usurpador que encabeza Tiburcio Carías Andino, para declarar: que nos hemos organizado en territorio extranjero, como Comité Liberal de lucha, con el propósito de reunir energías y opiniones, destinadas a operar en el momento oportuno, en pro de la efectiva liberación material, intelectual, económica y de todo orden, del sistema que al presente esclaviza a nuestro pueblo.

Nos presentamos, como siempre, bajo los pliegues de nuestra enseña de combate, fieles a los principios democráticos que informan al credo liberal que sustentamos y que airosamente proclama la Carta del Atlántico, símbolo y lábaro de la libertad del mundo del futuro. Queremos hacer saber que los que allá, en la tierra nativa, a la vez que sufren, maquinan para sacudir el yugo opresor, que cuentan con nuestra solidaridad y simpatía en la patriótica empresa liberadora que nos atañe en la pugna por el restablecimiento del imperio de la ley y de la justicia en Honduras.

Abrimos nuestras filas para recibir dentro de ellas no sólo a los que siempre han combatido a nuestro lado, sino a todos los hondureños de buena voluntad deseosos de borrar y destruir el estigma de ignorancia con que mancha a nuestro país la desatentada dictadura cariísta que no ha tenido precedente en la historia de nuestra patria.

Cumplida garantía de la amplitud de procederes del Partido Liberal en su lucha contra el ominoso régimen que preside Tiburcio Carías Andino, la está rindiendo desde el año de 1936, el pacto de mutua cooperación para derrocar al dictador, suscrito en

---

[487] RG 59, decimal file 1940-44, caja 4216, despacho 784, 2 de febrero de 1944, Embajada de Estados Unidos, Tegucigalpa.

San José de Costa Rica por el Representante del Liberalismo en el Exterior Licenciado Ángel Zúñiga Huete y por el Dr. Venancio Callejas, en nombre del Partido Nacional Legalista, pacto que la emigración de ambos bandos respalda, en cuanto concierne a sus fines esenciales concretados en el propósito de unir sus afanes contra los usurpadores y a garantizar -una vez destrozada la tiranía- amplia libertad electoral, para que el pueblo hondureñense, que es el dueño y soberano de sus destinos, pueda restablecer sus instituciones normales de vida y decidir sobre la forma y el personal de su gobierno.

Los pueblos capaces de constituirse por su esfuerzo en arquitectos de sus propios destinos, no esperan a que los dones de la libertad y de su bienestar les sean otorgados por generosa dádiva exótica, sino que los alcanzan como galardón de su trabajo y como una conquista que se adquiere al costo de «sudores, lágrimas y sangre», como lo ha dicho uno de los grandes hombres que en estos momentos escribe páginas inmortales en la Historia de la Humanidad.

Hemos sido testigo de fallidos intentos libertarios, en los que el martirologio del patriotismo hondureñense aparece ilustrado con un cruento mosaico de sacrificios, pero ni el número de ellos ni sus dolorosas consecuencias deben arredrar, y menos impedirnos dar cima a la empresa de derrocar a los que oprimen y explotan a nuestro país y a nuestros conciudadanos.

Desde aquí, desde México, tierra de libertad que hospitalariamente abre sus brazos a los que luchan por un mundo mejor, nos proponemos organizar, en un haz de energías, las fuerzas dispersas de la emigración que las constantes persecuciones desatadas por la dictadura de Carías Andino ha lanzado fuera de Honduras a efecto de que pueda colaborar con eficacia y oportunidad en la obra común que tiene entre manos el patriotismo hondureño, con el respaldo de una inmensa y latente legión opositora.

Deseamos poner fin a las especulaciones delictuosas con que los ilegales detentadores del poder público se han enriquecido y continúan inflando sus haberes personales, al costo del hambre popular que explotan en calidad de acaparadores de los elementos de subsistencia y de mantenedores implacables de un sistema de ínfimos salarios y de inflación monetaria, que traen por obligada resultante la miseria nacional en la que hoy se debate y contorsiona nuestra patria.

Aspiramos a que nuestro país sea de los primeros en surgir al ambiente del nuevo orden internacional que preconiza la Carta del Atlántico, libre de temores a cualquier sistema de opresión, como signo inequívoco de que Honduras penetra con paso firme en la senda redentora del progreso, de la cultura y de la civilización del Mundo Nuevo. Estrechemos nuestras filas y unamos nuestros esfuerzos en pensamiento y acción, a fin de liquidar para siempre el inicuo imperio de injusticia que Tiburcio Carías Andino dirige y representa, con el convencimiento y la confianza de que, compactados por el generosa impulso que nos mueve y vincula, el funesto edificio de la dictadura se desmoronará ante el impulso del obligado afán que la patria nos demanda.

Uno es nuestro propósito: servir a Honduras con lealtad;

Uno es nuestro empeño: derrocar la dictadura y

Uno es nuestro anhelo: ver a nuestra patria libre, próspera y feliz.

México, D. F., 1 de enero de 1944.

Lic. Ángel Zúñiga Huete
Dr. Ricardo D. Alduvín
Dr. Guillermo Alvarado
Dr. Jesús Castillo Blanco
Prof. Francisco López R.
Ing. Ricardo Alduvín A.
Dr. Carlos Da Costa G,
Dr. Gregorio Rodríguez
Dr. Marco Rodas
Sr. Jacobo A. Galindo S.
Prof. R. Heliodoro Valle

Dr. Eusebio Toledo López
Dr. Manuel Flores Rosa
Lic. Mauricio Rosal
Lic. Ramón Alduvín L.
Dr. Antonio Miralda S.
Dr. Leonardo López (h)
P. M. Alfredo Berlíoz U.
Sr. Ladislao Paredes
Lic. Martín Paz

8
SOLICITUD HECHA AL SR. PRESIDENTE POR MÁS DE DOSCIENTAS SEÑORAS Y SEÑORITAS DE LA CAPITAL

Tegucigalpa, D. C. Mayo 25 de 1944. Al Ciudadano Presidente de la República General Tiburcio Carías Andino. Un grupo de hombres y mujeres, estrechamente vinculados por el sentimiento de humanidad que necesariamente infunden los compatriotas que guardan prisión en nuestras cárceles públicas por motivos políticos, con todo respeto se presenta ante Ud. solicitando su libertad.

Tales connacionales están privados de su libertad y sufriendo las duras penalidades consiguientes al encarcelamiento, así como las inevitables consecuencias que ello atrae sobre sus familias y sus intereses, algunos de ellos desde hace muchos años.

Creemos imperativo, dadas las circunstancias actuales en que el mundo se desangra por conseguir el triunfo de la democracia, rogarle muy atentamente que se sirva ordenar la libertad de todos los presos políticos, cualquiera que sea el tiempo que tengan de estar en prisión. Sin abrigar la menor duda de que nuestra solicitud merecerá de Ud. la mejor acogida, con motivo de que la inspira únicamente el deseo de que nuestros presos políticos sean restituidos a sus hogares, para bien de ellos mismos, de sus familias y de la patria, le anticipamos nuestras expresiones de reconocimiento.

Carlota B. Valladares
Ada de Trejo Castillo
Norma Girón Aguilar
Enriqueta de Velásquez
María de Medina Aída de
Lara Paz Hernández
Emma de Bonilla
Lucinda de García
Teresa C. v. de Dávila
María T. Idiáquez
Marina de Reina

Antonia Jerez D.
Clementina López
Irma Flores
Zoila de Santos Pineda
Paula Valentina de Callejas
Socorro Chávez
Concepción Romero
Guadalupe Alvarado
Luisa Molina
Ramona Gálvez

María de Jesús García
Alfredo Trejo Castillo
Adela de Callejas
Alma de Castillo Vega
Julia C. de Girón Aguilar
Mercedes de Sandoval
Lupe v. de Membreño
Camila de Hernández
Manuel M. Calderón
María M. de Rodríguez
Raquel Gutiérrez
Adriana López Pineda
Ángela García
María Palma
Gilda de Suazo
María Cristina Dávila
Elisa de Romero
María Cristina Callejas
Berta Herrera
Manuela Golani
Carmen de Azcona
Rosa Z. de Gutiérrez
Susana de Alvarado
Rosa Lara E. de Zelaya
Isabel v. de Lara
Isabel A. Lara
Adriana Valle Lazo
Rosa Izaguirre
Carlota Alvarado
Marcela L. de Tablas
Concha Tablas
Águeda Aguilera
Félix Zavala Núñez
Martha María Hernández
Gregoria Maradiaga Z.
Felícita M. Rodríguez
Zoila Acosta Alcántara

Berta M. de García
Julia Cruz
Consuelo de Díaz Zelaya
María Inés Martínez
María Teresa Velásquez
Mercedes Turcios
Victoria Banegas
María Josefa Pinel
Rosa v. de Ribas
Yolanda Ribas M.
Micaela Flores
E. Rodríguez
J. Antonio Simón
María Ribas Montes
Cristina Torres
Juana Cerrato
Esther de Pineda Galindo
Argentina de Díaz Lozano
Adela Z. de Canales
Noemí R. de Rivas
Maclovia Díaz
Concepción Tablas
Caridad de Reyes
Margarita v. de Alvarado
Marta María Zúñiga
Francisco Andino L.
Catalina Montes Elvir
Lilia Alcántara de Mayer
Dora Graciela García
Julia López Pineda
Mariana Rosales
María de Luz Pineda
Isabel v. de González
Fidelia Garmendia
Delia T. v. de Becerra
E. García

Tula de Ponce
Olga Ribas M.
Mercedes O. Rodríguez
Julia O. Rodríguez
Julia Flores
Stella B. de Pineda
Carmen C. de Reyes
Paca de Gómez Osorio
Mimí Díaz Lozano
Lola R. de Watson
Visitación Padilla
Jesús Leiva Bueso
Zonia María de Mendieta
Florencia v. de Villalta
Cruz de Garay
Sofia Castillo Vega
Hortensia Villeda Morales
Raquel Pineda Morazán
Luparea v. de Padilla
Danubia Cisneros
Gertrudis Barrientos
Mariana Bustillo
Lupe v. de Reichle
María de Fonseca
Clementina de Cisneros
Jesús Galindo
Adelfa Cisneros

Soledad Chávez
Francisca de Jiménez
Elia Ardón
Apolonia G. de Matute
Trinidad Mejía
María A. Marín
Margarita Bustillo
Ana Josefa Lanza
Mercedes de Cerrato
Blanca Cruz Barahona
Adela Rodríguez R.
Julia Medina Galindo
R. Ulloa
María Soledad Fortín
Olga Fonseca
Marina v. de Valenzuela
Ela de Girón
Jenny Valenzuela
Francisca C. de Rivas
Rai. Ulloa
Graciela Medina Galindo
Edith Girón
Anita Medina de Nolasco
María Aguilar O.
Concha Galindo
Mercedes de Mazariegos
María Luisa de Guerrero
Cristina de Montes

(Los originales de estas firmas no se mandan porque la se- ñora Elena Ramírez que las había recogido con la cooperación de otras señoras, fue detenida en la Policía, y ahí está todavía, con todo y lista).

Margarita de Velásquez
Lila de Sagastume
Ursula Meza Cálix

Concha Ramírez
Delia María de Valle
Natalia de Lozano

Marina de Soto
Yolanda Torres Ramos
Josefina Lozano
Susana de Venegas
Zoila de Martínez
Elvira Sierran
Otilia Lozano
Carmen Cerrato
Dolores Sánchez
Concha de Izaguirre
Julia v. de Rodríguez
Marieta C. de Dávila
Esther v. de Galindo
Angela Silva
Florencia Jirón M.
Marina Valladares
Cecilia de Rivera
Antonia Escobar
Elena M. de Ramírez
Petrona Varela
Ana María Flores
Hipólita Hernández
Mercedes Araujo

Bienvenida Zúñiga
Pancha Hernández
Lidya Moncada
Nila Cáceres
María C. v. de Rivas
Ester López
Engracia Armijos
Rosa Valladares
Dolores Carías
María E. Martínez
Ramona Godoy
Elena Alonzo
Antonia de Gúnera
Antonia Escobedo
Sofia Flores
Orfilia Zúñiga
Catalina Tablas
Concha Umanzor
Juana Matute
María Dolores Mejía
Ernestina Zepeda
Zoila Valladares

(Los originales de las firmas del Lic. A. Trejo Castillo y su señora le fueron arrebatados a doña Argentina Díaz Lozano por un policía secreto que estaba frente a la casa del mencionado caballero).

Anita Matute
Margarita Rico
Florencia Girón
Beatriz Argueta
Rosa Argueta

Erlinda Argueta Martínez
Hortensia Argueta
Antonieta Girón
Trina Argueta

9
INVITACIÓN DEL PARTIDO NACIONAL A MANIFESTACIÓN CÍVICA

A LA GRAN MANIFESTACIÓN CÍVICA DE MAÑANA

Se Invita al Pueblo en General. Hora de reunión: de 8 a.m. en adelante.
Sitio: Cuadras de la Plaza de la Libertad al Obelisco.

La gran demostración cívica que el Partido Nacional dará mañana, de las 8 a.m. en adelante, será muestra de la fuerza de dicha agrupación que respalda decididamente al Gobierno del Doctor y General Tiburcio Carías Andino.

El Doctor y General Carías Andino ha sido el sostenedor de la Paz, del Orden y de la Tranquilidad sociales. El pueblo hondureño no desea revueltas fraternas. El pueblo hondureño quiere vivir tranquilo, para poder trabajar y prosperar.

El Partido Nacional quiere demostrar la fuerza de la opinión pública del Gobierno en el Distrito Central. Y por ese motivo se da la presente manifestación. Recomendamos la mayor corrección, el mayor orden. Nada de injurias, nada de muertes. Nosotros sabemos ser respetuosos.

ORDEN DE LA MANIFESTACIÓN

Punto de reunión: Cuadras del Obelisco a la Plaza de La Libertad.

La manifestación desfilará por la Calle Real, pasando por el puente Mallol hasta la Casa Presidencial. Continuará por la Calle Bolívar y la Avenida Cervantes hasta el Parque Valle. En el Hotel Ritz, hablará el Ingeniero y General Abraham Williams. En el Parque Valle hará uso de la palabra el Periodista Antonio Ochoa-Alcántara, ofreciendo un cálido homenaje del Partido Nacional Hondureño al Excmo. Señor Presidente Roosevelt y un voto de simpatía al Excmo. Señor Embajador John D. Erwin. Continuará el desfile hacia la Plaza El Guanacaste, donde hará uso de la palabra el Dr. Miguel A. Cruz Z. Continuará el desfile por la calle de La Estación con dirección a la Plaza Morazán, donde se hará alto. Del edificio del Tribunal Superior de Cuentas dirigirán la palabra al pueblo los jóvenes estudiantes universitarios Rafael Jerez Alvarado y Virgilio Zelaya Rubí, y los señores Roberto M. Sánchez y Miguel A. García, representantes del obrerismo.

Continuará la manifestación por la Avenida Paz Baraona hasta el Parque Herrera, donde hará uso de la palabra el escritor Celeo Murillo. De allí, por el Puente Carías al Parque Colón, donde hará uso de la palabra el Lic. y escritor Alejandro Alfaro Arriaga. Y continuando por la Calle Real, nuevamente hasta la Plaza de La Libertad, donde hará uso de la palabra el Periodista Vicente Machado Valle.

La manifestación terminará después del discurso del escritor Machado Valle.

COMITÉ CENTRAL DEL PARTIDO NACIONAL

Tegucigalpa, D.C., 8 julio de 1944[488].

---

[488] Tip. La Democracia, en: General Records of the Department of State. Decimal File 1940-1944, RG 59, 815.00/7-1044 caja 4217.

10
CARTA DE ZÚÑIGA HUETE A LOS LIBERALES SAMPEDRANOS

Guatemala, 23 de agosto de 1944.

A los dirigentes liberales de San Pedro Sula.

A mi paso por Guatemala he querido dirigirme a Uds., los tuoso y cordial saludo y manifestarles los siguientes conceptos: Escrito está con letras de fuego en mi corazón la dolorosa tragedia a que ese invicto pueblo fue sometido por los sicarios del dictador Carías Andino. Escrita está en el corazón de todos los hombres libres de Centro América y México, la cobarde masacre que a Uds. llevaron los fusiles y ametralladoras cariístas. Y con horror son contempladas las fotografías de ese suceso por la gente de bien y por los pueblos democráticos de Norte América, México y Centroamérica.

Ese sacrificio no quedara inútil. Y esa sangre derramada no debe quedarse impune. Debe ser vengada. Gloriosamente vengada. La revolución que llevará a Honduras libertad, se está preparando en El Salvador. Ya tenemos el apoyo de los jefes revolucionarios salvadoreños. Contamos con armas que nos llegarán de Méjico. Uno de los planes de la revolución que llevaremos, es posesionarse de S.P.S. Para ello, enviaremos armamento a los amigos que se decidan a presentarnos ayuda. No puedo precisarles fechas, pero las armas llegarán.

Lo principal en este caso es organizarse perfectamente para evitar traiciones, y efectuar un plan inequívoco. Nosotros cooperaremos con Uds. simultáneamente para facilitar su cometido.

Estos planes están a cargo del Coronel Aguilar en S. Salvador y uno de los jefes revolucionarios, por esto no los puedo precisar ahora: pero deseo excitarlos con esta oportunidad, para que Uds. se organicen y preparen sus planes. Oportunamente recibirán las instrucciones concretas.

Reitero a Uds. mis profundos sentimientos de pesar por el luto que guardan tantas familias sampedranas. Y que sepan: que se acerca el día de las justas venganzas. Y del castigo de esos asesinos.

Viva Honduras. Viva el Partido Liberal
ZÚÑIGA HUETE[489]

---

[489] RG 59,815.00/8-3144, caja 4217.

11
CARTA DE OPOSITORES EN
EL EXILIO A SPRUILLE BRADEN

San José, Costa Rica, 4 de octubre de 1945

Excmo. Señor Spruille Braden,
Secretario Asistente del Departamento de Estado,
Washington, D.C.

Excmo. Señor Braden:
Venimos por medio de esta comunicación, Excmo. señor Secretario, como ciudadanos de América y como hijos de Honduras, con todo el respeto y profunda admiración que vuestra conducta gallarda frente a la dictadura de un país americano nos inspira, a solicitar vuestra cooperación moral en la situación jurídica que sufre nuestro país. Lo que habéis observado en Argentina, Excto. Señor, en manera alguna es más cruel y contrario a las practicas democráticas que lo que ocurre actualmente en la patria nuestra.

La democracia, como realidad tangible en la existencia jurídica de los pueblos y la paz interna, como corolario obligado del respeto de los gobiernos a las libertades públicas y a las garantías individuales ha sido móvil fundamental en la tragedia que ha terminado con el triunfo de las Naciones Unidas. Ha sonado la hora en que las aspiraciones que llevaron nobles pueblos a la guerra se conviertan en hecho. Frente a aquellas se levanta, en este minuto solemne, como una ironía sangrienta, la oprobiosa dictadura implantada en nuestra patria por el Señor Tiburcio Carías Andino: en Honduras, señor Braden, se proyecta, desde hace doce años, densa sombra sobre la democracia continental. No entraremos a hablaros de los detalles, sencillamente pavorosos, de esta realidad indiscutible: el actual Representante Diplomático de V. E., en Tegucigalpa no el Señor John D. Erwin en quien no confía el pueblo hondureño, puede daros amplia información sobre el particular. A grandes rasgos os diremos que la Paz, la Libertad y la Justicia, que estructura en síntesis la Carta del Atlántico. Nuevo

Evangelio del Derecho, encuentran a su paso, enclavado en el corazón de América, un pueblo de cuya existencia jurídica han sido brutalmente suprimidos aquellos sagrados bienes morales.

Son los gobiernos democráticos del Continente y especialmente el de V. E., que escribió con la sangre de sus héroes, los que deben cooperar moral y jurídicamente en favor de ese sector continental, torturado por una satrapía. Solicitamos lealmente la aplicación de diferentes tratados centroamericanos suscritos en Washington, que estatuyen el NO RECONOCIMIENTO de los gobiernos surgidos de golpes de Estado y la aplicación de los postulados emitidos en la Conferencia de Chapultepec y otras para borrar del Continente una flagrante contradicción al contenido de esos documentos históricos.

Comprendemos perfectamente los sentimientos que animan a favor de la paz, la Libertad y a la Justicia americana y sabemos, sin asomo de dudas, que sabrá atendernos, respondiendo de nuestra suerte a sus propias y firmes convicciones.

Con sentimientos de nuestra consideración más distinguida, nos es grato suscribirlos de V. E, por sus atentos servidores.

V. MEJÍA COLINDRES
Ex Presidente de la Rep. de
Honduras y Presidente
del C. D. H.

V. CALLEJAS
Ex Presidente del Congreso
Nacional de Honduras y
Vice Presidente del C. D. H.

MOISÉS HERRERA A.
Tesorero

LUIS SUÁREZ ROMERO
Secretario[490]

---

[490] U.S. National Archives. State Department, RG 59, 815.00/10-445.

12
MEMORÁNDUM DE ZÚÑIGA HUETE
A PAUL C. DANIELS

Washington 5. D. C., 19 de diciembre de 1947

Señor Paul C. Daniels,
Jefe del Departamento Latino
del Departamento de Estado de los EE.UU. de A.
Presente

Señor: Con motivo de la visita hecha a usted en la oficina de su cargo, ruégole tomar nota de los conceptos y declaraciones que siguen:

I

En las actividades que desenvuelvo personalmente, actúo como Representante del PARTIDO LIBERAL DE HONDURAS, como lo acreditan las copias fotostáticas adjuntas de las credenciales que me respaldan. En pugna con mis propios deseos, he permanecido desde 1935, con la representación de referencia, porque el gobierno del Gral. Tiburcio Carías Andino no ha permitido que la oposición al sistema que encabeza, se organice y se reúna la Gran Convención Liberal, que es la llamada a conocer de mi renuncia, la que he estado y estoy dispuesto a presentar, no obstante, las reiteradas manifestaciones de confianza con que me han honrado mis correligionarios y el Consejo Supremo del Partido.

II

EL PARTIDO LIBERAL DE HONDURAS se caracteriza como organismo de orientación ideológica centrista, alejado de todo extremismo de derecha y de izquierda; y los postulados de su programa remontan su genealogía a los principios fundamentales de la democracia de Inglaterra y de los EE. UU. de A., naciones de las que los liberales de Honduras somos admiradores y nos consideramos amigos.

III

En julio de 1944 visité el Despacho del Jefe de la División Latina del Departamento de Estado de los EE. UU. de A., que tiene la Jurisdicción de los asuntos de la América Central y demás países del Caribe, y que lo era entonces el Señor Cabot, quien afirmó y demostró conocer también la situación política de Honduras, como los propios nacionales de aquel país, y, al presente, entiendo que ese conocimiento se mantiene con mayor seguridad que antes, después de que usted, señor Daniels, se ha familiarizado más, por sus propios ojos, con las condiciones en que se desarrolla dicha República, por causa de su reciente permanencia en el territorio hondureño, en el carácter de Embajador de esa República del Norte, dejando allá una muy amplia estela de simpatías y estimación en todos los elementos sociales, tanto personales como para su nación, por la causa de la justa, atinada y compresiva situación diplomática a su cargo, la que le habrá hecho conocer que los problemas de Honduras demandan no sólo un cambio de orientaciones políticas, sino también de profundas variantes de orden económico, cultural, de higiene, de salubridad, de vías de comunicación, de bienestar social, etc.. que pongan al pueblo, al hombre de la calle en condiciones más justas, alejados de la miseria espiritual y material, empresa que demanda juzgar los hechos y situaciones con mente clara, ayuna de prejuicios, que penetre en el momento actual del mundo, para señalar senderos seguros en la conquista de un porvenir decoroso y próspero.

IV

Estoy enterado de que la política externa del gobierno de los EE.UU. de América, definida dentro de los moldes de la buena vecindad internacional, rechaza todo evento intervencionista destinado a mezclarse aisladamente en la política interna de cualquier país: pero estando obligada esta nación por la Carta Mundial de San Francisco de California, a proteger los derechos humanos que sean violados dentro de los límites jurisdiccionales de los Estados firmantes de dicho documento, se entiende que también está en el deber de prestar asistencia, aislada o colectiva, a toda actuación amigable, múltiple o individual, para favorecer el incremento de tales Derechos Humanos, como la libertad de prensa, la libertad de sufragio, y el ejercicio lícito de los derechos del hombre y del ciudadano.

Por otra parte, en relación con el criterio del parágrafo anterior el gobierno de los EE.UU. de A., recientemente ha mostrado particular y definido interés porque se practiquen elecciones libres en algunos países de Europa, tales como Polonia, Hungría. Checoeslovaquia y otros, por lo mismo, es lógico suponer que tenga igual o mayor interés porque también se proteja y desenvuelva la libertad efectiva del sufragio en los países de Hispanoamérica, con los que esta gran República del Norte tiene mayores vínculos de acercamiento, así como antecedentes y causales de conexión, de amistad y de comunidad de destinos de mayor fuerza y trascendencia.

Un simple y metafísico deseo que en el caso concreto de Honduras se celebren comicios realmente libres, para la organización próxima y futura del cambio de gobierno que está por operarse en el curso de 1948, es sin duda alguna, un sentimiento plausible y filantrópico, pero romántico y por lo mismo ineficaz para contribuir a la liberación del pueblo hondureño de la horrible opresión en que se halla, así como para asentar las bases de una democracia auténtica en América.

V

El Presidente de Honduras, Tiburcio Carías Andino, en su último y reciente mensaje al Congreso Nacional, ha declarado que garantizará elecciones libres para que se elija a su sucesor en el poder, el próximo año de 1948; pero a condición de que esa libertad que ofrece, como generosa y espontánea dádiva, no sea usada o utilizada para conspirar contra el sistema que él preside desde febrero de 1933.

En buen romance, la condición que demanda para permitir la libertad de sufragio en la designación de su sucesor, dadas las características de todo gobierno autoritario y la personal intolerancia dogmática del Señor Carías Andino, debe entenderse, que en toda gestión por la libertad que sea contraria a los deseos y designios del expresado gobernante, será vista como una conspiración o conato de rebeldía contra el régimen de que es caudillo, y por lo mismo. según sus anuncios, por el terror, todas las actividades cívicas de los adversarios políticos de su gobierno, para resolver a su favor el problema electoral de que se trata, quedando convertido este asunto en una nueva farsa democrática.

VI

Conectando la especial situación política que ha principiado a desenvolverse en Honduras, con los deberes contractuales contraídos por los EE.UU. de A. y demás países firmantes de la Carta Mundial de San Francisco de California, concretamente solicito del Departamento de Estado lo que sigue:

1. Que se haga enfática y decidida presión diplomática y moral, de parte del gobierno de los EE.UU., de A., para que el presidente Tiburcio Carías Andino, de Honduras, dé, practique y facilite al electorado de su país amplia y efectiva libertad de sufragio, de acuerdo con las leyes, para la próxima designación de su sucesor, como presidente de Honduras en los comicios del segundo domingo de octubre de 1948, y

2. Que se haga igual y definida presión para que el mencionado gobernante ponga en inmediata práctica, lo que a continuación se especifica:

A. Poner en libertad a todos los reos políticos o llamados así, que aún permanecen recluidos en las cárceles de la República;

B. Permitir, sin distingos de ninguna clase, el retorno a Honduras de todos los exiliados y perseguidos políticos, libres de toda amenaza de presión o enjuiciamiento por motivos de criterio ideológico;

C. Que se garantice y se ponga en obra, dentro de Honduras, la efectiva libertad de prensa, así como todas las formas de libre emisión de pensamiento, sin que se deriven de ello detenciones políticas, expatriaciones, relegaciones. confinamientos ni arraigos, debiéndose dar protección a los periodistas hondureños obligados a expatriarse. para que regresen a sus hogares abandonados, libres de todo temor, amenaza o persecución; y

D. Que se permita a todos los ciudadanos ejercitar, libres de toda hostilidad y aprensión, todas las libertades y derechos estatuidos en la Carta Fundamental, como los de reunión, asociación, libre tránsito, inviolabilidad de la correspondencia y demás atributos del hombre y del ciudadano.

VII

Es público y notorio que el gobierno del Gral. Tiburcio Carías Andino, con un año de anticipación, ha presentado al país sus propios candidatos para presidente y vicepresidente de la República. siendo ellos los señores Juan Manuel Gálvez y Julio Lozano, respectivamente, personas de reconocida adhesión, en términos de incondicionalidad absoluta, al expresado gobernante. quien a espaldas de ellos se propone seguir moviendo los hilos del tinglado político. Sendas comisiones de los llamados amigos del presidente han salido por todos los rumbos del país para imponer, desde ahora, la candidatura oficial.

En cambio, a los opositores a los designios y políticas del señor Carías Andino no se les permite entregarse a los trabajos de igual índole, a pretexto de que la Carta Fundamental, como así es, prohíbe que se desarrollen tales actividades antes de la convocatoria oficial a elecciones, llamamiento que debe principiarse a hacer efectivo CIENTO CINCUENTA DÍAS antes del segundo domingo de octubre de 1948.

Estos hechos crean una situación injusta, de abuso y privilegio que favorece la candidatura de Gálvez y Lozano, la que a la vez es de arbitrariedad contra los que adversan los designios del gobierno, circunstancias que demandan, por equidad y por justicia, que se den a los contendientes, potenciales o efectivos, iguales oportunidades de lucha en el proceso electoral.

La oposición al gobierno del Gral. Carías Andino tiene el convencimiento y abriga la seguridad de una arrolladora victoria en comicios libres y honestos, pero si no se equiparan, en lo posible, las condiciones de libertad e igualdad de trato, tanto para el gobierno como para sus contrincantes, se contempla la posibilidad de que el Partido Liberal, bien sea al tiempo de celebrar la GRAN CONVENCIÓN en abril de 1948 o en el curso del debate eleccionario. decida abstenerse de participar en los comicios presidenciales de dicho año, cediendo a la presión del terror y las chicanas cariístas a fin de no hacer el juego a la farsa democrática que se prepara hoy en Honduras, con lo que se dará oportunidad para que continúe operando, en dicho país, un régimen antidemocrático, con mengua del prestigio que aspira a tener el CONTINENTE DE LA DEMOCRACIA, a la vez que propicio para los estallidos efervescentes de los sistemas totalitarios que florecen en los pueblos oprimidos, obligados a vivir en la miseria y la abyección, y a quienes se procura fascinar con el falaz oropel de los paraísos que promete la demagogia proletaria y comunistoide a la par que la fascista.

VIII

La tarea de presionar con éxito el ánimo del señor presidente Carias Andino, a fin de que otorgue condiciones legales y justas de libertad electoral, se facilita al Gobierno de los EE.UU. de A., ya que el expresado mandatario hondureñense, en diferentes oportunidades ha dicho a columnistas de la prensa estadounidense: «que él, Carías, en todo momento, realizará y pondrá en obra todo lo que le ordenen o deseen los organismos oficiales del gobierno norteamericano».

IX

Lo ideal sería, para crear en Honduras un gobierno que fuese producto de la espontánea voluntad del pueblo, que el Señor Carías Andino, poniéndose a tono con los anhelos del sentir general de sus conciudadanos y de todo concepto de justicia, se colocara al margen del próximo debate electoral, separándose del poder, ya que por sus características personales y procedimientos de gobierno, está descalificado para presidir con imparcialidad los detalles del proceso eleccionario hondureño, separación que podría hacerse a favor de la Junta de Gobierno que se integraría con elementos adecuados y capaces de infundir confianza a la opinión pública; pero esperar esto, que es un anhelo nacional, de la iniciativa del Señor Carías Andino, es tan imposible como pedir peras al olmo. Sólo la llamada de atención del Departamento de Estado de los EE.UU., de A., aislada o en asocio de otra nación o naciones de este continente, y dentro de lo que se llaman buenos oficios internacionales, podría ser decisiva para aquel gobernante, dada la alta y prestigiada autoridad moral que disfruta el Gobierno de los EE.UU. de A. en este Hemisferio Occidental.

X

La amigable intervención de un país como los EE.UU., de A. podría provocar un entendimiento firme y sólido entre el gobernante Carías Andino y los opositores a su régimen, para concertar entre ambas partes un compromiso leal y efectivo, con el fin de celebrar comicios libres y honestos, dentro de la paz, y organizar de esta manera la sucesión presidencial dentro de un ambiente de conformidad colectiva, hasta donde esto sea posible, y de cultura cívica alentadora de esperanzas de progreso, de tranquilidad y sosiego internacionales. ¿Estaría dispuesto o tendría voluntad el Departamento de Estado para asumir el papel de amigable intermediario en una obra de progreso y cordialidad democrática como la que se esboza?

XI

Orientar a los países americanos por la senda de la democracia genuina y occidentalistas, que es antítesis de la llamada democracia económica de aquende los Urales, seguramente, es trabajar por la solidaridad y bienestar de los pueblos del Nuevo Mundo, así como evitarles que sean presa de las tentaciones, sugestiones y atracos de una geopolítica imperialista y de hegemonía euroasiática. que es el gran problema mundial del día y del porvenir.

El programa y aspiración del liberalismo hondureño se

encamina en el sentido de alcanzar una solidaridad continental americana Integralista, sobre las bases de una democracia funcional y sobre los principios humanistas de la "Carta del Atlántico". No obstante las sombrías perspectivas que en estos momentos presenta el problema electoral en Honduras, muchos opositores al régimen del General Carías Andino que contamos con más de quince años de expatriación de aquel país, y por causa del indicado gobernante, nos proponemos retornar dentro de poco a nuestro terruño, a poner nuestro contingente, grande o mínimo, a favor de la paz y del resurgimiento nacional, sean cuales fueran las consecuencias que nos sobrevengan por causa de la intolerancia y arbitrariedad del sistema imperante, por lo que, desde luego, declinamos desde hoy en el general Tiburcio Carías Andino, las responsabilidades de lo que pueda sobrevenirnos, por causa de nuestras convicciones políticas, en perjuicio de nuestra persona o en daño de nuestras vidas, a nuestro retorno y reintegro a la patria, con el fin ya dicho, de trabajar porque se transforme en paz normal y constructiva la paz varsoviana que hace cerca de tres lustros atormenta al pueblo hondureño.

Dejo lo expuesto a la consideración que usted, señor Daniels, quiera dispensarle, dejando constancia de que lo dicho y solicitado tiene carácter informal y de buenos oficios, exclusivamente.

Con toda atención soy de usted adicto y S.S.

ÁNGEL ZUNIGA HUETE
Representante del Partido Liberal de Honduras.

Domicilio permanente en México, D. F.:
Avenida Industrial N° 208-2 (Tacubaya), México, D.C.
Teléfono: 15-17-92, Ericsson

13
DECRETO NÚMERO UNO EL CONSEJO
SUPREMO DEL PARTIDO LIBERAL

CONSIDERANDO: Que el Partido Liberal de Honduras juzga C que el régimen presidido por el licenciado Tiburcio Carías Andino es un sistema de facto, desde el golpe de Estado que en enero de 1936 conservó a la cabeza del gobierno al expresado ciudadano, después de destrozar la Carta Fundamental de la República emitida el año de 1924, faltando al juramento de cumplirla;

CONSIDERANDO: Que el Partido Liberal de Honduras, no obstante, de estimar inconstitucional el gobierno que preside el licenciado Carías Andino, resolvió con auténtico propósito pacifista, tomar participación en la contienda electoral hoy en trámite, por ser el medio patriótico y cívico más adecuado para restablecer el orden legal, la estabilidad y sucesión de los poderes supremos de la Re- pública, así como la conciliación de la familia hondureña:

CONSIDERANDO: Que el liberalismo hondureño al decidir tomar parte en el actual debate electoral para autoridades supremas de la República, lo hizo confiando en la promesa de garantías amplias sobre la libertad de sufragio hecha por el gobernante, licenciado Carías Andino, en su último mensaje al Congreso Nacional;

CONSIDERANDO: Que las ofertas de libertad electoral formuladas por el mandatario han sido burladas y traicionadas por sus órdenes arbitrarias y por la violencia de sus subalternos, colocando en el vacío y descrédito las garantías necesarias para realizar un torneo electoral libre y honesto, tales como la libertad de reunión, de asociación, de tránsito, de inviolabilidad del domicilio, de libertad de propaganda, de respeto a la vida humana y la propiedad privada, etc:

CONSIDERANDO: Que no ha permitido el poder público la organización de clubes liberales en los Departamentos de Ocotepeque, Lempira, Intibucá e Islas de la Bahía y muchos otros pueblos de la República, por causa del clima de terror que ha creado la dictadura que preside el actual mandatario y por hechos vandálicos ejecutados por sus agentes;

CONSIDERANDO: Que en la mayor parte de los pueblos de la República han sido desintegrados los Consejos Liberales Locales, debido a las persecuciones que se han desatado contra los ciudadanos integrantes de las directivas de dichos centros, reduciendo a prisión a algunos de ellos, residenciando a otros y obligando a huir y a refugiarse en otros poblados a la mayor parte, para ponerse a salvo de vejámenes y prisiones;

CONSIDERANDO: Que el Consejo Supremo del Partido Liberal, en vista de la opresión que ejerce el poder público contra el electorado nacional y de las acechanzas que prepara contra el libre ejercicio del sufragio, ha consultado a los ciudadanos de la oposición, si debe concurrir a los comicios presidenciales del 10 de octubre venidero, habiendo obtenido una respuesta negativa, sobre tal propósito;

CONSIDERANDO: Que el veredicto unánime del electorado nacional es adverso a que se participe en los comicios para autoridades supremas que se celebrarán el 10 de octubre próximo, por falta de garantías para ejercer el sufragio en condiciones de libertad, de ley y de justicia;

CONSIDERANDO: Que el Partido Liberal estima que no debe subrayar con su presencia en los comicios, el delito de lesa patria incubado por el Poder Público para convertir en sangrienta burla el sacro derecho del sufragio:

CONSIDERANDO: Que es de humanidad y de conveniencia pública evitar a los ciudadanos integrantes de la oposición mayores ultrajes y más crueles humillaciones, al concurrir al depósito de sus votos a las ánforas electorales;

Por tanto,

Decreta:

Artículo 1º.- El Partido Liberal se abstendrá de concurrir a las urnas electorales para designar autoridades supremas de la República, mientras persista el clima de opresión imperante en la actualidad;

Artículo 2º.- Los liberales de todo el país se abstendrán de tomar participación en la farsa electoral que se avecina, y a los demás ciudadanos que integran la oposición al grupo político que está en el poder, se les excita para que observen igual conducta;

Artículo 3°.- Protestar a la faz de la nación y ante la conciencia democrática de América contra el proceder del régimen imperante en Honduras, por la brutal imposición a la que se tiene sometido al electorado nacional, con el fin de perpetuar el sistema continuista por medio de la fórmula oficial de autoridades supremas encabezadas por los señores Licenciado Juan Manuel Gálvez y don Julio Lozano, ex ministros de Guerra y Hacienda respectivamente del actual régimen dictatorial;

Artículo 4°.- Que continúa de frente la situación anormal de facto en que ha vivido la República, desde el 6 de enero de 1936. fecha en que se destruyó el orden constitucional en el país por virtud del golpe de Estado que entonces ejecutaron de consuno los poderes públicos de la nación;

Artículo 5°.- Que en presencia de los hechos apuntados y fiel a los principios democráticos que sustenta el Partido Liberal, éste se mantendrá en plano de frente político de oposición;

Artículo 6°.- Los actuales Consejos Liberales, departamentales y locales, que aún permanecen organizados continuarán funcionando, de acuerdo con las leyes del Partido, procurando vigorizar la disciplina de la institución política y la propaganda de sus postulados. Dado en las oficinas del Partido Liberal en Tegucigalpa, a los veinticinco días del mes de septiembre de mil novecientos cuarenta y ocho.

MANUEL F. BARAHONA

RAMON VILLEDA MORALES   FELIX ZAVALA NÚÑEZ
ERNESTO ALVARADO GARCÍA   OSCAR A. FLORES
ALFONSO ALVARADO   O.   JUAN MIGUEL MEJIA
Secretario   Secretario[491]

Imprenta Renovación

---

[491] U.S. National Archives Records of the State Department, RG 59. 815.00/12-1947.

14
PARTIDO POPULAR PROGRESISTA
NO PARTICIPARÁ EN ELECCIONES

Manifiesto al pueblo hondureño[492]

El 13 de octubre de 1963, las Fuerzas Armadas de la República derrocaron al Gobierno que presidía el Dr. Ramón Villeda Morales. Las Fuerzas Armadas asumieron todos los poderes del Estado y nombraron como jefe del Gobierno al coronel Osvaldo López Arellano. Al tomar las riendas del Gobierno, el Instituto Armado declaró: Que el Golpe de Estado no obedecía a la consigna de ningún partido político y que su actitud era de carácter militar. Al principio, todo parecía que nuestro problema político se iba a desenvolver en un ambiente netamente democrático.

Es de todos conocidas la formación y funcionamiento del Partido Popular Progresista en toda la República. A fin de poder participar en la contienda electoral que debió verificarse el 13 de octubre de 1963, con la debida antelación, el Partido Popular Progresista presentó su correspondiente solicitud de inscripción ante el Consejo Nacional de Elecciones.

Pendiente de un fallo final, sucedió el Golpe de Estado, impidiendo este acontecimiento que dicho Consejo dictara su sentencia. Si bien es cierto que el derrocamiento del Dr. Villeda Morales fue un hecho de fuerza mayor que destruyó todas nuestras instituciones democráticas, su poder absoluto no pudo trascender hasta destruir los derechos plenamente adquiridos conforme a la Constitución Política de 1957, tales como: El Derecho de Asociación: el Derecho de Fundar Partidos Políticos; y, ante todo, el Derecho de Petición, que dice: "TODA PERSONA O REUNIÓN DE PERSONAS TIENEN DERECHO A DIRIGIR SUS PETICIONES A LAS AUTORIDADES LEGALMENTE CONSTITUIDAS, DE QUE SE LES RESUELVAN Y SE LES

---

[492] Publicado en Anales Históricos. La Tribuna. Tegucigalpa, 25 de febrero de 2007.

HAGA SABER LA RESOLUCIÓN CORRESPONDIENTE".

Confiados en las declaraciones previas de las Fuerzas Armadas de la apoliticidad del Golpe de Estado, creímos que la Ley Electoral vigente revestiría todos los preceptos democráticos, a fin de que no se marginara a ninguna agrupación política inscrita o no inscrita como partido político. Desafortunadamente dicha ley sólo legisló en interés de los dos partidos tradicionales, siendo una ley que no ha llenado las aspiraciones del pueblo hondureño. El artículo 79 de la citada ley dice: "Que en la elección de diputados a la Asamblea Nacional Constituyente, SOLAMENTE tendrán derecho de intervenir como partidos políticos los que fueron Inscritos conforme a la ley de elecciones anterior y obliga que nuestra solicitud la debemos retirar para presentarla de nuevo, sujetándonos a otros procedimientos que hacen imposible la formación de nuevos partidos, adoleciendo dicha ley del carácter de "generalidad" que debe tener toda ley.

Ante la manifiesta discriminación de que fuimos objeto conforme a la nueva ley electoral, con fecha 28 de mayo del presente año, el Partido Popular Progresista presentó una solicitud directamente al Jefe de Estado, pidiendo la reforma de dicha ley.

En nuestra solicitud expusimos que nos dirigíamos directamente al Jefe de Estado, no porque ignoráramos de que no existiera un Consejo Nacional de Elecciones, sino porque al asumir todos los poderes del Estado, él era el único que podía legislar en el sentido de reformar dicha ley y facilitar nuestra inscripción. En nuestra entrevista, el Jefe de Estado declaró: "QUIERO DEJAR CONSTANCIA QUE LAS FUERZAS ARMADAS NO TIENEN LA MENOR INTENCIÓN DE COHIBIR A NINGUNA AGRUPACIÓN POLÍTICA DEL DERECHO DE PARTICIPAR EN LA PRÓXIMA LUCHA ELECTORAL". Y agregó: "QUE DARÍA LOS PASOS PARA LA REFORMA DE LA LEY".

Dada la proclama del 3 de octubre de 1963. que el Golpe de Estado no obedecía a la consigna de ningún partido político, creímos que el Jefe de Estado, imitando a la Junta Militar de 1956-57, al promulgar la nueva Ley de Elecciones los sectarismos políticos y las mezquindades partidistas quedarían olvidados, emitiendo una ley justa e igualitaria que respondería al reclamo de la universalidad de los hondureños.

Según decreto número 196, el Jefe de Estado acaba de declarar que es de conveniencia nacional y además un deber patriótico dictar todas las disposiciones necesarias para lograr la concordia de la familia hondureña, pero lamentablemente los hechos están demostrando todo lo contrario, al legislar el Jefe de Gobierno una ley de tipo meramente «partidista», quedando las minorías en lugar preferente en perjuicio de las mayorías.

Depositamos nuestra fe en las Fuerzas Armadas porque, como en otra ocasión, a pesar de ser un gobierno de hecho, resultó ser más democrático que un gobierno de derecho. Nuestra petición ante el Jefe de Estado no tuvo respuesta y con dicha ley se ha cercenado a miles de ciudadanos y ciudadanas de expresar en forma espontánea el derecho del sufragio. Nuestros derechos adquiridos conforme a la Constitución de 1957 están latentes, pendientes únicamente de resolución.

El 15 de diciembre, el Jefe de Estado, según decreto No. 216, ha convocado al pueblo hondureño para elegir representantes a la Asamblea Nacional Constituyente, participando en la lucha únicamente los Partidos Nacional y Liberal.

No menos cierto es que la Ley de Elecciones estipula que el sufragio es una función cívica primordial, siendo su ejercicio irrenunciable como derecho e ineludible como obligación, pero esa obligatoriedad no puede trascender hasta imponer al ciudadano que debe votar por determinado partido, cuyos idearios y postulados no corresponden a su manera de sentir, pensar y de ejecutar.

La obligación de ejercer el sufragio no quiere significar que el ciudadano debe comparecer a las urnas en forma mecánica, sino que al lado de la obligación debe coexistir la voluntad libremente manifestada; de lo contrario sería caer en una elección de tipo totalitario, en contraposición a nuestro sistema democrático.

El Partido Popular Progresista, en atención a las consideraciones antes expuestas, **DECLARA**: Que no participará en los próximos comicios electorales y su posición será de ABSOLUTA NEUTRALIDAD.

El Comité Directivo Central del Partido Popular Progresista quiere dejar constancia ante la ciudadanía, que hizo cuanto pudo por obtener la inscripción como partido; que no escatimó esfuerzo ni eludió responsabilidades; infortunadamente la FUERZA se impuso al DERECHO, y nuestra actitud será pasiva en vez de ser dinámica.

El PARTIDO POPULAR PROGRESITA, a sus correligionarios y pueblo en general, les recomienda que se mantengan firmes, sin vacilaciones ni claudicaciones, que al volver a imperar en Honduras un régimen democrático, obtendrá su reconocimiento.

El Comité Central del Partido Popular Progresista declara enfáticamente que no desmayará ni un tan solo momento en seguir trabajando por obtener su personería.

CORRELIGIONARIOS Y CORRELIGIONARIAS:

Que el marginamiento de que hemos sido objeto por una Ley de Elecciones completamente antidemocrática e ilegal no vaya a ser motivo de desilusiones y que, por el contrario, por la discriminación de que fuimos objeto, sirva de prueba para cohesionar nuestras filas y acerar más nuestro carácter, que los grandes triunfos se logran a fuerza de grandes sacrificios.

PAZ, PROGRESO, PATRIOTISMO

Tegucigalpa, D.C., 16 de diciembre de 1964

TIBURCIO CARÍAS A., GONZALO CARÍAS C., GONZALO RIVERA C.. LUIS M. COELLO RAMOS, ELÍAS LIZARDO, SECUNDINO ANDRADE. ROMÁN ZUNIGA J., RAÚL BARNICA, PEDRO GRAVE DE PERALTA, LUIS RUIZ LEIVA, SAÚL SUAZO LARA.

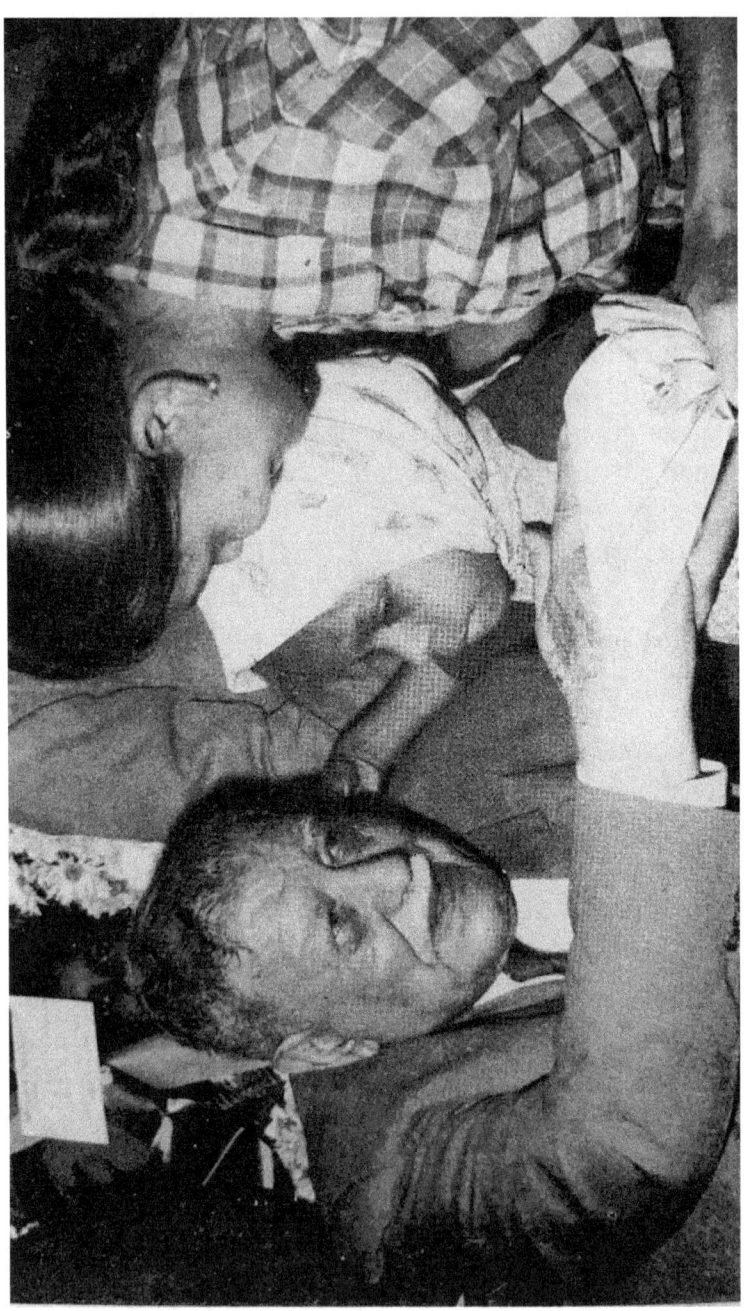

El mayor apoyo de Carías estuvo en el área rural.

Manifestación cariísta cruza el Puente Mallol en 1923.

Velatorio de Carías Andino en Casa Presidencial. Sentado, con la pierna cruzada, Oswaldo López Arellano.